JN222846

中国語検定
HSK
公認 長文テキスト ⑤級 改訂版

SPRIX

🎧 音声ファイル無料ダウンロード

本書内の 🎧 の表示がある箇所の音声は、下記方法にて無料でダウンロードできます。

ダウンロードパスワード：**sprixhskkctext0502**

◇ 📱 スマホ・タブレットから

"App Store"、"Google Play ストア" で HSK音声ポケット 🔍 を検索して無料アプリをインストール

【手順】
① 「MY ポケット」ページの 書籍を追加 をタップ
② 「書籍一覧」ページで、ダウンロードする書籍をタップ
③ 「PW入力」ページに、ダウンロードパスワードを入力し、 ダウンロード をタップ

◆ 💻 パソコンから

URL：**https://ch-edu.net/hsk_kctext**

【手順】
①上記URLにアクセス
　（URLからアクセスする際は、検索欄ではなく、ページ上部のURLが表示されている部分に直接ご入力下さい。）
②アクセス先のページでダウンロードパスワードとメールアドレス等の必要事項を入力
③ご入力いただいたメールアドレス宛にダウンロードページURLが記載されたメールが届く
　（自動送信の為、ご入力いただいたメールアドレスに必ずお送りしています。受信しない場合は、迷惑メールフォルダー等をご確認下さい。それでも受信していない場合は再度初めからご登録下さい。）
④ダウンロードページにて音声（MP3）ファイルをダウンロード

※CDはご用意しておりませんのでご了承下さい。

はじめに

本書「HSK公認　長文テキスト　5級」のねらい

　HSK（漢語水平考試）5級で高得点を獲得するには、単語や基本的文型などの理解だけでなく、400字程度の読解問題や聴解問題を解く必要があります。

　そのため、本書ではHSK5級の新出単語**1300語すべて**を用いた、5級で出題されるレベルの400字程度の100の長文を掲載し、それらの音声も収録いたしました。

　本書をご利用になることにより、5級レベルの単語が含まれた様々なスタイル・テーマの長文を繰り返し読んだり聞いたりする中で、内容を理解しながら、知らなかった単語の意味と音を繰り返し練習することができます。それによって、長文を読み解く力や、ある程度長さのあるナチュラルスピードの中国語音声を聞きとる力をつけ、HSK5級で高得点獲得をめざしていただくことが可能です。

　本書は、HSK5級対策として使っていただきやすいよう、アンケート調査により数多くの中国語学習者、HSK受験者の皆様の生の声を集め、その中で多かった意見を取り入れて制作いたしました。ご協力いただいた皆様には大変感謝しております。

　本書が皆様の中国語力の向上にお役に立てることを願ってやみません。

スプリックス中国語教育事業部　開発担当

音声収録内容について

○本書には、文章1～100までの中国語音声を収録した音声をつけております。

　音声のデータ名は、文章1が「ct5-001.mp3」、文章100が「ct5-100.mp3」のように、「.mp3」の前の数字3桁が文章の番号を表します。

　各文章の中国語タイトル部分にもデータ名を記載いたしましたので、ご参照ください。

目　次 Contents

5章　教育・子育て・学生生活　　　　　　　　　　　130

6章　個人生活・趣味・健康・スポーツ　　　　　　146

本書の構成

　本書は全文章を通して左ページに中国語文章、右ページに日本語訳、左右ページに渡って最下部に単語表という構成になっています。

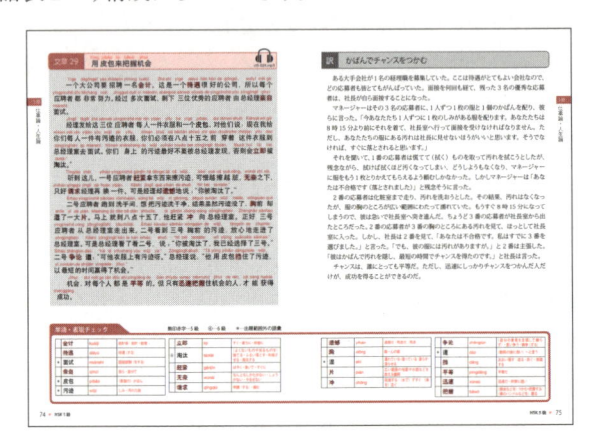

各部位の説明

■左ページ（中国語文章）

音声情報

音声に収録されている音声データ名です。

中国語文章

　中国語の中の**赤茶色の太文字**は5級単語、**黒の太文字**は6級単語およびHSK出題単語のリストに記載されていない単語です。これらは下の単語・表現チェックの表の中の単語も同じ文字で表されています。6級と範囲外の単語は表の一番左の列のマークで区別できます。

中国語ピンイン表記

　中国語のすべての文字には、ピンインがついています。付属の赤シートで消すことができるので、見えない状態で読み上げる練習ができます。
※ピンインは基本的にHSKの単語基準の表記に則っていますが、口語では軽声になったり別の音で発音されたりすることもあります。

■右ページ（日本語訳）

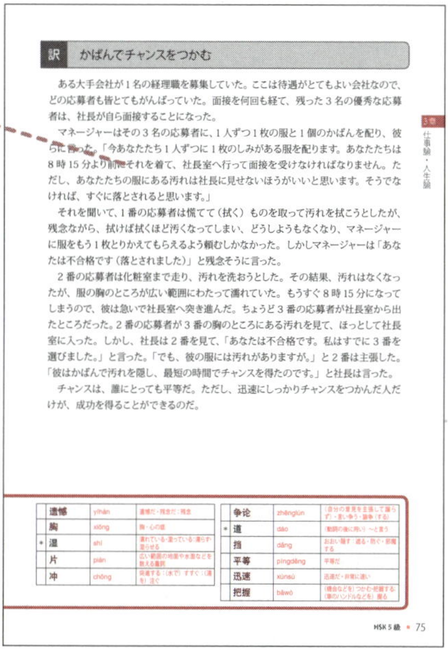

訳　かばんでチャンスをつかむ

ある大手会社が1名の経理職を募集していた。ここは待遇がとてもよい会社なので、どの応募者も皆とてもがんばっていた。面接を何回も経て、残った3名の優秀な応募者は、社長が自ら面接することになった。

マネージャーはその3名の応募者に、1人ずつ1枚の服と1個のかばんを配り、彼らに言った。「今あなたたち1人ずつに1枚のしみがある服を配ります。あなたたちは8時15分より前にそれを着て、社長室へ行って面接を受けなければなりません。ただし、あなたたちの服にある汚れは社長に見せないほうがいいと思います。そうでなければ、すぐに落とされると思います。」

それを聞いて、1番の応募者は慌てて（拭く）ものを取って汚れを拭こうとしたが、残念ながら、拭けば拭くほど汚くなってしまい、どうしようもなくなり、マネージャーに服をもう1枚とりかえてもらえるよう頼むしかなかった。しかしマネージャーは「あなたは不合格です（落とされました）」と残念そうに言った。

2番の応募者は化粧室まで走り、汚れを洗おうとした。その結果、汚れはなくなったが、服の胸のところが広い範囲にわたって濡れていた。もうすぐ8時15分になってしまうので、彼は急いで社長室へ突き進んだ。ちょうど3番の応募者が社長室から出たところだった。2番の応募者が3番の胸のところにある汚れを見て、ほっとして社長室に入った。しかし、社長は2番を見て、「あなたは不合格です。私はすでに3番を選びました。」と言った。「でも、彼の服には汚れがありますが。」と2番は主張した。「彼はかばんで汚れを隠し、最短の時間でチャンスを得たのです。」と社長は言った。

チャンスは、誰にとっても平等だ。ただし、迅速にしっかりチャンスをつかんだ人だけが、成功を得ることができるのだ。

	遗憾	yíhàn	遺憾だ・残念だ：残念
	胸	xiōng	胸・心の底
*	湿	shī	濡れている・湿っている：濡らす・湿らせる
	片	piàn	広い範囲の地面や水面などを数える量詞
	冲	chōng	突進する：（水で）すすぐ：（湯を）注ぐ

	争论	zhēnglùn	（自分の意見を主張して譲らず）・言い争う・論争（する）
*	道	dào	（動詞の後に用い）～と言う
	挡	dǎng	おおい隠す：遮る・防ぐ・邪魔する
	平等	píngděng	平等だ
	迅速	xùnsù	迅速だ・非常に速い
	把握	bǎwò	（機会などを）つかむ・把握する：（車のハンドルなどを）握る

HSK 5級 ■ 75

日本語訳

なるべく自然な日本語となるように心がけつつ、中国語の文に使われている各単語の要素を訳出して、中国語での意味を意識しやすい訳文にしました。

中国語を読んだり聞いたりして意味を理解するだけでなく、暗記するほど文を繰り返すことで、日本語訳を見て中国語でどういうかを考える練習もできます。

■ページ下部分（単語・表現チェック）

単語・表現チェック　　無印赤字…5級　⑥…6級　＊…出題範囲外の語彙

	会计	kuàijì	会計係：会計・経理
	待遇	dàiyù	待遇（する）
*	面试	miànshì	面接試験（をする）
	亲自	qīnzì	自ら・自分で
*	皮包	píbāo	（革製の）かばん
*	污迹	wūjì	しみ・汚れた跡

	立即	lìjí	すぐ・直ちに・即座に
⑥	淘汰	táotài	（よくないものや劣るものを）捨てる・ふるい落とす・失格させる・淘汰する
	赶紧	gǎnjǐn	はやく・急いで・すぐに
	无奈	wúnài	なんともしかたがない・しょうがない・やるせない
	请求	qǐngqiú	申請（する）・頼む

レベル表示記号

無印…5級単語
⑥　…6級単語
＊　…出題範囲外の単語
をそれぞれ表しています。

文章に出た単語・ピンイン

5級単語、6級単語、範囲外の単語について、文章中に出てきた順に左から並んでいます。中国語漢字の色の意味は中国語文章中で表されている通り、**赤茶色の太文字**は5級単語、**黒の太文字**は6級単語およびHSK出題単語のリストに記載されていない単語です。

単語の意味

単語の意味が複数ある場合、文章中で使われたその単語の意味が一番先に記載されています。基本的な意味から派生して文章中で使われている場合は、その基本的な意味が先に記載されていることもあります。紙面の許す限り、ほかの代表的な意味や、本書の別の文章で使われた意味も記載しました。意味が大きく異なる場合は「・」ではなく「：」で区切ってあります。ピンインと意味は赤シートで消えるようになっています。

◆単語意味表記に用いた記号の意味

〈書〉…書き言葉　〈口〉…話し言葉　〈略〉…略語　〈成〉…成語
〈電脳〉…コンピューター用語　〈法〉…法律用語

本書の使い方

本書は、学習される方の目的や学習スタイルに合わせて様々な使い方をしていただけますが、基本的には下記のような使い方ができます。

基本的な使い方参考例

一歩一歩確実に単語から

①ページ下の単語表で単語の意味と発音を覚える

②中国語長文を読んで意味をとる（わからないところは訳で確認する）

③音声を聞きながら中国語長文を目で追い、意味を確認する

④音声だけで理解できるようになるまで繰り返し聞く

応用編

リーディングができるようになる練習

①中国語長文を目で追い、単語表や訳でわからない単語の意味や発音を確認する

②長文を見て意味がすべてわかるようになるまで①を繰り返す

＊試験と同じようにピンインなしで読みたい方は長文部分を赤シートで隠して①②を行いましょう。

リスニングができるようになる練習

①中国語長文を目で追いながら音声を聞き、単語表や訳でわからない単語の意味や発音を確認する

②音声だけで理解できるようになるまで繰り返し聞く

以上は使用例のほんの一部にすぎませんが、繰り返し読んだり聞いたりする際に、自分でも発音しながら練習することでピンインも確認でき、より記憶を強化できます。

また、すべての方法で、わからなかった単語について、単語表の単語に〇印などをつけておけば、テスト直前対策として苦手な単語の復習がスムーズにできます。

さらに、半数以上の長文をマスターした方や、語彙力に自信のある方は、初めから中国語長文のピンインを赤シートで隠して読んだり、長文を見ないで音声を聞いたりすることから挑戦し、さらなる実力アップを目指しましょう！

応用編（発話につなげる練習に）

すでにある程度、読んで／聞いてこのレベルの文章はわかるようになった、という方には、情報を発信するのに必要な、文単位で発話することにつなげるための練習をおすすめします。

日本語訳を見ながら、中国語ではどう言うか考えてみる

覚えてしまうほど何度も読んだり聞いたりした文章は、日本語訳の方を見て、中国語で言う練習をしてみましょう。書いてある通りでなくてもよいので、どう言うか考えながら言うことによって、文単位の発話ができる力になります。

音声だけを聞きながら続けてその通りに言ってみる（シャドウイング）

音声に続いて再現することは、簡単なように見えて、なかなか難しいものです。聞いた文章を、意味を理解した状態で原稿を見ずに再現できれば、文の組立て、つまり文法力に関しても理解が進んできたということです。はじめは1文ずつ区切りながら言ってみてもよいでしょう。

最後まで聞き、言い方が変わってもよいので再現してみる

これは6級に続く対策とも言えますが、ある程度の長さのある文章を再現したり、言い換えたり、要約したりできれば、6級の作文試験や口頭試験高級の対策にもなるでしょう。さらに、言語学習パートナーなどがいる場合は、書いたり録音したりしてそれを訂正してもらうことによって、より言語能力の向上に役立つでしょう。

以上も含め、様々な使い方がありますが、ご自分に合った使用方法でご活用ください。

HSK 概要

HSK とは？？

　HSKは中国語能力検定試験 **"汉语水平考试"**（Hanyu Shuiping Kaoshi）のピインの頭文字をとった略称です。HSKは、中国政府教育部（日本の文部科学省に相当）が認定する世界共通の中国語の語学検定試験で、母語が中国語ではない人の中国語の能力を測るために作られたものです。現在、中国国内だけでなく、世界各地で実施されています。

HSK の導入と試験内容

　HSKは、1990年に中国国内で初めて実施され、翌1991年から、世界各国で実施されるようになりました。

　2010年から導入されたHSKでは、これまで以上にあらゆるレベルの学習者に対応できるよう、試験難易度の幅を広げ、各段階での学習者のニーズを満たすことを目指しました。また、HSKは、中国語によるコミュニケーション能力の測定を第一の目的とした実用的な試験です。そのため、実際のコミュニケーションで使用する会話形式の問題や、リスニング、スピーキング能力の測定に重点をおいた試験となっています。

HSK 受験のメリット

　HSKは、中国政府の認定試験であるため、中国において中国語能力の公的な証明として通用し、HSK証書は中国の留学基準や就職の際にも活用されています。

　また、2010年のリニューアルでは、ヨーロッパにおいて外国語学習者の能力評価時に共通の基準となるCEFR※と合致するよう設計されたため、欧米各国の外国語テストとの互換性から難易度の比較がしやすく、世界のどの地域でも適切な評価を受けることが可能となりました。

中国語能力の測定基準

　➡ 自分の中国語能力を測定することで、学習の効果を確認するとともに、学習の目標として設定することでモチベーション向上につながります。

企業への中国語能力のアピール

　➡ 企業採用選考時の自己アピールとして中国語能力を世界レベルで証明できるだけでなく、入社後の実務においても中国語のコミュニケーション能力を社内でアピールする手段になり、現地（中国）勤務や昇進等の機会を得ることにつながります。

中国の大学への留学や中国での就職

　➡ HSKは大学への本科留学の際に必要な条件となっています。また、中国国内での就職を考える際にも、中国語能力を証明するために必要な資格であると言えます。

日本国内の大学入試優遇

　➡ 大学入試の際にHSKの資格保有者に対し優遇措置をとる大学が増えてきています。
　（詳細はHSK事務局HP：https://www.hskj.jp）

※
CEFR（ヨーロッパ言語共通参照枠組み：Common European Framework of Reference for Languages: Learning, teaching, assessment）は、ヨーロッパにおいて、外国語教育のシラバス、カリキュラム、教科書、試験の作成時、および学習者の能力評価時に共通の基準となるもので、欧州評議会によって制定されたもの。学習者個人の生涯にわたる言語学習を、ヨーロッパのどこに住んでいても断続的に測定することができるよう、言語運用能力を段階的に明記している。

HSK 各級のレベル

HSKでは、1級から6級までに級が分けられ、1級から4級までは合否およびスコア、5級と6級はスコアによって評価されます。

難易度	級	試験の程度	語彙量	CEFR	
高	6級	中国語の情報をスムーズに読んだり聞いたりすることができ、会話や文章により、自分の見解を流暢に表現することができる。	5,000語以上の常用中国語単語	C2	熟達した言語使用者
	5級	中国語の新聞・雑誌を読んだり、中国語のテレビや映画を鑑賞したりでき、中国語を用いて比較的整ったスピーチを行うことができる。	2,500語程度の常用中国語単語	C1	熟達した言語使用者
	4級	中国語を用いて、広範囲の話題について会話ができ、中国語を母国語とする相手と比較的流暢にコミュニケーションをとることができる。	1,200語程度の常用中国語単語	B2	自律した言語使用者
	3級	生活・学習・仕事などの場面で基本的なコミュニケーションをとることができ、中国旅行の際にも大部分のことに対応できる。	600語程度の基礎常用中国語単語及びそれに相応する文法知識	B1	自律した言語使用者
	2級	中国語を用いた簡単な日常会話を行うことができ、初級中国語優秀レベルに到達している。大学の第二外国語における第一年度履修程度。	300語程度の基礎常用中国語単語及びそれに相応する文法知識	A2	基礎段階の言語使用者
低	1級	中国語の非常に簡単な単語とフレーズを理解、使用することができる。大学の第二外国語における第一年度前期履修程度。	150語程度の基礎常用中国語単語及びそれに相応する文法知識	A1	基礎段階の言語使用者

HSK5 級 試験概要

※2025年5月試験現在

HSK5 級について

　　HSK筆記5級は、受験者の日常中国語の応用能力を判定するテストで、「中国語の新聞や雑誌が読めるだけでなく、中国の映画やテレビも鑑賞でき、さらに、中国語でスピーチすることができる」というレベルが求められます。主に週2〜4回の授業を2年間以上習い、2,500語程度の常用単語を習得している者を対象としています。

試験内容

聴力（聞き取り）：約30分・放送回数1回

パート	形　式	問題数	配　点
第1部分	放送される会話の内容に関する問いに答える	20題	100点
第2部分	放送される会話や短文の内容に関する問いに答える	25題	

読解：45分

パート	形　式	問題数	配　点
第1部分	短文中の空所に適切な語句を補う	15題	
第2部分	短文の内容に一致する選択肢を選ぶ	10題	100点
第3部分	長文の内容に関する問いに答える	20題	

書写：40分

パート	形　式	問題数	配　点
第1部分	与えられた語句を並べ替えて文を作る	8題	
第2部分	与えられた複数の語句を用いて80字程度の作文をする 与えられた絵や写真について80字程度で説明をする	各1題	100点

○試験開始の前に、解答用紙に個人情報を記入する時間が与えられます。
○聴力試験終了後に、解答用紙に記入する時間が予備として5分間与えられます。

成績および有効期間

○聴力、読解、書写の配点はそれぞれ100点、合計300点で評価されます。

○HSK 5 級の成績報告には、聴力、読解、書写のそれぞれの得点および総得点が明記されます。

○成績報告は受験者全員（試験無効者を除く）に送付され、発送には試験後約60日を要します。

○試験の約 1 カ月後から、HSK公式ホームページ（https://www.hskj.jp）にて成績照会を行うことが可能（准考証号と姓名の入力が必要）です。

○採点は中国本部にて実施しており、配点・採点基準等につきましては非公開となっております。

○HSKの成績は、外国人留学生が中国の大学に入学するための中国語能力証明とする場合、その有効期間は受験日から起算して 2 年間とされています。

文章 1

Zhōngqiūjié
中秋节

ct5-001.mp3

Měinián nónglì bā yuè shíwǔ, shì Zhōngguó de chuántǒng jiérì Zhōngqiūjié.
每年**农历**八月十五，是 中国 的 **传统** 节日——**中秋节**。
Chuánshuō, yǒu ge míng jiào Hòuyì de rén, dédàole yìkē "bùsǐyào". Chīle "bùsǐyào"
传说，有个 名 叫 ※后羿的人，得到了一**颗** “不死药”。吃了 “不死药”
jiù néng fēishang tiān, chéngwéi shénxiān. Kěshì Hòuyì shěbude tā de qīzi Cháng'é, suǒyǐ tā bǎ yào
就 能 飞上 天，成为 **神仙**。可是后羿**舍不得**他的妻子※嫦娥，所以他把药
jiāogěi Cháng'é bǎocúnqǐlai. Zhè jiàn shìqing ràng jiǎohuá de Péngméng zhīdàole. Tā chèn Hòuyì wàichū de
交给 嫦娥 **保存**起来。这件事情 让 **狡猾**的 ※蓬蒙 知道了。他 **趁** 后羿外出的
shíhou, wēixié Cháng'é jiāochū "bùsǐyào". Cháng'é zhīdào zìjǐ bú shì Péngméng de duìshǒu, yúshì chèn
时候，**威胁** 嫦娥 交出 “不死药”。嫦娥 知道自己不是 蓬蒙 的**对手**，于是 趁
tā bú zhùyì de shíhou, chīxiàle "bùsǐyào". Cháng'é chīxià yào hòu, mànmàn de xiàng tiānshang fēiqù.
他不注意的时候，吃下了 “不死药”。嫦娥吃下药后，慢慢 地 向 天上 飞去。
Dànshì yóuyú Cháng'é shěbude zhàngfu, biàn fēidàole lí dìqiú zuì jìn de yuèliangshang chéngle shénxiān.
但是 由于 嫦娥 舍不得 丈夫，**便** 飞到了离地球最近的 月亮上 成了 神仙。
Hòuyì dézhīle zhè jiàn shìqing hòu, fēicháng shāngxīn, tā hèn Péngméng, què yě wúfǎ ràng Cháng'é huídào
后羿**得知**了这 件 事情后，非常 伤心，他 **恨** 蓬蒙，却也无法 让 嫦娥 回到
zìjǐ de shēnbiān. Dàn dāng tā táitóu kàn xiàng tiānkōng shí, fāxiàn nà tiān de yuèliang tèbié yuán, tèbié
自己的身边。但 当 他抬头看 向 **天空** 时，发现那天的 月亮 特别 **圆**，特别
piàoliang, érqiě lǐmiàn yǒu ge shēnyǐng tèbié xiàng Cháng'é. Yúshì jiù ràng rén bǎishang Cháng'é píngshí ài chī
漂亮，而且里面有个 **身影** 特别 像 嫦娥。于是就 让 人 **摆**上 嫦娥 平时 爱吃
de shuǐguǒ, jìniàn zài yuèliangli de Cháng'é. Lǎobǎixìngmen tīngdàole zhè ge xiāoxi hòu, yě fēnfēn bǎishang
的水果，**纪念**在月亮里的嫦娥。**老百姓**们 听到了这个消息后，也**纷纷** 摆上
chá jiǔ jìniàn Cháng'é. Zhōngqiūjié shǎngyuè de fēngsú jiù zhèyàng chuánkāile.
茶酒纪念嫦娥。中秋节 **赏月** 的**风俗**就 这样 **传开**了。
Zhè ge fēngsú yìzhí liúchuándào xiànzài. Zài Zhōngguó, yìbiān shǎngyuè yìbiān chī yuèbǐng shì Zhōngqiūjié
这个风俗一直 **流传**到 现在。在 中国，一边 赏月 一边吃 **月饼** 是 中秋节
bìbùkěshǎo de huódòng. Rénmen yòng shǎngyuè hé chī yuèbǐng lái biǎodá xīwàng jiārén tuányuán de xīnqíng.
必不可少的活动。人们 用 赏月 和吃 月饼 来**表达** 希望家人 **团圆** 的心情。

※后羿、嫦娥、蓬蒙……すべて神話上の登場人物名。

単語・表現チェック

無印赤字…5級　⑥…6級　*…出題範囲外の語彙

⑥	农历	nónglì	旧暦・陰暦：農業暦・農事暦
	传统	chuántǒng	伝統：伝統的だ・従来の
*	中秋节	Zhōngqiūjié	中秋節
	传说	chuánshuō	伝説・うわさ：言い伝える・取りざたする・うわさする
	颗	kē	星・心・粒状の物などを数える量詞
⑥	神仙	shénxiān	（神話の中の）神仙・仙人
	舍不得	shěbude	離れがたい・別れるのがつらい：（使うこと・捨てることを）惜しむ
	保存	bǎocún	保存する・維持する

	狡猾	jiǎohuá	ずる賢い
	趁	chèn	～のうちに・～に乗じて・～を利用して
	威胁	wēixié	威嚇する・脅かす
	对手	duìshǒu	相手：ライバル
	便	biàn	（仮定・因果・目的・対立などを示す複文に用い）もし～ならば…・～であるので…・～のために…・～でなければ…だ：すぐ・もう（"就"とほぼ同じように使う）
*	得知	dézhī	（ある情報を）得る・知る

訳　中秋節

毎年旧暦8月15日は中国の伝統的な祝日――中秋節だ。

伝説によると、後羿という人がいて、彼は「不死の薬」を1粒手に入れた。「不死の薬」を飲めば、天に上り神仙になることができる。しかし後羿は彼の妻である嫦娥と離れたくないため、薬を嫦娥に渡し、保存させた。このことが、ずる賢い蓬蒙という人に知られてしまった。彼は後羿が外出している時を狙って、嫦娥に「不死の薬」をよこすように脅した。嫦娥は自分が蓬蒙の相手にならない（勝ち目がない）と思い、蓬蒙が気づかないうちに「不死の薬」を飲んでしまった。「不死の薬」を飲んだ嫦娥はゆっくりと空高く舞い上がった。しかし嫦娥は夫と離れたくないため、地球から一番近い月に降り立って神仙になった。後羿はこの事を知り、とても悲しみ、（彼は）蓬蒙を恨んだが、それでも嫦娥を自分のそばに戻す方法がなかった。しかし、彼が頭を上げて空を見ると、その日の月がとてもまるく、とても綺麗なことに気づいた。しかも月の中に嫦娥によく似た影もあった。それで彼は嫦娥が普段好んで食べていた果物を人に並べさせ、月にいる嫦娥を記念してまつった。庶民たちもこの情報を聞きつけた後、次から次へとお茶や酒など並べて嫦娥を記念してまつった。中秋節に月見をする風習はこのように広く伝わったのである。

この風習はずっと現在まで伝わってきた。中国では、月見を楽しみながら月餅を食べることは中秋節には必要不可欠な行事だ。人々は月見を楽しむことと月餅を食べることで、一家団らんを願う気持ちを表しているのだ。

	恨	hèn	恨む：後悔する：恨み
	天空	tiānkōng	空・大空
	圆	yuán	まるい：円満だ
*	身影	shēnyǐng	人影・姿・物の影
	摆	bǎi	（きちんと）並べる
	纪念	jìniàn	記念する：記念の：記念品
	老百姓	lǎobǎixìng	庶民・住民・普通の人民
	纷纷	fēnfēn	次から次へと：雑多だ

*	赏月	shǎngyuè	月見（をする）・月をめでる
	风俗	fēngsú	風俗・風習
*	传开	chuánkāi	（知識などが）広く伝わる・（知識などを）広く伝える
	流传	liúchuán	広く伝わる・伝播する
*	月饼	yuèbǐng	月餅（げっぺい）
*	必不可少	bìbùkěshǎo	必要不可欠だ・欠くことのできない・欠かせない
	表达	biǎodá	（考えや気持ちを）表現する・伝える・言い表す
[6]	团圆	tuányuán	一家団らんする：一緒になる

文章 2

Běijīng de hútòng
北京的胡同

ct5-002.mp3

Jìnrù Běijīngchéng, rénmen gǎn xìngqù de wǎngwǎng búshì nàxiē gāolóu dàshà, míngshèng gǔjì, ér
进入 北京城，人们 感 兴趣的 往往 不是那些高楼**大厦**，**名胜 古迹**，而
shì nàxiē xiǎoxiǎo de hútòng.
是那些 小小 的**胡同**。

Hútòng shì yìzhǒng gǔlǎo de chéngshì xiǎo jiēdào, tā de liǎngbiān yìbān dōu yǒu hěnduō Běijīng de
胡同是一种**古老**的 城市 小街道，它的 两边 一般都有很多北京的
chuántǒng jiànzhùwù Sìhéyuàn. Běijīng hútòng qǐyuán yú Yuándài, zuìduō shí yǒu duōtiáo. Hútòng
传统 建筑物——四合院。北京胡同**起源**于**元代**，最多时有 6000 多条。胡同
de zǒuxiàng duō wéi zhèng dōng zhèng xī, kuāndù yìbān bú guò mǐ, tāmen chuànqǐlái, jiù xiàng yíkuài
的**走向** 多为 **正** 东 正 西，**宽**度一般不过 9 米，他们**串**起来，就 像 一块
dòufu, bù wāi bù xié.
豆腐，不**歪**不**斜**。

Biékàn zhè hútòng yàngzi dōu chàbuduō, dàn tāmen de tèsè què gè bù xiāngtóng. Zài Běijīng yǒu ge
别看这胡同样子都差不多，但它们的**特色**却各不相同。在北京 有个
hútòng jiào “Jiǔdàowānhútòng”, yuányīn shì yíge xiǎoxiǎo de hútòng jìngrán yào guǎi jiǔ ge wān. Yǒu de
胡同叫“九道弯胡同”，原因 是一个 小小 的胡同竟然 要 **拐**九个**弯**。有的
hútòng rúguǒ céngjīng zhùguò yǒumíng de rén, nà zhè tiáo hútòng jiù huì yǐ zhè ge rén de míngzi mìngmíng,
胡同如果 **曾经** 住过 有名 的人，那这 条胡同就会以这个人的名字 **命名**，
bǐrú “Jiāngcōnghútòng”. Yǒu de xiǎohútòng fùjìn méiyǒu shénme biāozhì, dànshì hútòngli zhòng de shù
比如 “江聪胡同”。有的小胡同附近没有 什么 **标志**，但是胡同里 种 的树
hěnduō, jiù yǒule “Liǔshù hútòng” zhèyàng de yǐ shù mìngmíng de hútòng.
很多，就有了 “**柳树**胡同” 这样 的以树 命名 的胡同。

Hútòng yìbān dōu jùlí nàoshì hěn jìn, dǎ ge jiàngyóu mǎi ge jīdàn shénme de hěn fāngbiàn. Hútòng
胡同一般都距离**闹市**很近，打个 **酱油** 买个鸡蛋 什么 的很 方便。胡同
li méiyǒu nàoshì de xuānnào, yǒude shì wēnnuǎn de línlǐ guānxì. Hútòng bùjǐn shì Běijīngchéng de zhòngyào
里没有 闹市的 **喧闹**，有的是 **温暖** 的**邻里**关系。胡同不仅是 北京城 的 重要
xiàngzhēng, gèng shì Běijīng lǎobǎixìng shēnghuó de dìfang. Běijīngrén duì hútòng yǒuzhe tèshū de gǎnqíng,
象征，更 是北京**老百姓** 生活 的地方。北京人对胡同 有着**特殊**的 感情，
tā bùjǐn shì rénmen chūrù jiāmén de tōngdào, gèng shì yízuòzuò mínsú fēngqíng de bówùguǎn. Yīncǐ, yě
它不仅是人们出入**家门**的**通道**，更 是一座座**民俗 风情** 的**博物馆**。因此，也
yǒu rén chēng Běijīng de gǔdū wénhuà wéi “hútòng wénhuà”.
有人 **称** 北京的**古都**文化 为 “胡同文化”。

単語・表現チェック

無印赤字…5 級　⑥…6 級　＊…出題範囲外の語彙

	大厦	dàshà	ビル・マンション
	名胜古迹	míngshèng gǔjì	名所旧跡
	胡同	hútòng	路地・横町
＊	古老	gǔlǎo	長い年月を経ている・古い歴史を持つ・昔からの：古臭い
	传统	chuántǒng	伝統：伝統的だ・従来の
	建筑	jiànzhù	建築物：建築する
⑥	起源	qǐyuán	～に源を発する・～を起源とする：起源・源
＊	元代	Yuándài	元（13～14 世紀にかけて中国を支配した王朝）の時代
＊	走向	zǒuxiàng	伸びる方向・変化する方向：～に向かって歩む・～に向かって発展する

	正	zhèng	ちょうど・きっちり：（位置が）真ん中だ：ちょうど（～しているところだ）
	宽	kuān	幅が広い：幅・広さ（“宽度”で「広さ・幅」）
⑥	串	chuàn	つながる・つなげる・貫く・（くしなどに）突き刺す・つなぎ合わせる
	豆腐	dòufu	豆腐
	歪	wāi	ゆがんでいる
	斜	xié	斜めだ：斜めに傾ける
＊	别看	biékàn	～とはいうものの・～だけれども
	特色	tèsè	特色・特徴

訳　北京の胡同（フートン）

北京市に入ると、人々が興味を持つのは往々にして高層ビルや名所旧跡ではなく、小さな胡同だ。

胡同とは1種の古い町の小さな通りで、胡同の両側には一般的に多くの北京の伝統的な建築物――四合院がある。北京の胡同は元の時代を起源とし、最も多い時は6000本あまりあった。多くの胡同の伸びる方向は真東真西であり、幅は普通9メートルを超えないぐらいで、お互いつながり、まるで豆腐を切ったのと同じように、道路がまっすぐ、ゆがんでも曲がってもいない。

胡同の様子はたいして差はないとはいうものの、それらの特色はそれぞれ違う。北京では「九道弯胡同」と呼ばれる胡同がある。その理由は小さな胡同でなんと9つの角を曲がらなければならないからだ。もし胡同にかつて有名な人が住んだことがあれば、その胡同にはその人の名前がつけられることもある。例えば、「江聡胡同」などだ。ある小さな胡同には近くに何も標識はないが、胡同に木がたくさん植えられている。それで「柳樹（ヤナギ）胡同」のような木によって名づけられる胡同ができた。

胡同は一般的ににぎやかな通りに近いため、醤油を買うのにも卵やら何やらを買うのにもとても便利だ。胡同には繁華街の騒々しさはなく、あるのは温かい隣人関係だ。胡同は北京市の重要な象徴であるだけでなく、北京の庶民が生活する場所でもある。北京人は胡同に対して特別な感情を持ち、それ（胡同）は人々が家を出たり入ったりする通り道であるにとどまらず、さらに1つ1つの風俗習慣、風土人情の博物館でもあるのだ。そのため、北京の古都文化を「胡同文化」と称する人もいる。

	拐弯	guǎiwān	角を曲がる・カーブする：(考えなどの)方向転換をする・曲がり角
	曾经	céngjīng	かつて・以前
⑥	命名	mìngmíng	命名する
	标志	biāozhì	標識・しるし：示す
＊	柳树	liǔshù	柳の木
＊	闹市	nàoshì	繁華街・にぎやかな通り
	酱油	jiàngyóu	しょうゆ
＊	喧闹	xuānnào	〈書〉にぎやかで騒々しい・やかましくにぎやかである
	温暖	wēnnuǎn	温かい・暖かい
＊	邻里	línlǐ	町内・隣近所：同じ町内の人

	象征	xiàngzhēng	象徴(する)・シンボル
	老百姓	lǎobǎixìng	庶民・住民・普通の人民
	特殊	tèshū	特別だ・特殊だ
＊	家门	jiāmén	住居の表門・家：〈書〉自分の家族：一族：自分の身上
＊	通道	tōngdào	通路・往来・大通り
＊	民俗	mínsú	人民の風俗習慣・民俗
＊	风情	fēngqíng	風土人情
	博物馆	bówùguǎn	博物館
	称	chēng	～と呼ぶ・～と称する：(目方を)量る
＊	古都	gǔdū	古都・過去に都があったところ

文章 3 Mósuōzú de hūnyīn zhìdù 摩梭族的婚姻制度

ct5-003.mp3

Mósuōzú shì Zhōngguó de shǎoshù mínzú zhī yī. Mósuōzú zhǔyào jízhōng zài Zhōngguó Yúnnánshěng,
摩梭族是中国的少数民族之一。摩梭族主要**集中**在中国云南省，
Mósuōzú jūzhù de dìfang sù yǒu "nǚ'érguó" zhīchēng, yīnwèi Mósuōzú de yíqiè dōu yóu nǚxìng zhīpèi.
摩梭族**居住**的地方**素**有"女儿国"之**称**，因为摩梭族的一切都由女性**支配**。

Mósuōzú yǒu yìzhǒng tèbié de hūnyīn zhìdù zǒuhūn. Zài báitiān, Mósuōzú de nánnǚ hěn shǎo zài
摩梭族有一种特别的**婚姻制度**——走婚。在**白天**，摩梭族的男女很少在
yìqǐ, zhǐyǒu zài jùhuìshang yǐ chànggē、tiàowǔ de fāngshì duì zìjǐ xǐhuan de rén biǎodá gǎnqíng. Rúguǒ
一起，只有在聚会上以唱歌、跳舞的**方式**对自己喜欢的人**表达**感情。如果
nánzǐ xǐhuānshang nǎ ge nǚzǐ de huà, huì zài báitiān yǔ nǚzǐ yuēhǎo, wǎnshang dào nǚzǐ de fángjiān
男子喜欢上哪个女子的话，会在白天与女子约好，晚上到女子的房间
yuēhuì. Dàn tā bùnéng cóng zhèngmén jìnrù, ér yào pá chuāng, zài bǎ màozi děng dōngxi guàzài ménwài,
约会。但他不能从正门进入，而要**爬**窗，再把帽子等东西挂在门外，
biǎoshì liǎng rén zhèngzài yuēhuì, jiào biéren búyào dǎrǎo. Ránhòu dì 'èr tiān zǎoshang bìxū líkāi, zhèshí
表示两人正在约会，叫别人不要打扰。然后第二天早上必须离开，这时
kěyǐ zǒu zhèngmén. Dàn rúguǒ zài nǚfāng fùmǔ qǐchuáng hòu cái líkāi, zé bèi rènwéi shì méi lǐmào.
可以走正门。但如果在女**方**父母起床后才离开，**则**被认为是没礼貌。

Yìbān lái shuō, nánfāng zài jiéhūn hòu yě huì yìzhí zhù zài zìjǐ jiāli. Nǚfāng shēngxià háizi hòu,
一般来说，男方在结婚后也会一直住在自己家里。女方生下孩子后，
nánfāng huì zài háizi chūshēng shí dài lǐwù qù kànwàng, zài guòjié shí sòng xiē rìyòngpǐn děng. Dàn rìcháng
男方会在孩子出生时带礼物去**看望**，在过节时送些**日用品**等。但**日常**
shēnghuózhōng duì zìjǐ de háizi méiyǒu guòduō de zérèn hé yìwù.
生活中对自己的孩子没有过多的责任和**义务**。

Mósuōzú méiyǒu míngquè de hūnyīn guānxì, shìfǒu zài yìqǐ quán píng gǎnjué. Yídàn gǎnqíng biàn dàn
摩梭族没有**明确**的婚姻关系，是否在一起全**凭**感觉。**一旦**感情变**淡**
huò xìnggé bù hé, rènhé yìfāng suíshí dōu kěyǐ jiéshù zǒuhūn guānxì.
或性格不合，任何一方**随时**都可以结束走婚关系。

Mósuōzú de zǒuhūn zhìdù shì shìjièshang zuì yǒu zìyóu sècǎi de hūnyīn xíngtài zhī yī.
摩梭族的走婚制度是世界上最有**自由色彩**的婚姻**形态**之一。

単語・表現チェック

無印赤字…5級　⑥…6級　＊…出題範囲外の語彙

＊	摩梭族	Mósuōzú	モソ族（中国少数民族の1つ）
	集中	jízhōng	集中している：集中する・まとめる
⑥	居住	jūzhù	居住する・住まう
＊	素	sù	〈書〉平素から・普段から・これまで・かねがね：本来の・もとの
	称	chēng	名称・呼び名：～と呼ぶ・～と称する：(目方を) 量る
⑥	支配	zhīpèi	支配する：割り振る
	婚姻	hūnyīn	婚姻

	制度	zhìdù	制度・システム
＊	白天	báitiān	昼・昼間・日中
	方式	fāngshì	方式・やり方・形式
	表达	biǎodá	(考えや気持ちを) 表現する・伝える
＊	爬	pá	よじのぼる・這い上がる・(山や階段などを) 登る・(動物などが) はう
	方	fāng	～側・～サイド：方法・手段：地方・ところ：四角の

訳 モソ族の婚姻制度

モソ族は中国の少数民族の1つだ。モソ族は、主に中国の雲南省に集中しており、モソ族が住んでいるところは本来「女の子の国」という名前を持っている。モソ族のすべてのことは女性に支配されているからだ。

モソ族はある種の特別な婚姻制度を持つ。──それは走婚（通い婚）という制度だ。昼間、モソ族の男女はめったに一緒におらず、集まりの時だけ、歌やダンスなどの手段によって自分の好きな人に気持ちを伝える。もし男子は誰か好きな女子ができたら、昼間にその女子と約束をして、夜に女子の部屋へ行ってデートをするのだ。ただし、彼は正門から入ることができず、窓によじのぼってそこから入らなければならない。そして、帽子などのものをドアの外に掛けて、2人はデート中だということを表し、他の人に邪魔されないようにするのだ。そして、次の日の朝は必ず（女子の部屋から）離れなければならない。その時は正門から出ることができる。しかし、もし女性側の親が起きてから離れると、礼儀がないとされるという。

一般的には、男性側は結婚後も実家に住む。女性側が子どもを産んだ後、男性側は子どもの出生時にプレゼントを持って訪問したり、祝日に日用品などを送ったりするが、日常生活において自分の子どもへの過度な責任や義務はない。

モソ族は明確な婚姻関係を持たず、一緒にいるかどうかはすべて感覚に任せられている。ひとたび気持ちが冷めたり、性格が合わなかったりしようものなら、どちらからでも随時走婚の関係を終わらせることができる。

モソ族の走婚制度は世界で最も自由色が濃い婚姻形態の1つだ。

	则	zé	～すると・～すれば：対比関係を表す：～条・題（文章を数える量詞）
	看望	kànwàng	訪問する・見舞う・ご機嫌をうかがう
	日用品	rìyòngpǐn	日用品
	日常	rìcháng	日常の・普段の
	义务	yìwù	義務・責務：奉仕的な・無報酬の
	明确	míngquè	明確だ：明確にする
	凭	píng	～するに任せる：頼る・頼りとする：もたれる：根拠・よりどころ

	一旦	yídàn	いったん・ひとたび
	淡	dàn	（気体や液体の濃度・感情・興味・味・色などが）薄い・希薄だ・淡い
	随时	suíshí	随時・いつでも
	自由	zìyóu	自由だ
	色彩	sècǎi	色・彩り
⑥	形态	xíngtài	形態・形状・ありさま

文章 4 Lìjiāng 丽江

ct5-004.mp3

"Dōngfāng Wēinísī" "shìjièshang zuì zhídé qù de ge xiǎochéng zhī yī" "Zhōngguó zuì zhídé qù
"东方威尼斯""世界上最值得去的100个小城之一""中国最值得去
de ge xiǎochéng zhī yī" zhèxiē zhǐ de shì tóng yíge dìfang, Lìjiāng. Lìjiāng wèiyú Yúnnánshěng
的10个小城之一"——这些指的是同一个地方，丽江。丽江**位于**云南省
xīběi dìqū, zhōuwéi sānmiàn shì shān, yímiàn shì hú, bùjǐn yǒu měilì de zìrán, érqiě yǒu fùyú
西北**地区**，周围三面是山，一面是**湖**，不仅有美丽的自然，而且有**富于**
mínzú tèsè de wénhuà mèilì. Lìjiāng lìshǐ yōujiǔ, yījiǔjiǔqī nián bèi quèdìngwéi shìjiè wénhuà yíchǎn yǐhòu,
民族**特色**的文化**魅力**。丽江历史**悠久**，1997年被**确定**为世界文化**遗产**以后，
zhè ge běnlái rénkǒu zhǐyǒu jǐwànrén de gǔchéng, měinián xīyǐnzhe hǎo jǐbǎiwàn de yóukè qián lái.
这个本来**人口**只有几万人的古城，每年吸引着好几百万的**游客**前来。

Lìjiāng gǔchéngnèi yǒu jǐbǎitiáo de shuǐlù, yīncǐ zhèlǐ qiáo tèbié duō. Shuǐlù liǎngbiān páilièzhe yǒu
丽江古城内有几百条的水路，因此这里桥特别多。水路两边排列着有
mínzú tèsè de mínjū jiànzhù. Lìjiāng shēnghuózhe Nàxīzú、Báizú、Yízú děng duō ge mínzú, qízhōng
民族特色的**民居建筑**。丽江生活着纳西族、白族、彝族等多个民族，其中
Nàxīzú zuìduō, suǒyǐ jiànzhù xíngshì yě duō tǐxiàn Nàxīzú fēnggé. Dào Lìjiāng lǚyóu, zhèxiē jiànzhùqún
纳西族最多，所以建筑**形式**也多**体现**纳西族**风格**。到丽江旅游，这些建筑**群**
shì bìrán yàokàn de.
是**必然**要看的。

Lìjiāng méiyǒu míngxiǎn de sìjì qūbié, quánnián qìwēn piān dī, zǎowǎn wēnchā dà. yuè dào
丽江没有**明显**的四季区别，全年气温**偏**低，早晚温差大。5月到10
yuè shì yǔjì, yóuqí yuè xià yǔ zuìduō; yuè dào yuè zé bǐjiào gānzào. Lìjiāng yìnián sìjì yǒu
月是雨季，尤其7、8月下雨最多；11月到4月**则**比较**干燥**。丽江一年四季有
bùtóng de huā kāifàng, bùtóng de jìjié yǒu bùtóng de fēngjǐng, wúlùn shénme shíhou qù, Lìjiāng dōu bú huì
不同的花**开放**，不同的季节有不同的**风景**，无论什么时候去，丽江都不会
ràng rén shīwàng.
让人失望。

単語・表現チェック

無印赤字…5級　⑥…6級　＊…出題範囲外の語彙

	位于	wèiyú	～に位置する・～にある
	地区	dìqū	地区・地域
＊	湖	hú	湖
＊	富于	fùyú	～に富んでいる
	特色	tèsè	特色・特徴
	魅力	mèilì	魅力

	悠久	yōujiǔ	悠久だ・はるかに久しい
	确定	quèdìng	はっきり決める・確定する：確かだ
＊	遗产	yíchǎn	遺産
	人口	rénkǒu	人口・家族の人数
＊	游客	yóukè	観光客・遊覧客
＊	民居	mínjū	民家・一般住民の家屋

訳　麗江

　「東洋のベニス」「世界で最も訪れる価値のある100の小都市のうちの1つ」「中国で最も訪れる価値のある10の小都市のうちの1つ」──これらが指しているのは皆同じ場所、麗江だ。麗江は雲南省の北西部に位置し、周囲三方を山に囲まれ、一方には湖がある。美しい自然があるだけでなく、民族の特徴に富んだ文化的な魅力もある。麗江は歴史が長く、1997年に世界文化遺産として認められた後、本来人口が数万人しかいないこの古い都市が、毎年数百万もの観光客を引きつけている。

　麗江の市内には数百本の水路があるため、橋が非常に多い。水路の両側に民族の特徴のある一般住民の建築物が並んでいる。麗江市にはナシ族、バイ族、イ族など多数の民族が暮らしており、中でもナシ族が最も多いため、建築形式もナシ族の特徴が現れているものが多い。麗江に旅行に行ったら、これらの建築物は必見である。

　麗江ははっきりした四季の区別はなく、1年中気温が低めで、朝晩の気温差が大きい。5月から10月は雨期で、特に7、8月に雨が多いのに対し、11月から4月は比較的乾燥している。麗江では1年中異なる花が咲き、違う季節には違う景色が見られる。いつ行こうとも、麗江は決して人をがっかりさせたりはしない。

建筑	jiànzhù	建築物・建築する
形式	xíngshì	形式
体现	tǐxiàn	体現する・具体的に表す
风格	fēnggé	風格・精神
群	qún	～群・群・群れ：群れをなすものを数える量詞
必然	bìrán	必然的だ・避けられない

明显	míngxiǎn	はっきりしている・明らかだ
*偏	piān	偏っている・傾いている・～なほうだ
则	zé	（ほかと比較してこれは～と限定する）～は
干燥	gānzào	乾燥している
开放	kāifàng	（花が）咲く・開く・(制限などを)解く・開放する
风景	fēngjǐng	風景・景色

文章 5 Chuānjù 川剧

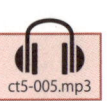

ct5-005.mp3

Chuānjù, hé Jīngjù yíyàng, shì Zhōngguó xìjù de yìzhǒng. Tā lìshǐ yōujiǔ, zhìjīn bǎocúnzhe bù
川剧，和京剧一样，是 中国 **戏剧**的 一种。它历史**悠久**，**至今保存**着不
shǎo yōuxiù de zuòpǐn. Chuānjù zhǔyào liúxíng yú Sìchuān、Chóngqìng、Guìzhōu jí Yúnnán děng dìfang. Chuānjù
少 优秀的**作品**。川剧 主要 流行于 四川、 重庆、 贵州 及 云南 等 地方。川剧
de yǔyán shēngdòng huópō, chōngmǎnzhe dìfāng qìxī. Zài Chuānjùzhōng, zuìwéi xīyǐn rén de shì shēnghuóhuà
的语言 **生动** 活泼，**充满**着 地方**气息**。在 川剧中，**最为**吸引人的是 生活化
de xìjù nèiróng hé yōumò de yǔyán, jīngcháng néng yíng lái guānzhòng de xiàoshēng.
的戏剧内容和幽默的语言， 经常 能 赢来 观众 的 笑声。

Chuānjùzhōng zuì yǒumíng de biǎoyǎn shì biànliǎn. Biànliǎn shì Chuānjù biǎoyǎn tèjì de yìzhǒng, yònglái
川剧中 最 有名 的 表演 是 变脸。变脸 是 川剧 表演 **特技**的 一种，用来
biǎoxiàn jùzhōng rénwù de sīxiǎng gǎnqíng de biànhuà. Yǎnyuán yòng liǎnpǔ, bǎ kànbujiàn、gǎnjuébudào de
表现 剧中 **人物**的 **思想** 感情 的 变化。演员 用 **脸谱**，把 看不见、感觉不到的
chōuxiàng qíngxù hé xīnlǐ zhuàngtài, biànchéng kàndejiàn、gǎnjuédedào de, shēngdòng de xíngxiàng.
抽象 **情绪**和**心理** **状态**， 变成 看得见、感觉得到的，生动 的 **形象**。

Chuānjù biànliǎn zuì yǒu tèsè de dìfang shì yǎnyuán kěyǐ zài duǎn shíjiānnèi biànchū qīng、lán、zǐ děng
川剧 变脸 最有**特色**的地方是 演员 可以在 短 时间内 变出 **青**、蓝、**紫** 等
gèsè liǎnpǔ, shuō biàn jiù biàn. Ér kàn de rén què kànbuchū rènhé pòzhàn, ràng kànguo de rén wúbù jīngtàn.
各色脸谱，**说** 变 **就**变。而看的人 却 看不出 任何**破绽**，让 看过的人**无不惊叹**。
Érqiě Chuānjù biànliǎn néng jǐnjǐn wéirào jùqíng de fāzhǎn, chōngfèn fāhuī xìjù de kuāzhāngxìng, bìmiǎn
而且 川剧 变脸 能 紧紧 **围绕剧情**的发展，**充分 发挥**戏剧的 **夸张**性，**避免**
tèjì yǔ jùqíng de tuōlí, xuànrǎn jùqíng de qíngjǐng.
特技与剧情的**脱离**，**渲染** 剧情的 **情景**。

Yóuyú Chuānjù zài wénhuà、yìshù、lìshǐ děng fāngmiàn dōu yǒu fēicháng gāo de yánjiū jiàzhí, zài
由于 川剧 在 文化、艺术、历史 等 方面 都 有 非常 高的研究**价值**，在
Zhōngguó xìjùshǐshang zhànyǒu shífēn zhòngyào de dìwèi.
中国 戏剧史上 **占**有 十分 重要 的**地位**。

単語・表現チェック

無印赤字…5級　⑥…6級　＊…出題範囲外の語彙

	戏剧	xìjù	演劇・芝居
	悠久	yōujiǔ	悠久だ・はるかに久しい
	至今	zhìjīn	現在でも・いまなお
	保存	bǎocún	保存する・(実力などを) 維持する
	作品	zuòpǐn	作品
	生动	shēngdòng	生き生きしている
	充满	chōngmǎn	満たす・満ちる
＊	气息	qìxī	(呼吸する時の) 息：息吹・気配・におい
＊	最为	zuìwéi	最も・一番
＊	特技	tèjì	妙技・離れ技・特殊技能

	表现	biǎoxiàn	態度・行動：表現 (する)
	人物	rénwù	(作品中の) 登場人物・人物
	思想	sīxiǎng	思想・考え
＊	脸谱	liǎnpǔ	(歌舞伎や京劇などの) 隈どり
	抽象	chōuxiàng	抽象的だ：抽象する
	情绪	qíngxù	気分・感情・意欲：不愉快な気持ち・嫌気
	心理	xīnlǐ	心理・気持ち
	状态	zhuàngtài	状態
	形象	xíngxiàng	イメージ・形・姿
	特色	tèsè	特色・特徴

訳　川劇

　川劇は、京劇と同じように、中国演劇の一種だ。川劇は長い歴史を持ち、現在も数多くの優秀な作品が保存されている。川劇は主に四川、重慶、貴州及び雲南などの地方で盛んに行われている。川劇の言語は生き生きとしており、地方の息吹に満ち溢れている。川劇の中で、最も注目されているのは生活を描いた演劇の内容とユーモアのある言葉で、よく観衆の笑い声を得ている。

　川劇の中で最も有名な演技は変臉だ。変臉は川劇演技の妙技の1種類であり、劇の中の人物の思想や気持ちの変化を表す時に使われている。役者は顔の隈どりを使い、見えず、感じない、抽象的な気持ちと心理状態を、見える、感じる、生き生きとした姿に変えるのだ。

　川劇の変臉の最も特色のある点は、役者が短時間のうちに、シアン（青緑に近い鮮やかな水色）、青、紫など様々な色の隈どりに変えることができ、あっという間に変えるところだ。見ている人は少しも手抜かりを見つけることができず、見た人には驚いて感心しない人がいない。また、川劇の変臉はストーリーの展開をしっかりたどり、演劇の仰々しい側面を十分に発揮しつつ、妙技とストーリーが乖離することなく、ストーリーの情景を際立たせることができるのだ。

　川劇は文化、芸術、歴史などの方面で非常に高い研究価値を持っているため、中国演劇史上で非常に重要な位置を占めている。

青	qīng	青色（の）・青い・緑色（の）・青々とした・シアン色
紫	zǐ	紫（色）
＊ 说～就～	shuō~jiù~	あっという間に～する
＊ 破绽	pòzhàn	（話や行為の）手抜かり・破綻・ぼろ：（衣服の）ほころび
＊ 无不	wúbù	～ないものはない
＊ 惊叹	jīngtàn	驚嘆する・驚いて感心する
围绕	wéirào	取り囲む・取り巻く・めぐる・（ある問題を）中心として
＊ 剧情	jùqíng	（ドラマ・映画・劇の）すじ・ストーリー
充分	chōngfèn	十分に・余すところなく：十分だ

发挥	fāhuī	発揮する・発揮させる
夸张	kuāzhāng	誇張する・大げさに言う
避免	bìmiǎn	避ける・免れる
⑥ 脱离	tuōlí	離脱する・離れる
＊ 渲染	xuànrǎn	（作品中の生活情景などを）際立たせる・浮かび上がらせる：誇張する：雰囲気を出すために色で輪郭をぼかす
情景	qíngjǐng	情景・ありさま・光景
价值	jiàzhí	価値・値打ち
占	zhàn	占める（"占有"で「占める・占有する・持つ」）
地位	dìwèi	地位・立場

文章6 Yìnshuāshù 印刷术

ct5-006.mp3

Yìnshuāshù shì Zhōngguó gǔdài láodòng rénmín de sì dà fāmíng zhī yī. Tā kāishǐ yú diāobǎnyìnshuā,
印刷术是中国古代劳动人民的四大发明之一。它开始于雕版印刷，
Běisòng shíqī jīngguò BìShēng fāzhǎn、wánshàn, chǎnshēngle huózì yìnshuā, bìng chuándàole Ōuzhōu.
北宋时期经过毕升发展、完善，产生了活字印刷，并传到了欧洲。

Yìnshuāshù fāmíng zhīqián, wénhuà de chuánbō zhǔyào kào shǒu chāo shū. Dànshì shǒuchāo shífēn fèi
印刷术发明之前，文化的传播主要靠手抄书。但是手抄十分费
shíjiān, érqiě róngyì chāo cuò.
时间，而且容易抄错。

Dàyuē zài gōngyuán nián, rénmen cóng kè yìnzhāngzhōng dédào qǐfā, fāmíngle diāobǎnyìnshuā.
大约在公元600年，人们从刻印章中得到启发，发明了雕版印刷。
Diāobǎnyìnshuā de fāngfǎ shì: Bǎ wénzì chāozài báo ér tòumíng de zhǐshang zuòwéi shūgǎo, ránhòu bǎ shūgǎo
雕版印刷的方法是：把文字抄在薄而透明的纸上作为书稿，然后把书稿
zhāntiē zài píng ér huá de mùbǎnshang, zài bǎ mùbǎnshang méiyǒu zìjì de bùfen xuēqù, yǒu zìjì de
粘贴在平而滑的木板上，再把木板上没有字迹的部分削去，有字迹的
bùfen jiù tūchulaile. Yìnshuā de shíhou, zài tūqǐ de zìshang jūnyúnde túshang mò, ránhòu bǎ zhǐ fù
部分就凸出来了。印刷的时候，在凸起的字上均匀地涂上墨，然后把纸覆
zài tā de shàngmiàn, zìjì jiù liúzài zhǐshang le. Diāobǎnyìnshuā duì wénhuà de chuánbō qǐle zhòngyào
在它的上面，字迹就留在纸上了。雕版印刷对文化的传播起了重要
de zuòyòng, dàn tā yě yǒu xǔduō quēdiǎn, bǐrú mùbǎn tài dà bù róngyì cúnfàng, wénzì quánbù liánzài
的作用，但它也有许多缺点，比如木板太大不容易存放，文字全部连在
yìqǐ yǒu cuòzì bù róngyì xiūgǎi děng.
一起有错字不容易修改等。

Hòulái, BìShēng fāmíngle huózì yìnshuāshù, gǎijìnle diāobǎnyìnshuā de zhèxiē quēdiǎn. Huózì
后来，毕升发明了活字印刷术，改进了雕版印刷的这些缺点。活字
yìnshuā yǐ yíge zì wéi yíge zìmú, yòng de shíhou ànzhào shūgǎo bǎ zìmú xuǎnchūlai, páilièhǎo, ránhòu
印刷以一个字为一个字模，用的时候按照书稿把字模选出来，排列好，然后
tú mò yìnshuā. Zhè zhǒng fāngfǎ, bùjǐn zìmú yìyú cúnfàng, érqiě fāxiàn cuòzì yě róngyì xiūgǎi,
涂墨印刷。这种方法，不仅字模易于存放，而且发现错字也容易修改，
dàdà tígāole yìnshuā de xiàolǜ.
大大提高了印刷的效率。

単語・表現チェック

無印赤字…5級　⑥…6級　＊…出題範囲外の語彙

	印刷	yìnshuā	印刷（する）
	古代	gǔdài	古代
	劳动	láodòng	労働（する）・働く（こと）
＊	人民	rénmín	人民・国民・人々
	发明	fāmíng	発明（する）
＊	雕版印刷	diāobǎnyìnshuā	木版印刷
＊	北宋	Běisòng	北宋（960-1127年）
	时期	shíqī	時期・～期
	完善	wánshàn	完全にする：完全だ・立派だ
	产生	chǎnshēng	生まれる・生み出す・出現する
＊	活字	huózì	活字

＊	并	bìng	その上・しかも：そして・また：合わせる：並ぶ・並べる
＊	传	chuán	伝える・広める・伝わる・広まる
	欧洲	Ōuzhōu	欧州・ヨーロッパ
	传播	chuánbō	広く伝わる・振りまく
	靠	kào	（～に）よる・頼る：近寄る：もたれる
	抄	chāo	書き写す：盗作する
＊	费	fèi	（金銭・材料・時間・労力・精神などを）費やす・使う・多く使う・むだに使う・消耗が大きい
	公元	gōngyuán	西暦紀元
＊	印章	yìnzhāng	判・印章
	启发	qǐfā	啓発する・ヒントを与えて悟らせる

訳 印刷術

印刷術は中国古代労働者の四大発明の１つである。印刷術は木版印刷から始まり、北宋期に畢昇（ひっしょう）が発展、完成させたのを経て、活版印刷が生まれ、そしてヨーロッパまで広まった。

印刷術が発明される前は、文化は主に手で本を書き写すことで広がってきた。しかし、手で写すのは非常に時間がかかり、写しまちがいもしやすい。

紀元600年くらいに、人々は印章を刻むことからヒントを得て、木版印刷を発明した。木版印刷の方法は、（こうだ。）薄くて透明な紙に文字を書いて原稿とし、そして、その原稿を平らで滑らかな木の板の上に貼り、さらに、木の板に文字の線がない部分を削ると、文字の部分が突き出してくる。印刷の時に、突き出した文字にむらなく墨を塗り、紙をその上にかぶせると、筆跡が紙に残るのだ。木版印刷は文化の広がりに大きな役割を果たしたが、たくさんの欠点があった。例えば木の板が大きすぎて保存することが難しいとか、文字がすべて（１つの木版上にあって）つながっていて誤字があったら修正しにくいなどである。

それから、畢昇は活版印刷術を発明し、木版印刷のこれらの欠点を改善した。活版印刷は１文字を１つの活字型として、使う時に原稿のとおりに活字型を選んで、並べ、墨を塗って、印刷する。この方法では、活字型が保存しやすいだけではなく、誤字がある場合に修正もしやすいため、印刷の効率を大いに上げた。

	文字	wénzì	文字・（書かれた）言葉
	薄	báo	（厚さ・人情・味などが）薄い
	透明	tòumíng	透明だ
＊	书稿	shūgǎo	原稿・草稿・下書き
	粘贴	zhāntiē	貼る・貼りつける
	平	píng	平らにする：平らだ
	滑	huá	滑る：滑らかだ：ずるい
＊	木板	mùbǎn	木版
＊	字迹	zìjì	筆跡・書かれた文字
⑥	削	xuē	削る
＊	凸	tū	突き出た・膨らんだ

	均匀	jūnyún	平均している・むらがない
＊	涂	tú	塗る・塗布する・塗りつける
＊	墨	mò	墨・黒い・印刷用顔料・インク
＊	覆	fù	覆う・かぶせる：くつがえる・ひっくり返る
＊	存放	cúnfàng	入れておく・保存する：預けておく
	修改	xiūgǎi	（文章や計画などを）修正する・改正する
	改进	gǎijìn	（方法・やり方を）改善する・改良する
＊	字模	zìmú	活字の鋳型・母型
＊	易于	yìyú	～しやすい・～に便利である
	效率	xiàolǜ	効率・能率

ct5-007.mp3

文章7　Biānpào 鞭炮

Zài Zhōngguó,　wúlùn shì guònián guòjié,　háishi jiéhūn jiàqǔ,　zhǐyào wèile biǎoshì xǐqìng,　rénmen
在 中国，无论是过年过节，还是结婚嫁娶，只要为了表示喜庆，人们
dōu xíguàn fàng biānpào lái qìngzhù.　Biānpào zài Zhōngguó yǒu liǎng qiān duō nián de lìshǐ.　Zài gǔdài chēng
都 习惯 放 鞭炮 来 庆祝。鞭炮 在 中国 有 两 千 多 年 的 历史。在古代 称
biānpào wéi bàozhú,　yīnwèi gǔdài méiyǒu zhìzuò biānpào de cáiliào,　zhǐnéng ránshāo zhúzi,　zhúzi ránshāo
鞭炮 为爆竹，因为古代没有 制作 鞭炮的材料，只能 燃烧竹子，竹子 燃烧
bàozhà shí huì fāchū　pīpīpāpā　de xiǎngshēng,　yīn'ér qǔmíng wéi bàozhú.
爆炸 时会发出劈劈啪啪的 响声，因而取名 为爆竹。

Chúxī fàng biānpào qìngzhù xīnnián shì Zhōngguó lǎobǎixìng huāndù Chūnjié de chuántǒng.　Zhè zhǒng
除夕 放 鞭炮 庆祝 新年 是 中国 老百姓 欢度 春节 的 传统。这 种
chuántǒng, suīrán kěyǐ gěi jiérì zēngtiān huānlè de qìfēn,　dàn fàng biānpào róngyì zàochéng huánjìng wūrǎn,
传统，虽然可以给节日 增添 欢乐的气氛，但 放 鞭炮容易 造成 环境 污染，
yǐnqǐ huǒzāi,　shènzhì zàochéng rényuán shāngwáng.　Suízhe shèhuì hé rénlèi de wénmíng jìnbù,　Chūnjié
引起火灾，甚至 造成 人员 伤亡。随着社会和人类的 文明 进步，春节
fàng biānpào zhè zhǒng xísú de huàichu,　yǐ yǐnqǐle dàjiā de zhòngshì.　Xiànzài zài Zhōngguó xǔduō chéngshì
放 鞭炮 这 种 习俗的坏处，已引起了大家的重视。现在 在 中国 许多 城市
dōu zhìdìngle jìnzhǐ fàng biānpào de guīdìng.
都制定了禁止 放 鞭炮的规定。

単語・表現チェック

無印赤字…5級　⑥…6級　＊…出題範囲外の語彙

	嫁	jià	嫁ぐ・嫁に行く
	娶	qǔ	(嫁を)もらう・(男性が)結婚する
＊	喜庆	xǐqìng	お祝い・慶事：めでたい
	鞭炮	biānpào	爆竹の総称
	庆祝	qìngzhù	慶祝する・祝う
	古代	gǔdài	大昔・古代(中国史ではアヘン戦争以前を指すことが多い)・原始時代
	称	chēng	〜と呼ぶ・〜と称する：(目方を)量る
	制作	zhìzuò	制作する・作る

	燃烧	ránshāo	燃える・燃やす
	竹子	zhúzi	竹
＊	爆炸	bàozhà	爆発する・炸裂する
＊	劈劈啪啪	pīpīpāpā	パンパン・パチパチ・パラパラ(火事や爆竹の音)
＊	响声	xiǎngshēng	音・物音・響き
	因而	yīn'ér	それで・だから・そのために
	除夕	chúxī	(旧暦の)大みそか
	老百姓	lǎobǎixìng	庶民・住民・普通の人民

訳　爆竹（バクチク）

　中国では、新年や祝日であれ、結婚祝いであれ、なんらかのお祝いをするためでさえあれば、人々はバクチクを鳴らして祝う習慣がある。バクチクは中国では2千年あまりの歴史を持っている。昔は（バクチクを表す）"鞭炮(biānpào)" を "爆竹(bàozhú)" と呼んでいた。なぜなら昔は、バクチクを制作する材料がないので、竹を燃やすしかなかったのだが、（その）竹を燃やして爆発した時、「パンパンパチパチ」と音が出る。それで "爆竹" という名前がつけられたのだ。

　大みそかにバクチクを鳴らして新年を祝うことは、中国庶民が春節（正月）を楽しく過ごす際の伝統だ。この伝統は、祝祭日に楽しい雰囲気を添えてくれるが、バクチクを鳴らすことで、環境汚染をもたらしたり、火災を引き起こしたりしやすく、ひいては人員のけがや死亡をもたらすことさえある。社会や人類の文明が進歩するにつれ、春節（正月）にバクチクを鳴らすこの風習のデメリットが人々に重く受け止められることになった。現在、中国の多くの都市では、バクチクを鳴らすことを禁止する規定が作られている。

*	欢度	huāndù	楽しく過ごす
*	春节	Chūnjié	（旧暦の）正月
	传统	chuántǒng	伝統・伝統的だ・従来の
⑥	增添	zēngtiān	添える・加える・増やす
⑥	欢乐	huānlè	愉快だ・楽しい・うれしい
	气氛	qìfēn	雰囲気・ムード
	造成	zàochéng	（好ましくない事態を）もたらす・引き起こす
*	火灾	huǒzāi	火災・火事

	人员	rényuán	人員・職務担当者
*	伤亡	shāngwáng	死傷（する）
	人类	rénlèi	人類・人
	文明	wénmíng	文明：礼儀正しい
	进步	jìnbù	進歩する：進歩的だ
⑥	习俗	xísú	習慣と風俗・風習
*	已	yǐ	すでに・もはや・やむ・終わる
	制定	zhìdìng	（法律などを）制定する：（規約などを）取り決める：（計画などを）立てる

文章 8 Guìlín lǚyóu 桂林旅游

ct5-008.mp3

Jīnnián Yuándàn, lìyòng kòngxián shíjiān qùle yítàng Guǎngxī Guìlín. Guìlín shǔyú yàrèdài qìhòu,

今年 **元旦**，**利用** **空闲** 时间去了一趟 广西 桂林。桂林**属于亚热带**气候，

wēnnuǎn shīrùn. Guìlín de Líjiāng shì fēicháng yǒumíng de héliú, rénmínbì yuán tú'ànshang de jǐngsè

温暖 **湿润**。桂林的漓江是 非常 有名 的**河流**，**人民币** 20 元 **图案**上的景色

jiùshì qǔ zì zhèlǐ. Guìlín bùjǐn jǐngsè měi, háiyǒu qí dútè de wénhuà fēnwéi. Bǐrú, yǒu "jiǔbā

就是取自这里。桂林不仅景色美，还有其**独特**的 文化 **氛围**。比如，有"**酒吧**

yìtiáo jiē" zhī míng de Xījiē jiù fēicháng shòu huānyíng. Zǒujìn nàlǐ, nǐ huì xǐhuanshang nàlǐ yōurán de

一条街"之 名 的西街就 非常 受 欢迎。走进那里，你会 喜欢上 那里**悠然**的

qìfēn. Jiǔzuì, xīnzuì, zuì zài Xījiē yě shì yí dà lèshì.

气氛。酒**醉**，心醉，醉在西街也是一大**乐事**。

Yóulǎn Guìlín, kěyǐ cānjiā lǚxíngtuán, yě kěyǐ zìzhùyóu. Wǒ cānjiā lǚxíngtuán, zhǔyào jiùshì juéde

游览桂林，可以参加旅行**团**，也可以**自助游**。我参加旅行团，主要就是觉得

shěngshì. Yǒu fùzé jiēdài de rén lái chángtú qìchēzhàn yíngjiē wǒmen, érqiě zài chēzhàn bàodào hòu, bīnguǎn

省事。有负责**接待**的人来**长途**汽车站**迎接**我们，而且在 车站 **报到**后，宾馆

de rùzhù shǒuxù, jǐngdiǎn de ménpiào děng dōu bù xūyào cāoxīnle. Dāngrán nǐ yě kěyǐ zìzhùyóu, zài jǐngdiǎn

的**入住手续**，**景点**的 **门票** 等 都不需要**操心**了。当然 你也可以自助游，在 景点

fùjìn huìyǒu xǔduō zhìyuànzhě, fúwù hěn zhōudào. Xiǎng wènlù, xiǎng héyǐng dōu kěyǐ zhǎo tāmen bāngmáng.

附近会有许多**志愿者**，服务很 **周到**。想 问路，想 **合影**都可以 找 他们 帮忙。

Lìngwài, qù Guìlín lǚyóu yào zhùyì sān diǎn. Dì yī, zài yóulǎn guòchéngzhōng, yào tīng dǎoyóu,

另外，去桂林旅游要注意三点。第一，在游览 过程中，要 听 导游、

zhìyuànzhě děng de zhǐhuī, zūnshǒu dāngdì de guījù. Dì 'èr, chī língshí shèngxià de lājīdài qiānwàn

志愿者 等 的**指挥**，**遵守** **当地**的**规矩**。第二，吃**零食** 剩下 的垃圾袋 千万

bùnéng suíbiàn luàn rēng. Dì sān, bié wàngle dài shǒujī chōngdiànqì, xiàngjī diànchí děng. Nàme měi de jǐngsè

不能 随便 乱 扔。第三，别忘了带手机 **充电器**，相机**电池** 等。那么美的景色

rúguǒ bùnéng zhàoxiàng, shízài tài kěxīle.

如果不能 照相，实在太可惜了。

Guìlín zhī měi yào yòngxīn tǐhuì. Zhǔnbèi yífèn xīnqíng qù mànmàn tǐhuì nàlǐ de shānshuǐ hé yōurán

桂林之美要 用心 **体会**。准备 一份 心情去 慢慢 体会那里的 山水 和悠然

shūshì de shēnghuó ba.

舒适的 生活 吧。

単語・表現チェック

無印赤字…5 級　⑥…6 級　＊…出題範囲外の語彙

	元旦	Yuándàn	元旦・新暦の1月1日
	利用	lìyòng	利用する
	空闲	kòngxián	暇（になる）
	属于	shǔyú	～に属する・～のものだ
＊	亚热带	yàrèdài	亜熱帯
	温暖	wēnnuǎn	温かい・暖かい
	湿润	shīrùn	湿り気がある・湿潤だ
＊	河流	héliú	河川・川の流れ
	人民币	rénmínbì	人民元・人民幣
⑥	图案	tú'àn	図案・模様・デザイン
	独特	dútè	独特だ・ユニークだ
＊	氛围	fēnwéi	雰囲気・たたずまい
	酒吧	jiǔbā	バー・酒場
＊	悠然	yōurán	ゆったりした・のんびりした
	气氛	qìfēn	雰囲気・ムード
	醉	zuì	（酒に）酔う
＊	乐事	lèshì	〈書〉楽しみ・楽しいこと
	游览	yóulǎn	見物する・観光する
	团	tuán	（仕事や活動のための）集団・団
＊	自助游	zìzhùyóu	個人手配旅行・フリープランの旅行方式
＊	省事	shěngshì	手間が省ける・簡単である：便利である・手っ取り早い
	接待	jiēdài	接待する・客をもてなす・応接する

訳　桂林旅行

　今年の元旦、空いている時間を利用して広西省の桂林へ行ってきました。桂林は亜熱帯気候に属し、暖かくて湿気が多いです。桂林の漓江（りこう）はとても有名な河川で、人民元20元（札）の模様にある景色はここから取ったのです。桂林は景色が美しいだけではなく、独特の文化的な雰囲気があります。例えば、「バー通り」という名前のある西街はとても人気があります。そこに足を踏み入れたら、そこのゆったりした雰囲気を気に入るはずです。酒に酔い、心酔し、西街に酔うことも大きな楽しみの1つでしょう。

　桂林を観光するためには、団体旅行ツアーに参加することもできますし、個人旅行にすることもできます。私の場合は団体旅行ツアーに参加しました。要するに手間がかからないと思ったんです。接待（案内）を担当する人が長距離バスターミナルまで私たちを迎えに来てくれ、バスターミナルで受付登録を済ませた後は、ホテルのチェックインの手続きや、観光スポットのチケットなどすべて心配しなくて済みました。もちろん、個人旅行をすることもできます。観光スポットの近くにはたくさんのボランティアがいて、サービスもとても行き届いています。道を尋ねたり、（誰かと）一緒に写真を撮ったりしたい場合は、彼らに手伝ってもらうことができます。

　そのほかに、桂林へ旅行に行く際は、3つのことに注意しなければなりません。1つ目に、観光中、ガイドやボランティアなどの指示に従い、その土地のルールに従わなければなりません。2つ目に、おやつを食べ終わって残ったごみ袋はくれぐれも勝手に捨てないでください。3つ目に、携帯の充電器や、カメラの電池などを忘れないでください。あれほど美しい景色なのに写真が撮れなくては、本当にとても残念ですから。

　桂林の美しさは心を使って本質的に理解しなければなりません。そこの自然とゆったりとした心地よい生活をゆっくり感じとる心の準備をして行ってください。

	长途	chángtú	長距離	指挥	zhǐhuī	指揮（する）：指揮者・リーダー
	迎接	yíngjiē	迎える・出迎える	遵守	zūnshǒu	守る・遵守する
	报到	bàodào	出頭する・出向いて到着の報告をする・受付登録を済ませる	当地	dāngdì	現地・その土地・当地
*	入住	rùzhù	（ホテルに）チェックインする・（住宅に）入居する	规矩	guīju	規則・決まり：行儀がよい
	手续	shǒuxù	手続き	零食	língshí	おやつ・間食
*	景点	jǐngdiǎn	景勝地・観光地	充电器	chōngdiànqì	充電器
*	门票	ménpiào	入場券・チケット	电池	diànchí	電池
	操心	cāoxin	心配する・気をつかう	体会	tǐhuì	体得（する）・理解（する）・体得して会得する・身にしみてよくわかる・本質的に理解する
	志愿者	zhìyuànzhě	ボランティア・志願者・希望者	舒适	shūshì	心地よい・快適だ
	周到	zhōudào	周到だ・行き届いている			
	合影	héyǐng	何人かで一緒に写真を撮る・またその写真			

文章 9　“吃”的文化

Chī　de wénhuà

ct5-009.mp3

Chī,　duìyú　Zhōngguórén　lái shuō shì fēicháng zhòngyào de shì.　Zhè yìdiǎn cóng Zhōngguórén de
吃，对于 中国人 来说 是 非常 重要 的事。这一点 从 中国人 的
wènhòuyǔzhōng jiù kěyǐ kàndechūlai.　Zhōngguórén jiànmiàn,　kāikǒu dì yí jù cháng shì:　“Chīle ma?”
问候语中 就可以看得出来。中国人 见面，开口第一句 常 是：“吃了吗？”
Yóuqí zài bǐjiào shúxī de rén zhī jiān,　“Chīle ma?”　de shǐyòng píndù yuǎnyuǎn gāoyú　“nǐ hǎo” “zǎoshang
尤其在比较熟悉的人之间，“吃了吗？”的 使用 **频度** 远远 **高于**“你好”“早上
hǎo”　“wǎnshang hǎo” zhī lèi.　Hànyǔli yě yǒu xǔduō gēn chī yǒuguān de súhuà.　Bǐrú shuō,　“Rén shì
好”“晚上 好”之类。汉语里也有许多跟吃 有关 的**俗话**。比如说，“人是
tiě fàn shì gāng,　yídùn bù chī è de huāng”　“Yìrén chībǎo quánjiā bú è”　děngděng.　Kějiàn Zhōngguórén
铁饭是**钢**，一**顿**不吃饿得**慌**”“一人吃饱 全家不饿” 等等。**可见** 中国人
duìyú chī de guānniàn zhī zhòng.
对于吃的 **观念** 之 重。

Zhōngguórén cónglái duì chī jiù fēicháng de jiǎngjiu.　Zhōngguócài jiǎngjiu　“sè xiāng wèi”,　bùjǐn yào
中国人 从来对吃就 非常 地**讲究**。中国菜 讲究 “色香味”，不仅要
yíngyǎng fēngfù,　hái yào kànshangqu hǎokàn,　kànle jiào rén yǒu shíyù.　Zhōngguó　dìdàwùbó,　dìfang
营养 丰富，还要 看上去 好看，看了叫人有**食欲**。中国 **地大物博**，地方
bùtóng,　cài de wèidào hé shǐyòng de shícái yě bùtóng.　Sìchuān děng yánrè cháoshī de　dìqū,　xǐhuan chī là de,
不同，菜的味道和使用 的食材也不同。四川 等 **炎热潮湿** 的**地区**，喜欢吃辣的，
wèidào zhòng yìdiǎn　de;　ér Jiāngsū děng héliú duō de　dìqū,　shuǐchǎn jiù bǐjiào fēngfù.　Gēnjù zhèxiē
味道 重 一点的；而江苏 等 河流多的地区， 水产 就比较丰富。根据这些
dìlǐ huánjìng,　kǒuwèi hé shícái děng de bùtóng,　Zhōngguócài bèi fēnwéi xǔduō zhǒnglèi,　chúle gāngcái
地理环境，**口味**和食材 等 的不同， 中国菜 被分为许多 **种类**， 除了刚才
tídào de Sìchuāncài hé Jiāngsūcài zhī wài,　hái yǒu Shāndōngcài、Guǎngdōngcài děngděng.　Zhèng shì zhèxiē
提到的四川菜和江苏菜之外，还有 山东菜、 广东菜　等等。 正 是这些
duōyàng de chī de wénhuà,　fēngfùle Zhōngguórén de shēnghuó,　yě duì Zhōngguó wénhuà chǎnshēngle zhòngdà
多样 的吃的文化，丰富了 中国人 的 生活，也对 中国 文化 **产生**了 **重大**
de yǐngxiǎng.
的 影响。

単語・表現チェック

無印赤字…5級　⑥…6級　＊…出題範囲外の語彙

	问候	wènhòu	挨拶する
＊	频度	píndù	頻度
＊	高于	gāoyú	～を上回る
⑥	俗话	súhuà	（世間に広く行われている通俗的な）ことわざ・俚諺・俗諺
	铁	tiě	鉄
	钢	gāng	鋼（“钢铁【5級】”で「鋼鉄」）
	顿	dùn	（食事・叱責・忠告・罵倒などの）動作の回数を表す：ちょっと止まる・短時間停止する
＊	慌	huāng	慌てる・うろたえる
	可见	kějiàn	～から…であることがわかる・～から見れば…が明らかだ
	观念	guānniàn	思想・意識：観念・概念
	讲究	jiǎngjiu	気をつける・重んじる・こだわる：深い道理・いわれ
	营养	yíngyǎng	栄養

訳 「食べる」文化

　食べることは中国人にとってとても大事なことである。このことは中国人の挨拶の言葉から見て取ることができる。中国人同士が会うと、最初の一言は往々にして「食べた?」である。とりわけ親しい人同士の間では、「食べた?」の使用頻度は「こんにちは」「おはよう」「こんばんは」の類をはるかに上回る。中国語には食べることに関連する俗語・通俗的ことわざもたくさんある。例えば、「人が鉄なら、飯は鋼。1食でも抜けば腹が減ってどうにもならない。(腹が減っては戦ができぬ)」「1人が腹いっぱい食べれば家族全員が餓えない(独身者は気楽だ)」などだ。これらから中国人の食べることに対する意識の強さがうかがえる。

　中国人は昔から食べることに非常にこだわりを持っている。中華料理は「色・香り・味」にこだわり、栄養豊富なだけでなく、見た目もきれいで食欲をそそるものでなければならない。中国は土地が広く物が豊富なため、異なる地域では、味付けも使用する食材も違う。四川省などの暑く湿気が多い地域では辛いもの、味の濃いものが好まれる。一方、江蘇省など川の多い地域では、水産物が比較的に多い。これら地理環境、味、食材などの違いによって、中華料理はたくさんの種類に分けられ、先ほど挙げた四川料理と江蘇料理以外にも、山東料理、広東料理などがある。これら多様な食文化こそ、中国人の生活を豊かにし、中国文化にも大きな影響を与えたものである。

＊	食欲	shíyù	食欲
＊	地大物博	dìdàwùbó	土地が広くて物産が豊富だ
⑥	炎热	yánrè	ひどく暑い
	潮湿	cháoshī	湿っぽい・じっとりする
	地区	dìqū	地区・地域
	地理	dìlǐ	地理
	口味	kǒuwèi	(食べ物の)味

	种类	zhǒnglèi	種類・品種
＊	提到	tídào	話が〜に触れる・〜に言及する
＊	多样	duōyàng	多様(な)・さまざま(な)
	产生	chǎnshēng	生み出す:生まれる・出現する
	重大	zhòngdà	重大だ

文章 10 Xīn xiào
新 24 孝

ct5-010.mp3

Zhōngguórén shífēn zhùzhòng xiàoshùn, rènwéi zhèshì zuòrén de gēnběn. Shènzhì yǒu xǔduō gōngsī bǎ
中国人 十分 注重 孝顺，认为这是 做人的根本。甚至 有许多公司把
xiào bu xiàoshùn zuòwéi xuǎnbá réncái de biāozhǔn. Zài gǔdài, yǒu «Èrshísìxiào» zuòwéi háizi xiàoshùn
孝不孝顺 作为 选拔人才 的标准。在古代，有《二十四孝》作为孩子 孝顺
fùmǔ de xíngdòng biāozhǔn. «Èrshísìxiào» li shōulùle ge xiàozǐ de gùshi, yònglai xuānchuán
父母的 行动 标准。《二十四孝》里收录了 24 个孝子的故事，用来 宣传
xiàoshùn de jīngshén. Dàn xiànzài lǐmiàn de hěnduō gùshi dōu yǐjīng gēnbushàng shídàile. Nàme, zài xiàndài,
孝顺 的精神。但现在里面的很多故事都已经 跟不上 时代了。那么，在 现代，
zěnyàng cái suàn shì xiàoshùn ne?
怎样 才算是 孝顺 呢?

Xiāngguān bùmén gōngbùle xīn de "24 xiào" xíngdòng biāozhǔn. Xīn de "24 xiào" yǔ shídài xiāng
相关 部门 公布了新的"24 孝" 行动 标准。新的"24 孝"与时代 相
jiéhé, bèi rènwéi shì zuì shìhé xiàndàirén xiàoshùn fùmǔ de xíngdòng biāozhǔn. Lǐmiàn yǒu:
结合，被认为是最适合现代人 孝顺 父母的 行动 标准。里面有:

Jīngcháng huí jiā. Wèi fùmǔ jǔbàn shēngrì yànhuì. Měizhōu gěi fùmǔ dǎ ge diànhuà.
① 经常 回家。 ②为父母举办生日 宴会。 ③每 周 给父母打个电话。
Jiāo fùmǔ xuéhuì shàngwǎng. Duì fùmǔ de ài yào shuō chūkǒu.
④教父母学会 上网。 ⑤对父母的爱要 说 出口。
Zhīchí fùmǔ de yèyú àihào. Wèi fùmǔ gòumǎi héshì de bǎoxiǎn.
⑥支持父母的业余爱好。 ⑦为父母购买合适的 保险。
Cháng gēn fùmǔ gōutōng. Péi fùmǔ kàn yìchǎng lǎo diànyǐng. děng ge xiàngmù.
⑧ 常 跟父母沟通。 ⑨陪父母看 一场 老电影。……等 24 个 项目。

Kànguo xīn "24 xiào" de xíngdòng biāozhǔn hòu, xǔduō rén dōu juéde hěn cánkuì, juéde zìjǐ péi
看过新"24 孝"的 行动 标准 后，许多人都觉得很 惭愧，觉得自己陪
fùmǔ de shíjiān tài shǎo. Jù bàodào, tōngguò "xīn xiào, nǐ zuòdàole jǐtiáo?" de diàochá dézhī zài
父母的时间太少。据 报道，通过"新 24 孝，你做到了几条?"的调查 得知在
zhè xiàngzhōng, shòushìzhě yǐjīng zuòdào de xiàngmù píngjūn měi rén jǐn yǒu xiàng. Qízhōng, zuòdào rénshù
这 24 项中，受试者已经做到的 项目 平均每人仅有 4 项。其中，做到人数
zuìduō de yíxiàng shì "měizhōu gěi fùmǔ dǎ ge diànhuà", zuòdào rénshù zuìshǎo de yíxiàng shì "duì fùmǔ de
最多的一项是"每 周 给父母打个电话"，做到人数 最少的一项是"对父母的
ài yào shuōchū kǒu".
爱要 说出 口"。

単語・表現チェック　　　　　　　無印赤字…5 級　　⑥…6 級　　＊…出題範囲外の語彙

⑥	注重	zhùzhòng	重視する・重んじる		行动	xíngdòng	行動（する）・活動（する）
	孝顺	xiàoshùn	親孝行だ・親孝行をする	＊	收录	shōulù	収録する・採用する・(ラジオの)受信・録音
＊	做人	zuòrén	人として・身を律する・世渡りをする・正しい人間になる	＊	孝子	xiàozǐ	孝行な人・孝行息子
	根本	gēnběn	まったく・根本的だ		宣传	xuānchuán	宣伝する・広める・広報する
	作为	zuòwéi	～とする・成果・貢献		精神	jīngshén	精神（上の）・心：主旨・真意：("jingshen"で「元気・意気込み：元気がある・生き生きとしている」)
⑥	选拔	xuǎnbá	(人材を)選抜する・選び出す・抜擢する				
	人才	réncái	人材	＊	跟上	gēnshàng	後に付き従う・追いつく
	古代	gǔdài	古代(中国史ではアヘン戦争以前を指すことが多い)・大昔・原始時代		时代	shídài	時代
					现代	xiàndài	現代：近代的だ

[訳] 新しい24孝

中国人は親孝行であることを非常に重視し、人としての基本であると考えている。ひいては多くの会社が親孝行であるかどうかを人材を選抜する基準にしていさえする。古代には、子どもが親孝行する行動基準として『二十四孝』というものがあった。『二十四孝』には24個の孝行息子の物語が収録され、親孝行の精神を伝え広めるために用いられている。しかし、今となってはその中の多くの物語はすでに時代に追いつけなくなっている。では、現代において、どうすることが親孝行になるのだろう？

関連部門は新しい「24孝」の行動基準を公表した。新しい「24孝」は時代と相互に結びつき合い、現代人が親孝行するのに最もふさわしい行動基準だと考えられている。中には：

①しょっちゅう実家に戻る。②親の誕生パーティーを行う。③毎週親に電話をかける。

④親にインターネットを使えるように教えてあげる。⑤親への愛を口に出して伝える。

⑥親の趣味を応援する。⑦親のために適切な保険を契約してあげる。

⑧頻繁に親とコミュニケーションをとる。⑨親と一緒に古い映画を見る。……などの24項目がある。

新しい「24孝」の行動基準を見た後、多くの人はとても恥ずかしいと感じ、また、自分が親と一緒にいる時間が少ないと感じる。報道によると、「新しい24孝、あなたはいくつの項目をやりとげたか？」という調査を通じて、24項目のうち、被験者がすでにやりとげたという項目は平均4項目しかないことがわかった。そのうち、できた人数が最も多いのは「毎週親に電話をかける」であり、できた人数が最も少ないのは「親への愛を口に出して伝える」という項目であった。

*	算	suàn	～と見なす・～とする・～といえる：勘定する・計算する
	相关	xiāngguān	関連する・関係がある
	部门	bùmén	部門
	公布	gōngbù	公布する・公表する
*	相	xiāng	（"跟・和・与～相…"で）～と相互に…し合う
	结合	jiéhé	結びつける・結合する：夫婦になる
	宴会	yànhuì	宴会
	业余	yèyú	勤務時間外の・余暇の・専門外の
*	购买	gòumǎi	買い付ける・仕入れる・購入する

	保险	bǎoxiǎn	保険：安全だ：請け合う
	沟通	gōutōng	（意思・文化を）疎通させる
	项目	xiàngmù	項目・種目・プロジェクト・計画
	惭愧	cánkuì	恥ずかしい：恥ずかしく思う
	报道	bàodào	報道（する）・レポート
*	得知	dézhī	（ある情報を）得る・知る
	项	xiàng	項目や種類に分けたものを数える量詞
*	受试者	shòushìzhě	被験者
	平均	píngjūn	平均する：均等だ

文章 11　Fángnú 房奴

ct5-011.mp3

"Fángnú" jiùshì fángzi de núlì, shì zhǐ nàxiē wèile mǎifáng, zài shēngmìngzhōng de dào
"房奴"就是**房子**的**奴隶**，是指那些为了买房，在 生命中 的 20 到 30
nián shíjiānli, yīnwèi yào měinián jiāng bǎifēnzhī wǔshí shènzhì gèng gāo bǐlì de shōurù yòngyú chánghuán
年时间里，因为要每年**将** 50％ 甚至更高**比例**的收入用于**偿还**
dàikuǎn, ér bùdébù jiéshěng rìcháng kāixiāo, bù gǎn yúlè, hàipà shīyè, cóng'ér yǒu bèi núyì bān de
贷款，而不得不**节省** **日常** **开销**，不敢**娱乐**，害怕**失业**，**从而**有被**奴役般的**
gǎnjué de rén. Dàn jíshǐ shì zhèyàng, Zhōngguó de mǎifáng rè réngrán zài shēngwēn. Wèishénme dàjiā qiǎngzhe
感觉的人。但即使是这样，中国的买房热仍然在**升**温。为什么大家**抢**着
dāng "fángnú", yuànyì chéngdān chánghuán dàikuǎn de jùdà yālì ne?
当"房奴"，愿意**承担** 偿还 贷款的**巨大**压力呢？

Yuányīn zhǔyào yǒu sāndiǎn. Shǒuxiān, dàduōshù Zhōngguórén dōu yǒu "yǒu fáng cái yǒu jiā" de xiǎngfǎ,
原因主要有三点。首先，大多数中国人都有"有房才有家"的想法，
juéde yǒule fángzi cái yǒu jiā de gǎnjué. Suǒyǐ měi ge rén dōu zhuājǐn shíjiān, nǔlì fèndòu, xiǎng jǐnkuài
觉得有了房子才有家的感觉。所以每个人都**抓紧**时间，努力**奋斗**，想**尽快**
yōngyǒu zìjǐ de fángzi. Rúguǒ zū fángzi zhù, tāmen bùjǐn yào shíkè miànduìzhe yào bānchūqu de
拥有自己的房子。如果租房子住，他们不仅要**时刻** **面对**着要搬出去的
fēngxiǎn, érqiě hái bùnéng hǎohǎo zhuāngxiū fángzi, yīnwèi fángzi shì biéren de. Qícì, Zhōngguórén yǒu
风险，而且还不能好好**装修**房子，因为房子是别人的。其次，中国人有
jiéhūn rùzhù xīnfáng de guānniàn. Xiànzài, yǒu yuè lái yuè duō de rén bǎ "yǒufáng" zuòwéi jiéhūn de tiáojiàn.
结婚**入住**新房的**观念**。现在，有越来越多的人把"有房"**作为**结婚的条件。
Zhè cùshǐ niánqīngrén wèile jiéhūn ér bùdébù chéngwéi "fángnú". Zuìhòu, yǒu rén bǎ mǎifáng dàngzuò
这**促使**年轻人为了结婚而不得不成为"房奴"。最后，有人把买房当做
tóuzī. Suízhe mǎifáng rè de shēngwēn, fángjià yě yuè lái yuè gāo. Bǐrú niánqián mǎi de fángzi, fàngdào
投资。随着买房热的升温，房价也越来越高。比如 5 年前买的房子，放到
jīntiān, jiàgé fānle yíbèi. Yīncǐ yě yǒu rén xiǎng tōngguò mǎifáng zài màifáng lái zhuànqián.
今天，价格**翻**了一倍。因此也有人想通过买房再卖房来赚钱。

単語・表現チェック

無印赤字…5 級　⑥…6 級　＊…出題範囲外の語彙

＊	房子	fángzi	住宅・家屋・家
⑥	奴隶	núlì	奴隷
＊	将	jiāng	〈書〉～を（"把"と同じ意味）
	比例	bǐlì	割合・比率；（数学の）比例
⑥	偿还	chánghuán	（借金を）返済する・償還する
	贷款	dàikuǎn	借款・貸付金・ローン；お金を借りる；お金を貸す
	节省	jiéshěng	節約（する）
	日常	rìcháng	日常の・普段の
＊	开销	kāixiāo	出費・費用・支出・支払い；（費用を）支払う
	娱乐	yúlè	娯楽；楽しむ
	失业	shīyè	失業（する）
	从而	cóng'ér	それによって・したがって
＊	奴役	núyì	奴隷のようにこき使う
＊	～般的(地)	bānde	～のような（ように）
	升	shēng	昇る・上がる；～リットル（"升温"で「温度が上昇する・熱くなる」）
	抢	qiǎng	我先に～する・先を争う；奪う・ひったくる・横取りする

訳　住宅の奴隷

「房奴」とは住宅の奴隷という意味であり、住宅を買うために、人生の20年から30年の間、毎年収入のうち50%ひいてはより高い割合をローンの返済に使わなければならないため、日常の出費を節約せざるを得ず、娯楽もできず、失業を恐れ、それによって奴隷のようにこき使われているような感覚を持っている人のことを指す。しかしたとえそうであっても、中国の住宅を買うブームは依然として高まっている。なぜ皆は我先にと「房奴」になりたがり、ローンの返済による巨大なプレッシャーを喜んで引き受けようとするのだろうか？

原因は主に3点ある。まずは、数多くの中国人は「住宅があってこそ家庭がある」という考え方を持っており、住宅があってこそ家、家庭（を持っている）という感覚があると思っている。そのため、人々は時間をむだにせず、努力奮闘し、自分の住宅をできるだけ早く持ちたいと思っている。もし部屋を借りて住むなら、彼らは絶えず引っ越して出て行くリスクに直面しなれければならないし、きちんとした部屋のリフォームもできない。部屋は他の人のものだからだ。次に、中国人は結婚したら、新しい部屋に入居するという考え方がある。今、「住宅を持つ」ということを結婚の条件とする人がますます多くなってきた。それが、若者が結婚するためには「房奴」にならざるを得ないようにさせたのだ。最後に、住宅を買うことを投資とする人もいる。住宅を買うブームが高まるにつれ、住宅の価格もますます高くなってきた。例えば5年前に買った住宅を、今まで放っておいたら、価格は倍になっている。そのため、住宅を購入し、またそれを売ることを通して金儲けをしようと思う人もいる。

	承担	chéngdān	担う・引き受ける
	巨大	jùdà	巨大だ・極めて大きい
	抓紧	zhuājǐn	しっかりつかむ・おろそかにしない
	奋斗	fèndòu	奮闘する・がんばる・努力する
	尽快	jǐnkuài	なるべく早く・できるだけ早く
⑥	拥有	yōngyǒu	持つ・擁する・保有する
	时刻	shíkè	絶えず・常に：時刻
	面对	miànduì	直面する：（～に）面する

	风险	fēngxiǎn	万一の危険・リスク
	装修	zhuāngxiū	家の内装を施す・改修する・改装する：設備・内装
*	入住	rùzhù	（住宅に）入居する・（ホテルに）チェックインする
	观念	guānniàn	思想・意識・考え方・観念・概念
	作为	zuòwéi	～とする：成果・貢献
	促使	cùshǐ	～するように促す・～するようにし向ける
	投资	tóuzī	投資（する）
	翻	fān	倍増する：ひっくり返す・ひっくり返る：（山などを）越える：翻訳する・通訳する

文章 12　Zhōngguó de "bālínghòu"　中国的"80后"

ct5-012.mp3

Zài Zhōngguó, "bālínghòu" shì duì zài yījiǔbālíng nián dào yījiǔbājiǔ nián zhè duàn shíjiān chūshēng de rén de
在中国，"80后"是对在1980年到1989年这段时间出生的人的
chēnghu. Xǔduō "bālínghòu" dōu yǒu zhèyàng de tèdiǎn: Yīnwèi jìhuà shēngyù de yǐngxiǎng, "bālínghòu" méiyǒu
称呼。许多"80后"都有这样的特点：因为计划**生育**的影响，"80后"没有
qīnxiōngdì hé qīnjiěmèi, suǒyǐ huì dédào xǔduō rén de ài bàba māma、yéye nǎinai dàn yě
亲兄弟和亲姐妹，所以会得到许多人的爱——爸爸妈妈、爷爷奶奶……但也
yīnwèi rúcǐ, yǒu rén shuō "bālínghòu" bú huì yǔ rén fēnxiǎng, zìsī、xiǎoqi. "Bālínghòu" de shēnghuó hěn
因为如此，有人说"80后"不会与人**分享**，**自私**、**小气**。"80后"的生活很
xìngfú, nánháizimen wánzhe wánjùqiāng, qiāozhe diànnǎo jiànpán wánzhe wǎngluò yóuxì; nǚháizimen de
幸福，男孩子们玩着**玩具枪**，敲着电脑**键盘**玩着**网络**游戏；女孩子们的
chōutìli zhěngqíde fàngzhe jiǎndāo、jiāoshuǐ děng wénjù, kěyǐ shúliàn de zhìzuò gèzhǒng yǒuqù de dōngxi.
抽屉里**整齐**地放着**剪刀**、**胶水**等**文具**，可以**熟练**地**制作**各种有趣的东西。
Zài jiāli, hěnduō "bālínghòu" dōu búyòng gànhuór, jiāwù dōu yóu bàba māma lái zuò.
在家里，很多"80后"都不用**干活儿**，**家务**都由爸爸妈妈来做。

Zhǎngbèimen duì "bālínghòu" zài xuéxíshang de yāoqiú hěn yángé, jīngcháng duì tāmen shuō "yǔqí
长辈们对"80后"在学习上的要求很严格，经常对他们说"**与其**
jiānglái chīkǔ, bùrú xiànzài chīkǔ", suǒyǐ "bālínghòu" men xuéxí hěn yònggōng. Xuéxí hǎo de háizi
将来**吃苦**，**不如**现在吃苦"，所以"80后"们学习很**用功**。学习好的孩子
huì bèi lǎoshī kuā, kǎoshì bù jígé de háizi huì bèi dàjiā kànbuqǐ. Dànshì "bālínghòu" xiànzài yǐjīng
会被老师**夸**，考试不**及格**的孩子会被大家**看不起**。但是"80后"现在已经
chéngzhǎngqilaile, tāmen shì Zhōngguó hěn yōuxiù de niánqīngrén, shì Zhōngguó de xīwàng.
成长起来了，他们是中国很优秀的年轻人，是中国的希望。

単語・表現チェック

無印赤字…5級　⑥…6級　＊…出題範囲外の語彙

	称呼	chēnghu	呼び名・呼び方；呼ぶ
⑥	生育	shēngyù	お産をする・子どもを産む
＊	亲	qīn	肉親の・実の；親戚・親類；親・父母
	兄弟	xiōngdì	兄弟
＊	分享	fēnxiǎng	分ける・分かち合う
	自私	zìsī	利己的だ・身勝手だ
	小气	xiǎoqi	けちだ

	玩具	wánjù	玩具・おもちゃ
	枪	qiāng	銃；～発（銃の発射回数を数える量詞）
	键盘	jiànpán	鍵盤・キーボード
	网络	wǎngluò	ネットワーク・インターネット
	抽屉	chōuti	引き出し
	整齐	zhěngqí	整える；きちんとしている
	剪刀	jiǎndāo	はさみ

訳　中国の「80 後」

中国において、「80 後」は 1980 年から 1989 年までの間に生まれた人に対する呼び方である。多くの「80 後」は皆次のような特徴を持っている。計画生育政策（一人っ子政策）の影響を受け、実の兄弟姉妹がいないため、お父さん、お母さん、おじいさん、おばあさんなどといったたくさんの人から愛をもらえる。しかし、そのため、「80 後」は人と分かち合うことができず、身勝手で、けちだと言う人もいる。「80 後」の生活はとても幸せで、男の子達はおもちゃの銃で遊び、パソコンのキーボードをたたいたりオンラインゲームで遊んだりしていた。女の子達の引き出しにははさみ、のりなどの文房具がきちんと置かれ、いろいろなおもしろいものを手慣れた様子で作れた。家では、多くの「80 後」は働く必要がなく、家事は全部両親に任せていた（このような特徴のことだ）。

年長者は「80 後」に対して学習の面では厳しく要求し、常に彼らに「将来に苦労するよりも、今苦労した方がいい」と言う。そのため、「80 後」は一生懸命勉強した。勉強のできる子は先生に褒められる一方、テストで合格できなかった子はみんなにばかにされた。しかし、「80 後」は現在すでに成長し始めていて、彼らは中国の優秀な若者で、中国の希望だ。

	胶水	jiāoshuǐ	液状のり・液体のり
	文具	wénjù	文具・文房具
	熟练	shúliàn	熟練している・上手だ
	制作	zhìzuò	制作する・作る
	干活儿	gànhuór	働く・仕事をする
	家务	jiāwù	家事・家の仕事
	长辈	zhǎngbèi	目上（の人）・年長者
	与其	yǔqí	～よりも…のほうが

⑥	吃苦	chīkǔ	苦労をする・苦しい目にあう
	不如	bùrú	～には及ばない・～したほうがよい
	用功	yònggōng	一生懸命勉強する；真剣だ
	夸	kuā	褒める；大げさに言う
	及格	jígé	合格する
	看不起	kànbuqǐ	見下げる・ばかにする
	成长	chéngzhǎng	成長する

文章 13

"Bālínghòu" de "jiéhūnnán" wèntí

“80后”的“结婚难”问题

ct5-013.mp3

Yìzhí yǐlái, "bālínghòu" zhè ge cí dōu dài yǒu niánqīng de wèidào. Dàn suízhe shíjiān de liúshì, wǒmen
一直**以来**，“80后”这个词都带有年轻的味道。但随着时间的**流逝**，我们
tūrán fāxiàn, dì yī pī "bālínghòu" yījiǔbālíng nián chūshēng de rén, yǐjīng dàole érlì zhīnián le.
突然发现，第一**批**“80后”—— 1980年出生的人，已经到了**而立**之年了。
Sānshí érlì de "bālínghòu" miànlínzhe "jiéhūnnán" de wèntí. Tōngguò cǎifǎng děng diàochá fāxiàn "jiéhūnnán"
三十而立的“80后”**面临**着“结婚难”的问题。通过**采访**等调查发现“结婚难”
de zhǔyào yuányīn yǒu sāndiǎn.
的主要原因有三点。

Shǒuxiān shì fùmǔ de wèntí. Zài liàn'ài de shíhou, bǎifēnzhī jiǔshiyī de "bālínghòu" rènwéi xìnggé shì
首先是父母的问题。在**恋爱**的时候，91%的“80后”认为性格是
xuǎnzé liàn'ài duìxiàng de zhòngyào tiáojiàn. Ér bǎifēnzhī qīshiyī de fùmǔ zé rènwéi jīngjì tiáojiàn shì zuì zhòngyào
选择恋爱**对象**的重要条件。而71%的父母**则**认为经济条件是最重要
de, dāng yǔ fùmǔ yìjiàn bùtóng shí, "bālínghòu" zài zé'ǒuzhōng gèng zūncóng fùmǔ de yìjiàn, huì yīn fùmǔ
的，当与父母意见不同时，“80后”在**择偶**中更**遵从**父母的意见，会因父母
fǎnduì ér yǔ liànrén fēnshǒu. Zhuānjiā fēnxī, yóuyú "bālínghòu" dúshēngzǐnǚ jiào duō, jīngjìshang hái bù
反对而与**恋人分手**。**专家分析**，由于“80后”**独生子女**较多，经济上还不
dúlì, duì fùmǔ de yīlàixìng hěn qiáng, zhè zhíjiē dǎozhì tāmen zài zé'ǒuzhōng bùdébù jiēshòu fùmǔ de
独立，对父母的**依赖**性很强，这直接**导致**他们在择偶中不得不接受父母的
yìjiàn.
意见。

Qícì shì niánlíng wèntí. Bǎifēnzhī liùshiwǔ de nánxìng rènwéi suì de nǚxìng shì lǐxiǎng jiéhūn duìxiàng,
其次是年龄问题。65%的男性认为25岁的女性是理想结婚对象，
zhǐ yǒu yuē bǎifēnzhī èrshiliù de nánxìng xiǎng hé suì yǐshàng de nǚxìng jiéhūn.
只有约26%的男性想和30岁以上的女性结婚。

Zuìhòu shì jīngjì wèntí. Bǎifēnzhī qīshí de nǚxìng rènwéi nánxìng yào yǒu fáng、yǒu wěndìng shōurù hé
最后是经济问题。70%的女性认为男性要有房、有**稳定**收入和
yídìng de jīxù cái néng jiéhūn. Qízhōng, bǎifēnzhī liùshiwǔ de nǚxìng xīwàng nánxìng de shōurù bǐ zìjǐ duō
一定的**积蓄**才能结婚。其中，65%的女性希望男性的收入比自己多1
bèi yǐshàng.
倍以上。

Fùmǔ de wèntí、niánlíng、wùzhì tiáojiàn shì xiànzài "bālínghòu" "jiéhūnnán" de zhǔyào yuányīn.
父母的问题、年龄、**物质**条件是现在“80后”“结婚难”的主要原因。
Lìngwài, yě kěyǐ kànchū "bālínghòu" duì jiéhūn de qīwàng yǔ xiànshí zhī jiān yǒu yídìng chājù.
另外，也可以**看出**“80后”对结婚的**期望**与**现实**之间有一定**差距**。

単語・表現チェック

無印赤字…5級　⑥…6級　＊…出題範囲外の語彙

	以来	yǐlái	～にわたって：～以来・～から
＊	流逝	liúshì	（月日が）流れ去る
	批	pī	～組・口・群れ（まとまった数の人や物を数える量詞）
＊	而立	érlì	而立（じりつ：30歳の異称）
	面临	miànlín	（問題や状況などに）直面する・（～に）面している
	采访	cǎifǎng	取材する・インタビューする
	恋爱	liàn'ài	恋愛（する）・恋（する）

	对象	duìxiàng	対象：（結婚・恋愛などの）相手
	则	zé	対比関係を表す（しばしば“～，而…则…”の形で「～は～であるが、しかし…は…」）：～条・題（文章を数える量詞）
＊	择偶	zé'ǒu	〈書〉配偶者を選ぶ
＊	遵从	zūncóng	（指示などに）従う
＊	恋人	liànrén	恋人
	分手	fēnshǒu	別れる

訳 「80後」の「結婚難」問題

ずっとこれまで、「80後」という単語は若さという意味合いを帯びていた。しかし、時間が流れていくにつれ、私たちは突然気づいた。最初の「80後」──1980年に生まれた人が、もう「而立」の年（30歳）になったのだ。30歳になった「80後」は「結婚難」の問題に直面している。インタビューなどの調査を通じて、「結婚難」には主に3点の原因があるということがわかった。

まずは両親の問題だ。恋愛の時、91%の「80後」が、性格は恋愛対象を選ぶ重要な条件だと思っている。しかし、71%の親はというと、経済条件が一番大事だと思っている。親と意見が違う時、「80後」は配偶者を選ぶ際に親の意見のほうにより従い、親の反対で、恋人と別れるのだ。専門家の分析によれば、これは「80後」は一人っ子が比較的多く、経済的にはまだ独立しておらず、親への依存心が強いため、こういうことが直接、彼らに相手を選ぶ際に親の意見を受け入れざるを得なくさせているのだ。

次は年齢の問題だ。65%の男性が25歳の女性が理想的な結婚相手だと思っていて、わずか約26%の男性しか30才以上の女性と結婚したいと思っていないのだ。

最後に経済的な問題だ。70%の女性が、男性がマンションを持ち、安定した収入とある程度の貯金があってはじめて、結婚できると思っている。そのうち、65%の女性が、男性の収入が自分の倍以上あってほしいと思っている。

両親の問題、年齢、物質的条件が現在「80後」が「結婚難」になる主な原因だ。それ以外にも、「80後」の結婚に対する期待と現実との間に一定の隔たりがあることが見てとれる。

	专家	zhuānjiā	専門家・エキスパート
	分析	fēnxī	分析（する）
＊	独生子女	dúshēngzǐnǚ	一人っ子
	独立	dúlì	独立（する）：単独で
[6]	依赖	yīlài	頼る・頼りにする・依存する
	导致	dǎozhì	（悪い結果を）導く・招く・引き起こす・～するようにさせる
	稳定	wěndìng	安定している：安定させる

＊	积蓄	jīxù	蓄え・貯金：蓄える・貯める
	物质	wùzhì	物質・金銭や物品
＊	看出	kànchū	見て気がつく・見てとれる・見分ける
[6]	期望	qīwàng	期待（する）・望みをかける
	现实	xiànshí	現実：現実的だ
	差距	chājù	差異・格差・隔たり・開き

文章 14　Niánqīngrén de liúxuécháo 年轻人的留学潮

ct5-014.mp3

Xiànzài de Zhōngguó, yuè lái yuè duō de niánqīngrén xuǎnzé chūguó liúxué. Jǐn zài èrlíngyīlíng dào èrlíngyī'èr
现在的 中国，越来越 多的 年轻人 选择 出国留学。**仅**在 2010 到 2012
nián, jiù yǒu wàn Zhōngguó xuésheng chūguó liúxué. Xuǎnzé chūguó liúxué de rén zài bìyèshēng zhěngtǐ
年，就有62万 中国 学生 出国留学。选择 出国留学的人在毕业生**整体**
qùxiàngzhōng suǒ zhàn de bǐlì yě yuè lái yuègāo.
去向中 **所 占** 的**比例**也越来越高。

Huígù lìshǐ, jìndài Zhōngguó de liúxuécháo cóng yìbǎi nián qián jiù kāishǐle. Dì yīpī liúxuéshēng shì
回顾历史，**近代** 中国 的留学**潮** 从一百年 前就开始了。第一**批** 留学生 是
qīngdài mònián de qù Měiguó liúxué de értóng. Yībājiǔsì nián zhōngrìjiǎwǔzhànzhēng gěile dāngshí de Zhōngguórén
清代 末年的去**美国**留学的儿童。1894 年 **中日甲午战争** 给了当时的 中国人
qiángliè de cìjī, xǔduō rén méngshēngle qù Rìběn xuéxí de xiǎngfǎ, xíngchéngle liúxué Rìběn de gāocháo.
强烈的**刺激**，许多人 **萌生**了 去日本学习的想法，**形成**了 留学日本的 **高潮**。

Zǎoqī de liúxuéshēng huíguó hòu, tōngcháng dōu néng zhǎodào fēicháng hǎo de gōngzuò, tāmen zài guójiā
早期的 留学生 回国后，**通常** 都 能 找到 非常 好的 工作，他们在国家
jiànshèzhōng, fāhuīle liánghǎo de zuòyòng. Ér xiànzài de liúxuéshēng, rénshù dàdà zēngduō, què
建设中，**发挥**了 **良好** 的 作用。而现在的留学生，人数**大大增多**，却
bújiàndé néng zhǎodào hǎo gōngzuò. Yǔcǐ tóngshí, liúxué zhōngjiè zhè yī xīnxīng chǎnyè yě zhújiàn fāzhǎn
不见得能 找到 好 工作。与此同时，留学**中介** 这一**新兴产业**也**逐渐**发展
qǐláile. Xǔduō xuésheng shēnqǐng chūguó bìng búshì kào zìjǐ, érshì kào zhōngjiè.
起来了。许多 学生 申请 出国 **并**不是**靠**自己，而是靠 中介。

Duìyú liúxué de niánqīngrén lái shuō, zuì zhǔyào de kùnnan shì yǔyán hé huánjìng. Liúxué kāishǐ shí, dà
对于留学的 年轻人 来说，最主要的困难 是语言和环境。留学开始时，大
bùfen rén dōu bùnéng shúliàn yùnyòng wàiyǔ hé dāngdìrén jiāoliú. Shēnghuó huánjìng de bùtóng, yě shǐde hěnduō
部分人 都 不能 **熟练 运用** 外语和**当地**人交流。生活 环境 的不同，也**使得**很多
rén bù xíguàn. Zhèxiē bèi chēngwéi "shíchādǎng" de liúxuéshēngmen, háiyǒu hěn cháng yíduàn lù yào zǒu.
人不习惯。这些被 **称为** "**时差党**" 的 留学生们，还有 很 长 一段路要走。

単語・表現チェック

無印赤字…5 級　⑥…6 級　＊…出題範囲外の語彙

＊	仅	jǐn	わずかに・たった・ただ・ただ〜だけで
	整体	zhěngtǐ	全体・総体
＊	去向	qùxiàng	行く先・行方
	所	suǒ	〜するところの（もの）：「"为／被"＋名詞＋"所"＋動詞」の形で、受身を表す：学校・病院などを数える量詞
	占	zhàn	占める
	比例	bǐlì	割合・比率：（数学の）比例
⑥	回顾	huígù	回顧する・思い出す：振り返る・振り向く
	近代	jìndài	近代
＊	潮	cháo	社会の変動や運動趨勢・潮（の流れ）：湿っている・しけている
	批	pī	〜組・口・群れ（まとまった数の人や物を数える量詞）

＊	清代	qīngdài	清（17 世紀〜20 世紀初頭にかけて中国を支配した王朝）の時代
＊	末年	mònián	（王朝や君主の在位の期間の）末期・晩期
＊	美国	Měiguó	アメリカ
＊	中日甲午战争	zhōngrìjiǎwǔ zhànzhēng	日清戦争
	战争	zhànzhēng	戦争
	强烈	qiángliè	極めて強い・非常に激しい・強烈だ・猛烈だ
	刺激	cìjī	刺激（する）
＊	萌生	méngshēng	〈書〉芽生える・起こり始める
	形成	xíngchéng	形成する・作り上げる：（ある状況や局面が）形成される・生じる

訳　若者の留学ブーム

　現在の中国では、ますます多くの若者が国を出て留学することを選択している。わずか 2010 年から 2012 年までで、62 万の中国の学生が国を出て留学した。国を出て留学することを選択した人が卒業生全体の進路中で占める割合も、ますます高くなっている。

　歴史を回顧してみると、近代中国の留学ブームは 100 年前には始まっていた。最初の留学生は清代末にアメリカに留学した子どもだ。1894 年の日清戦争は当時の中国人に強烈な刺激を与え、多くの人に日本に行って勉強するという考えが芽生え、日本留学ブームが高まることになった。

　初期の留学生は帰国後、普通は非常によい職を見つけることができた。彼らは国家建設において、よい働きをした。しかし、現在の留学生は、人数が大幅に増えたのに、よい職を見つけられるようには思えない。これと同時に、留学仲介という新しい産業が次第に発展してきた。多くの学生が留学申請を、自分で行うのではなく、仲介企業に任せている。

　留学している若者にとって、最も主要な困難は言語と環境である。留学が始まった頃には、ほとんどの人が上手に外国語を使って現地の人と交流できない。生活環境の違いが、多くの人に慣れないと感じさせる。この「時差党」と呼ばれる留学生たちは、まだまだ長い道のりを歩かなければならない。

⑥	高潮	gāocháo	高まり・高潮・盛り上がり：(小説や映画などの) クライマックス・山場・ピーク
＊	早期	zǎoqī	早期・初期
	通常	tōngcháng	通常 (の)・普通 (の)
	建设	jiànshè	建設 (する)
	发挥	fāhuī	発揮する・十分に示す：発揮させる
	良好	liánghǎo	良好だ・よい
＊	大大	dàdà	大幅に・大いに・大々的に：でっかい・とても大きな
＊	增多	zēngduō	多くなる・増える・増やす
	不见得	bújiàndé	〜とは思えない・〜とは限らない・〜とは感じない
	中介	zhōngjiè	仲介・媒介
＊	新兴	xīnxīng	新興の・新しく興った

⑥	产业	chǎnyè	産業 (の)：工業生産 (の)：財産・資産・身代
	逐渐	zhújiàn	だんだんと・次第に
＊	并	bìng	決して (〜ない)：その上・しかも：そして：並べる：合わせる
	靠	kào	(〜に) よる・頼る：近寄る：もたれる
	熟练	shúliàn	熟練している・上手だ
	运用	yùnyòng	用いる・運用する
	当地	dāngdì	現地・その土地・当地
＊	使得	shǐde	〜に…させる・〜を…せしめる
	称	chēng	〜と呼ぶ・〜と称する：(目方を) 量る
	时差	shíchā	時差
⑥	党	dǎng	徒党・一味：党・政党

"Zài qiúzhízhōng nǐ zuì zhòngshì shénme?" Duìyú zhè ge wèntí, "qīlínghòu" duōshù huì huídá "gōngzī
"在 求职中 你最 重视 什么？" 对于这个问题，"70后" 多数 会 回答 "工资
dàiyù", ér "bālínghòu" zé dàbùfen huì xuǎnzé "fāzhǎn kōngjiān", nàme mǎshàng yào jìnrù zhíchǎng de
待遇"，而 "80后" **则**大部分会选择 "发展**空间**"，那么 马上 要进入 **职场** 的
jiǔlínghòu ne?
"90后" 呢？

Yǒuguān zǔzhī zài yìchǎng zhāopìnhuìshang, fēnbié duì "jiǔlínghòu" de dàsì xuésheng hé rénshìbù
有关 **组织**在一场 招聘会上，**分别**对 "90后" 的**大四** 学生 和**人事**部
dānrèn zhāopìn gōngzuò de guǎnlǐ rényuán jìnxíng diàochá. Tāmen ràng "jiǔlínghòu" de dàsì xuésheng tǎolùn
担任 招聘 工作的管理 **人员** 进行了调查。他们 让 "90后" 的大四 学生 讨论
"nǐmen juéde zhǎo gōngzuò, shénmeyàng de tiáojiàn gèng néng xīyǐn nǐ?" zhè ge wèntí, ránhòu ràng tāmen
"你们 觉得 找 工作，什么样 的条件 更 能 吸引你？"这个问题，然后 让 他们
bǎ dá'àn xiě zài zhǐshang. Jǐfēnzhōnghòu, xuéshēngmen liàngchū dá'àn, "jiàqī" bèi xiě zàile zuì qiánmiàn,
把答案 写在 纸上。几分钟后，学生们 **亮**出答案，**"假期"** 被 写在了最 前面，
qícì shì "gōngzuò nèiróng bù dāndiào".
其次 是 "工作 内容不**单调**"。

Yǔ cǐ tóngshí, gébì fángjiānli, duì rénshìbù guǎnlǐ rényuán de diàochá yě zhèngzài jìnxíng. Duìyú "nǐ
与此 同时，**隔壁**房间里，对人事部管理 人员 的调查 也 正在 进行。对于 "你
rènwéi gōngsī de xīyǐnlì zài nǎlǐ?" zhè ge wèntí, guǎnlǐ rényuánmen gěichū de dá'àn shì "fāzhǎn
认为公司的 吸引力 在哪里？" 这个 问题，管理 人员们 给出的 答案是 "发展
kōngjiān", "xuéxí jīhuì", "gōngzī" "jiàqī" liǎng ge zì méiyǒu chūxiàn.
空间"、"学习机会"、"工资"……"假期" 两个字没有 出现。

Diàochá rényuán duìyú zhè yī jiéguǒ gǎndào shífēn yìwài. Duìyú bǎ jiàqī fàng zài zuì qiánmiàn, bèi
调查 人员 对于这一结果 感到 十分**意外**。对于把假期 放在最 前面，被
diàochá de dàsì xuéshengmen gěichū de lǐyóu shì "gōngzuò bùshì shēnghuó de quánbù. Gāi xiūxí shí jiù yào
调查 的大四 学生们 给出的**理由**是 "工作不是 生活 的全部。该休息时就要
xiūxi".
休息"。

Miànduì "jiǔlínghòu" de zhè yī jiùyèguān, yìxiē qǐyè wèile xīyǐn yōuxiù réncái, yě bùdébù
面对 "90后" 的这一**就业观**，一些**企业**为了 吸引优秀**人才**，也 不得不
zhuǎnbiàn guānniàn, zài qiángdiào gōngzī, fāzhǎn de tóngshí, yě kāishǐ zhùzhòng yuángōng de "gōngxiū
转变 观念，在 强调 工资、发展 的同时，也 开始 **注重 员工** 的 "工休
pínghéng" le.
平衡" 了。

单語・表現チェック

無印赤字…5 級　　⑥…6 級　　＊…出題範囲外の語彙

＊	求职	qiúzhí	求職する		分别	fēnbié	それぞれ；区别（する）
	待遇	dàiyù	待遇（する）	＊	大四	dàsì	大学4年生
	则	zé	対比関係を表す（しばしば"〜，而…则…"の形で「〜は〜であるが、しかし…は…」）；〜条；題（文章を数える量詞）		人事	rénshì	人事；世間の出来事
					担任	dānrèn	担任（する）・担当（する）
	空间	kōngjiān	空間・スペース		人员	rényuán	人員・職務担当者
＊	职场	zhíchǎng	職場		亮	liàng	見せる・披露する；明るくなる；明るくする；明るい
	组织	zǔzhī	組織（する）・まとめる・（会やイベントなどを）企画する；構成	＊	假期	jiàqī	休暇期間

訳 「90後」の就職観

「仕事を探す時に、あなたは何を最も重視しますか?」この質問に対して、「70後(1970年代生まれの世代を指す)」の多くは「給料と待遇」だと答えるが、「80後(1980年代生まれの世代を指す)」の多くは「発展の余地」を選択するだろう。では、間もなく職場に入る「90後(1990年代生まれの世代を指す)」はどうだろうか?

関連組織は就職説明会で、それぞれ「90後」の大学4年生の学生と、人事部の人材募集を担当する管理者に調査を行った。彼らは「90後」の大学4年生の学生に「仕事を探す際に、どのような条件があなたの注目を引きつけますか?」という質問について討論させ、その後彼らに答えを紙に書かせた。何分か後、学生たちが答えを出して見せると、「休暇」が一番前に書かれていた。その次は「仕事の内容が単調ではない」ということだった。

これと同時に、隣の部屋で、人事部の管理者に対する調査も行っていた。「会社の魅力はどこだと思いますか?」という質問に対し、管理者たちが出した答えは「発展の余地」、「学習の機会」、「給料」…であった。「休暇」という2文字は現れなかった。

調査者はこの結果について非常に意外だと感じた。休暇を一番前にしたことについて、調査された大学4年生の学生たちが挙げた理由は「仕事は生活のすべてではない。休むべき時には休むべきだ」ということだ。

「90後」のこの就職観に直面し、一部の企業は優秀な人材を集めるために、考え方も変えざるを得なかった。報酬、発展(の可能性)を強調するとともに、社員の「仕事と休暇のバランス」も重視し始めるようになったのだ。

	单调	dāndiào	単調だ・変化に乏しい
	隔壁	gébì	隣・隣家
	意外	yìwài	意外だ:不意の事故
	理由	lǐyóu	理由・わけ
	面对	miànduì	直面する:面する
⑥	就业	jiùyè	就業する・就職する
	企业	qǐyè	企業

	人才	réncái	人材
	转变	zhuǎnbiàn	変わる・変える:転換
	观念	guānniàn	思想・観念
	强调	qiángdiào	強調する
⑥	注重	zhùzhòng	重視する・重んじる
	员工	yuángōng	従業員
	平衡	pínghéng	バランス・均衡・平衡:バランスをとる:つり合っている

文章 16　Hànfú yùndòng 汉服运动

ct5-016.mp3

Hànfú, shì Hànzú de chuántǒng fúzhuāng. Dào Míngcháo wéizhǐ, Hànzú de rénmen dōu chuānzhe zhèyàng
汉服，是汉族的**传统** **服装**。到明**朝** **为止**，汉族的人们都穿着这样
de fúzhuāng. Qīngcháo shí, yóuyú tǒngzhì mínzú biànwéi Mǎnzú, rénmen yě jiù bú zài chuān Hànfú. Rújīn,
的服装。清朝时，由于**统治**民族变为满族，人们也就不再穿汉服。**如今**，
yìxiē chuántǒng wénhuà àihàozhě zhèngzài jìnxíng huīfù Hànfú de yùndòng. Tāmen rènwéi, zuò Hànfú de
一些传统文化**爱好者**正在进行**恢复**汉服的运动。他们认为，做汉服的
shíhou, yòng shénme bùliào shì cìyào de, Hànfú de yàngzi shì bùnéng gǎocuò de. Měi yìdǐng màozi, yíjiàn
时候，用什么**布料**是**次要**的，汉服的样子是不能**搞**错的。每一**顶**帽子，一件
shàngyī, dōu bùnéng qiàn kǎolǜ. Yíge xiǎo cuòwù, dōu huì zhāolái yídùn pīpíng. Chúle Hànfú, tāmen hái
上衣，都不能**欠**考虑。一个小错误，都会招来一**顿**批评。除了汉服，他们还
xuānchuán hé Hànfú yǒuguān de chuántǒng wénhuà. Bǐrú chuān Hànfú hējiǔ shí, tīngdào zhǎngbèi de mìnglìng
宣传和汉服有关的传统文化。比如穿汉服喝酒时、听到**长辈**的**命令**
shí, yīnggāi zūnshǒu de lǐjié. Tāmen rúcǐ rèqíng, guàibude Hànfú yùndòng fāzhǎn de yuè lái yuè hǎole.
时，应该**遵守**的**礼节**。他们**如此**热情，**怪不得**汉服运动发展得越来越好了。

Yě yǒu rén fǎnduì Hànfú yùndòng. Tāmen rènwéi nàxiē yào huīfù Hànfú de rén suǒ shuō de lǐlùn shì
也有人反对汉服运动。他们认为那些要恢复汉服的人**所**说的**理论**是
húshuō. Duìyú zhèyàng de guāndiǎn, Hànfú àihàozhěmen shuō: "Zhè dōu shì wèi zìjǐ bù nǔlì ér zhǎo de
胡说。对于这样的**观点**，汉服爱好者们说："这都是为自己不努力而找的
jièkǒu, wǒmen bùnéng jiǎshè Hànfú bù cúnzài, gèng bùnéng ràng chuántǒng wénhuà zài wǒmen shǒuli làndiào."
借口，我们不能**假设**汉服不**存在**，更不能让传统文化在我们手里**烂**掉。"

Èrlíngyīsān nián yuè rì zhì rì, zài Zhèjiāng Xītáng jǔxíngle Hànfú wénhuàzhōu de huódòng.
2013年11月1日至3日，在浙江西塘举行了汉服文化周的活动。
Zhè qízhōng bāokuò Hànfú yīnyuè bǐsài. Zuìhòu yóu Táiwān de jítāshǒu (Zhāngyìfān) zhāidéle
这其中**包括**汉服音乐比赛。最后由台湾的**吉他**手 JerryC（张逸帆）**摘**得了
guànjūn. Tā duì yīnyuè jìnxíngle lùyīn bìng jiāshangle zìmù, zhìzuòchéng Yǒu hěnduō rén xīwàng zhè
冠军。他对音乐进行了**录音** **并**加上了**字幕**，**制作**成 MV。有很多人希望这
cì huódòng néng zài yáncháng jǐ tiān. Ǹg, zhè shì ge měihǎo de yuànwàng.
次活动能再**延长**几天。**嗯**，这是个美好的**愿望**。

単語・表現チェック

無印赤字…5級　⑥…6級　＊…出題範囲外の語彙

	传统	chuántǒng	伝統：伝統的だ・従来の
	服装	fúzhuāng	服装・身なり
	朝	cháo	～朝：朝廷：王朝：（～に）向かって：向く
＊	为止	wéizhǐ	（時間・進度などについて）～までに・～までのところ
⑥	统治	tǒngzhì	統治する・支配する
	如今	rújīn	（過去のある時点と対比して）今・今時・近頃
＊	爱好者	àihàozhě	愛好者・ファン
	恢复	huīfù	復活する・取り戻す：回復する・回復させる
＊	布料	bùliào	（木綿などの）生地・布地
	次要	cìyào	二次的だ・副次的だ・重要でない
	搞	gǎo	する・やる（"搞错"で「間違いを犯す」）

	顶	dǐng	帽子やテントなどのようにてっぺんのあるものに用いる量詞：頂・てっぺん：（頭上に）載せる
＊	上衣	shàngyī	上半身に着る衣服・上着
	欠	qiàn	～を欠く：借りがある
	顿	dùn	（叱責・食事などの）動作の回数を表す：ちょっと止まる
	宣传	xuānchuán	宣伝する・広報する・広め伝える
	长辈	zhǎngbèi	目上（の人）・年長者
	命令	mìnglìng	命令（する）
	遵守	zūnshǒu	守る・遵守する
⑥	礼节	lǐjié	礼儀・礼節・エチケット
＊	如此	rúcǐ	このように・上のような・このようだ

訳　漢服運動

　漢服とは、漢民族の伝統的な服装である。明朝（の時代）まで、漢族の人々は皆そのような服を着ていた。清朝の時、統治民族が満州族になったので、人々は漢服を着なくなった。今、一部の伝統文化愛好者が漢服を復活させる運動を進めている。彼らはこう思っている。漢服を作る時、どのような生地を使うのかは重要ではなく、漢服の形・様式こそが間違えてはいけないものなのだ、と。1つ1つの帽子や上着は、すべて考慮を欠いてはならない。1つの小さな間違いが批判を招く。漢服以外にも、彼らは漢服に関する伝統文化も宣伝する。例えば、漢服を着てお酒を飲む時や、目上の人の命令を聞いた時に従うべき礼節だ。彼らはこのように情熱的なのだ。道理で漢服運動がますます発展を遂げていくわけだ。

　漢服運動に反対する人もいる。彼らは漢服を復活させようとする人達が言っている理論は根拠のないばかげた話だと思っている。この観点に対して、漢服愛好者たちは「それらはすべて自分ががんばらないために探した口実であり、私たちは、漢服が存在しないと仮定してはならず、ましてや伝統文化を私たちの手の中で腐らせてしまってはいけない」と言った。

　2013年11月1日から3日まで、浙江西塘で漢服文化週というイベントが行われた。その中には漢服音楽コンテストも含まれていた。最後に台湾のギタリスト Jerry C（張逸帆）が1位をもぎ取った。彼は音楽を録音してその上字幕もつけ、MV（ミュージック・ビデオ）を制作した。たくさんの人がこのイベントがあと数日延びたらよいのにと思った。うん、これは美しい願いである。

怪不得	guàibude	道理で〜だ・なるほど〜するのも無理はない：とがめるわけにはいかない
所	suǒ	〜するところの（もの）
理论	lǐlùn	理論：議論する
胡说	húshuō	ばかげた話・でたらめ：いい加減／むちゃくちゃなことを言う
观点	guāndiǎn	観点・見解
借口	jièkǒu	言いわけ：口実にする
假设	jiǎshè	仮定する・仮に〜とする：仮説
存在	cúnzài	存在する
烂	làn	腐敗している：ぼろぼろだ
包括	bāokuò	(〜を) 含む・包含する・含める

*	吉他	jítā	ギター
	摘	zhāi	(手でつまんで) 取る・はずす・もぐ：選び取る・選択する
	冠军	guànjūn	優勝・チャンピオン
	录音	lùyīn	録音 (する)
*	并	bìng	その上・しかも：そして・また：合わせる：並ぶ・並べる
	字幕	zìmù	字幕
	制作	zhìzuò	制作する・作る
	延长	yáncháng	延長する・延ばす
	嗯	ǹg	(肯定・承諾などを表す) うん・はい・ええ
*	美好	měihǎo	美しい・すばらしい・よい
	愿望	yuànwàng	望み・願望

文章 17

Bālínghòu huáiniàn de dònghuàpiàn
80后 怀念的 动画片

🎧 ct5-017.mp3

Jìnnián lái, yìgǔ huáiniàn jiù shíguāng de fēngcháo zhújiàn xīngqǐ. Xǔduō bālínghòu yě fēnfēn huíyìqǐ
近年来，一**股 怀念** 旧 **时光** 的 **风潮 逐渐兴起**。许多 80后 也**纷纷**回忆起
tóngnián guānkànguo de dònghuàpiàn. Bālínghòu de tóngnián méiyǒu diànnǎo, duìyú tāmen lái shuō, nénggòu
童年 观看过 的 **动画片**。 80后 的 童年 没有电脑，对于他们来说，能够
měitiān guānkàn dònghuàpiàn, shì zuì xìngfú de shì. Rúguǒ nǎ tiān méiyǒu kànchéng, biàn shì zāogāo de yìtiān.
每天 观看 动画片，是最幸福的事。如果哪天没有 看成，**便** 是 **糟糕**的一天。
Chèn fùmǔ búzài shí, qiāoqiāo dǎkāi diànshì kàn dònghuàpiàn, huò shì kàndào yíbàn bèi fùmǔ cuīzhe qù xiě
趁 父母不在时，**悄悄** 打开电视 看 动画片，或是看到一半被父母**催**着去写
zuòyè, shì hěnduō bālínghòu de tóngnián jīnglì.
作业，是很多 80后 的童年 经历。

Dāngshí, diànshìshang bōfàng de dònghuàpiàn, dàbùfen zhìzuò niándài dōu hěn jiǔyuǎn, yǒu hěnduō qǔcái
当时， 电视上 **播放**的 动画片，大部分**制作 年代** 都 很 **久远**，有 很多**取材**
yú Zhōngguó gǔdiǎn wénhuà, bǐrú qǔcái zì «Xīyóujì» de «Dànàotiāngōng», qǔcái zì mínjiān chuánshuō
于 中国 **古典** 文化，比如取材自《西游记》的《大闹天宫》，取材自**民间 传说**
de «Tiānshūqítán», yě yǒu gǎibiān zì dāngdài wénxué zuòpǐn de dònghuàpiàn. Zhè qízhōng zuì yǒumíng de
的《天书奇谭》，也有 **改编**自 **当代 文学 作品**的 动画片。这 其中 最 有名 的
shì yǐ liǎngzhī lǎoshǔ wéi zhǔjué de dònghuàpiàn «Shūkè yǔ Bèitǎ», jiǎngshùle liǎngzhī liǎobuqǐ de lǎoshǔ
是以 两只 **老鼠**为**主角**的 动画片 《舒克与贝塔》，**讲述** 了 两只 **了不起**的老鼠
nǔlì gǎibiàn rénmen duì lǎoshǔ de huài yìnxiàng de gùshi.
努力改变 人们 对老鼠的坏 印象 的故事。

Zhèxiē yōuxiù de zuòpǐn, jīběn dōu chūzì Shànghǎi měishù diànyǐng zhìpiànchǎng. Zhè ge chénglì yú
这些优秀的作品，**基本**都出自 上海 **美术** 电影 **制片厂**。这个**成立**于
yījiǔwǔqī nián yuè de zhìpiànchǎng, shì Zhōngguó guīmó zuìdà de měishù diànyǐng zhìpiànchǎng, yěshì Zhōngguó
1957 年 4 月的 制片厂，是 中国 **规模**最大的美术 电影 制片厂，也是 中国
zuì gǔlǎo de dònghuà zhìpiànchǎng zhī yī, wèi bālínghòu tígōngle bǎoguì de huíyì. Yīncǐ, Shànghǎi měishù
最**古老**的 动画 制片厂 之一，为 80后 提供了**宝贵**的回忆。因此，上海 美术
diànyǐng zhìpiànchǎng yě ràng bālínghòu, yóuqí shì Shànghǎi de bālínghòu gǎndào zìháo.
电影 制片厂 也让 80后，尤其是 上海 的 80后 感到**自豪**。

単語・表現チェック

無印赤字…5 級　⑥…6 級　＊…出題範囲外の語彙

＊	股	gǔ	におい・力・感情などを数える量詞：もも・太もも
	怀念	huáiniàn	恋しく思う：懐かしさ
⑥	时光	shíguāng	暮らし・暮らし向き：時期・時：時間・年月・月日
＊	风潮	fēngcháo	(時代の) 風潮：騒動・騒乱
	逐渐	zhújiàn	だんだんと・次第に
＊	兴起	xīngqǐ	勢いよく現れる・盛んに興る
	纷纷	fēnfēn	次から次へと：雑多だ
＊	童年	tóngnián	幼年期 (時代)
＊	观看	guānkàn	観覧する・眺める
	动画片	dònghuàpiàn	アニメーション

	便	biàn	(仮定、因果、目的、対立などを示す複文に用い) もし～ならば……であるので……のために……でなければ…だ：すぐ・もう ("就"とほぼ同じように使う)
	糟糕	zāogāo	(状況や状態が) だめだ・まずい・ひどい
	趁	chèn	～に乗じて・～のうちに・～を利用して
	悄悄	qiāoqiāo	ひそひそと・こっそり
	催	cuī	催促する：早める
	播放	bōfàng	放送する・放映する
	制作	zhìzuò	制作する・作る
	年代	niándài	年代・時代
＊	久远	jiǔyuǎn	長い間・久しいこと

訳 「80後」が懐かしむアニメ

ここ数年、昔の暮らしを懐かしむ風潮が次第に盛んになっている。たくさんの「80後（1980年代生まれの世代を指す）」も次々と子どもの頃に見たアニメを追憶し始めた。「80後」の子どもの頃はパソコンがなく、彼らにとって、毎日アニメを見ることが一番幸せなことであった。もし見られない日があれば、それは最悪な日であった。父母がいない時を狙い、こっそりとテレビをつけてアニメを見たり、あるいは途中まで見て父母に催促されて宿題をやったりするのは、たくさんの「80後」の子どもの頃の体験だろう。

当時、テレビで放送されたアニメは、大部分が制作の年代が古く、たくさんのアニメは中国の古典文化を題材としている。例えば『西遊記』を題材とした『大鬧天宮』、民間伝説を題材とした『天書奇譚』。現代文学作品に基づいて作り変えられたアニメもある。その中で一番有名なのは2匹のネズミを主人公としたアニメ『シューカーとベイター（舒克と貝塔）』で、2匹のすばらしいネズミが努力をして人間のネズミに対する悪い印象を変えるというストーリーを描いている。

これらの優秀な作品は、基本的にはすべて上海美術映画製作所からのものだ。1957年4月に設立されたこの製作所は、中国の最大規模の美術映画製作所であり、中国で最も古い製作所の1つであり、「80後」に貴重な思い出を提供した。そのため、上海美術映画製作所は「80後」、特に上海の「80後」から誇りに思われてもいるのである。

*	取材	qǔcái	題材を得る・材料をとる
	古典	gǔdiǎn	古典・クラシック：古典的な
⑥	民间	mínjiān	民間（の）：世間・庶民の間
	传说	chuánshuō	伝説
*	改编	gǎibiān	作品を改編する・改作する：（軍隊などの組織を）改編する
⑥	当代	dāngdài	現代・当代
	文学	wénxué	文学
	作品	zuòpǐn	作品
	老鼠	lǎoshǔ	ネズミ
*	主角	zhǔjué	（芝居や映画の）主役・主演者
*	讲述	jiǎngshù	（事柄や道理を）述べる・話す

	了不起	liǎobuqǐ	すばらしい・すごい
	基本	jīběn	だいたいにおいて・一応：根本的だ：主要だ：基本・基礎
	美术	měishù	美術・絵画
*	制片厂	zhìpiànchǎng	（映画などの）製作所・スタジオ
	成立	chénglì	（組織や機構などが）発足（する）・設立（される）：立ち上げる・設立（する）：成立する・成り立つ・主張しうる・理にかなう
	规模	guīmó	規模
*	古老	gǔlǎo	古い歴史を持つ・古い
	宝贵	bǎoguì	貴重だ・大切だ
	自豪	zìháo	（自分や自分に関係のある人・集団のことを）誇りに思っている

文章 18

Zhōngguó de "jiǔ'èrpài"
中国 的 "92派"

ct5-018.mp3

shìjì   niándài, Zhōngguó zhètiáo jùlóng fāshēngle jíqí dà de biànhuà. Shǒuxiān biànhuà de shì
20 世纪 80 **年代**，中国 这条**巨龙**发生了**极其大的**变化。首先 变化 的是

rénmen de shēnghuó, bǐrú nánrénmen chuānshangle shíshàng de niúzǎikù,   tàitaimen tàngqǐle shímáo de
人们的 生活，比如男人们 穿上了 **时尚 的牛仔裤**，**太太们烫起了时髦**的

fàxíng,   háizimen wánqǐle jìnkǒu de wánjù,   chīqǐle bīngjīlíng.
发型，孩子们玩起了**进口的玩具**，吃起了**冰激凌**。

Gèng zhòngyào de shì, dàole   niándài, yīpī zài zhèngfǔ hé kēyányuànsuǒ gōngzuò de rénmen
更 重要 的是，到了 90 年代，**一批在 政府和科研院所** 工作 的人们

shòudào gǎigé gǔwǔ, zìyuàn fàngqì tāmen de quánlì hé shēnfèn, cízhí jīngshāng. Yīnwèi yījiǔjiǔ'èr nián
受到 **改革鼓舞**，**自愿**放弃他们的**权力和身份**，**辞职 经商**。因为 1992 年

DèngXiǎopíng shìchále nánfāng, biǎoshìle duì jīngjì gǎigé de zhīchí, xǔduō rén dōu zài zhè yìnián zuòchūle
邓小平 视察了南方，表示了对经济改革的支持，许多人都在这一年做出了

cízhí jīngshāng de juédìng, suǒyǐ bèijiàozuò "jiǔ'èrpài".
辞职 经商 的决定，所以被叫做 "92派"。

Tāmen zài xīn de hángyè miànduì shìchǎng de luójí,   xiǎnrán háishì hěn nèn de. Tāmen quēshǎo zījīn,
他们在新的**行业 面对 市场 的逻辑**，**显然**还是很**嫩**的。他们 缺少 **资金**，

yě méiyǒu jīngyàn, dànshì tāmen yǐ gèwài tūchū de yìlì,   jiānchí nǔlì, zài shībàizhōng xuéxí,   zhōngyú
也没有 经验，但是 他们以**格外突出**的毅力，坚持努力，在 失败中 学习，终于

huòdéle chénggōng, yě shǐ Zhōngguó huòdéle jìnbù. "jiǔ'èrpài" shì yìqún wěidà de rén, tāmen
获得了 成功，也使 中国 获得了**进步**。"92派" 是 一**群伟大**的人，他们

chuàngzàole Zhōngguó de yíge wěidà de shídài, tuīdòng Zhōngguó jīngjì de gāosù fāzhǎn.
创造了 中国 的一个伟大的**时代**，**推动**了 中国 经济的高速发展。

単語・表現チェック

無印赤字…5 級   ⑥…6 級   ＊…出題範囲外の語彙

	年代	niándài	年代・時代		进口	jìnkǒu	輸入（する）
＊	巨	jù	大きい・巨大だ		玩具	wánjù	おもちゃ・玩具
	龙	lóng	（古代伝説中の動物）竜		冰激凌	bīngjīlíng	アイスクリーム
	极其	jíqí	極めて		批	pī	～組・口・群れ（まとまった数の人や物を数える量詞）
	时尚	shíshàng	ファッショナブル・スタイリッシュだ・トレンディだ・時代の流行・時代の好み		政府	zhèngfǔ	政府・行政機関
	牛仔裤	niúzǎikù	ジーンズ・ジーパン	＊	科研院所	kēyányuànsuǒ	科学研究機関の総称
	太太	tàitai	奥様・奥さん・家内		改革	gǎigé	改革（する）・革新（する）
	烫	tàng	（髪に）パーマをかける・（熱湯や油などで）やけどをする・温度が高すぎる		鼓舞	gǔwǔ	鼓舞（する）・奮い立つ
	时髦	shímáo	流行っている・最新流行だ・ファッショナブルだ		自愿	zìyuàn	自発的に行う・自由意志で～する・自分の意志で～する
＊	发型	fàxíng	髪型		权力	quánlì	権力・職権
					身份	shēnfèn	身分・地位

訳　中国の「92 派」

20 世紀の 80 年代、中国という巨大な竜に極めて大きな変化が起こった。第一に変化したのは人々の暮らしで、例えば男性たちは流行のジーパンを穿き、奥様たちは最新流行の髪型になるようにパーマをかけ、子どもたちは輸入品のおもちゃで遊び、アイスクリームを食べ始めた。

それより重要なのは、90 年代に入ってから、政府と科学研究機関で働く人の一団が、改革に奮い立たされ、自発的に権力と身分を投げ捨て、辞職して商売を始めたということだ。1992 年、鄧小平が中国南部を視察し、経済改革に対する支持を示したため、多くの人が皆この年に辞職して商売を始めるという決断をした。そのため、「92 派」と呼ばれる。

彼らは新たな業界において、市場（経済）の論理に直面し、明らかに未熟であった。彼らは資金も不十分であり、経験もなかったが、しかし彼らはとりわけ際立った意志の力によって努力を続け、失敗から学び、ついに成功を収めると同時に、中国を進歩させた。「92 派」は偉大な人々であり、中国の偉大なる時代を創造し、中国経済の急速な発展を後押しした。

	辞职	cízhí	辞職する
	经商	jīngshāng	商売をする・商業を営む
*	视察	shìchá	視察する・査察する
	派	pài	派・流派：(同じ立場の）グループ・集団：派遣する・任命する
	行业	hángyè	業界・業種・職種
	面对	miànduì	直面する：(～に）面する
	市场	shìchǎng	市場・マーケット
	逻辑	luóji	論理・ロジック
	显然	xiǎnrán	（状況・事理が）明らかに・明確に・はっきりと：明らかだ・はっきりしている
	嫩	nèn	経験が少ない・未熟だ：柔らかい・若い

	资金	zījīn	資金
	格外	géwài	とりわけ・特に・ことのほか
	突出	tūchū	際立っている・突き出す
⑥	毅力	yìlì	意志の力・気力・根気・根性・気迫・粘り強さ
	进步	jìnbù	進歩する：進歩的だ
	群	qún	～群れ（群れをなすものを数える量詞）
	伟大	wěidà	偉大だ・立派だ
	创造	chuàngzào	創造する
	时代	shídài	時代
*	推动	tuīdòng	推し進める・促進する・推進する

文章 19

Ràng shíshàng chéngwéi xíguàn
让 时尚 成为 习惯

ct5-019.mp3

Jīngcháng yǒu wàiguó péngyou dào Zhōngguó lǚxíng hòu, xíngróng duì Zhōngguórén de yìnxiàng shí huì shuō:
经常 有外国 朋友 到 中国 旅行后，**形容** 对 中国人 的印象 时会 说：
Zhōngguórén sìhū bù xǐhuan dǎban. Jǐnguǎn jìnnián lái Zhōngguó shíshàngyè zhèngzài jiànjiàn xiǎnlùchū tā
中国人 **似乎**不喜欢打扮。尽管 近年来 中国 **时尚**业 正在 **渐渐显露**出它
dútè de yōushì, dàn zài guówài shēnghuó duōnián de wǒ, quèshí bùnéng fǒudìng Zhōngguórén bú ài shímáo
独特的**优势**，但在国外 生活 多年 的我，确实不能 **否定** 中国人 不爱**时髦**
zhè yìdiǎn.
这一点。

Méi chūguo guó de huà yěxǔ bú huì yìshídào chuānyī dǎban de wèntí, bǐrú wǒ de fùmǔ, yíbèizi
没出过 国的话也许不会**意识**到 穿衣 打扮的问题，比如我的父母，**一辈子**
zhǐ xīwàng jiànkāng píng'ān, zhǐ guānxīn zhuànqián yǎngjiā, píngshí yě méiyǒu hěnduō jiāojì, wǒ céng yízài
只希望 健康 **平安**，只关心 赚钱 **养家**，平时也没有 很多**交际**，我 曾 **一再**
quàn tāmen rēngdiào guòshí de yīfu、 mǎi xiē xīn de, dàn méiyǒu xiàoguǒ. Yīfu zhǐyào gānjìng jiù kěyǐle,
劝 他们 扔掉 **过时**的衣服、买些新的，但 没有 效果。衣服只要 干净就可以了，
chúfēi pòle, fǒuzé búyòng mǎi xīn de, zhè shì tāmen de chángshí. Wǒ cóng guówài gěi tāmen mǎiguo jǐtào
除非破了，否则不用 买 新的，这 是他们的**常识**。我 从 国外 给他们买过几**套**
yīfu, què méi jiàn tāmen chuānguo.
衣服，却没见他们 穿过。

Wǒbìng búshì ge làngfèi de rén, dànměi cì huíguó, kàndào jiēshang biǎoqíng àndàn de xíngrén, dōu huì
我 **并** 不是个浪费的人，但每次回国，看到 街上 **表情 暗淡**的**行人**，都 会
yǒuxiē nánguò. Zhōngguórén de wùzhì shuǐpíng zài búduàn tígāo, dàn dàjiā shìbushì yě yīnggāi guānzhù
有些 难过。中国人 的**物质** 水平 在 **不断**提高，但大家是不是也应该 **关注**
yíxià jīngshén shēnghuó ne? Shíshàng bìng búshì huā hěnduō qián mǎi yīfu、 huàzhuāngpǐn. Tā de běnzhì shì
一下 **精神** 生活 呢？时尚 并不是花 很多 钱 买衣服、**化妆**品。它的 **本质**是
yìzhǒng shēnghuó tàidu, shì rén zài zìxìn、 kuàilè shí zìrán chéngxiàn de gèxìng.
一种 生活 态度，是人 在自信、快乐时自然 **呈现** 的**个性**。

Qǐng shìzhe ràng shíshàng chéngwéi xíguàn ba.
请 试着 让 时尚 成为 习惯吧。

単語・表現チェック

無印赤字…5 級　⑥…6 級　＊…出題範囲外の語彙

	形容	xíngróng	形容する・描写する・言い表す
	似乎	sìhū	どうやら～のようだ・～らしい：まるで～のようだ・～みたいだ
	时尚	shíshàng	流行・流行り・ファッショナブル・スタイリッシュだ・トレンディだ・時代の流行・時代の好み
＊	渐渐	jiànjiàn	だんだん・次第に
＊	显露	xiǎnlù	現れる・露呈する：現す
	独特	dútè	独特だ・ユニークだ
	优势	yōushì	強み・優勢・優位
	否定	fǒudìng	否定する：否定的な

	时髦	shímáo	流行っている・最新流行だ・ファッショナブルだ
⑥	意识	yìshí	意識（する）・気づく・実感する・悟る
	一辈子	yíbèizi	一生・一生涯
	平安	píng'ān	平安だ・無事だ・安全だ
＊	养家	yǎngjiā	家族を養う
	交际	jiāojì	交際（する）・付き合い・付き合う
	一再	yízài	何度も・一度ならず
	劝	quàn	すすめる・説得する・（言葉で）勧告する・なだめる・いさめる

訳 ファッショナブルを習慣に

外国人の友達が中国旅行をした後、中国人への印象を言い表す時、よく次のように言う。中国人はどうもおしゃれをすることがあまり好きじゃないようだと。近年、中国のファッション業界は中国ならではの強みをだんだん呈してきているが、海外に長年住んでいる私は、中国人が最新流行好きではないということを確かに否定できない。

海外に行ったことがなければ、おしゃれの問題まで意識がいかないかもしれない。例えば私の両親は、生涯健康と平穏無事だけを望み、金を稼いで家族を養うことしか考えておらず、普段から多くの交友関係もない。私はかつて何度も彼らに時代遅れの服はもう捨てて新しいのを買おうよと説得しようとしたが、効果はなかった。服は清潔でさえあればよく、破れてさえいなければ、新しいのを買う必要がないものだ、というのが彼らにとっての常識なのだ。私は国外から彼らに何セットかの服を買って行ったことがあるが、彼らが着ているのを見たことがない。

私も決して浪費家なんかではないが、帰国するたびに、暗い表情で慌しく道行く人たちを見ると、ちょっぴり悲しくなってしまう。中国人の物質的な水準は絶え間なく向上しているが、精神的な生活の面についても少し関心を持つべきなのではないか？ファッショナブルというのはきっと、服や化粧品を買うためにお金をたくさん使うということではない。ファッショナブルの本質は一種のライフスタイルであり、人が自信を持ち、楽しい時に自然に現れる個性なのだ。

ファッショナブルを習慣にしてみてください。

*	过时	guòshí	流行遅れになる：時間遅れだ：規定の時刻を過ぎる
	除非	chúfēi	～しない限り…しない・～でなければ…ない
*	并	bìng	決して（～ない）：その上：並べる：合わせる
	常识	chángshí	常識
	套	tào	そろい・セットになったものの数を数える量詞
	表情	biǎoqíng	表情
*	暗淡	àndàn	（光や色が）暗い・暗くなる
	行人	xíngrén	通行人・道を行く人
	物质	wùzhì	物質・金銭や物品
	不断	búduàn	絶えず・絶え間なく・次々と・切れ目なく：絶え間がない・途切れがない
*	关注	guānzhù	関心（を持つ）・注目（する）・重大な注意を払う
	精神	jīngshén	精神（上の）・心：主旨・真意：（"jīngshen" で「元気・意気込み：元気がある・生き生きとしている」）
⑥	化妆	huàzhuāng	化粧（する）
	本质	běnzhì	本質
⑥	呈现	chéngxiàn	現れる・呈する・現す
	个性	gèxìng	個性・特殊性

ct5-020.mp3

文章 20

Dàxíng jiémù　《Bàba qù nǎr》
大型节目《爸爸去哪儿》

«Bàba qù nǎr»　　shì Zhōngguó Húnán diànshìtái de yíge dàxíng qīnzǐ jiémù, zài jiémùzhōng, wǔ
《爸爸去哪儿》是 中国 湖南 电视台的一个 **大型亲子**节目, 在 节目中, 五

wèi míngxīng huídào jiātíngzhōng, yǐ yìmíng pǔtōng fùqīn de juésè, yào hé zìjǐ de háizi yìqǐ zài tiáojiàn
位 **明星** 回到 家庭中, 以一名普通父亲的**角色**, 要和自己的孩子一起在 条件

bǐjiào èliè de huánjìngxià shēnghuó ge xiǎoshí. Zài zhè qījiān, yóu bàba yíge rén zhàogù háizi.
比较**恶劣**的环境下 生活 72 个小时。在 这**期间**, 由爸爸一个人 照顾孩子。

Lìngwài, dǎoyǎn hái zhǔnbèile xǔduō rènwu, yóu fùzǐ(nǚ) liǎ hùxiāng pèihé wánchéng, bǐrú xiǎng bànfǎ
另外, **导演** 还准备了许多任务, 由父子(女)俩互相**配合** 完成, 比如 想 办法

zhèng wǎngfǎn de lùfèi děng. Fùzǐ(nǚ) liǎ zài bù shúxi de huánjìngxià nàochūle xǔduō xiàohuà.
挣 往返的路费 等。父子(女)俩在不熟悉的 环境下 闹出了许多笑话。

«Bàba qù nǎr»　yì bōchū jiù shòudàole Zhōngguó guǎngdà guānzhòng de huānyíng, qí yuányīn zhǔyào
《爸爸去哪儿》**一播出**就受到了 中国 **广大** 观众 的欢迎, 其原因 主要

yǒu liǎngdiǎn. Dì yī, zhēnshí. Yóuyú zhè ge jiémù shì xiǎoshí quánchéng pāishè, wéiyī yóu dǎoyǎn ānpái
有 两点。第一, **真实**。由于这个节目是 24 小时 **全程 拍摄**, **唯一** 由 导演 安排

hǎo de bùfen jiù zhǐ yǒu "chūchǎng". Yīnwèi chūchǎng rúguǒ zhìxù tài luàn de huà, bú tài lìyú dàjiā guānkàn
好的部分就只有 "**出场**"。因为 出场 如果**秩序**太乱的话, 不太利于大家 观看

jiémù. Qíyú bùfen jīhū méiyǒu "zuòjiǎ" de kěnéng. Ér zhēnshí wǎngwǎng shì wǒmen zài zōngyì jiémùzhōng
节目。**其余**部分几乎没有 "**作假**" 的可能。而真实 往往 是我们在综艺 节目中

zuì nán kàndào de dìfang. Dì èr, yǒu yìqún kě'ài de háizi. Xiànzài de háizi dōu shì fùmǔ de bǎobèi.
最难 看到 的地方。第二, 有一**群**可爱的孩子。现在的孩子都是父母的**宝贝**。

Dàjiā dōu xīwàng zìjǐ de bǎobèi chūsè, yōuxiù. «Bàba qù nǎr» yǐ qīnzǐ wéi zhǔtí, ràng xǔduō
大家都希望自己的宝贝**出色**、优秀。《爸爸去哪儿》以亲子为**主题**, 让许多

fùmǔ cóng biéren de háizi, bié de fùmǔ shēnshang dédào xǔduō jiàoyù háizi de qǐfā.
父母 从 别人的孩子、别的父母 身上 得到许多教育孩子的**启发**。

Xǔduō nán guānzhòng kànle jiémù hòu dōu shēn yǒu gǎnchù, juéxīn yào gèngjiā àihù hé tǐtiē zìjǐ de
许多男 观众 看了节目后 都 深 有 感触, **决心**要 **更加爱护**和体贴自己的

qīzi, gèngjiā nǔlì zuò yíge hǎo bàba.
妻子, 更加努力做一个好爸爸。

単語・表現チェック

無印赤字…5 級　　　⑥…6 級　　　＊…出題範囲外の語彙

	大型	dàxíng	大型の・大規模だ
＊	亲子	qīnzǐ	親子：実の子ども
	明星	míngxīng	スター・人気芸能人
	角色	juésè	(劇や映画の) 役・役柄
	恶劣	èliè	非常に悪い・下劣だ
	期间	qījiān	期間
	导演	dǎoyǎn	監督する・映画監督
	配合	pèihé	協力する・力を合わせる
	挣	zhèng	(働いてお金を) 稼ぐ

	往返	wǎngfǎn	往復(する)・行ったり来たりする
＊	路费	lùfèi	旅費
＊	闹	nào	(好ましくないことが) 起きる・発生する；騒ぎ立てる・面倒を起こす；騒がしい・やかましい
＊	播出	bōchū	放映する・放送する
	广大	guǎngdà	(面積などが) 広い；(範囲などが) 大きい；多くの (人間)
	真实	zhēnshí	真実だ・本当だ
＊	全程	quánchéng	全行程・全コース・全長
＊	拍摄	pāishè	写す・撮影する

訳　大型番組『パパ、どこ行くの』

　『パパ、どこ行くの』は中国湖南テレビの大型の親子番組だ。番組の中では、5名のスターが家庭に戻り、1人の普通の父親という役割で、自分の子どもと一緒に条件がかなり悪い環境で72時間生活しなければならない。この期間中には、父親1人で子どもの世話をしなければならない。そのほか、監督は様々な任務を用意しており、親子2人でお互い力を合わせて完成する。例えば、どうにかして往復の旅費を稼ぎ出すなどだ。親子2人は不慣れな環境の中で、たくさんのおもしろいハプニングを起こす。

　『パパ、どこ行くの』は放送されたとたん、中国で多くの観衆の人気を集めた。その理由は主に2つある。第一に、嘘偽りがない真実だからだ。この番組は24時間の全過程を撮影したものであり、唯一監督が段取りを決めてある部分は「登場」の部分しかない。なぜなら「登場」はもし秩序があまりに乱れていると、番組の鑑賞にはあまり良くないからだ。そのほかの部分は「やらせ」の可能性がほとんどない。真実というのは往々にしてバラエティ番組において我々が最も目にするのが難しいところだ。第二に、かわいい子どもたちがいるからだ。今日の子どもは親の宝だ。皆は自分のかわいい子がすばらしく、優秀であってほしいと望んでいる。『パパ、どこ行くの』は親子をテーマとして、多くの親に、ほかの人の子どもやほかの親たちから、子どもを教育するヒントをたくさん得させた。

　多くの男性視聴者が番組を見た後、深く感動させられ、より自分の妻を大切にし、気を遣うようにすること、努力してよりよい父親になることを決心する。

	唯一	wéiyī	唯一の・ただ1つの		宝贝	bǎobèi	宝物・かわいい子
*	出场	chūchǎng	登場する・出場する・出番だ		出色	chūsè	すばらしい・優れた
	秩序	zhìxù	秩序・順序		主题	zhǔtí	主題・テーマ
*	利于	lìyú	～に利がある・有利である・役立つ		启发	qǐfā	啓発（する）・ヒントを与えて悟らせる
*	观看	guānkàn	観覧する・眺める	*	感触	gǎnchù	感動・感銘・感慨・感触・心に触れるもの
	其余	qíyú	残り（のもの）・ほか（のもの）		决心	juéxīn	決心（する）・決意（する）
*	作假	zuòjiǎ	偽物を本物に見せかける：ごまかしをする：わざと体裁を繕う	*	更加	gèngjiā	いっそう・ますます
*	综艺	zōngyì	バラエティ（番組）		爱护	àihù	大切にし保護する・いたわる
	群	qún	～群れ（群れをなすものを数える量詞）		体贴	tǐtiē	（他人の身になって）思いやる・気を遣う

文章 21 «Shéjiānshang de Zhōngguó» 《舌尖上的中国》

ct5-021.mp3

«Shéjiānshang de Zhōngguó» shì yíbù měishílèi jìlùpiàn, tā quánmiàn de jièshàole Zhōngguó gèdì
《舌尖上的中国》是一**部美食类纪录片**，它**全面**地介绍了中国各地
de měishí wénhuà hé bùtóng de yǐnshí xíguàn, Ràng guānzhòng cóng yǐnshí de jiǎodù, rènshi hé lǐjiě
的美食文化和不同的**饮食**习惯，让观众从饮食的**角度**，认识和理解
chuántǒng Zhōngguó hé biànhuàzhe de Zhōngguó.
传统中国和变化着的中国。

«Shéjiānshang de Zhōngguó» bèi rènwéi shì Zhōngguó zuì jīngdiǎn de jìlùpiàn, tā de shōushìlǜ shènzhì
《舌尖上的中国》被认为是中国最**经典**的纪录片，它的**收视率**甚至
chāoguòle tóngqī suǒyǒu de diànshìjù. Wèishénme jìlùpiàn néng zài shōushìlǜshang qīngyì jībài diànshìjù?
超过了**同期**所有的**电视剧**。为什么纪录片能在收视率上**轻易击败**电视剧？

«Shéjiānshang de Zhōngguó» néng huòdé chénggōng shì yīnwèi tā bùjǐn jiǎng shíwù, gèng duō de shì zài
《舌尖上的中国》能获得成功是因为它不仅讲**食物**，更多的是在
jiǎng shíwù bèihòu de qínggǎn, zhǎnshì rén hé shíwù zhī jiān de gùshi. Zhè bù jìlùpiàn yǐ suìpiàn shì de jiǎnjí
讲食物**背后**的**情感**，**展示**人和食物之间的故事。这部纪录片以**碎片似的剪辑**
fāngshì, jìnxíngle bùtóng dìyù zhī jiān de zǔhé, jiǎngshùle tóng yìzhǒng shícái zài nánběi zhī jiān de biànhuà,
方式，进行了不同**地域**之间的**组合**，**讲述**了同一种**食材**在南北之间的变化，
yòng wèidào yíngzàochūle yígègè zhēnshí de gùshi. «Shéjiānshang de Zhōngguó» yǐ měishí wéi chuāngkǒu,
用味道**营造**出了一个个**真实**的故事。《舌尖上的中国》以美食为窗口，
tōngguò měishí kàn shèhuì, zài xiàng guānzhòng zhǎnshì chuántǒng Zhōngguó de tóngshí, yě gàosu guānzhòng
通过美食看社会，在向观众展示传统中国的同时，也告诉观众
Zhōngguó de chuántǒng zhèngzài gǎibiàn.
中国的传统正在改变。

«Shéjiānshang de Zhōngguó» ràng bù shǎo guānzhòng xiǎngqǐle "jiāxiāng de wèidào", yǒu guānzhòng shuō:
《舌尖上的中国》让不少观众想起了“**家乡**的味道”，有观众说：
"«Shéjiānshang de Zhōngguó» ràng wǒ rěnbuzhù xiǎng jiā, xiǎngniàn māma chǎo de cài, nǎinai bāo de jiǎozi,
“《舌尖上的中国》让我**忍不住**想家，**想念**妈妈**炒**的菜，奶奶包的饺子，
háiyǒu nà yuè lái yuè móhu de jiāxiāng."
还有那越来越**模糊**的家乡。”

単語・表現チェック

無印赤字…5 級　⑥…6 級　＊…出題範囲外の語彙

＊	部	bù	書籍・映画の1そろいになったものの数を数える量詞
＊	美食	měishí	おいしい食べ物・美食・グルメ
＊	类	lèi	～類・種類・たぐい
	纪录	jìlù	記録（する）（"纪录片"で「ドキュメンタリー」）
	片	piàn	（映画の）フィルム・テレビドラマ：カード状のもの：広い範囲の地面や水面・薄いものなどを数える量詞
	全面	quánmiàn	全面的だ：全体
⑥	饮食	yǐnshí	飲食
	角度	jiǎodù	角度・観点

	传统	chuántǒng	伝統：伝統的だ・従来の
	经典	jīngdiǎn	古典・名作：古典的だ・名作だ・（著作などに権威のある）経典的だ
＊	收视率	shōushìlǜ	（テレビの）視聴率
＊	同期	tóngqī	同時期：（学校などの）同期
＊	电视剧	diànshìjù	テレビドラマ
	轻易	qīngyì	容易に・軽々しい
＊	击败	jībài	打ち負かす・打ち破る
	食物	shíwù	食べ物・食物・食品
＊	背后	bèihòu	背後・後ろ

訳　舌先の中国

　『舌先の中国』は美食類のドキュメンタリー番組だ。そのドキュメンタリーは中国各地の美食文化や様々な異なる飲食習慣を全面的に紹介し、視聴者に飲食の角度から、伝統的な中国と変化する中国を認識・理解させる。

　『舌先の中国』は中国で最もすばらしいドキュメンタリーであると考えられており、視聴率は同じ時期のすべてのドラマさえ越えたほどだ。なぜドキュメンタリーが視聴率においてたやすくドラマを打ち負かすことができたのだろう?

　『舌先の中国』が成功を得られたのは、食物を語るだけではなく、より多く食物の背後にある情感を語り、人間と食物の間の物語をはっきりと示しているからだ。このドキュメンタリーはいくつかの破片を組み合わせたような編集の仕方をしており、異なる地域を組み合わせ、同じ食材の南北それぞれにおける変化を述べ、味を用いて1つ1つ真実の物語を作り出した。『舌先の中国』は美食を窓として、美食を通じて社会を見ることによって、視聴者に伝統的な中国を示すと同時に、視聴者に中国の伝統が変わりつつあるということを明確に伝えている。

　『舌先の中国』は多くの視聴者に「ふるさとの味」を思い出させた。ある視聴者は言う。「『舌先の中国』に私は、たまらなくホームシックにさせられた。母の炒めた料理、祖母の包んだ餃子、そしてあのどんどん(記憶が)はっきりとしなくなってきた故郷が恋しくなった。」

*	情感	qínggǎn	感情・情感:愛着・愛情
⑥	展示	zhǎnshì	はっきりと示す・明らかに示す:展示する
*	碎片	suìpiàn	細かく切ったもの・破片・断片・かけら
	似的	shìde	(まるで)～のようだ・～みたいだ
*	剪辑	jiǎnjí	(映像などを)編集する・カッティングする
	方式	fāngshì	方式・やり方・形式
*	地域	dìyù	地域
	组合	zǔhé	組み合わせる:組み合わせ
*	讲述	jiǎngshù	述べる・話す・語る

*	食材	shícái	食材
*	营造	yíngzào	(雰囲気や環境を)作り出す・創造する:建造する・造林する
	真实	zhēnshí	真実だ・本当だ
	家乡	jiāxiāng	故郷・ふるさと
	忍不住	rěnbuzhù	我慢できない・耐えられない・たまらない
	想念	xiǎngniàn	懐かしむ・恋しがる
	炒	chǎo	炒める
	模糊	móhu	ぼんやりしている・あいまいだ

文章 22 Fúwá 福娃

ct5-022.mp3

Fúwá shì èrlínglíngbā nián dì jiè Běijīng Àoyùnhuì de jíxiángwù, yígòng yǒu wǔge. Tāmen de míngzi
福娃是 2008 年第 29 届北京奥运会的吉祥物，一共有五个。他们的名字
shì "Bèibei"、"Jīngjing"、"Huānhuan"、"Yíngying" hé "Nīni". Dāng bǎ wǔge Fúwá de míngzi liánzài yìqǐ dú,
是"贝贝"、"晶晶"、"欢欢"、"迎迎"和"妮妮"。当把五个福娃的名字连在一起读，
nǐ huì dúchū Běijīng xiàng shìjiè fāchū de yāoqǐng "Běijīng huānyíng nǐ". Fúwá zài shèjìshang yìngyòngle
你会读出北京向世界发出的邀请"北京欢迎你"。福娃在设计上应用了
Zhōngguó chuántǒng yìshù de biǎoxiàn fāngshì, wǔge Fúwá gèzì dàibiǎozhe yíge měihǎo de zhùfú.
中国传统艺术的表现方式，五个福娃各自代表着一个美好的祝福。

Bèibei shì yíge tiānzhēn dānchún de xiǎogūniang, tā de tóubù shì yú de yàngshì, chuándì de zhùfú shì
贝贝是一个天真单纯的小姑娘，她的头部是鱼的样式，传递的祝福是
fánróng. Zài Zhōngguó chuántǒng wénhuàzhōng, "Lǐyú tiào lóngmén" dàibiǎozhe mèngxiǎng de shíxiàn, suǒyǐ
繁荣。在中国传统文化中，"鲤鱼跳龙门"代表着梦想的实现，所以
"yú" hé "shuǐ" de yàngshì shì fánróng yú shōuhuò de xiàngzhēng.
"鱼"和"水"的样式是繁荣与收获的象征。

Jīngjing shì yìzhī táoqì kě'ài de dàxióngmāo, tā wúlùn zǒudào nǎlǐ dōu huì dàigěi rénmen kuàilè.
晶晶是一只淘气可爱的大熊猫，它无论走到哪里都会带给人们快乐。
Suǒyǐ Jīngjing chuándì de zhùfú shì kuàilè.
所以晶晶传递的祝福是快乐。

Huānhuan shì ge huǒ wáwa, xiàngzhēngzhe Àoyùnhuì shènghuǒ. Chuándì de shì gèng kuài、gèng gāo、gèng
欢欢是个火娃娃，象征着奥运会圣火。传递的是更快、更高、更
qiáng de Àoyùn jīngshén.
强的奥运精神。

Yíngying shì yìzhī Xīzàng tèyǒu de zànglíngyáng, tā chōngmǎn huólì, jīmǐn línghuó, bǎ jiànkāng de
迎迎是一只西藏特有的藏羚羊，他充满活力，机敏灵活，把健康的
zhùfú chuán xiàng shìjiè.
祝福传向世界。

Nīni shì yìzhī fēixiáng de yànzi, tā wēixiàozhe bǎ chūntiān xìngfú de gǎnjué dài gěi rénmen, suǒ dào zhī
妮妮是一只飞翔的燕子，她微笑着把春天幸福的感觉带给人们，所到之
chù dōu liúxià "zhù nín hǎo yùn" de měihǎo zhùfú.
处都留下"祝您好运"的美好祝福。

Fúwá dàibiǎozhe rénmen duì àoyùnhuì de qīdài, xiàng rénmen chuándìzhe yǒuyì、hépíng de jīngshén.
福娃代表着人们对奥运会的期待，向人们传递着友谊、和平的精神。

単語・表現チェック

無印赤字…5 級　⑥…6 級　＊…出題範囲外の語彙

	届	jiè	～期・～回（定例会や卒業年次などを数える量詞）
＊	奥运会	àoyùnhuì	〈略〉オリンピック
＊	吉祥物	jíxiángwù	縁起物・（イベントなどの）マスコット（"吉祥【6 級】"で「吉祥・縁起がいい」）
＊	发出	fāchū	（音・疑問・命令・指示・招待・手紙などを）発する・出す
	设计	shèjì	デザイン（する）・設計（する）・構想する
	应用	yìngyòng	使用する・活用する・応用（する）
	传统	chuántǒng	伝統：伝統的だ・従来の
	表现	biǎoxiàn	表現（する）：態度・行動
	方式	fāngshì	方式・やり方・形式
	各自	gèzì	各自・おのおの
	代表	dàibiǎo	表す・意味する：代表（する）
＊	美好	měihǎo	（生活・理想・思い出・前途などの抽象的事物が）よい・美しい・すばらしい
	祝福	zhùfú	祝福する・幸せを祈る
	天真	tiānzhēn	無邪気だ・（考え方が）甘い
	单纯	dānchún	単純だ・純粋だ
	姑娘	gūniang	未婚の女性：女の子
	样式	yàngshì	形・様式・パターン・タイプ・スタイル・型
＊	传递	chuándì	次から次へと送り伝える・次々に手渡す・順送りする
	繁荣	fánróng	繁栄している：繁栄させる
＊	鲤鱼跳龙门	lǐyú tiào lóngmén	〈成〉鯉の滝のぼり（立身出世すること）

訳 福娃（フーワー）

福娃（幸せをもたらす子どもの意味）は 2008 年第 29 回北京オリンピックのマスコットで、全部で 5 体ある。彼らの名前は「ベイベイ（貝貝）」、「ジンジン（晶晶）」、「ファンファン（歓歓）」、「インイン（迎迎）」、「ニーニー（妮妮）」だ。5 体の福娃の名前をつなげて読むと、北京が世界に向けて発した招待、「北京欢迎你（ようこそ北京へ）」が読み取れるだろう。

福娃はデザインにおいて中国の伝統芸術の表現方式を活用していて、5 体の福娃はそれぞれすばらしい祝福の意味を表している。

ベイベイ（貝貝）は無邪気で純粋な女の子だ。彼女の頭部は魚の形で、伝える祝福は繁栄だ。中国の伝統文化の中で、「鯉の滝登り（登竜門）」は夢の実現を意味するため、「魚」と「水」の形は繁栄と収穫の象徴だ。

ジンジン（晶晶）は腕白でかわいいパンダだ。ジンジンはどこへ行っても人々に楽しさを与えている。そのため、ジンジン（晶晶）が伝える祝福は楽しさだ。

ファンファン（歓歓）は火のキャラクターで、オリンピックの聖火を象徴する。伝えるのはより速く、より高く、より強くというオリンピックの精神だ。

インイン（迎迎）はチベット特有のチベットカモシカだ。彼は活気にあふれ、機敏で敏捷であり、健康という祝福を世界へ伝えている。

ニーニー（妮妮）は飛び回るツバメだ。彼女は微笑みながら春の幸福な気分を人々に与え、着いたところに「あなたに幸運が訪れますように」というすばらしい祝福を残していく。

福娃は人々のオリンピックへの期待を表し、人々に友好と平和の精神を伝えているのだ。

	梦想	mèngxiǎng	夢想（する）・妄想（する）・渇望（する）・切望（する）
	实现	shíxiàn	実現（する）・達成する
	收获	shōuhuò	収穫（する）・成果・有益な結果
	象征	xiàngzhēng	象徴（する）・シンボル
	淘气	táoqì	（子どもが）腕白だ・やんちゃだ・いたずらだ
6	娃娃	wáwa	人形：子ども・赤ん坊
*	圣火	shènghuǒ	聖火
	精神	jīngshén	精神・心：精神上の：主旨・真意（"jīngshen" で「元気・意気込み：元気がある」）
*	西藏	Xīzàng	チベット
*	特有	tèyǒu	（～に）特有の
	充满	chōngmǎn	満たす・満ちる
6	活力	huólì	活力・精力・元気・スタミナ
*	机敏	jīmǐn	機敏だ
	灵活	línghuó	敏捷だ・機敏だ：融通性がある
*	飞翔	fēixiáng	飛び回る・旋回する
*	燕子	yànzi	ツバメ
	微笑	wēixiào	微笑（する）・ほほえみ
	所	suǒ	～するところの（もの）：「"为／被"＋名詞＋"所"＋動詞」の形で受身を表す
*	好运	hǎoyùn	幸運だ・運が良い
	期待	qīdài	期待する・待ち望む
	和平	hépíng	平和（だ）・穏和だ

文章 23 Shǒujī bìngdú 手机病毒

ct5-023.mp3

Shǒujī, yǐjīng chéngle rénmen shēnghuózhōng bùkěshǎo de yíbùfen. Zìcóng yǒule zhìnéng shǒujī yǐhòu, jiù gèng fāngbiànle. Búdàn suíshí suídì dōu kěyǐ tōngguò wúxiàn wǎngluò shàngwǎng, kàn yóujiàn, dú xīnwén, hái kěyǐ xiàzài gè zhǒng yìngyòng ruǎnjiàn, yòng shǒujī zài wǎngshang liáotiān, wán yóuxì, kàn diànyǐng děngděng.
手机，已经成了人们生活中不可少的一部分。**自从**有了**智能**手机以后，就更方便了。不但**随时随地**都可以通过**无线网络**上网，看邮件，读新闻，还可以**下载**各种**应用软件**，用手机在网上聊天，玩游戏，看电影等等。

Dànshì suízhe zhìnéng shǒujī de búduàn pǔjí, shǒujī bìngdú chéngwéile bìngdú fāzhǎn de xià yíge mùbiāo. Shǒujī bìngdú shì yìzhǒng pòhuàixìng chéngxù, hé diànnǎo bìngdú yíyàngyǒu chuánrǎnxìng. Kěyǐ lìyòng fā duǎnxìn, diànzǐ yóujiàn, liúlǎn wǎngzhàn děng jìnxíng chuánbō. Tā kěyǐ dǎozhì shǒujī sǐjī, zīliào bèi shānchú, xiàng wài fā lājī yóujiàn děng, shènzhì hái huì pòhuài shǒujī yìngjiàn. Shǐyòng zhìnéng shǒujī de rén, bùdébù dāngxīn.
但是随着智能手机的**不断普及**，手机**病毒**成为了病毒发展的下一个**目标**。手机病毒是一种**破坏**性**程序**，和电脑病毒一样有**传染**性。可以**利用**发短信，电子邮件，**浏览**网站等进行**传播**。它可以**导致**手机**死机**，**资料**被**删除**，向外发**垃圾邮件**等，甚至还会破坏手机**硬件**。使用智能手机的人，不得不**当心**。

Yùfáng shǒujī bìngdú, zuì ānquán de bànfǎ jiùshì shǐyòng bùnéng shàngwǎng de shǒujī. Rúguǒ shǐyòng zhìnéng shǒujī, jiù yào zhùyì bù liúlǎn wēixiǎn de wǎngzhàn, háiyǒu bù suíbiàn xiàzài zīyuán. Yīnwèi xǔduō bìngdú jiù duǒcáng zài wǎngzhànli huò xiàzài zīyuánzhōng, suǒyǐ yídìng yào quèrèn ānquánhòu zài liúlǎn huò xiàzài. Lìngwài, rúguǒ juéde shízài bùnéng fàngxīn, yě kěyǐ ānzhuāng shādú ruǎnjiàn, zǔzhǐ hé shānchú bìngdú.
预防手机病毒，最安全的办法就是使用不能上网的手机。如果使用智能手机，就要注意不浏览危险的网站，还有不随便下载**资源**。因为许多病毒就**躲藏**在网站里或下载资源中，所以一定要**确认**安全后再浏览或下载。另外，如果觉得实在不能放心，也可以**安装杀毒软件**，**阻止**和删除病毒。

単語・表現チェック

無印赤字…5級　⑥…6級　＊…出題範囲外の語彙

	自从	zìcóng	～から・～以来
⑥	智能	zhìnéng	知能・知力と能力（"智能手机"で「スマートフォン」）
	随时	suíshí	随時・いつでも
＊	随地	suídì	（多く道路・地面・床などについて言い）至るところ・どこにでも・ところかまわず
＊	无线	wúxiàn	無線の
	网络	wǎngluò	ネットワーク・コンピューターネットワーク
	下载	xiàzài	ダウンロード（する）
	应用	yìngyòng	使用する・活用する・実用的な・応用的な：アプリケーション（"应用软件"で「アプリケーションソフト」）
	软件	ruǎnjiàn	ソフトウェア
	不断	búduàn	絶え間がない・途切れがない：絶えず
⑥	普及	pǔjí	普及（する）・普及させる
	病毒	bìngdú	ウイルス
	目标	mùbiāo	目標・目的
	破坏	pòhuài	破壊する
	程序	chéngxù	プログラム：順序：手続き
	传染	chuánrǎn	伝染する・うつる・感染する
	利用	lìyòng	利用する

訳　携帯電話ウイルス

携帯電話はすでに人々の生活に不可欠な一部分になっている。スマートフォンができて以来、ますます便利になった。いつでもどこでも無線でインターネット接続することによって、メールをチェックしたり、ニュースを読んだりするだけでなく、いろいろなアプリケーションをダウンロードし、携帯電話を使ってインターネットでチャットしたり、ゲームをしたり、映画を観たりすることなどもできる。

しかし、スマートフォンの絶え間ない普及とともに、携帯電話ウイルスがウイルス開発の次なる狙いになっている。携帯電話ウイルスは破壊的なプログラムで、コンピューターウイルスと同じく感染性がある。ショートメール、電子メール、ネットサーフィンなどを利用して広まる。携帯電話をフリーズさせたり、データが削除されたり、外に迷惑メールを発信したりすることをもたらすだけでなく、携帯電話のハードウェアを破壊することさえある。スマートフォンを使う人は、気をつけないわけにはいかない。

携帯電話ウイルスを防ぐのに、最も安全な方法はインターネット接続ができない携帯電話を使うことである。スマートフォンを使う場合は、危険なサイトを見ないように、また、安易に（ウェブ上の）リソースをダウンロードしないように注意すべきである。多くのウイルスはサイトやダウンロードリソースの中に潜んでいるため、必ず安全を確認してから見るなりダウンロードするなりしなければならない。そのほか、どうしても安心できないようであれば、アンチウイルスソフトをインストールし、ウイルスを防いだり削除したりするのもよい。

浏览	liúlǎn	ざっと目を通す・大まかに見る・閲覧する・〈電脳〉ブラウジング	
传播	chuánbō	広く伝わる・伝播する・伝染する・散布する・振りまく・普及させる	
导致	dǎozhì	（悪い結果を）導く・招く・引き起こす	
＊ 死机	sǐjī	〈電脳〉フリーズする	
资料	zīliào	資料・データ	
删除	shānchú	削除（する）	
＊ 垃圾邮件	lājī yóujiàn	〈電脳〉迷惑メール・スパムメール	
硬件	yìngjiàn	ハードウェア	

当心	dāngxīn	気をつける・注意する：真ん中・中央
预防	yùfáng	予防する
资源	zīyuán	資源・リソース
躲藏	duǒcáng	身を隠す・逃げ隠れる
确认	quèrèn	確認する
安装	ānzhuāng	取り付ける：インストールする
＊ 杀毒软件	shādú ruǎnjiàn	アンチウイルスソフト・ワクチンソフト
阻止	zǔzhǐ	阻止する・押しとどめる・制止する・食い止める

文章 24

Fā duǎnxìn shuō fēnshǒu
发短信 说 分手

ct5-024.mp3

Xiànzài de niánqīngrén yǒu fā duǎnxìn shuō fēnshǒu de qūshì, miànduìmiàn tán fēnshǒu de fāngshì zhèngzài
现在的 年轻人 有发 短信 说 **分手** 的 **趋势**，**面对面** 谈 分手 的 **方式** 正在
zhújiàn xiāoshī.
逐渐 消失。

Měiguó mǒu yánjiū xiǎozǔ céngjīng zuòguo yíge diàochá. Diàochá duìxiàng wéi céng fēnshǒuguo de
美国 **某** 研究 **小组** **曾经** 做过一个 调查。调查 **对象** 为 曾 分手过 的
niánqīngrén. Tāmen yāoqiú diàochá duìxiàng xùshù tāmen "fēnshǒu guòchéngzhōng shǐyòng de fāngfǎ". Zǒnggòng
年轻人。他们要求 调查 对象 **叙述** 他们“分手 过程中 使用 的方法”。**总共**
yǒu rén cānjiāle diàochá.
有 2712 人参加了调查。

Diàochá shùjù xiǎnshì, bǎifēnzhī wǔshiliù de rén shì yòng shùzì fāngshì fēnshǒu de, búshì fā duǎnxìn,
调查 **数据 显示**，56% 的人是 用 数字 方式 分手 的，不是发 短信，
jiùshì tōngguò shèjiāo méitǐ huòzhě fā diànzǐ yóujiàn de fāngshì. Qízhōng bǎifēnzhī liùshi'èr de rén shuō tāmen shì
就是 通过 **社交 媒体** 或者 发 电子 邮件 的 方式。其中 62% 的人 说 他们是
zhǔdòng tíchū fēnshǒu de nà yìfāng. Tōngguò fā duǎnxìn shuō fēnshǒu de rén jiěshì shuō, zhè ràng fēnshǒu
主动 提出 分手 的 那 一**方**。通过 发 短信 说 分手 的人 解释 说，这 让 分手
xiǎnde "bú huì tài gāngà", "nénggòu bǐjiào tòngkuài de fēnshǒu", ér tōngguò shèjiāo méitǐ shuō fēnshǒu de rén
显得 “不会太 **尴尬**”，“能够 比较 **痛快** 地分手”，而通过 社交媒体 说 分手 的人
biǎoshì tāmen zhèyàng zuò, shì yīnwèi tāmen yǐjīng shānchúle duìfāng de diànhuà hàomǎ.
表示 他们 这样 做，是因为 他们 已经 **删除** 了 **对方** 的 电话 号码。

Dànshì, dāng bèi diàocházhě jiēshòu tíwèn bèi wèndào "rúguǒ yòng shùzì fāngshì bèi shuǎi, shìfǒu huì
但是，当 被 调查者 接受 **提问** 被 问到“如果 用 数字 方式 被 **甩**，是否会
shēngqì" shí, bǎifēnzhī qīshisān de rén de dá'àn shì "huì". Yuányīn shì tāmen rènwéi zhèyàng "tài bù gōngpíngle".
生气”时，73% 的人的 答案 是“会”。原因 是 他们 认为 这样“太不 **公平** 了”。

"Shùzì chǎnpǐn yǐjīng wánquán shèntòudào rénmen de shēnghuózhōng, shènzhì jièrùle wǒmen de shèjiāo
“数字 **产品** 已经 完全 **渗透** 到 人们的 生活中，甚至 **介入** 了我们的社交
guānxì." Yánjiū xiǎozǔ dàibiǎo zài bàogàohuìshang fāyán shuō. "Dànshì wǒ gèrén bú tài zànchéng tōngguò
关系。”研究小组 **代表** 在 **报告** 会上 **发言** 说。“但是 我 **个人** 不太 **赞成** 通过
shùzì fāngshì fēnshǒu, yīnwèi zhèyàng de fēnshǒu fāngshì tài guòyú lěngdàn. Hěnduō rén huì yīncǐ gǎndào
数字 方式 分手，因为 这样 的 分手 方式 太 **过于 冷淡**。很多 人 会 因此 感到
wěiqu, érqiě zhèyàng de fāngshì yě bú tài nénggòu chèdǐ fēnshǒu."
委屈，而且 这样 的 方式 也 不太 能够 **彻底** 分手。”

単語・表現チェック

無印赤字…5 級　⑥…6 級　＊…出題範囲外の語彙

	分手	fēnshǒu	別れる・さよならをする
	趋势	qūshì	趨勢・形勢・動向・成り行き
＊	面对面	miànduìmiàn	互いに向かい合う・顔を突き合わせる
	方式	fāngshì	方式・やり方・形式
	逐渐	zhújiàn	だんだんと・次第に
	消失	xiāoshī	消える・消失する
	某	mǒu	不確定な人や物事をさす・某・なにがし・ある～
＊	小组	xiǎozǔ	グループ・部署・班・組・サークル・細胞
	曾经	céngjīng	かつて・以前
	对象	duìxiàng	対象：(結婚・恋愛などの) 相手
	叙述	xùshù	叙述する・順に追って述べる
	总共	zǒnggòng	全部で・合計して
	数据	shùjù	データ
	显示	xiǎnshì	はっきり示す・明らかに示す
＊	社交	shèjiāo	社交・ソーシャル
	媒体	méitǐ	メディア
	主动	zhǔdòng	自発的だ・積極的だ
＊	提出	tíchū	提出する・提起する・申し出る・打ち出す・示す・持ち出す・取り上げる・触れる・言及する
	方	fāng	～側・～サイド：方法・手段：地方・ところ：四角の

訳	ショートメールで別れを告げる

　現在の若者は、ショートメールで別れを告げる傾向があり、面と向かって別れを告げる方式は徐々に消え失せつつある。

　アメリカのある研究チームが1つの調査をしたことがある。調査対象はかつて別れたことがある若者である。彼らは調査対象に「別れる際に使った方法」を叙述するよう要求した。全部で2712人が調査に参加した。

　調査データは、56％の人がデジタル方式で別れ、ショートメールを送る方式かそうでなければ、ソーシャルメディアまたは電子メールを通した方式かの、どちらかだということを明確に示した。その中で、62％の人が彼らが自発的に別れを切り出した側だと言った。ショートメールを通じて別れた人は、こうやって別れたほうが「あまり気まずくない」、「比較的きっぱり別れることができる」ように思えると説明した。また、ソーシャルメディアを通して別れた人は、そうしたのは相手の電話番号をすでに削除してしまっていたからだと表した。

　しかし、被調査者は質問を受け、「もしデジタル方式で振られたら、怒るかどうか」と聞かれた際に、73％の人の答えは「怒る」であった。原因としては、このようなやり方だと、「不公平だ」と思っているからである。

　「デジタル製品はすでに人々の生活に完全に浸透し、我々の人間関係にまで介入している。」と研究チームの代表が報告会で発言した。「しかし、私個人はデジタル方式を通して別れることにはあまり賛成しない。なぜなら、この別れ方はあまりに冷たいからだ。多くの人はこれによってやりきれない思いをするし、このやり方ではあまり完全に別れることもできない。」

	显得	xiǎnde	〜に見える・〜の様子だ・〜なのが目立つ・明らかに
⑥	尴尬	gāngà	決まりが悪い・ばつが悪い・気まずい
	痛快	tòngkuài	きっぱりとしている・率直だ・痛快だ・胸がすっとする・思いきり
	删除	shānchú	削除（する）
	对方	duìfāng	相手・先方
	提问	tíwèn	（多くは先生が生徒に）問題を出す・質問する
	甩	shuǎi	振り捨てる・投げる・振り回す：恋人を振る
	公平	gōngpíng	公平だ
	产品	chǎnpǐn	製品
⑥	渗透	shèntòu	浸透する

＊	介入	jièrù	（争い・論争などに）介入する・干渉する・関与する
	代表	dàibiǎo	代表（する）：表す・示す
	报告	bàogào	報告（する）
	发言	fāyán	発言（する）
	个人	gèrén	個人・私
	赞成	zànchéng	賛成する・同意する
⑥	过于	guòyú	あまりにも〜だ・〜すぎる
	冷淡	lěngdàn	冷淡だ・無愛想だ：にぎやかでない
	委屈	wěiqu	（不当な目に遭って）悔しい・切ない・やりきれない
	彻底	chèdǐ	徹底的だ

文章 25　Chǎogǔ ruǎnjiàn 炒股软件

ct5-025.mp3

Chǎogǔ, jiùshì mǎimài gǔpiào; chǎogǔ de rén, bèi chēngwéi gǔmín. Jùshuō jiézhǐ dào èrlíngyī'èr nián,
炒股，就是买卖**股票**；炒股的人，被**称为股民**。**据说截止**到 2012 年，
Zhōngguó de gǔmín yǐ chāoguò yì rén. Zhème duō gǔmín, dàjiā dōu xiǎng zài gǔpiào shìchǎngshang huòdé
中国的股民已超过 1 **亿**人。这么多股民，大家都想在股票**市场**上获得
lìrùn, dànshì xiànshí què wǎngwǎng bùnéng ràng rén mǎnyì. Yīnwèi chǎogǔ bìjìng háishi yǒu hěn dà de jìshù
利润，但是**现实**却往往不能让人满意。因为炒股**毕竟**还是有很大的技术
chéngfèn, gāi xuǎnzé shénmeyàng de gǔpiào, shìge hěn dà de nántí. Yúshì, yǒu hěnduō gǔmín, yóuqí
成分，该选择什么样的股票，是个很大的难题。于是，有很多股民，尤其
shì xīn gǔmín, huì xuǎnzé shǐyòng gǔpiào ruǎnjiàn bāngzhù zìjǐ fēnxī.
是新股民，会选择使用股票**软件**帮助自己**分析**。

Kěshì zuìjìn, Shēnzhèn yìjiā zhuānmén zuò gǔpiào ruǎnjiàn de gōngsī què bèi gǔmín zhǐchū shì zài piànrén,
可是最近，深圳一家专门做股票软件的公司却被股民**指出**是在骗人，
yuányīn shì huāle wàn duō kuài qián mǎi de gǔpiào ruǎnjiàn gēnběn jiù bùnéng yòng. Nándào chǎogǔ ruǎnjiàn yě
原因是花了 5 万多块钱买的股票软件**根本**就不能用。难道炒股软件也
néng piànrén ma? Yǒu jìzhě liǎojiědào, zhè jiā mài chǎogǔ ruǎnjiàn de gōngsī, dēngjì zhùcè de jīngyíng fànwéi
能骗人吗？有记者了解到，这家卖炒股软件的公司，**登记注册**的**经营范围**
shì màoyì guǎnggào děng, gēnběn bù bāokuò ruǎnjiàn kāifā hé zīxún yèwù. Jìzhě tōngguò duì xǔduō chǎogǔ
是**贸易广告**等，根本不**包括**软件**开发**和**咨询业务**。记者通过对许多炒股
ruǎnjiàn gōngsī de liǎojiě, fāxiàn dàbùfen chǎogǔ ruǎnjiàn gōngsī dōu shì yǐ diànnǎo ruǎnjiàn gōngsī, huòzhě
软件公司的了解，发现大部分炒股软件公司都是以电脑软件公司，或者
wǎngluò gōngsī zhùcè de. Jìzhě tíxǐng gǔmín, chǎogǔ shì yǒu fēngxiǎn de; búyào yīnwèi suíbiàn xiāngxìn
网络公司注册的。记者提醒股民，炒股是有**风险**的；不要因为随便相信
nàxiē chǎogǔ ruǎnjiàn hé mài ruǎnjiàn de gōngsī, ér zàochéng bú bìyào de sǔnshī.
那些炒股软件和卖软件的公司，而**造成**不必要的**损失**。

単語・表現チェック

無印赤字…5 級　⑥…6 級　＊…出題範囲外の語彙

＊	炒股	chǎogǔ	株式投資する・株を売買する
	股票	gǔpiào	株券
	称	chēng	〜と呼ぶ・〜と称する：(目方を)量る
＊	股民	gǔmín	株式の個人投資家
	据说	jùshuō	聞くところによれば〜だそうだ・話によると
⑥	截止	jiézhǐ	(ある事柄を一定の日時に) 締め切る
	亿	yì	億
	市场	shìchǎng	市場・マーケット
	利润	lìrùn	利潤・儲け
	现实	xiànshí	現実：現実的だ
	毕竟	bìjìng	結局・つまり
	成分	chéngfèn	成分・構成要素
	软件	ruǎnjiàn	ソフトウェア
	分析	fēnxī	分析 (する)
＊	指出	zhǐchū	(問題点として) 指摘する：指し示す

訳 株ソフト

　"炒股"とは、株を売買することであり、"炒股"をする人は、"股民"と呼ばれている。聞くところによると2012年までに中国で株の売買をする人（"股民"）は1億人を超えたという。これほど多くの"股民"が皆株式市場で利益を得ようとしているが、現実は往々にして人を満足させるようなものではない。結局株の売買はやはりかなり技術的な要素を要するため、どのような株を選べばいいかは大きな難題である。そこで、たくさんの"股民"、特に株を始めたばかりの"股民"は、株（分析）ソフトを利用して分析することを選ぶ。

　しかし最近、深圳にある株ソフト専門の会社が"股民"から人をだましていると指摘された。理由は、（"股民"が）5万元あまりかけて買ったソフトがまったく使えないからだ。まさか株ソフトも人を騙すことがあるというのだろうか？　ある記者の調べでは、この株ソフトを販売している会社は、登録されている経営範囲は貿易や広告などで、ソフト開発とコンサルティングの業務がまったく含まれていない。さらに記者がたくさんの株ソフト会社について調べたところ、その多くがコンピューターソフト会社、あるいはネット会社として登記されていることが判明した。記者が株の売買をする人たちに次のような注意喚起をしている。株の売買はリスクが伴うものであり、それらの株ソフトやソフトを販売する会社を信用することによって、不必要な損失を出さないようにと。

根本	gēnběn	まったく：根本的だ
登记	dēngjì	登記（する）・登録（する）：チェックイン
注册	zhùcè	登録（する）・登記（する）
经营	jīngyíng	経営（する）・営業（する）
范围	fànwéi	範囲
贸易	màoyì	貿易・商業取引
包括	bāokuò	含む
开发	kāifā	開発（する）・開拓（する）

咨询	zīxún	諮問（する）・相談（する）・コンサルティング（する）
业务	yèwù	業務・仕事
网络	wǎngluò	ネットワーク
风险	fēngxiǎn	万一の危険・リスク
造成	zàochéng	（好ましくない事態を）もたらす・引き起こす
损失	sǔnshī	損失：損をする

3章 仕事論・人生論

文章 26

Bǎ shūzi mài gěi héshang
把梳子卖给和尚

ct5-026.mp3

Yījiā gōngsī gāoxīn zhāopìn xiāoshòu jīnglǐ. Miànduì zhòngduō de yìngpìnzhě, fùzérén chūle yídào tí:
一家公司**高薪**招聘**销售**经理。**面对众多**的应聘者，负责人出了一**道**题：
tiānnèi bǎ shūzi jìn kěnéng duō de mài gěi héshang, huòdé jìn kěnéng duō de lìyì. Hěnduō yìngpìnzhě dōu
10天内把**梳子**尽可能多地卖给**和尚**，获得尽可能多的**利益**。很多应聘者都
zài yìlùn: Shūzi de yòngtú jiùshì shū tóufa. Kě héshang méiyǒu tóufa, shūzi duì tāmen lái shuō jiùshì
在**议论**：梳子的**用途**就是**梳**头发。可和尚没有头发，梳子对他们来说就是
duōyú de ya. Zěnme kěnéng shuōfú tāmen mǎi shūzi? Héshang yòu bù shǎ. Yúshì hěnduō rén dōu tuìchūle,
多余的呀。怎么可能**说服**他们买梳子？和尚又不**傻**。于是很多人都**退出**了，
zhǐ shèngxia jiǎ、 yǐ liǎng rén. tiān guòqùle.
只剩下**甲**、**乙**两人。10天过去了。

Jiǎ shuō zìjǐ màichūle bǎ shūzi. Jiǎ jiǎngshùle zìjǐ rúhé xīnkǔ de mài shūzi, shènzhì zāodào
甲说自己卖出了1**把**梳子。甲**讲述**了自己**如何**辛苦地卖梳子，甚至**遭到**
héshang de zémà. Dàn zìjǐ méiyǒu huīxīn, zhōngyú yùdào yíge zhèngzài náo tóupí de xiǎohéshang. Jiǎ
和尚的**责骂**。但自己没有**灰心**，终于遇到一个正在**挠头皮**的小和尚。甲
dìshang shūzi, xiǎohéshang yòng hòu fēicháng mǎnyì jiù mǎixiale. Zhèyàng tā zǒngsuàn màichūle yìbǎ.
递上梳子，小和尚用后非常满意就买下了。这样他**总算**卖出了一把。

Yǐ shuō zìjǐ màichūle bǎ shūzi. Fùzérén jīng wèn: "Zěnme mài de?" Yǐ shuō tā dào
乙说自己卖出了1000把梳子。负责人惊问："怎么卖的？"乙说他到
yíge yǒumíng de sìyuàn, duì zhùchí shuō: "Jìnxiāngzhě dōu yǒu kē qiánchéng zhī xīn, sìyuàn yīnggāi yǒu suǒ
一个有名的**寺院**，对**住持**说："**进香者**都有**颗虔诚**之心，寺院应该有**所**
huízèng, bǎoyòu qí píng'ān. Wǒ yǒu yìpī shūzi, nín xiě de zì nàme piàoliang, nín kěyǐ zài shūzishang xiě
回赠，**保佑**其**平安**。我有一**批**梳子，您写的字那么漂亮，您可以在梳子上写
"píng'ānshū" sānge zì, sòng gěi jìnxiāngzhě." Zhùchí fēicháng gāoxìng, mǎixiale bǎ shūzi.
"平安梳"三个字，送给进香者。"住持非常高兴，买下了1000把梳子。

Bǎ shūzi mài gěi héshang zhèyàng de shì, tīngqǐlai sìhū wánquán bù kěnéng, dàn wèibì jiù zhēn de
把梳子卖给和尚这样的事，听起来**似乎**完全不可能，但**未必**就真的
bùnéng shíxiàn. Huànge jiǎodù sīkǎo wèntí, shuōbudìng jiù huì huòdé mǎnyì de jiéguǒ. Zhēnzhèng de
不能**实现**。换个**角度思考**问题，**说不定**就会获得满意的结果。真正的
yīngxióng, wǎngwǎng shì zài biéren rènwéi bù kěnéng de qíngkuàngxià, zuòchūle wěidà gòngxiàn de rén.
英雄，往往是在别人认为不可能的情况下，做出了**伟大贡献**的人。

単語・表現チェック

無印赤字…5級　⑥…6級　＊…出題範囲外の語彙

＊	高薪	gāoxīn	高給・多額の給料
	销售	xiāoshòu	売る・販売する
	面对	miànduì	直面する：（～に）面する
＊	众多	zhòngduō	〈書〉（人が）多い
＊	道	dào	命令・問題・表題などを数える量詞
	梳子	shūzi	くし
＊	和尚	héshang	坊主・和尚・僧侶
	利益	lìyì	利益
	议论	yìlùn	あれこれよしあしを言う・議論（する）：見解・意見・物議
	用途	yòngtú	用途・使い道
＊	梳	shū	（髪の毛やひげを）とく・すく：くし
	多余	duōyú	余分だ・余計だ

	说服	shuōfú	説得する・説き伏せる
	傻	shǎ	愚かだ・ばかだ
＊	退出	tuìchū	（会場やある場所から）退出する・離れる・立ち去る
	甲	jiǎ	甲：もっとも優れた
	乙	yǐ	乙：第2の
＊	把	bǎ	柄のあるものや片手でつかめるものを数える量詞：一握りの量を数える量詞
＊	讲述	jiǎngshù	（事柄や道理を）述べる・話す
	如何	rúhé	いかに・どうやって・どんな
＊	遭到	zāodào	～の（目に）遭う・～を受ける
＊	责骂	zémà	叱りつける・怒鳴りつける
	灰心	huīxīn	がっかりする・気落ちする
＊	挠	náo	（爪で軽く）かく：食い止める

　1つの会社が高い給料でセールスマネージャーを募集している。たくさんの応募者に対し、責任者が1つの課題を出した。それは、10日間で坊主にくしをできるだけ多く売り、できるだけ多くの利益を得るということだ。多くの応募者はあれこれ意見を言った。「くしの使い道は髪をとくことだ。しかし、坊主は髪の毛がないので、くしは彼らにとって余計なものだろう。どうして彼らにくしを買うように説得できるはずがあろうか？　坊主もばかじゃないんだから」と。そして、多くの人が立ち去り、甲、乙の2人だけが残った。10日間が過ぎた。

　甲はくしを1個売ることができたと言った。甲は自分がいかに骨が折れるほどくしを売ろうとし、和尚に叱りつけられまでしたと述べた。しかし、自分は気落ちせず、ようやく1人、頭の表面をかいていた小僧に出会ったと。甲はくしを手渡し、小僧は（それを）使ってとても満足して（くしを）買った。こうして彼はやっと1個売ることができたのだ。

　乙はくしを1000個売ったと言った。責任者はびっくりし、「どうやって売ったんだ？」と聞いた。乙は有名な寺院に行き、住職にこう言ったと言った。「参拝者はみな敬虔で誠実な心を持っています。寺院は何か返礼の品を贈り、彼らの平安を守るべきです。私はまとまった数量のくしを持っています。住職がお書きになる字はとても綺麗なので、くしに『平安櫛』という3文字を書き、参拝者に贈ることができます。」住職はとてもうれしくなり、1000個のくしを買った。

　くしを坊主に売るというようなことは、聞いたところ完全に不可能なように思われることだが、必ずしも本当に実現できないわけではない。角度を変え問題を考えれば、ひょっとしたら、満足できる結果を得られるかもしれない。本当の英雄は、往々にして他の人が不可能だと思っている状況で、偉大な貢献をした人なのだ。

3章　仕事論・人生論

＊	头皮	tóupí	頭の皮ふ：ふけ
	递	dì	渡す・手渡す・伝える
	总算	zǒngsuàn	やっと・どうやら
＊	寺院	sìyuàn	（仏教の）寺院
＊	住持	zhùchí	住職・住持：（仏教や道教で）寺・道観を運営する
＊	进香者	jìnxiāngzhě	（仏教徒や道教徒で特に遠方から聖地や名山の寺院に）線香を供えて拝みに来た人・参拝者
	颗	kē	星・心・粒状の物などを数える量詞
＊	虔诚	qiánchéng	敬虔（けいけん）で誠実だ
	所	suǒ	〜するところの（もの）：「"为"・"被"＋名詞＋"所"＋動詞」の形で、受身を表す；学校・病院などを数える量詞
＊	回赠	huízèng	お返しの品（を贈る）

＊	保佑	bǎoyòu	（神仏が）守ってくださる・天の助け
	平安	píng'ān	平安だ・無事だ・安全だ
	批	pī	〜組・口・群れ（まとまった数の人や物を数える量詞）
	似乎	sìhū	どうやら〜のようだ・〜みたいだ；まるで〜のようだ
	未必	wèibì	必ずしも〜ではない・〜とは限らない
	实现	shíxiàn	実現（する）・達成する
	角度	jiǎodù	角度・観点
	思考	sīkǎo	思考（する）・深く考える
	说不定	shuōbudìng	ひょっとしたら〜かもしれない：はっきり言えない
	英雄	yīngxióng	英雄
	伟大	wěidà	偉大だ・立派だ
	贡献	gòngxiàn	貢献（する）・寄与（する）・尽力（する）

文章 27

Wò'ěrwò tíngchēwèi de mìmì
沃尔沃停车位的秘密

ct5-027.mp3

Wò'ěrwò gōngsī shì Ruìdiǎn zhùmíng de qìchē gōngsī, tā chénglì yú yījiǔ'èrqī nián. Wò'ěrwò gōngsī
沃尔沃公司是**瑞典**著名的汽车公司，它**成立**于 1927 年。沃尔沃公司
zǒngbùli yǒu yíge kě gōng duō ge yuángōng tíngchē de dàxíng tíngchēchǎng. Yìbān lái shuō, zhème dà
总部里有一个可**供** 2000 多个**员工**停车的**大型**停车场。一般来说，这么大
de tíngchēchǎng, dǔchē de qíngkuàng yīnggāi jīngcháng fāshēng. Dàn zài zhèlǐ, yícì yě méiyǒu fāshēngguo.
的停车场，堵车的情况应该经常发生。但在这里，一次也没有发生过。

Zhè shì wèishénme ne? Yíwèi zhùzài fùjìn de qìchē àihàozhě juédìng yìtànjiūjìng. Jīngguò guānchá,
这是为什么呢？一位住在附近的汽车爱好者决定一**探**究竟。经过**观察**，
tā fāxiànle yíge guīlǜ: Suīrán gōngsī shì zǎoshang diǎn kāishǐ shàngbān, dàn cóng diǎn kāishǐ jiù lùxù
他发现了一个**规律**：虽然公司是早上 8 点开始上班，但从 7 点开始就**陆续**
yǒu yuángōng dào gōngsī. Zǎo dào de yuángōng dōu huì bǎ chē tíngdào yuǎnlí bàngōnglóu de dìfang. Zuì yuǎn de
有员工到公司。早到的员工都会把车停到**远离办公楼**的地方。最远的
tíngchēwèi lí bàngōnglóu yǒu chāoguò gōnglǐ de jùlí, jíshǐ pǎo guòqù, yě yào duō fēnzhōng. Dànshì,
停车位离办公楼有超过 1 公里的距离，即使跑过去，也要 10 多分钟。但是，
shàngbān zhīqián de zhè duàn shíjiān, jìnrù zǒngbù de chē dōu shì hěn yǒuxù de yóu yuǎn dào jìn de tíngfàng,
上班之前的这段时间，进入总部的车都是很**有序**地由远到近地**停放**，
tiāntiān rúcǐ, fǎngfú dàjiā shāngliang hǎo de yíyàng.
天天如此，**仿佛**大家商量好的一样。

Nándào yuángōng yǒu gùdìng de tíngchēwèi ma? Wèi cǐ, tā cǎifǎngle wèi bùtóng gǎngwèi de
难道员工有**固定**的停车位吗？为此，他**采访**了20位不同**岗位**的
yuángōng, wèn: “Nǐmen de tíngchēwèi shì gùdìng de ma?” Dédào de dá'àn jīngrén de yízhì. Tāmen dá:
员工，问：“你们的停车位是固定的吗？”得到的答案**惊人**地**一致**。他们答：
“Búshì, zhǐshì wǒmen dào de bǐjiào zǎo, méi nàme cōngmáng. Yǒu shíjiān duō zǒu diǎn lù. Wǎndào de
“不是，只是我们到得比较早，没那么**匆忙**。有时间多走点路。晚到的
tóngshì huòxǔ huì chídào, xūyào bǎ chē tíngzài jìn de dìfang.”
同事**或许**会迟到，需要把车停在近的地方。”

Zhè jiùshì Wò'ěrwò tíngchēwèi de mìmì. Tíngchē búguò shì rìcháng shēnghuó de xiǎoshì, dàn zhè qízhōng
这就是沃尔沃停车位的**秘密**。停车**不过**是**日常**生活的小事，但这其中
què bāohánzhe shēnkè de dàolǐ. Wèi tārén zhuóxiǎng, cóng xiǎoshì zuòqǐ. Shuōqǐlái jiǎndān, měitiān jiānchí
却**包含**着**深刻**的**道理**。为**他人着想**，从小事做起。说起来简单，每天坚持
què búshì yíjiàn róngyì de shì.
却不是一件容易的事。

単語・表現チェック

無印赤字…5 級　⑥…6 級　＊…出題範囲外の語彙

＊	瑞典	Ruìdiǎn	スウェーデン
	成立	chénglì	（組織や機構などが）発足（する）・設立（される）：立ち上げる・設立（する）：成立する・成り立つ・主張しうる・理にかなう
＊	总部	zǒngbù	本部・団体組織の中心
＊	供	gōng	（便宜を）供する・提供する・供給する・与える
	员工	yuángōng	従業員・職員
	大型	dàxíng	大型の・大規模だ
＊	探	tàn	探る・聞き出す：探す・尋ねる：訪問する・見舞う（“一探究竟”で「どうしてか／どういうことかちょっと探る」）

	观察	guānchá	観察する
	规律	guīlǜ	法則・規則
	陆续	lùxù	続々と・次々と
＊	远离	yuǎnlí	遠く離れる：遠ざける
＊	办公楼	bàngōnglóu	（政府や役所関係の）オフィスビル
＊	停车位	tíngchēwèi	駐車スペース・駐車場・パーキング・スペース
＊	有序	yǒuxù	秩序正しい・秩序のある・整然とした
＊	停放	tíngfàng	（車を）停める・駐車する：（ひつぎを）安置する

訳	ボルボの駐車スペースの秘密

　ボルボ社はスウェーデンの有名な車の会社であり、1927年に設立された。ボルボ社の本部には2000人あまりの社員に駐車の便宜を提供できる大型駐車場がある。一般的には、このような大きい駐車場の場合、渋滞することがよくあるはずだ。しかし、ここでは、1回も起こったことがない。

　これはなぜだろうか？　その近くに住んでいる1人の車の愛好家はそれがどういうことなのかを探ろうと決めた。観察を通して、彼はある法則を発見した。会社は朝8時が始業時間だが、7時から続々と会社に着く社員がいる。早く着いた社員は皆車をオフィスビルから遠く離れたところに停める。一番遠い駐車スペースはオフィスビルまで、距離が1キロメートルを超え、走っていっても、10分あまりもかかる。しかし、出勤前のこの時間帯に、本部に入る車は皆秩序正しく遠いところから近いところへと順に停めた。毎日このようで、まるで皆相談してあるかのようだ。

　まさか社員には決められた駐車スペースがあるのだろうか？　そのために、彼は異なる部署の社員20人にインタビューをして聞いた。「あなたたちの駐車スペースは決められているのですか？」得た答えは驚くほど一致していた。彼らは「いいえ、ただ私たちは着くのが比較的早いので、それほどばたばたしていてないし、もう少し歩く時間があります。遅く着いた同僚はもしかすると遅刻して、車を近いところに停める必要があるかもしれません。」と答えた。

　これがボルボの駐車スペースの秘密だ。駐車することはただ日常生活の中の小さなことにすぎないが、その中には深い道理を含んでいる。他の人のためを思って、小さなことからやり始めるのだ。言うのは簡単だが、毎日続けて行うことは容易なことではない。

仿佛	fǎngfú	まるで・さながら・あたかも〜のようだ：似ている・そっくりだ
固定	gùdìng	固定している・固定させる
采访	cǎifǎng	インタビューする・取材する
⑥ 岗位	gǎngwèi	部署：職場：持ち場
＊ 惊人	jīngrén	驚くべき・めざましい・驚異的だ
一致	yízhì	一致している：一斉に
匆忙	cōngmáng	慌ただしい・ばたばたしている
或许	huòxǔ	もしかすると：あるいは
秘密	mìmì	秘密：秘密だ

＊ 不过	búguò	〜にすぎない
日常	rìcháng	日常の・ふだんの
包含	bāohán	含む・包含する・含まれる
深刻	shēnkè	深い・本質に触れている：深刻だ：身にしみる
道理	dàolǐ	道理・理由
＊ 他人	tārén	〈書〉他人・ほかの人・別の人
⑥ 着想	zhuóxiǎng	（ある人・ことのために）考える・〜のためを思う・〜を第一に考える

文章 28

Wèi shéi ér gōngzuò
为 谁 而 工作

ct5-028.mp3

Zài dùguò kuàilè de qīngchūn xiàoyuán shídài zhī hòu, rénmen kāishǐ zìjǐ chūlái chuǎng shèhuì. Xǔduō
在 度过 快乐的 青春 校园 时代之后，人们 开始 自己 出来 闯 社会。许多
rén huì xuǎnzé jìn gōngsī. Dāng nǐ wèn tāmen wèishénme chūlái gōngzuò shí, xǔduō rén de huídá yídìng shì zhèng
人会 选择进公司。当 你 问他们 为什么 出来 工作 时，许多人的 回答一定 是 挣
qián; dàn dāng nǐ wènqǐ tāmen zìjǐ shì zài wèi shéi gōngzuò shí, tāmen de huídá shì wèi lǎobǎn, wèi gōngsī
钱；但 当 你 问起 他们 自己 是在为 谁 工作 时，他们的 回答是为老板、为公司
de lǐngdǎo dǎgōng. Zhǐ yǒu xiǎo bùfen rén huì shuō, shì wèi zìjǐ.
的 领导 打工。只有 小部分人 会 说，是 为自己。

Tóngyàng shì gōngzuò, dédào de dá'àn què wánquán bùtóng. Zài wúshù de shàngbānzúzhōng, wèi lǎobǎn
同样 是 工作，得到 的 答案却 完全 不同。在无数的 上班族中， 为老板
dǎgōng de rén, suīrán tāmen yě fēicháng qínfèn, měitiān dōu zài jìnlì gōngzuò, jiābān jiādiǎn, dàn zuìzhōng
打工的人，虽然他们 也 非常 勤奋，每天 都在 尽力 工作，加班加点，但 最终
tāmen zhǐbúguò shì lǎobǎn zhèngqián de gōngjù. Yīnwèi tāmen méiyǒu mùbiāo, měitiān zhǐ chóngfùzhe tóngyàng
他们只不过是老板 挣钱 的工具。因为 他们 没有 目标，每天 只重复着 同样
de gōngzuò, ránhòu kànzhe rìlì, shǔzhe hái yǒu duōshao tiān cái dào Guóqìngjié, cáinéng fàngjià; tāmen
的 工作，然后 看着 日历，数着还有 多少 天才 到 国庆节，才能 放假；他们
yǒngyuǎn guòzhe gōngsī, sùshè zhèyàng liǎngdiǎnyíxiàn de shēnghuó, yùdào kùnnan zhǐ huì táobì. Zhèxiē
永远 过着公司、宿舍这样 两点一线 的 生活，遇到困难只会 逃避。这些
zhèng shì tāmen hěn nán huòdé chénggōng de yuányīn. Ér wèi zìjǐ gōngzuò de rén, tāmen yǒuzhe míngquè de
正 是 他们很难 获得 成功 的原因。而为 自己 工作 的人，他们有着 明确 的
mùbiāo, bìng huì wèi cǐ zuòchū hélǐ de guīhuà. Wèile shíxiàn mùbiāo, tāmen búpà màoxiǎn, búpà chīkuī,
目标，并 会为此做出 合理的规划。为了 实现 目标，他们不怕 冒险，不怕 吃亏，
búpà shībài; tāmen yǒngyú kèfú kùnnan, yíge táijiē, yíge táijiē de xiàngzhe zìjǐ de mùbiāo qiánjìn.
不怕 失败；他们 勇于 克服困难，一个 台阶、一个台阶地 向着 自己的目标前进。
Zuìzhōng tāmen nénggòu huóyuè zài shèhuì de gège hángyè, huòdé chénggōng.
最终 他们 能够 活跃 在社会的各个行业，获得 成功。

Suǒyǐ yíge rén wèi shéi ér gōngzuò, néng fǒu huòdé chénggōng, wánquán qǔjué yú tā yǒu méiyǒu wèi
所以一个人为谁而 工作， 能 否获得 成功， 完全 取决于他有 没有 为
zìjǐ de wèilái dìngxia mùbiāo bìng wèi cǐ zuòchū hélǐ de guīhuà.
自己的未来定下 目标 并 为此做出合理的规划。

単語・表現チェック

無印赤字…5級　　⑥…6級　　＊…出題範囲外の語彙

	度过	dùguò	過ごす・暮らす
	青春	qīngchūn	青春・青年時代
＊	校园	xiàoyuán	キャンパス・校庭
	时代	shídài	時代
	闯	chuǎng	(世間の荒波と闘って) 経験を積む・自分を鍛える・道を切り開く：不意に飛び込む
	挣	zhèng	(働いてお金を) 稼ぐ
	老板	lǎobǎn	(商店や中小企業の) 経営者・社長
	领导	lǐngdǎo	指導 (する)：指導者
	打工	dǎgōng	働く・アルバイト (をする)
	无数	wúshù	数え切れない・無数だ

＊	上班族	shàngbānzú	通勤者・サラリーマン・OL
	勤奋	qínfèn	勤勉だ
	尽力	jìnlì	全力を尽くす
＊	加点	jiādiǎn	時間外勤務をする
＊	最终	zuìzhōng	最後・最終の・とどのつまり
＊	只不过	zhǐbúguò	ただ〜にすぎない
	工具	gōngjù	工具・道具
	目标	mùbiāo	目標・目的
	重复	chóngfù	重複する・繰り返す
	日历	rìlì	(日めくり) カレンダー
	数	shǔ	(数や順序を) 数える・調べる：〜に数えられる

　　楽しい青春の学生時代を過ごした後、人々は自ら実社会の荒波と闘い始める。多くの人は会社に入る道を選ぶ。彼らに何のために仕事をしに来たのかと聞くと、多くの人の答えは必ずお金を稼ぐためである。しかし、彼らに誰のために仕事をしているのかと聞くと、彼らの答えは、経営者のため、会社の指導者のために働く、である。ほんの一部の人だけが、自分のためだと言う。

　　同じ仕事をするということでも、得た答えはまったく違う。無数のサラリーマンの中で、経営者のために働いている人は、彼らも非常に勤勉で、毎日全力を尽くして仕事したり、残業や時間外勤務したりしているが、最終的には彼らはただ経営者のお金を稼ぐ道具に過ぎない。なぜかというと、彼らは目標がなく、毎日ただ繰り返し同じような仕事をし、そして、カレンダーを見ては、あと何日で国慶節になり、休暇だと数えたりする。彼らはいつまでも会社と宿舎の2点をこのように往復する生活を送っており、困難に遭ったら逃げてばかりいる。これらがまさしく彼らが成功を得るのが難しい原因である。しかし、自分のために働く人は、明確な目標を持ち、目標のために合理的な計画を立てる。目標を実現するために、彼らは冒険を恐れず、損をすることを恐れず、失敗を恐れない。彼らは果敢に困難を克服し、1段階、1段階と、自分の目標に向かって前進している。最終的には、彼らは社会の各業界で活躍し、成功を得ることができるのである。

　　したがって、ある人が誰のために働くか、成功を得ることができるかどうかは、完全にその人が自分の未来のために目標を設定し、そのために合理的な計画ができているかどうかによって決まるのである。

	国庆节	Guóqìngjié	国慶節（中国の建国記念日）
	宿舍	sùshè	宿舎・寮
＊	两点一线	liǎngdiǎnyíxiàn	2点を1本の線で結ぶように単調な
	逃避	táobì	避ける・困難な状況から逃げる
	正	zhèng	まさに・まさしく・ちょうど（～しているところだ）・（位置が）真ん中だ
＊	并	bìng	その上・しかも・そして・また・合わせて・並ぶ・並べる
	合理	hélǐ	合理的だ・筋道が通っている
⑥	规划	guīhuà	計画（する）・企画（する）・プラン
	实现	shíxiàn	実現（する）・達成する

	冒险	màoxiǎn	冒険する・危険を冒す
	吃亏	chīkuī	損をする
⑥	勇于	yǒngyú	勇気をもって果敢に臆さず（～する）
	克服	kèfú	克服する・打ち勝つ
	台阶	táijiē	（家の前などの）石段・段階・ステップ
	活跃	huóyuè	活躍する・活動する：活発だ・活発にさせる
＊	各个	gègè	各～・それぞれの・めいめいの・一つ一つ・各個に
	行业	hángyè	業種・業界・職種・職業
＊	取决	qǔjué	～で決定される・～によって決まる・～いかんにかかる・～に左右される
	未来	wèilái	未来・将来

文章 29

Yòng píbāo lái bǎwò jīhuì
用皮包来把握机会

ct5-029.mp3

Yíge dàgōngsī yào zhāopìn yìmíng kuàijì. Zhè shì yíge dàiyù hěn hǎo de gōngsī, suǒyǐ měi ge
一个大公司要招聘一名**会计**。这是一个**待遇**很好的公司，所以每个
yìngpìnzhě dōu fēicháng nǔlì. Jīngguò duō cì miànshì, shèngxià sānwèi yōuxiù de yìngpìnzhě yóu zǒngjīnglǐ qīnzì
应聘者都非常努力。经过多次**面试**，剩下三位优秀的应聘者由总经理**亲自**
miànshì.
面试。

Jīnglǐ fāgěi zhè sānwèi yìngpìnzhě měi rén yíjiàn yīfu hé yíge píbāo, duì tāmen shuō: Xiànzài wǒ gěi
经理发给这三位应聘者每人一件衣服和一个**皮包**，对他们说：现在我给
nǐmen měi rén yíjiàn yǒu wūjì de yīfu, nǐmen bìxū zài bādiǎn shíwǔ zhī qián chuānzhe zhèjiàn yīfu dào
你们每人一件有**污迹**的衣服，你们必须在八点十五之前穿着这件衣服到
zǒngjīnglǐshì qù miànshì. Nǐmen shēnshang de wūjì zuìhǎo búyào bèi zǒngjīnglǐ fāxiàn, fǒuzé huì lìjí bèi
总经理室去面试。你们身上的污迹最好不要被总经理发现，否则会**立即**被
táotài."
淘汰。"

Tīngdào zhèr, yīhào yìngpìnzhě gǎnjǐn ná dōngxi lái cā wūjì, kěxī yuè cā yuè zāng, wúnài zhī xià,
听到这儿，一号应聘者**赶紧**拿东西来擦污迹，可惜越擦越脏，**无奈**之下，
zhǐhǎo qǐngqiú jīnglǐ zài huàn yíjiàn. Kěshì jīnglǐ què yíhàn de shuō: "Nǐ bèi táotàile."
只好**请求**经理再换一件。可是经理却**遗憾**地说："你被淘汰了。"

Èrhào yìngpìnzhě pǎodào xǐshǒujiān, xiǎng bǎ wūjì xǐ gānjìng, jiéguǒ suīrán wūjì méile, xiōngqián què
二号应聘者跑到洗手间，想把污迹洗干净，结果虽然污迹没了，**胸**前却
shīle yí dà piàn. Mǎshàng jiù dào bā diǎn shíwǔle, tā gǎnjǐn chōng xiàng zǒngjīnglǐshì. Zhènghǎo sānhào
湿了一大**片**。马上就到八点十五了，他赶紧**冲**向总经理室。正好三号
yìngpìnzhě cóng zǒngjīnglǐshì zǒuchūlái. Èrhào kàndào sānhào xiōngqián de wūjì, fàngxīn de zǒujìnle
应聘者从总经理室走出来。二号看到三号胸前的污迹，放心地走进了
zǒngjīnglǐshì. Kěshì zǒngjīnglǐ kàn le kàn èrhào, shuō: "Nǐ bèi táotàile, wǒ yǐjīng xuǎnzéle sānhào."
总经理室。可是总经理看了看二号，说："你被淘汰了，我已经选择了三号。"
Èrhào zhēnglùn dào: "Kě tā yīfushang yǒu wūjì ya." Zǒngjīnglǐ shuō: "Tā yòng píbāo dǎngzhùle wūjì,
二号**争论**道："可他衣服上有污迹呀。"总经理说："他用皮包**挡**住了污迹，
yǐ zuìduǎn de shíjiān yíngdéle jīhuì."
以最短的时间赢得了机会。"

Jīhuì, duì měi ge rén dōu shì píngděng de. Dàn zhǐyǒu xùnsù bǎwòzhù jīhuì de rén, cái néng huòdé
机会，对每个人都是**平等**的。但只有**迅速把握**住机会的人，才能获得
chénggōng.
成功。

単語・表現チェック

無印赤字…5級　⑥…6級　＊…出題範囲外の語彙

	会计	kuàijì	会計係：会計・経理
	待遇	dàiyù	待遇（する）
＊	面试	miànshì	面接試験（をする）
	亲自	qīnzì	自ら・自分で
＊	皮包	píbāo	（革製の）かばん
＊	污迹	wūjì	しみ・汚れた跡

	立即	lìjí	すぐ・直ちに・即座に
⑥	淘汰	táotài	（よくないものや劣るものを）捨てる・ふるい落とす・失格させる・淘汰する
	赶紧	gǎnjǐn	はやく・急いで・すぐに
	无奈	wúnài	なんともしかたがない・しょうがない・やるせない
	请求	qǐngqiú	申請（する）・頼む

訳　かばんでチャンスをつかむ

　ある大手会社が1名の経理職を募集していた。ここは待遇がとてもよい会社なので、どの応募者も皆とてもがんばっていた。面接を何回も経て、残った3名の優秀な応募者は、社長が自ら面接することになった。

　マネージャーはその3名の応募者に、1人ずつ1枚の服と1個のかばんを配り、彼らに言った。「今あなたたち1人ずつに1枚のしみがある服を配ります。あなたたちは8時15分より前にそれを着て、社長室へ行って面接を受けなければなりません。ただし、あなたたちの服にある汚れは社長に見せないほうがいいと思います。そうでなければ、すぐに落とされると思います。」

　それを聞いて、1番の応募者は慌てて（拭く）ものを取って汚れを拭こうとしたが、残念ながら、拭けば拭くほど汚くなってしまい、どうしようもなくなり、マネージャーに服をもう1枚とりかえてもらえるよう頼むしかなかった。しかしマネージャーは「あなたは不合格です（落とされました）」と残念そうに言った。

　2番の応募者は化粧室まで走り、汚れを洗おうとした。その結果、汚れはなくなったが、服の胸のところが広い範囲にわたって濡れていた。もうすぐ8時15分になってしまうので、彼は急いで社長室へ突き進んだ。ちょうど3番の応募者が社長室から出たところだった。2番の応募者が3番の胸のところにある汚れを見て、ほっとして社長室に入った。しかし、社長は2番を見て、「あなたは不合格です。私はすでに3番を選びました。」と言った。「でも、彼の服には汚れがありますが。」と2番は主張した。「彼はかばんで汚れを隠し、最短の時間でチャンスを得たのです。」と社長は言った。

　チャンスは、誰にとっても平等だ。ただし、迅速にしっかりチャンスをつかんだ人だけが、成功を得ることができるのだ。

遺憾	yíhàn	遺憾だ・残念だ：残念
胸	xiōng	胸・心の底
＊湿	shī	濡れている・湿っている：濡らす・湿らせる
片	piàn	広い範囲の地面や水面などを数える量詞
冲	chōng	突進する：（水で）すすぐ：（湯を）注ぐ

争论	zhēnglùn	（自分の意見を主張して譲らず）・言い争う・論争（する）
＊道	dào	（動詞の後に用い）〜と言う
挡	dǎng	おおい隠す：遮る・防ぐ・邪魔する
平等	píngděng	平等だ
迅速	xùnsù	迅速だ・非常に速い
把握	bǎwò	（機会などを）つかむ・把握する：（車のハンドルなどを）握る

文章 30 向员工“拍卖”工作

Xiàng yuángōng "pāimài" gōngzuò

ct5-030.mp3

Mǒu gōngsī zhèngzài zhàokāi yíge fēicháng tèbié de huìyì. Zhǔchírén jǔzhe yìzhāng rènwu kǎpiàn,
某公司 正在 **召开**一个 非常 特别的会议。**主持人**举着 一张 任务**卡片**，
zài zhēngqiú jiēshǒu gōngzuò de rén. Kǎpiànshang xiězhe rènwu nèiróng、rìqī、kě shǐyòng zījīn jīn'é děng.
在 **征求** **接手** 工作 的人。卡片上 写着任务内容、**日期**、可使用 **资金金额** 等。
"Wèishénme shì wànyuán? Zhè xiàng gōngzuò méiyǒu wànyuán zuòbudào."
“为什么是 3万元？这 **项** 工作 没有 10万元 做不到。”
"Shíjiān yě bú tài gòu a."
“时间也不太够啊。”
Zhèngdāng dàjiā fābiǎo zìjǐ de kànfǎ shí, yìmíng yuángōng jǔqǐle shǒu, shuō: "Rúguǒ zhè xiàng gōngzuò méi rén yào, wǒ lái zuò."
正当 大家**发表**自己的看法时，一名 **员工** 举起了手，说：“如果这 项 工作 没人要，我来做。”
"Nà jiù máfan nǐ le." Zhǔchírén bǎ zhè míng yuángōng de míngzi xiězài kǎpiànshang hòu, jiù jiēzhe tǎolùn xià yìzhāng kǎpiàn.
“那就麻烦你了。”主持人把这 名 员工 的名字写在 卡片上 后，就接着讨论下 一张卡片。
Zhè shì zhè ge gōngsī měitiān zǎoshang bìxū jǔbàn de "jìngbiāo" huódòng. Jīnnián, gōngsī gǎibiànle fēnpèi rènwu de fāngshì, yǐ pāimài de fāngshì ràng yuángōng jiēshǒu gōngzuò, jīfāle dàjiā de gōngzuò rèqíng. Gōngsī bǎ měitiān de gōngzuò rènwu ànzhào nányì chéngdù jìnxíng fēnlèi, zhìdìng pāimài jiàgé, ránhòu xiàng yuángōng jìnxíng pāimài. Pāimài jiàgé jiùshì yuángōng de "shōurù". Zhèxiē "shōurù" kěyǐ zài gōngsī de cāntīng、jiànshēnfáng、yóuyǒngchí děng shǐyòng.
这是这个公司每天 早上 必须举办的“**竞标**”活动。今年，公司改变了**分配**任务的**方式**，以**拍卖**的方式 让 员工 接手 工作，**激发**了大家的 工作 热情。公司把每天的 工作 任务按照难易 **程度** 进行**分类**，**制定**拍卖价格，然后 向 员工 进行拍卖。拍卖价格就是 员工 的“收入”。这些“收入”可以在公司的餐厅、**健身**房、游泳池 等 使用。
Gōngsī bǎ gōngzuò biànchéngle "yóuxì", chuàngzàole ràng yuángōng kuàilè gōngzuò de huánjìng, dāng yuángōng dōu chōngmǎn rèqíng de gōngzuò shí, gōngsī zìrán huì yuè lái yuè yǒu jìngzhēnglì. Zài shìchǎng bù jǐngqì de shèhuì bèijǐngxià, zhè ge gōngsī tōngguò "pāimài" gōngzuò gěi yuángōng, shǐ yíngyè'é fānle yíbèi.
公司把 工作 变成了“游戏”，**创造**了 让 员工 快乐 工作 的 环境，当 员工 都 **充满** 热情地 工作 时，公司自然会越来越 有 竞争力。在 **市场** 不景气的社会**背景**下，这个公司 通过“拍卖”工作 给 员工，使**营业额翻**了一倍。

単語・表現チェック

無印赤字…5 級　⑥…6 級　＊…出題範囲外の語彙

	某	mǒu	（不確定な人や物事を指す）某・なにがし・ある～
	召开	zhàokāi	（人を召集して会議などを）開催する
＊	主持人	zhǔchírén	司会者（“主持【5級】”で「主宰する・とりしきる」）
＊	卡片	kǎpiàn	カード
	征求	zhēngqiú	たずね求める・集める
＊	接手	jiēshǒu	（他人の仕事を）引き継ぐ・引き受ける
	日期	rìqī	期日・日付

	资金	zījīn	資金
＊	金额	jīn'é	金額
	项	xiàng	項目や種類に分けたものを数える量詞
⑥	正当～时	zhèngdāng~shí	ちょうど～の時に（当たる）
	发表	fābiǎo	発表する；掲載する
	员工	yuángōng	従業員・職員・労働者
＊	竞标	jìngbiāo	競争入札する
	分配	fēnpèi	分配する・割り当てる

訳	社員に仕事を「競売」する

　ある会社で今、非常に特別な会議が開かれているところだ。司会者が1枚の任務カードを持ち上げて、仕事を引き受ける人を求めている。カードには任務内容、期日、使ってもいい資金の金額などが書いてある。

「どうして3万元なんですか？　この仕事は10万元ないとできませんよ。」

「時間もあまり足りないしね。」

　皆自分の考えを発表しているところに、1名の社員が手を挙げて、「もしこの仕事をやる人がいないなら、私がやります。」と言った。

「それではお願いします。」司会者はこの社員の名前をカードに書いた後、また次のカードの討論に移った。

　これはこの会社が毎朝必ず行なっている「入札」イベントだ。今年、会社は任務の分配方法を変え、競売という方法で社員に仕事をさせ、皆の仕事への熱意をかき立てた。会社は毎日の仕事の任務を難易度により分類し、競売価格を決め、そして社員に向け競売を行う。競売の価格はすなわち社員の「収入」になり、その「収入」は会社のレストラン、ジム、プールなどで使うことができる。

　会社は仕事を「ゲーム」に変え、社員に楽しく仕事をさせる職場環境を作った。社員が皆熱意に満ちて仕事をする時、会社は当然ますます競争力を持つ。マーケットが不景気である社会背景において、この会社は社員に仕事を「競売」することにより、売上を倍に覆したのだ。

	方式	fāngshì	方式・やり方・形式
*	拍卖	pāimài	競売する・オークションを行う
⑥	激发	jīfā	（意識や感情を）かきたてる・呼び起こす
	程度	chéngdù	レベル・程度
*	分类	fēnlèi	分類する
	制定	zhìdìng	制定する・（規約などを）取り決める・（計画などを）立てる
	健身	jiànshēn	体力作り（をする）・"健身房"で「フィットネスクラブ」

	创造	chuàngzào	創造する・新たに作り出す
	充满	chōngmǎn	満たす・満ちる
	市场	shìchǎng	市場・マーケット
*	景气	jǐngqì	景気・景気がよい
	背景	bèijǐng	背景・バック
*	营业额	yíngyè'é	売上高（"营业【5級】"で「営業する」）
	翻	fān	ひっくり返す・ひっくり返る：（山などを）越える

文章 31

Běijīng dàxué bìyèshēng mài mǐfěn
北京大学毕业生卖米粉

ct5-031.mp3

Běijīng Dàxué fǎlǜ zhuānyè shuòshìshēng ZhāngTiānyī bìyè hòu kāile yìjiā mǐfěndiàn, zhè tiáo xīnwén
北京大学法律专业硕士生张天一毕业后开了一家**米粉**店，这条新闻
yǐnfāle shèhuì gèjiè de rèliè tǎolùn.
引发了社会**各界**的**热烈**讨论。

Míngpái dàxué bìyèshēng, zài biéren kànlai, tāmen shì wánměi de. Jìnrù zuì hǎo de gōngsī shàngbān,
名牌大学毕业生，在别人看来，他们是**完美**的。进入最好的公司上班，
huòzhě chūguó liúxué, shì rénmen duì tāmen de pǔbiàn qīdài. Dàn zìjǐ kāidiàn, bìngqiě kāi de shì yìjiā hěn
或者出国留学，是人们对他们的普遍**期待**。但自己开店，并且开的是一家很
xiǎo de mǐfěndiàn, kěyǐ shuō shì ràng rén wúfǎ lǐjiě de xuǎnzé.
小的米粉店，可以说是让人无法理解的选择。

Bān méitàn、shāo shuǐ、zhǔ fěn、zhāohu kèren zhè jiùshì ZhāngTiānyī xiànzài měitiān de shēnghuó. Yǒu
搬**煤炭**、**烧**水、**煮**粉、**招呼**客人……这就是张天一现在每天的生活。有
rén shuō: "BěiDàxuésheng mài mǐfěn, diūrén." Yě yǒu rén quàn ZhāngTiānyī: "Pǔtōng de dàxué bìyèshēng jiù néng
人说："北大学生卖米粉，**丢人**。"也有人**劝**张天一："普通的大学毕业生就能
zhǎodào yífèn búcuò de gōngzuò, hékuàng nǐ shì BěiDà de bìyèshēng ne? Nǐ kěyǐ yǒu gèng hǎo de xuǎnzé, hébì
找到一份不错的工作，**何况**你是北大的毕业生呢？你可以有更好的选择，**何必**
nàme xīnkǔ de měitiān mài mǐfěn ne?" Dàn ZhāngTiānyī què shífēn tǎnshuài de shuō: "Wǒ bù xǐhuan xúnguīdǎojǔ
那么辛苦地每天卖米粉呢？"但张天一却十分**坦率**地说："我不喜欢**循规蹈矩**
de shēnghuó. Huòxǔ yǒu rén juéde wǒ hěn fēngkuáng. Dànshì, zài wǒ kànlai, zhíyè méiyǒu gāodī zhī fēn."
地生活。**或许**有人觉得我很**疯狂**。但是，在我看来，职业没有高低之分。"

Jìnnián lái, bìyè hòu xuǎnzé zìjǐ chuàngyè de dàxuéshēng yuè lái yuè duō. Cóng zuìchū zhǔnbèi gèzhǒng
近年来，毕业后选择自己**创业**的大学生越来越多。从**最初**准备各种
wénjiàn bàn yíngyè zhízhào dào zuìhòu néng zài shāngyèquān zhànzhùjiǎo, yíqiè dōu yào kào zìjǐ. Xiàng
文件办**营业执照**到最后能在**商业圈站住脚**，一切都要**靠**自己。像
ZhāngTiānyī zhèyàng yǒu zìjǐ de zhǔzhāng, yǒu nìngkě fàngqì guāngmíng qiántú yě yào tiǎozhàn zìwǒ de pòqiè
张天一这样有自己的**主张**，有**宁可**放弃**光明前途**也要**挑战自我**的**迫切**
yuànwàng de rén, búshì gèng yīnggāi bèi wǒmen zànměi hé kěndìng ma? Shèhuì yīnggāi gěi zhèxiē niánqīngrén
愿望的人，不是更应该被我们**赞美**和肯定吗？社会应该给这些年轻人
duō yìxiē xìnrèn, shǎo yìxiē piānjiàn.
多一些**信任**，少一些**偏见**。

単語・表現チェック

無印赤字…5級　[6]…6級　＊…出題範囲外の語彙

＊	米粉	mǐfěn	ビーフン・米の粉で作ったはるさめ状の食品
＊	引发	yǐnfā	（興味を）引き起こす・そそる
＊	各界	gèjiè	各界の
	热烈	rèliè	熱烈だ・激しい・活発だ・積極的だ
	名牌	míngpái	名の通った商標・有名ブランド；名札
	完美	wánměi	非の打ち所がない・完璧だ
	期待	qīdài	期待する・待ち望む
	煤炭	méitàn	石炭
＊	烧	shāo	（湯を）沸かす・（料理を）作る；燃やす・焼く
	煮	zhǔ	煮る・ゆでる

＊	招呼	zhāohu	世話する・接待する・応接する；挨拶する
[6]	丢人	diūrén	恥をかく・面目を失う
	劝	quàn	すすめる・説得する・（言葉で）勧告する・なだめる・いさめる
	何况	hékuàng	まして〜はなおさらのことだ
	何必	hébì	〜する必要はないではないか・〜しなくてもいいじゃないか
	坦率	tǎnshuài	率直だ
＊	循规蹈矩	xúnguīdǎojǔ	しきたり通りにする・決まったやり方に従う
	或许	huòxǔ	あるいは・もしかすると・ひょっとしたら〜かもしれない
	疯狂	fēngkuáng	狂気じみている

訳　北京大学の卒業生がビーフンを売る

北京大学法律専攻の修士の学生である張天一が卒業後ビーフン店を開業し、このニュースが社会各界で激しい討論を巻き起こしている。

名門大学を出た学生というのは、人から見ると、（彼らは）完璧だ。最もよい会社に就職するか、海外留学に行くかが人々の彼らに対する一般的な期待だ。しかし自力で店を開く、しかも開いたのがごく小さなビーフンの店というのは、理解しがたい選択と言ってもいいだろう。

石炭を運ぶ、お湯を沸かす、ビーフンを煮る、客を接待する……これが張天一の現在の毎日の生活だ。ある人はこう言う。「北京大学の学生がビーフンを売るなんて、恥ずかしい。」またある人は張天一を説得しようとしてこう言う。「普通の大学卒業生というだけでもよい仕事を見つけることができる。ましてあなたは北京大学の卒業生なんだからなおさらのことだろう？　あなたはもっといい選択肢があるのだし、骨身を惜しまず毎日ビーフンを売る必要はないじゃないか？」しかし、張天一は非常に率直に言う。「私はしきたり通りに生活するのは好きではない。狂気じみていると思っている人がいるかもしれない。しかし、私から見れば、職業には優劣なんてない。」

近年、卒業後自分で事業を興す道を選ぶ大学生はますます多くなってきた。最初様々な書類を準備して営業許可証の手続きをすることから、最後には商圏の中で確固たる地位を保つようになるまでは、すべては自分にしか頼ることができない。張天一のように、自分の主張を持ち、たとえ明るい前途を捨てたとしても自分に挑戦したいという切実な願望を持つ人の方が、より私たちに褒められ、認められるべきではないだろうか？　社会はこれらの若者たちをもう少し信頼し、もう少し偏見をなくすべきだろう。

3章 仕事論・人生論

⑥	创业	chuàngyè	創業する・事業を始める
	最初	zuìchū	最初・はじめ
	文件	wénjiàn	書類・文書：ファイル
	营业	yíngyè	営業する
	执照	zhízhào	免許証・許可証
	商业	shāngyè	商業・ビジネス
	圈	quān	～圏・範囲・枠：（図形の）円：囲む
*	站住脚	zhànzhùjiǎo	地位を保つ・根を下ろす
	靠	kào	（～に）よる・頼る：近寄る：もたれる
	主张	zhǔzhāng	主張（する）・考え

	宁可	nìngkě	たとえ（～しても…することが必要だ・～しても…しない）
	光明	guāngmíng	希望に満ちた・明るい：光明・輝き
	前途	qiántú	前途・将来性
	挑战	tiǎozhàn	挑戦する・敵を挑発する
*	自我	zìwǒ	自己・自分・おのれ
	迫切	pòqiè	切実だ・差し迫っている：切に・しきりに
	愿望	yuànwàng	望み・願望
	赞美	zànměi	褒める・称賛する・賛美する
	信任	xìnrèn	信任・信頼：信用して任せる・信任（する）
⑥	偏见	piānjiàn	偏見・偏った見解

文章 32

Jì míngzi de ge xiǎoqiàomén
记名字的 3 个 小窍门

ct5-032.mp3

Zài zhíchǎngshang hé rén dǎ jiāodao shí, jìzhù duìfāng de míngzi shì jiàn hěn zhòngyào de shì. Jìzhù tārén de míngzi, huì gěi duìfāng liúxia yíge fēicháng hǎo de yìnxiàng, yǒushíhou shènzhì hái néng bāng nǐ zhēngqǔ dào shāngyè tánpàn de jīhuì. Yǐxià shì ge kěyǐ bāng nǐ jìzhù mòshēngrén míngzi de xiǎoqiàomén.

在职场上和人**打交道**时，记住**对方**的名字是件很重要的事。记住**他人**的名字，会给对方留下一个非常好的印象，有时候甚至还能帮你**争取**到**商业谈判**的机会。以下是3个可以帮你记住**陌生**人名字的小**窍门**。

Dì yī, yào míngpiàn. Bǐrú nǐ zài mǒu shāngyè jiāoliúhuìshang rènshile yíge rén, yīnggāi mǎshàng gēn tā yào zhāng míngpiàn, bìng xùnsù jìlù yìxiē guānyú zhè ge rén de xìnxī, fāngbiàn nǐ zài rìhòu cháyuè.

第一，要**名片**。比如你在**某**商业交流会上认识了一个人，应该马上跟他要张名片，**并迅速记录**一些关于这个人的信息，方便你在**日后查阅**。

Dì 'èr, shìjuéhuà. Nǐ kěyǐ liánxiǎng zhè ge míngzi bāohán de yìsi, ránhòu gěi zhè ge míngzi pèishang yìfú huà. Bǐrú, nǐ yùdào yíge jiào "ZhāngFēngtáo" de nǚshì, nǐ jiù kěyǐ xiǎngxiàng fēngzhōng piāozhe táohuā zhèyàng de yìfú huà, bǎ táohuā hé zhè ge nǚshì liánxìqilai. Zhèyàng de huà, zài jiàndào zhè ge nǚshì shí, nǐ jiù huì xiǎngqǐ táohuā de huàmiàn, cóng'ér kěyǐ ràng nǐ bǐjiào róngyì de jìqǐ tā de míngzi.

第二，**视觉化**。你可以**联想**这个名字**包含**的意思，然后给这个名字**配上**一**幅**画。比如，你遇到一个叫"张风桃"的**女士**，你就可以**想象**风中**飘**着**桃花**这样的一幅画，把桃花和这个女士联系起来。这样的话，再见到这个女士时，你就会想起桃花的**画面**，**从而**可以让你比较容易地记起她的名字。

Dì sān, liánxì zhíyè、shēnfèn hé xìngqù àihào děng tèzhēng. Rúguǒ nǐ fāxiàn hé nǐ jiāotán de rén zuòguo shénme tèshū de gōngzuò, huò yǒu shénme tèshū de shēnfèn hé xìngqù àihào, jiù kěyǐ bǎ zhèxiē hé tā de míngzi fàngzài yìqǐ jì. Bǐrú, "YángHuá yǐqián zuòguo mótè, xǐhuan shōují húdié de zhàopiàn", huòzhě "ZhāngWěi shì huáyì, xǐhuan qí mótuōchē qù lǚxíng" děng. Ránhòu zuìhǎo bǎ zhèxiē zài nǎozili chóngfù yíxià. Zhèyàng duì jìzhù biéren de míngzi yǒu fēicháng hǎo de xiàoguǒ.

第三，联系职业、**身份**和兴趣爱好等**特征**。如果你发现和你**交谈**的人做过什么**特殊**的工作，或有什么特殊的身份和兴趣爱好，就可以把这些和他的名字放在一起记。比如，"杨华以前做过**模特**，喜欢**收集蝴蝶**的照片"，或者"张伟是**华裔**，喜欢骑**摩托车**去旅行"等。然后最好把这些在脑子里**重复**一下。这样对记住别人的名字有非常好的效果。

単語・表現チェック

無印赤字…5 級　⑥…6 級　*…出題範囲外の語彙

	打交道	dǎ jiāodao	付き合う・応対する
	对方	duìfāng	相手・先方
*	他人	tārén	〈書〉他人・ほかの人・別の人
	争取	zhēngqǔ	勝ち取る・努力して獲得する
	商业	shāngyè	商業・ビジネス
	谈判	tánpàn	交渉（する）・話し合い（をする）・談判（する）
	陌生	mòshēng	よく知らない・不案内だ
⑥	窍门	qiàomén	コツ・巧妙かつ簡便な方法・技術
	名片	míngpiàn	名刺
	某	mǒu	（不確定な人や物事を指す）某・ある・ある人・なにがし・ある～
*	并	bìng	また・その上・しかも・そして：合わせる・まとめる・並べる：ともに：決して（～ない）
	迅速	xùnsù	すばやい・迅速だ・非常に速い
	记录	jìlù	記録（する）
*	日后	rìhòu	後日・今後・他日・将来
*	查阅	cháyuè	（書類を）調べる
*	视觉化	shìjuéhuà	視覚化（する）
⑥	联想	liánxiǎng	連想（する）
	包含	bāohán	含む・包含する・含まれる

3章 仕事論・人生論

訳	名前を覚える3つのコツ

　職場で人と付き合う時、相手の名前を覚えることは非常に重要なことだ。他人の名前を覚えると、相手に非常によい印象を与え、時には相手と商談するチャンスを勝ち取るのに役立つことさえある。以下はよく知らない人の名前を覚えるのに役立つ3つのコツだ。

　1つ目は、名刺を求めることだ。例えば、あなたは何かのビジネス交流会で誰かと知り合ったら、すぐに彼に名刺を求め、また、その人に関するいくつかの情報をすばやく記録しなければならない。後日簡単に調べるためだ。

　2つ目は、視覚化することだ。その名前に含まれている意味を連想し、その名前に絵（場面・イメージ）を付け合わせる。例えば、「張風桃」という女性に出会った場合、風の中を舞う桃の花、というような絵（場面・イメージ）を想像することができる。桃の花をこの女性と結びつけるのだ。そうすると、またこの女性に会った時に、桃の花の場面を思い起こし、それによって比較的簡単に彼女の名前を思い出すことができる。

　3つ目は、職業や身分、趣味などの特徴を結びつけることだ。もしあなたと話した人が何か特別な仕事をしたことがある、あるいは何か特別な身分と趣味があるのに気づいたら、これらを彼の名前と一緒に覚えることができる。例えば、「楊華は以前モデルをやったことがあって、蝶の写真を集めることが好き」、または「張偉は中国系住民で、バイクに乗って旅行することが好き」など。そして、これらを頭の中で繰り返してみたほうがいい。こうすると他の人の名前を覚えるのに非常に効果がある。

*	配	pèi	添える・組み合わせる：（程よく）配合する：似合う・マッチする：ふさわしい
	幅	fú	〜幅・〜枚（布地や絵画などを数える量詞）
	女士	nǚshì	女史（女性に対する敬称）
	想象	xiǎngxiàng	想像（する）・イメージ（する）
	飘	piāo	（風に）ひるがえる・はためく・ゆらめく：（雪や木の葉など軽いものが）空に飛び散る・空から降り散る・舞い散る：漂う
	桃	táo	桃
*	画面	huàmiàn	場面・（絵画やスクリーンなどの）画面
	从而	cóng'ér	したがって・それによって

	身份	shēnfèn	身分・地位
	特征	tèzhēng	特徴
*	交谈	jiāotán	言葉を交わす・話し合う
	特殊	tèshū	特別だ・特殊だ
	模特	mótè	（ファッション）モデル
*	收集	shōují	集める・収集する・寄せ集める
	蝴蝶	húdié	チョウ（蝶）
	华裔	huáyì	中国国外で生まれ、その国籍を取得した中国系住民
	摩托车	mótuōchē	オートバイ・モーターサイクル
	重复	chóngfù	繰り返す・重複する

文章 33

Diū xiǎo shī dà
丢小失大

ct5-033.mp3

WángBǎo kāi de cānguǎn zài gōngyèqū fùjìn, zhōuwéi yǒu xǔduō gōngchǎng, suǒyǐ shēngyì yìzhí hěn hǎo.
王宝开的**餐馆**在**工业**区附近，周围有许多**工厂**，所以生意一直很好。
Yìtiān zhōngwǔ, cānguǎn láile jǐge chuān xīzhuāng, jì lǐngdài de rén, gāng zuòxia jiù diǎnle jǐ bǎi
一天中午，餐馆来了几个穿**西装**，**系领带**的人，刚坐下就点了几百
yuán de cài. Lái xiǎocānguǎn de kèrén yìbān de xiāofèi dōu shì sān wǔshí yuán zuǒyòu, zhème dà de shēngyì
元的菜。来小餐馆的客人一般的**消费**都是三五十元左右，这么大的生意
háishi dì yī cì pèngdào. WángBǎo mánglǐmángwài, bǎ nàxiē děng chī miàntiáo、jiǎozi de kèrén liàngzài
还是第一次**碰**到。王宝**忙里忙外**，把那些等吃面条、饺子的客人**晾**在
yìbiān. Yǒu de kèrén gǎnzhe shàngbān, biàn zàisān cuīcù. WángBǎo què huīle huī shǒu, búnàifán de shuō:
一边。有的客人赶着上班，**便再三催促**。王宝却**挥**了挥手，**不耐烦**地说：
"Bié nàme duō fèihuà, méi kàn wǒ zài máng ma? Yào jí de huà, dào biéchù qù chī ya! Biéren jǐ bǎi yuán de
“别那么多**废话**，没看我在忙吗？要急的话，到别处去吃呀！别人几百元的
fàncài hái děngzhe ne." Kèrén qì de zhí yáotóu, mǎshàng líkāile cānguǎn.
饭菜还等着呢。”客人气得**直摇**头，马上离开了餐馆。

WángBǎo xiǎng, yǔqí zhāodài zhèxiē kèrén, hái bùrú hǎohāo zhāodài huā qián duō de kèrén. Suǒyǐ cóng
王宝想，**与其招待**这些客人，还**不如**好好招待花钱多的客人。所以从
nà yǐhòu, WángBǎo tiāntiān pànwàngzhe huā qián duō de kèrén guānglín, ér duì nàxiē zhǐ xiāofèi shí jǐ yuán de
那以后，王宝天天**盼望**着花钱多的客人**光临**，而对那些只消费十几元的
kèrén jíqí bù lǐmào. Kèrén de cài yào zìjǐ ná, jiù lián jiézhàng yě yào děng bàntiān. Shíjiān cháng le,
客人**极其**不礼貌。客人的菜要自己拿，就连**结账**也要等**半天**。时间长了，
xǔduō kèrén juéde zhèlǐ de fúwù tài chà, dōu bú zài láile. Zuìhòu WángBǎo de cānguǎn bùdébù guānménle.
许多客人觉得这里的服务太差，都不再来了。最后王宝的餐馆不得不关门了。

WángBǎo shībài de yuányīn, zàiyú tā kànbuqǐ nàxiē huā qián shǎo de chángkè, yòng lièzhì fúwù
王宝失败的原因，**在于**他**看不起**那些花钱少的**常客**，用**劣质**服务
duìdài "xiǎoshēngyì", ér tā wàngjìle zhèng shì zhèxiē kèrén wèi cānguǎn dàiláile rénqì. Zuò shēngyì rènhé
对待“小生意”，而他忘记了**正**是这些客人为餐馆带来了**人气**。做生意任何
shíhou dōu bùnéng yīn "xiǎo" ér jiàngdī fúwù biāozhǔn, yīnwèi yǒu chéngqiānshàngwàn de "xiǎo", cái néng
时候都不能**因**“小”**而**降低服务标准，因为有**成千上万**的“小”，才能
chéngjiù zuìhòu de "dà"!
成就最后的“大”！

単語・表現チェック

無印赤字…5級　⑥…6級　＊…出題範囲外の語彙

＊	餐馆	cānguǎn	レストラン
	工业	gōngyè	工業
	工厂	gōngchǎng	工場
＊	西装	xīzhuāng	洋服・洋装・スーツ
	系领带	jì lǐngdài	ネクタイ("领带")を締める("系")
	消费	xiāofèi	消費(する)
	碰	pèng	(人や事件に)出くわす・出会う：ぶつかる
＊	忙里忙外	mánglǐmángwài	ばたばたと忙しくする
⑥	晾	liàng	放っておいて顧みない・そっちのけにする：(日に)乾かす・干す

	便	biàn	(仮定、因果、目的、対立などを示す複文に用い)もし～ならば…・～であるので…・～のために…・～でなければ…だ：すぐ・もう("就"とほぼ同じように使う)
	再三	zàisān	再三・何度も・繰り返し
＊	催促	cuīcù	催促する
	挥	huī	振る・振り回す
	不耐烦	búnàifán	うるさがる・面倒がる
	废话	fèihuà	むだ話(をする)
	直	zhí	ずっと・しきりに：まっすぐだ
	摇	yáo	(左右・前後に)揺する・揺り動かす：揺れる：振る・振り動かす

訳　小を捨てたら大も失う

　王宝が経営するレストランは工業地区の近くにある。周りに多くの工場があるため、商売はずっとうまくいっている。

　ある日の昼、レストランにスーツを着て、ネクタイを締めた何人かの人が来た。座ったとたん、何百元かの料理を注文した。（この）小さなレストランに来る客は普通、消費するのは 30 ～ 50 元程度で、このような思いのほか大きい取引（消費）に恵まれたのは初めてだった。王宝はばたばたと忙しく働き、麺や餃子を食べるのを待っている客を放っておいた。ある客は仕事に行くのに急いでいるから、何度も催促した。ところが王宝は手を振って、面倒くさそうに言った。「むだ話するな。忙しいのが見えないのか？　急いでいるなら、別のところへ行って食べろよ！　他の人は何百元の料理をまだ待っているんだ。」客は怒ってしきりに頭を横に振り、すぐにレストランを去っていった。

　王宝は、こういう客をもてなすよりも、お金をたくさん使ってくれる客をしっかりもてなすほうがいいと思った。だからそれ以降、王宝は毎日、お金をたくさん使ってくれる人が来るのを待ち望み、一方それらのわずか十何元しか使わない客に対しては極めて礼儀がなかった。客の料理を（客が）自分で取らなければいけないし、会計を済ませるのさえ長い時間待たなければいけなかった。時間が経つと、多くの客はここのサービスが悪いと感じ、二度と来なくなった。最後には王宝のレストランは閉店せざるを得なくなった。

　王宝が失敗した原因は、彼がお金をわずかしか使わない常連客を軽視し、品質の悪いサービスで「小さな商売」を扱い、そしてまさにこういう客こそがレストランの人気をもたらしたということを忘れてしまったというところにある。商売をするならいかなる時も、「小」だからといってサービスの基準を下げてはいけない。幾千幾万の「小」があるからこそ、最後の「大」を成し遂げることができるのだ！

与其	yǔqí	～よりも…のほうが		* 常客	chángkè	常客・常連・よく来る客
招待	zhāodài	おもてなす・接待する		* 劣质	lièzhì	品質の悪い・粗悪だ
不如	bùrú	～には及ばない・～したほうがよい		对待	duìdài	対する・対応する・応対する・扱う・臨む：～に対して
盼望	pànwàng	待ち望む		正	zhèng	まさに・まさしく：ちょうど（～しているところだ）：（位置が）真ん中だ：正直だ
光临	guānglín	ご来訪		* 人气	rénqì	人気・人々の評判
极其	jíqí	極めて		* 因～而…	yīn~ér…	〈書〉～（の理由・原因）のために～（の原因）によって（…する）
结账	jiézhàng	会計を済ませる：決算する		* 成千上万	chéngqiān shàngwàn	幾千幾万・数の非常に多いさま
* 半天	bàntiān	半日：長い間		成就	chéngjiù	成果：成し遂げる
在于	zàiyú	～にある				
看不起	kànbuqǐ	軽視する・見下げる・ばかにする				

文章 34

Huànge jiǎodù sīkǎo wèntí
换个角度思考问题

ct5-034.mp3

Xīnlǐxuéjiā céngjīng zuòguo zhèyàng yíge xīnlǐxué shíyàn. Tāmen jiāng shòushìzhě fēnchéng liǎngzǔ,
心理学家 **曾经** 做过 这样 一个心理学**实验**。他们 **将** **受试者** 分成 两**组**，
gěi měi ge rén yìbǎi měiyuán qù dǔqián. Zài jìn dǔchǎng zhīqián, xīnlǐxuéjiā duì qízhōng yìzǔ rén shuō:
给 每个人一百 **美元** 去**赌钱**。在进 **赌场** 之前，心理学家对 其中 一组人 说：
"Rúguǒ nǐmen xuǎnzé bù dǔ dehuà, nǐmen jiù huì shīqù bǎifēnzhī liùshí de qián." Jiéguǒ, zhè yìzǔ jīhū
"如果你们选择不赌的话，你们就会失去 60% 的钱。"结果，这一组几乎
suǒyǒu de rén dōu qù dǔle. Xīnlǐxuéjiā yòu duì lìng yìzǔ rén shuō: "Rúguǒ nǐmen xuǎnzé bù dǔ de huà,
所有的人都去赌了。心理学家又 对 另一组人 说："如果你们选择不赌的话，
nǐmen jiù huì dédào bǎifēnzhī sìshí de qián." Jiéguǒ, zhè yìzǔ dà duōshù rén méiyǒu jìn dǔchǎng. Zhè ge
你们就会得到 40% 的钱。"结果，这一组大多数 人 没有进 赌场。这个
xīnlǐxué shíyàn, tíchūle yíge shífēn zhòngyào de xīnlǐxué wèntí: Zài yùdào rènhé shìqing shí, yóuyú
心理学实验，**提出**了一个十分 重要 的心理学问题：在遇到任何事情时，由于
rènshi hé sīkǎo de fāngfǎ bù yíyàng, yǐnchū de jiéguǒ yě kěnéng wánquán bùtóng.
认识和**思考**的方法不一样，引出的结果也可能 完全 不同。

Lìyòng zhè zhǒng lǐlùn, yòng lìng yìzhǒng jiǎodù lái sīkǎo wèntí, duì xiàndàirén de xīnlǐ jiànkāng
利用 这 种 **理论**，用 另一种 **角度**来思考问题，对**现代**人的心理 健康
yǒuzhe jídà de yǐngxiǎng. Bǐrú nǐ zài gōngzuòzhōng chūle cuò, shòudàole shàngsi de pīpíng, yěxǔ nǐ huì
有着极大的 影响。比如你在 工作中 出了错，受到了 **上司**的批评，也许你会
biàn de bēiguān, bàoyuàn shēnghuó. Dànshì rúguǒ nǐ cóng lìng yíge jiǎodù lái sīkǎo zhè jiàn shìqing, xīn xiǎng:
变得**悲观**，**抱怨** 生活。但是如果你从 另一个角度来思考这 件事情，心 想：
Zhēn hǎo! Zhè cì de cuòwù ràng wǒ zhīdàole zìjǐ nǎlǐ bùzú, xià cì jiù juéduì bú huì fàn zhèyàng de
真 好！这次的错误让 我知道了自己哪里**不足**，下次就**绝对**不会**犯** 这样 的
cuòwùle. Nàme, nǐ jiù huì biàn de lèguān, juéde shēnghuó gěile zìjǐ hěnduō. Suǒyǐ shuō, huànge
错误了。那么，你就会 变得**乐观**，觉得 生活 给了自己很多。所以说，换个
jiǎodù sīkǎo wèntí, kěyǐ ràng nǐ shíkè bǎochí lèguān de xīnqíng, dùguò xìngfú de měi yìtiān.
角度思考问题，可以让你**时刻保持** 乐观的心情，**度过**幸福的每一天。

単語・表現チェック

無印赤字…5級　⑥…6級　＊…出題範囲外の語彙

	心理	xīnlǐ	心理・気持ち・精神的（"心理学"で「心理学」）
＊	～家	~jiā	ある種の専門知識を身につけた人・～者・～家
	曾经	céngjīng	かつて・以前
	实验	shíyàn	実験（する）
＊	将	jiāng	〈書〉～を（"把"と同じ意味）
＊	受试者	shòushìzhě	被験者

	组	zǔ	（小人数の）組・グループ：～組・セット（事物の集合体を数える量詞）
＊	美元	měiyuán	米ドル
＊	赌钱	dǔqián	金を賭ける：ばくちを打つ
＊	赌场	dǔchǎng	賭場・カジノ
＊	提出	tíchū	提出する・提起する・打ち出す・示す
	思考	sīkǎo	思考する・考える
	利用	lìyòng	利用（する）・活用する

心理学者が以前このような心理学実験をしたことがある。彼らは被験者を2つのグループに分け、1人100ドルずつ与えてギャンブルをさせた。賭場に入る前に、心理学者は被験者の一方のグループに「もしギャンブルしないことを選んだら、60%のお金を失ってしまう」と言った。その結果、このグループのほとんどの人がギャンブルに行った。また、心理学者はもう一方のグループに「もしギャンブルしないことを選んだら、40%のお金がもらえる」と言った。その結果、このグループのほとんどの人は賭場に入らなかった。この心理学実験は、極めて重要な心理学の問題を提起している。それは、いかなることに遭遇した時であっても、認識と考え方が異なることにより、引き出す結果も完全に異なるかもしれないということだ。

この理論を利用して、別の角度から問題を考えてみることで、現代人の精神面の健康に大きな影響を与える。例えば、あなたが仕事上でミスを起こして、上司に叱られたとしたら、あなたは恐らく悲観的になり、生活を不満に思うかもしれない。しかし、もしあなたが別の角度から問題を考えて、心の中で「よかった！ 今回のミスが自分のどこ（何）が不十分なのかをわからせてくれたし、今度は絶対このようなミスを起こさないはずだ」と思ったとする。そうすれば、あなたは楽観的になれ、生活がたくさんのことを自分に与えていると感じるようになれる。だから、違う角度から問題を考えることで、あなたは絶えず楽観的な気持ちを保ち、幸せな毎日を過ごすことができるのだ。

理論	lǐlùn	理論；議論する
角度	jiǎodù	角度・観点
現代	xiàndài	現代；近代的だ
*上司	shàngsi	上司・上官・上役
悲観	bēiguān	悲観的だ；悲観する
抱怨	bàoyuàn	不満に思う・不平をこぼす・恨みごとを言う
不足	bùzú	不足する・不十分だ

絶対	juéduì	絶対に；絶対的だ
*犯	fàn	犯す・違反する；侵害する・漫す；（よくないことや病気が）起こる・発生する
乐观	lèguān	楽観的だ
时刻	shíkè	絶えず；時刻
保持	bǎochí	（原状のまま）保つ・保持する・維持する・持続させる
度过	dùguò	過ごす・暮らす

Yíge rén zuì hàipà shénme
一个人最害怕什么

ct5-035.mp3

Xiǎohéshang wèn lǎohéshang: "Yíge rén zuì hàipà shénme?"
小和尚 问 老和尚："一个人 最害怕什么？"

"Nǐ rènwéi ne?" Lǎohéshang wèn xiǎohéshang.
"你认为呢？"老和尚 问 小和尚。

"Shì jìmò ma?" Xiǎohéshang wèn.
"是寂寞吗？"小和尚 问。

Lǎohéshang yáole yáotóu: "Búduì."
老和尚 摇了摇头："不对。"

"Juéwàng?" Xiǎohéshang yòu wèn.
"绝望？"小和尚 又 问。

"Búduì." Lǎohéshang háishi yáotóu.
"不对。"老和尚 还是摇头。

Xiǎohéshang liánxù shuōle shí jǐ ge dá'àn, lǎohéshang dōu yìzhí yáotóu.
小和尚 连续说了十几个答案，老和尚 都一直摇头。

"Nà nín shuō shì shénme ne?" Xiǎohéshang shízài xiǎngbuchūlaile.
"那您 说 是 什么呢？" 小和尚 实在想不出来了。

"Jiùshì nǐ zìjǐ ya!"
"就是你自己呀！"

"Wǒ zìjǐ?" Xiǎohéshang táiqǐ tóu, zhēngdà yǎnjing, bù jiě de kànzhe lǎohéshang.
"我自己？" 小和尚 抬起头，睁大 眼睛，不解地看着 老和尚。

"Shì ya!" Lǎohéshang xiàozhe shuō "qíshí nǐ gānggāng shuō de jìmò、 juéwàng děngděng, dōu shì
"是呀！"老和尚 笑着 说"其实你 刚刚 说的寂寞、绝望 等 等，都是

nǐ zìjǐ nèixīn shìjiè de yǐngzi, dōu zhǐbúguò shì nǐ zìjǐ gěi zìjǐ de gǎnjué. Nǐ duì zìjǐ shuō: "Zhèxiē
你自己内心世界的影子，都 只不过是你自己给自己的感觉。你对自己说："这些

zhēn kěpà, wǒ chéngshòubuzhùle." nà nǐ jiù zhēn de huì hàipà. Tóngyàng, rúguǒ nǐ gàosu zìjǐ:
真 可怕，我 承受不住了。"那你就 真 的会害怕。同样，如果 你告诉自己：

"Méishénme hǎo pà de, zhǐyào wǒ jījí miànduì, jiù néng zhànshèng yíqiè." nàme jiù méiyǒu shénme néng
"没什么 好怕的，只要我积极面对，就 能 战胜 一切。"那么就没有 什么 能

ràng nǐ hàipà de shìqing. Suǒyǐ, shǐ nǐ hàipà de qíshí bìng búshì nàxiē xiǎngfǎ, ér shì nǐ zìjǐ ya!"
让 你害怕的事情。所以，使你害怕的其实并不是那些想法，而是 你 自己呀！"

Xiǎohéshang huǎngrándàwù......
小和尚 恍然大悟……

Huòxǔ wǒmen wúfǎ gǎibiàn rénshēng, dàn wǒmen zhìshǎo kěyǐ gǎibiàn zìjǐ de rénshēngguān; huòxǔ
或许我们无法改变 人生，但我们 至少可以改变自己 的 人生观；或许

wǒmen wúfǎ zuǒyòu shìqing, dàn zhìshǎo kěyǐ tiáozhěng zìjǐ de xīntài. Nèixīn qiángdà cái shì zhēn de qiángdà!
我们无法左右事情，但 至少可以 调整 自己的心态。内心 强大 才是 真 的强大！

単語・表現チェック

無印赤字…5 級　　⑥…6 級　　＊…出題範囲外の語彙

＊	和尚	héshang	和尚・僧侶	＊	不解	bùjiě	解せない・理解できない
	寂寞	jìmò	寂しい：ひっそりしている	＊	内心	nèixīn	内心・心の中
	摇	yáo	揺れる・振り回す		影子	yǐngzi	（鏡や水面などに映った）影・姿
⑥	绝望	juéwàng	絶望（する）	＊	只不过	zhǐbúguò	ただ～にすぎない
	连续	liánxù	続けて・連続して・続く・連続する		可怕	kěpà	恐ろしい・恐るべき
	睁	zhēng	見開く・目を開ける		承受	chéngshòu	耐える・受け止める

訳	人間が最も怖がっているものは何か

小僧は老僧に「人間が最も怖がっているものは何ですか?」と聞いた。

「君はどう思うのかね?」と老僧は小僧に聞いた。

「寂しさですか?」と小僧が聞いた。

「いや。」と老僧が頭を振った(首を横に振った)。

「絶望ですか?」と小僧がまた聞いた。

「いや。」と老僧はまた頭を振った。

小僧は続けて 10 数個の答えを言ったが、老僧はずっと頭を振っていた。

「じゃあ何ですか?」と。小僧は本当に思いつかなかった。

「それはあなた自身だよ!」

「私自身?」小僧は頭を上げて、目を大きく開いて、怪訝な顔で老僧を見ていた。

「そうだよ!」老僧は笑いながら言った。「実は君が先ほど言った寂しさや絶望などはあなたの心の世界にある影で、ただあなた自身が自分に与えた感覚に過ぎない。あなたが自分に『これは怖い。もう耐えられない。』と言ったら、自分が本当に怖くなってくる。同様に、もしあなたが自分に『怖いものなんかない。私が積極的に向き合えば、すべてのことに打ち勝つことができる。』と言ったら、あなたを怖がらせるものなど何もない。だから、あなたを怖がらせているのはそういう考えではなく、あなた自身なのだ!」

小僧ははっと悟った……

ひょっとしたら、私たちは人生を変えることはできないかもしれないが、少なくとも自分の人生観を変えることができる。ひょっとしたら、私たちは物事を思いどおりにすることはできないかもしれないが、少なくとも自分の意識を調整することはできる。心が強いことこそ本当の強さなのだ!

	面对	miànduì	直面する:(〜に)面する
*	战胜	zhànshèng	打ち勝つ・打ち負かす
*	并	bìng	決して(〜ない):その上・また:合わせる:並べる
⑥	恍然大悟	huǎngrándàwù	はっと悟る
	或许	huòxǔ	あるいは・もしかすると

*	无法	wúfǎ	〜するすべがない・打つ手がない
	人生	rénshēng	人生
	调整	tiáozhěng	調整する
⑥	心态	xīntài	意識・心理状態・精神状態
*	强大	qiángdà	強大だ・(心・国家・生命力などが)強い

文章 36

Hūnyīn rú shā
婚姻如沙

ct5-036.mp3

Wǒmen měi ge rén dōu xīwàng zìjǐ de hūnyīn xìngfú、kuàilè. Dànshì, zài hūnyīn de dàolùshang, huì yǒu hěn duō bù wěndìng de yīnsù. Wǒmen yīnggāi zěnyàng bǎwò zìjǐ de hūnyīn ne?

我们每个人都希望自己的**婚姻**幸福、快乐。但是，在婚姻的道路上，会有很多不**稳定**的**因素**。我们应该怎样**把握**自己的婚姻呢？

Céngjīng kàndàoguo zhèyàng yíge gùshi. Jiǎng de shì yíwèi mǔqīn de àiqíng zhéxué. Yíge jíjiāng jǔbàn hūnlǐ de nǚháir wèn tā de mǔqīn: "Zěnyàng cái néng bǎwò zìjǐ de hūnyīn, ràng xìngfú yǒngyuǎn chíxù xiàqù ne?" Mǔqīn kànle kàn nǚ'ér, shénme yě méi shuō, ér shì cóng wàimiàn pěnglaile yìbǎ xì shā, ràng nǚ'ér guānchá. Nǚ'ér kàndào xì shā bèi mǔqīn pěngzài shǒuli, yìdiǎn yě méiyǒu liúshīdiào, kànqilai hěn wánzhěng. Zhè shí mǔqīn jiāng shuāngshǒu wòjǐn, bìng búduàn de yònglì, zhǐ jiàn xì shā yìdiǎnyìdiǎn de cóng mǔqīn shǒuli huáluò, mǔqīn de shǒu wò de yuè jǐn, xì shā jiù huáluò de yuè duō, yuè kuài. Nǚ'ér kànzhe mǔqīn shǒuzhōng de xì shā, huǎngrándàwù.

曾经看到过这样一个故事。讲的是一位母亲的爱情**哲学**。一个**即将**举办**婚礼**的女孩儿问她的母亲："怎样才能把握自己的婚姻，让幸福永远**持续**下去呢？"母亲看了看女儿，什么也没说，而是从外面**捧**来了一**把**细**沙**，让女儿**观察**。女儿看到细沙被母亲捧在手里，一点也没有**流失**掉，看起来很**完整**。这时母亲**将**双手**握紧**，**并不断**地用力，只见细沙一点一点地从母亲手里**滑落**，母亲的手握得越紧，细沙就滑落得越多，越快。女儿看着母亲手中的细沙，**恍然大悟**。

Qíshí, hūnyīn jiù xiàng nà wèi mǔqīn shǒuzhōng de xì shā. Jiéhūn jiù dàibiǎo liǎngge rén yuànyì yòng yíbèizi de shíjiān qù zhēnxī duìfāng, bìng jīngyíng liǎngge rén de hūnyīn. Jiù xiàng pěngzài shǒuli de xì shā. Dànshì, zài yǔ duìfāng xiāngchǔ de guòchéngzhōng, yào ràng bǐcǐ yǒu zìjǐ de kōngjiān, yǒu zìjǐ de péngyǒu hé àihào. Bùrán jiù xiàng wòzài shǒuli de xì shā, wò de yuè jǐn, shīqù de jiù yuè duō, yuè kuài.

其实，婚姻就像那位母亲手中的细沙。结婚就**代表**两个人愿意用**一辈子**的时间去**珍惜对方**，并**经营**两个人的婚姻。就像捧在手里的细沙。但是，在与对方**相处**的过程中，要让**彼此**有自己的**空间**，有自己的朋友和爱好。**不然**就像握在手里的细沙，握的越紧，**失去**的就越多，越快。

単語・表現チェック

無印赤字…5級　⑥…6級　＊…出題範囲外の語彙

	婚姻	hūnyīn	婚姻・結婚
	稳定	wěndìng	安定している：安定させる
	因素	yīnsù	要素・要因
	把握	bǎwò	（機会などを）つかむ・把握する：（車のハンドルなどを）握る
	曾经	céngjīng	かつて・以前
	哲学	zhéxué	哲学
⑥	即将	jíjiāng	間もなく・近く・すぐに（〜するであろう）
	婚礼	hūnlǐ	婚礼・結婚式
	持续	chíxù	持続する・続く
⑥	捧	pěng	（両手をそろえてのひらでくぼみを作り前に差し出して）持つ・すくう
＊	把	bǎ	一握りの量を数える量詞
＊	沙	shā	砂
	观察	guānchá	観察する
＊	流失	liúshī	流失する・失われる
	完整	wánzhěng	すっかり整っている・欠けたところがない
＊	将	jiāng	〈書〉〜を（"把"と同じ意味）

訳　結婚生活は砂の如く

　我々は皆、自分の結婚生活が幸せで楽しいことを望んでいる。しかし、この結婚生活の道のりの中に、多くの不安定な要素がある。我々は自分の結婚生活をどうつかむべきだろうか？

　かつてこのようなストーリーを読んだことがある。1人の母親の愛情哲学を述べているものだ。間もなく結婚式を挙げる女の子が彼女の母親に「どうすれば自分の結婚生活をしっかりつかみ、幸せを永遠に続かせることができるの？」と聞いた。母親は娘を見て、何も言わずに、外から細かい砂を両手ですくって持ってきて、娘に観察させた。娘が母親の両手ですくった細かい砂を見ると、ちっともこぼれ落ちず、きれいに整っているように見えた。この時、母親は両手をしっかり握り、その上絶えず力を入れた。ふと見ると、細かい砂は少しずつ母親の手から落ち、母親が手をしっかり握れば握るほど、細かい砂はより多く、早く落ちていってしまった。娘は母親の手の中の細かい砂を見て、はっと悟った。

　実は、結婚生活というものはその母親の手の中の細かい砂のようなものだ。結婚するということは、2人が一生の時間を使って相手を大切にし、2人の結婚生活を営みたいと望んでいるということを表している。ちょうど両手に捧げ持った細かい砂のように。しかし、相手と共に過ごしていく過程で、お互いに自分のスペースを持ち、自分の友達や趣味を持つようにしなければならない。そうでなければ、手に握られた細かい砂のように、しっかり握れば握るほど、失うものが多く、速くなっていくのだ。

*	握	wò	握る
*	紧	jǐn	きつい・隙間なくぴったりしている：ぴんと張っている：きつくする・締める
*	并	bìng	その上・また：合わせる・並べる：決して（〜ない）
	不断	búduàn	絶えず・絶え間なく
*	滑落	huáluò	滑り落ちる
⑥	恍然大悟	huǎngrándàwù	突然何かに気がつく・はっと悟る
	代表	dàibiǎo	表す・意味する・体現する：代表（する）
	一辈子	yíbèizi	一生・一生涯

珍惜	zhēnxī	大切にする
对方	duìfāng	相手・先方
经营	jīngyíng	経営する・営む・営業する
相处	xiāngchǔ	付き合う・共に過ごす
彼此	bǐcǐ	互い（に）・あちらとこちら
空间	kōngjiān	空間
不然	bùrán	そうでなければ・さもなければ
失去	shīqù	失う・なくす

3章 仕事論・人生論

文章 37 Shāoshuǐ de zhìhuì 烧水的智慧

ct5-037.mp3

Yíwèi qīngnián wèi zìjǐ dìngxiàle xǔduō mùbiāo, kě jǐnián xiàlai, yīrán yíshìwúchéng. Tā fēicháng fánnǎo, yúshì juédìng qù zhǎo yíwèi zhìzhě qǐngjiào.
一位青年为自己定下了许多**目标**，可几年下来，**依然一事无成**。他非常烦恼，于是决定去找一位**智者请教**。

Tā zhǎodào yǐnjū zài shēnshānli de zhìzhě, sùshuōle zìjǐ de fánnǎo. Zhìzhě tīngwán hòu duì tā shuō: "Nǐ xiān bāng wǒ shāo hú kāishuǐ!"
他找到**隐居**在**深山**里的智者，**诉说**了自己的烦恼。智者听完后对他说："你先帮我**烧壶开水**！"

Qīngnián kànjiàn qiángjiǎo fàngzhe yíge hěn dà de shuǐhú, kěshì méiyǒu chái, yúshì tā chūqù jiǎnle xiē chái huílai, wǎng húli zhuāngmǎn shuǐ biàn shāoleqǐlái, kěshì yóuyú hú tài dà, tā jiǎn de chái dōu shāo guāngle, shuǐ yě méi kāi. Yúshì tā yòu pǎochūqù zhǎo chái, huílai de shíhou nà hú shuǐ yǐjīng liángle. Zhè huí tā méiyǒu mǎshàng diǎnhuǒ, ér shì zàicì chūqù zhǎoláile gèng duō de chái, yóuyú chái zhǔnbèi chōngzú, zhè cì shuǐ bùyíhuìr jiù shāokāile.
青年看见**墙**角放着一个很大的**水壶**，可是没有**柴**，于是他出去**捡**了些柴回来，往壶里**装**满水**便**烧了起来，可是由于壶太大，他捡的柴都烧光了，水也没开。于是他又跑出去找柴，回来的时候那壶水已经凉了。这回他没有马上**点火**，而是再次出去找来了更多的柴，由于柴准备**充足**，这次水**不一会儿**就烧开了。

Zhìzhě hūrán wèn: "Rúguǒ méiyǒu zúgòu de chái, nǐ gāi zěnyàng bǎ shuǐ shāokāi?"
智者**忽然**问："如果没有足够的柴，你该怎样把水烧开？"

Qīngnián xiǎngle yíhuìr, yáo le yáo tóu.
青年想了一会儿，**摇**了摇头。

Zhìzhě shuō: "Rúguǒ nàyàng, jiù bǎ shuǐhúli de shuǐ dàodiào yìxiē. Nǐ yì kāishǐ dìngle tài duō de mùbiāo, jiù xiàng zhè ge shuǐhú zhuāngle tài duō shuǐ yíyàng. Ér nǐ yòu méiyǒu chōngzú de chái, suǒyǐ bùnéng bǎ shuǐ shāokāi, yào xiǎng bǎ shuǐ shāokāi, nǐ huòzhě dàochū yìxiē shuǐ, huòzhě xiān qù zhǔnbèi chái!"
智者说："如果那样，就把水壶里的水**倒掉**一些。你一开始定了太多的目标，就像这个水壶装了太多水一样。而你又没有充足的柴，所以不能把水烧开，要想把水烧开，你或者倒出一些水，或者先去准备柴！"

Qīngnián huǎngrándàwù. Tā bǎ jìhuàzhōng de mùbiāo qùdiàole xǔduō, zhǐ liúxià zhòngyào de jǐ ge, tóngshí lìyòng yèyú shíjiān xuéxí gè zhǒng zhuānyè zhīshi. Jǐnián hòu, tā de mùbiāo jīběnshang dōu shíxiànle.
青年**恍然大悟**。他把计划中的目标去掉了许多，只留下重要的几个，同时**利用业余**时间学习各种专业知识。几年后，他的目标**基本**上都**实现**了。

Zhè jiùshì shāo shuǐ de zhìhuì.
这就是烧水的**智慧**。

単語・表現チェック

無印赤字…5級　⑥…6級　＊…出題範囲外の語彙

＊	青年	qīngnián	青年・若者；青年時代・若い時代
	目标	mùbiāo	目標・目的
	依然	yīrán	依然として・相変わらず
＊	一事无成	yíshìwúchéng	何1つ成功しない
＊	智者	zhìzhě	知恵のある人・知恵者
⑥	请教	qǐngjiào	教えを乞う・教えてもらう
＊	隐居	yǐnjū	隠居（する）・辺ぴな所に隠れ住んで出仕しない
＊	深山	shēnshān	深山・奥山
＊	诉说	sùshuō	述べる・訴える
＊	烧	shāo	（湯を）沸かす・煮炊きする・燃やす・焼く・燃える・焼ける
	壶	hú	急須・やかん・水差し・ポット；それらに入った液体を数える量詞
	开水	kāishuǐ	湯・熱湯（"开"で「湯を沸かす」）
	墙	qiáng	壁・塀
＊	水壶	shuǐhú	やかん・ポット・水筒
＊	柴	chái	薪（たきぎ）・まき・芝

訳　お湯を沸かす知恵

ある青年が自分に多くの目標を設定していたが、何年間か経ても、彼は依然として何も達成できていなかった。彼はとても悩んでおり、知恵者に教えてもらおうと思った。

彼は山奥に隠居している知恵者を見つけ、自分の悩みを訴えた。知恵者はそれを聞いた後、彼に「まずやかん1杯のお湯を沸かしてもらおう！」と言った。

青年は壁の隅に1つ大きなやかんが置いてあるのを見つけたが、薪がなかったので、出かけて何本かの薪を拾ってきて、やかんいっぱいに水を入れて、すぐに沸かし始めた。しかし、やかんが大きすぎたため、彼は外で拾った薪を全部燃やしつくしてしまっても、水は沸騰しなかった。それで、彼はまた薪を探しに外へ走り出したが、戻ってきた時にはそのやかんに入っている水がすでに冷めてしまっていた。今度は、彼はすぐに火をつけずに、再び出かけてより多くの薪を探してきた。薪の準備が十分にできているため、今度はあっという間に水を沸騰させた。

知恵者は突然「もし十分な薪がない場合は、どのように水を沸騰させるべきかな？」と聞いた。

青年は少し考えた後、頭（首）を横に振った。

知恵者は、「もしそうなったら、やかんの水を少しあけて減らせばいい。あなたは最初から多くの目標を設定していて、このやかんに水を入れすぎているのと同じようだ。しかしあなたは十分な薪もないため、お湯を沸かすことができなかったのだ。お湯が沸かしたかったら、少し水をあけて減らすか、または先に薪を準備しておくかだ！」と言った。

青年ははっと悟った。彼は計画の中にある目標をたくさん消し、重要ないくつかだけ残し、さらに、勤務時間外の時間を利用して、様々な専門知識を勉強した。何年か後、彼の目標は基本的にすべて実現することができた。これがお湯を沸かす知恵なのだ。

	捡	jiǎn	拾う
	装	zhuāng	（入れ物に）入れる・詰め込む：取り付ける：装う
	便	biàn	すぐ・もう・～するとすぐに（"就"とほぼ同じように使う）
＊	点火	diǎnhuǒ	火を付ける・明かりを灯す
⑥	充足	chōngzú	十分ある・ふんだんにある
＊	不一会儿	bù yíhuìr	間もなく・ほどなく
	忽然	hūrán	突然・たちまちに

	摇	yáo	揺れる・振り回す
⑥	恍然大悟	huǎngrándàwù	突然何かに気がつく・はっと悟る
	利用	lìyòng	利用する
	业余	yèyú	勤務時間外の・余暇の・専門外の
	基本	jīběn	基本的だ：ほとんど・だいたい
	实现	shíxiàn	実現（する）・達成する
	智慧	zhìhuì	知恵

文章 38 Rénshēng jiājiǎnfǎ 人生 加减法

ct5-038.mp3

Rén de yìshēng yǒu xǔduō "yóuxì guīzé", jiājiǎnfǎ jiùshì guīzé zhī yī.
人的一生 有许多"游戏**规则**"，**加减法**就是规则之一。

Rén cóng yì shēngxialaiqǐ, jiù kāishǐ zuòqǐle yǐ líng wéi qǐdiǎn de jiāfǎ. Yào chī fàn yào xué shuōhuà xué zǒulù, dōu shì yǐ líng wéi qǐdiǎn de jiāfǎ. Suízhe niánlíng de zēngzhǎng, rènshi de péngyou zēngjiāle; xīnlǐ de yuànwàng zēngjiāle; zhǎngwò de zhīshi zēngjiāle...... měi ge rén dōu mángzhe, zuòzhe yídàodào de jiāfǎtí.
人 从 一生下来起，就开始做起了以零 为起点的加法。要 吃饭 要 学 说话 学走路，都 是以零 为起点 的加法。随着 年龄 的 **增长**，认识的 朋友 增加了；心里的 **愿望** 增加了；**掌握** 的知识增加了……每个人 都 忙着，做着一**道**道的 加法题。

Ér dāng wǒmen jùbèile wàizài de wùzhì de qūtǐ hé fēngfù de jīngshén nèihán de shíhou, rénshēng de lù yě jiù jīběnshang zǒule yíbàn, zhè ge shíhou, jiǎnfǎ jiù gāi dēngchǎngle.
而 当 我们**具备**了**外在**的**物质**的**躯体**和丰富的 **精神** **内涵**的时候，**人生** 的 路也就 **基本**上走了一半，这个时候，减法就该 **登场**了。

Yíge rén wánchéngle duì shèhuì de gòngxiàn, tuìxiū yǐhòu, jiù gāi duì jīlěi de zhòngfù zuò jiǎnfǎle. Róngyù déshī gāi jiǎnle; yíhàn gāi jiǎnle; gèrén ēnyuàn gāi jiǎnle......
一个人 完成了 对社会的 **贡献**，**退休**以后，就该对积累的 **重负** 做减法了。**荣誉** **得失**该减了；**遗憾**该减了；**个人** **恩怨** 该减了……

Zhè yì jiā yì jiǎn, kànqǐlai jiǎndān, zuòqǐlai què fēicháng nán. Yīnwèi xǔduō rén zhǐ yuàn zuò jiāfǎ, ér bú yuàn zuò jiǎnfǎ. Dàn cōngming de rén, huì zìdòng de qù zuò jiǎnfǎ. Yīnwèi rén dào zhōngnián, shíjiān zài yìdiǎndiǎn jiǎnshǎo, rúguǒ bù bǎ gè zhǒng bú bìyào de fánnǎo yǐjí róngyù jiǎndiào, nàme rénshēng jiù huì biàn dé bùkān zhòngfù.
这一加一减，看起来简单，做起来却 非常 难。因为许多人只 愿 做加法，而不 愿 做减法。但 聪明 的人，会 **自动**地去做减法。因为 人 到 **中年**，时间在 一点点 减少，如果不把各 种 不**必要**的烦恼**以及**荣誉 减掉，那么 人生 就会 变 得**不堪**重负。

Yǒu rén shuōguo, jiā shì yìzhǒng chéngzhǎng, jiǎn shì yìzhǒng chéngshú. Suǒyǐ wǒmen yīnggāi qiǎomiào de yùnyòng jiājiǎnfǎ, jiāochū yífèn ràng zìjǐ mǎnyì de dájuàn.
有 人 说过，加是 一种 **成长**，减是 一种 **成熟**。所以我们 应该 **巧妙** 地 **运用** 加减法，交出一份 让 自己满意的**答卷**。

単語・表現チェック

無印赤字…5 級　⑥…6 級　＊…出題範囲外の語彙

	规则	guīzé	規則・ルール：規則正しい
＊	加减法	jiājiǎnfǎ	加法と減法・足し算と引き算
＊	增长	zēngzhǎng	増加する・伸びる・高まる・高める
	愿望	yuànwàng	望み・願望
	掌握	zhǎngwò	握る・把握する・身に付ける
＊	道	dào	命令・問題・表題などを数える量詞
	具备	jùbèi	具備する・備える
＊	外在	wàizài	外在的な・外面的な・外的な
	物质	wùzhì	物質・金銭や物品
＊	躯体	qūtǐ	身体・肉体・体・人体
	精神	jīngshén	精神上の：精神・心：主旨・真意（"jīngshen" で「元気・意気込み：元気がある・生き生きとしている」）
⑥	内涵	nèihán	内面の修養：内在的構成要素
	人生	rénshēng	人生
	基本	jīběn	ほとんど・だいたい：基本的だ
＊	登场	dēngchǎng	（舞台に）登場する・現れる
	贡献	gòngxiàn	貢献（する）
	退休	tuìxiū	定年退職する

訳　人生の加減算

人の一生には多くの「ゲームのルール」がある。「加減算」はそのルールの１つである。

人は、生まれるとすぐに、ゼロを起点とする足し算をし始める。ご飯を食べるのも、話すことを学ぶのも、歩くことを学ぶのも、すべてゼロを起点とする足し算である。年齢が上がるにつれて、知り合う友達も増加し、心の中にある願い事も増加し、身につける知識も増加する……どの人も皆忙しくしていて、１つ１つ足し算をしている。

しかし、我々は外面的で物質的な肉体と豊かな精神的内面を備えることができた時、人生の道のりはほぼ半分来たことになるだろう。その時、引き算の出番である。

１人の人間が社会への貢献を終わらせ、定年退職したら、溜まってきた重荷に対して引き算をしなければならない。栄誉を得ること失うこと（への感情）を減らし、心残りなことを減らし、個人の恩と恨みを減らし…としなければならない。

この足したり引いたりは、見た感じ簡単そうだが、やってみると非常に難しい。なぜなら多くの人が足し算ばかりしたがり、引き算をしたがらないからだ。しかし賢い人は、自動的に引き算をするのである。なぜなら、人間は中年になると、時間が少しずつ減っていき、もし様々な不必要な悩みおよび栄誉を減らさなかったら、人生が重荷に耐えられなくなってしまうからである。

ある人は、足すのは１種の成長、引くのは１種の成熟だと言う。だから、我々は巧妙に加減算を用い、自分を満足させる答案を出さなければならない。

＊	重负	zhòngfù	重荷・重い負担
⑥	荣誉	róngyù	栄誉・誉れ
＊	得失	déshī	得失・損得：利害・よしあし
	遗憾	yíhàn	遺憾だ・残念だ：残念・無念：残念に思う・遺憾に思う
	个人	gèrén	個人・私
⑥	恩怨	ēnyuàn	恩と恨み・恩と仇
	自动	zìdòng	自発的だ・自動の・オートマチックの
＊	中年	zhōngnián	中年（40～50歳の年齢を指す）
	必要	bìyào	必要だ
	以及	yǐjí	および・ならびに
⑥	不堪	bùkān	耐えられない：たまらないほど・やりきれないほど
	成长	chéngzhǎng	成長する
	成熟	chéngshú	熟する：完全な程度に達する
	巧妙	qiǎomiào	巧妙だ・巧みだ
	运用	yùnyòng	用いる・運用（する）・利用（する）・応用（する）
＊	答卷	dájuàn	答案・解答用紙・答案用紙：答案を書く

文章 39 Děngdài yǔ gàobié 等待与告别

ct5-039.mp3

Yìzhuǎnyǎn, wàigōng wàipó yǐjīng bāshí duō suìle.
一转眼，**外公外婆**已经八十多岁了。
Sìhū zuótiān, tāmen cái mōzhe wǒ de tóu tànqì: "Zěnme lǎo yě zhǎng bu dà?" Kěshì zuìjìn què chángcháng zài diànhuàli tīng tāmen shuō: "Zěnme zhème kuài jiù zhǎngdà le?"
似乎昨天，他们才**摸**着我的头**叹气**："怎么老也长不大？"可是最近却常常在电话里听他们说："怎么这么快就长大了？"
Wǒ de tóngnián shì zài wàigōng wàipó shēnbiān dùguo de. Sān suì de shíhou qùguo yòu'éryuán, zhǐ dāile sāntiān jiù duì gè zhǒng guījǔ búnàifán le. Māma yāoqiú wǒ bìxū jiānchí, nà shí wàipó zhànlechūlai, jiānjué bǎ wǒ jiēhuíle jiā. Cóngcǐ, wǒ jiù zài wàigōng wàipó shēnbiān, kāishǐle zìyóuzìzài de shēnghuó.
我的**童年**是在外公外婆身边**度过**的。三岁的时候去过**幼儿园**，只**呆**了三天就对各种**规矩不耐烦**了。妈妈要求我必须坚持，那时外婆站了出来，**坚决**把我接回了家。**从此**，我就在外公外婆身边，开始了**自由自在**的生活。
Gāozhōng sānnián, kǎoshì de yālì ràng wǒ juéde yíqiè dōu shì huī de. Wàigōng wàipó wèi wǒ bǎ jiā bāndàole xuéxiào pángbiān. Jìde xiàtiān wàipó dūnzài chuángbiān gěi wǒ shān shànzi, jìde wàigōng zǒngshì pǎo hěn yuǎn de lù gěi wǒ mǎi wǒ zuì ài chī de lí. Wǒ kǎo de hǎo, tāmen huì gàosu wǒ zuòrén yào qiānxū. Wǒ kǎo dé bù hǎo, tāmen zǒng huì ānwèi wǒ: Zhǐyào nǔlì jiù néng kàndào cǎihóng.
高中三年，考试的压力让我觉得一切都是**灰**的。外公外婆为我把家搬到了学校旁边。记得夏天外婆**蹲**在床边给我**扇扇子**，记得外公总是跑很远的路给我买我最爱吃的**梨**。我考得好，他们会告诉我做人要**谦虚**。我考得不好，他们总会**安慰**我：只要努力就能看到**彩虹**。
Zhǎngdà chéngrén hòu, líkāi jiāxiāng yǐjīng hěn duō nián, měinián dōu huì huíqu kàn wàigōng wàipó.
长大**成人**后，离开**家乡**已经很多年，每年都会回去看外公外婆。
Xiànzài tāmen yǐjīng chūbuliǎo ménle, jiù pāzài chuānghubiān kàn wǒ lái, kàn wǒ zǒu.
现在他们已经出不了门了，就**趴**在窗户边看我来，看我走。
Tāmen de rénshēng, zhǐ shèngxià děngdài yǔ gàobié. Děng wǒ huí jiā, ránhòu zài hé wǒ shuō zàijiàn.
他们的**人生**，只剩下**等待与告别**。等我回家，然后再和我说再见。
Wǒ hěn nánguò. Kěshì tāmen què shuō, pànwàng sūnnǚ huí jiā de měi yìtiān, qíshí yě hěn búcuò.
我很难过。可是他们却说，**盼望孙女**回家的每一天，其实也很不错。

単語・表現チェック

無印赤字…5級　⑥…6級　＊…出題範囲外の語彙

＊	一转眼	yìzhuǎnyǎn	あっという間に・またたく間に
	外公	wàigōng	母方の祖父
＊	外婆	wàipó	母方の祖母
	似乎	sìhū	まるで～のようだ・～みたいだ；どうやら～のようだ・～らしい
	摸	mō	（手で）触る・なでる
⑥	叹气	tànqì	ため息をつく
＊	童年	tóngnián	幼年時代・子ども時代
	度过	dùguò	過ごす・暮らす
	幼儿园	yòu'éryuán	幼稚園
	呆	dāi	とどまる・滞在する（"待 dāi"と同じ）；ぼんやりする；頭が鈍い
	规矩	guīju	決まり・習わし；行儀がよい
	不耐烦	búnàifán	煩わしさに耐えられない・うるさがる・面倒がる
	坚决	jiānjué	決然としている・断固としている
	从此	cóngcǐ	それから・その時から・その後
＊	自由自在	zìyóuzìzài	自由で気ままだ・何の拘束もなく気楽だ
	灰	huī	灰色（の）・グレー（の）

訳　待つことと別れること

　あっという間に、祖父と祖母はもう80歳を超えていた。

　まるで昨日のことのようだ。彼らが私の頭をなでながら「どうしていつまでも大きくならないんだろう?」とため息をついていたのは。しかし、最近よく電話で彼らがこう言うのを聞く。「どうしてこんなに早く大人になったんだろう?」

　私は子ども時代、祖父母のそばで過ごした。3歳頃幼稚園に行ったことはあるのだが、3日いただけでいろいろな決まりが煩わしくてたまらなくなった。母は我慢しなければならないと言ったが、その時祖母が進んで決然と私を迎えに来て家まで連れて帰ってくれた。その時から、祖父母のそばで自由気ままな日々が始まった。

　高校3年間、受験のプレッシャーで私は何もかもが灰色に見えていた。祖父母は私のために学校のすぐそばに引っ越してくれた。夏に祖母が、ベッドのそばにしゃがんでうちわであおいでくれたのを覚えている。祖父が遠い道のりを歩いて私が大好きな梨を買ってきてくれたのも覚えている。試験がうまくいった時、人は謙虚であるべきだと教えてくれた。試験がうまくいかなかったら、いつも慰めてくれた。努力さえすれば虹を見ることができるのだと。

　大人になり、故郷を離れてもう何年も経つが、祖父母に会うために毎年帰省している。今彼らはもう外に出かけられなくなってしまっていて、窓にへばりついて私が来るのを、そして帰るのを見つめている。

　彼らの人生には、待つことと別れることしか残っていない。私が帰ってくるのを待ち、それからまた帰る私にさよならをする。

　私はやりきれない気持ちになる。でも、彼らは言う。孫娘が帰ってくるのを待ち望む毎日も、実は悪くないんだ、と。

	蹲	dūn	しゃがむ・うずくまる
*	扇	shān	(扇子やうちわで) あおぐ・あおる
	扇子	shànzi	扇子・うちわ
	梨	lí	梨
	谦虚	qiānxū	謙虚だ・遠慮する
	安慰	ānwèi	慰める・安らぐ
	彩虹	cǎihóng	虹
	成人	chéngrén	大人になる・成人

	家乡	jiāxiāng	故郷・ふるさと
⑥	趴	pā	(体を前に倒してへばりつくように) もたれかかる・へばりつく: (人・動物が腹を地面や平たい物体につけて) 腹ばいになる
	人生	rénshēng	人生
	等待	děngdài	待つ・待ち望む・待機する
	告别	gàobié	別れを告げる・(言葉をかけたり挨拶をして)別れる・離れる
	盼望	pànwàng	待ち望む・待ち焦がれる
*	孙女	sūnnǚ	孫娘

文章 40　Àixī shíjiān 爱惜时间

ct5-040.mp3

Kěyǐ shuō shíjiān shì wéiyī de huòbì, rénmen de suǒyǒu cáichǎn, běnzhìshang dōu yào yòng shíjiān qù
可以说时间是**唯一**的**货币**，人们的所有**财产**，**本质**上都要用时间去
duìhuàn.
兑换。

Shìjièshang de rénmen dōu hěn àixī jīn yín, dàn tōngcháng bú àixī shíjiān. Qíshí, wúlùn duōshao
世界上的人们都很**爱惜**金**银**，但**通常**不爱惜时间。其实，无论多少
kè de jīn yín, yě mǎi bu dào xiāoshī de shíjiān.
克的金银，也买不到**消失**的时间。

Shíjiān kěyǐ bǎ xǐhuan kàn dònghuàpiàn de nǚháizi biànchéng měilì de nǚshì, yě kěyǐ bǎ nǐ niánqīng
时间可以把喜欢看**动画片**的女孩子变成美丽的**女士**，也可以把你年轻
de lǎopo biànchéng dòngzuò chíhuǎn de lǎorén. Shíjiān zài zhuānxīn de tán gāngqín, měi yìzhī yīnyuè dōu shì
的**老婆**变成动作**迟缓**的老人。时间在**专心**地弹钢琴，每一**支**音乐都是
láizì shēngmìng de zhèndòng.
来自生命的**振动**。

Wǒmen de shēngmìng zhǐyǒu duǎnzàn de jǐshí nián, xūyào wǒmen qù zǐxì bǎwò. Wǒmen shǒuxiān yào
我们的生命只有**短暂**的几十年，需要我们去仔细**把握**。我们首先要
míngbai zìjǐ xiǎngyào de shì shénme, ránhòu cái néng wèi le mùbiāo ér nǔlì.
明白自己想要的是什么，然后才能为了**目标**而努力。

Rán'ér, míngbái zìjǐ xiǎngyào shénme bìng búshì yíjiàn róngyì de shìqing, tā xūyào wǒmen fǎnfù qù
然而，明白自己想要什么**并**不是一件容易的事情，它需要我们**反复**去
tǐhuì hé sīkǎo. Zhè ge guòchéng hěn tòngkǔ, xūyào hěn dà de yǒngqì qù jīnglì. Rúguǒ nǐ yǐjīng míngbaile
体会和**思考**。这个过程很**痛苦**，需要很大的**勇气**去经历。如果你已经明白了
zìjǐ xiǎngyào shénme, bìng zuòhǎo zhǔnbèi wèile tā ér jiānchí nǔlì, nàme gōngxǐ nǐ, nǐ yǐjīng lí
自己想要什么，并做好准备为了它而坚持努力，那么**恭喜**你，你已经离
chénggōng bù yuǎn le.
成功不远了。

単語・表現チェック

無印赤字…5級　⑥…6級　＊…出題範囲外の語彙

	唯一	wéiyī	唯一の・ただ1つの
⑥	货币	huòbì	貨幣
	财产	cáichǎn	財産
	本质	běnzhì	本質
	兑换	duìhuàn	両替する・交換する
	爱惜	àixī	大切にする・惜しむ・重んじる；かわいがる
	银	yín	銀・銀色の

	通常	tōngcháng	通常（の）・普通（の）
	克	kè	～グラム
	消失	xiāoshī	消える・消失する
	动画片	dònghuàpiàn	アニメーション
	女士	nǚshì	女史（女性に対する敬称）
	老婆	lǎopo	〈口〉女房・妻
⑥	迟缓	chíhuǎn	遅い・のろい・ぐずぐずしている

　時間は唯一の貨幣と言うことができ、人々のあらゆる財産は、本質的には時間を用いて交換される。

　世界中の人々は皆金銀を大事にしているが、通常時間を惜しまない。実際、何グラムの金銀であっても、失われた時間は買えない。

　時間はアニメを見るのが好きな女の子を美しい淑女に変えたり、あなたの若い奥さんを動作の遅い老人に変えたりもし得る。時間はわき目もふらずピアノを弾いており、どの音楽も生命の振動から生まれる。

　我々の命は僅か数十年と短く、注意深く把握することを必要とする。我々はまず自分が何が欲しいのかを理解する必要があり、そうした上ではじめて目標を目指して努力できるのだ。

　しかし、自分が何が欲しいのかを理解するのは決して容易なことではなく、我々は繰り返し体験して会得し、思考することが必要である。このプロセスは苦しく、それを経験するにはとても大きな勇気が要る。もしあなたがすでに自分が何が欲しいのかを理解し、かつ、それを目指して続けて努力する準備もできているのであれば、それはおめでとう。あなたはもう成功まで遠くないということだ。

3章
仕事論・人生論

	专心	zhuānxīn	専念している・注意力を集中させている・一心不乱だ		反复	fǎnfù	繰り返す：繰り返し
	支	zhī	隊伍・歌・細長いものなどを数える量詞		体会	tǐhuì	体得（する）・身にしみてよくわかる
	振动	zhèndòng	振動する		思考	sīkǎo	思考する・考える
*	短暂	duǎnzàn	時間が短い		痛苦	tòngkǔ	ひどく苦しい・苦痛だ
	把握	bǎwò	（機会などを）つかむ・把握する：（車のハンドルなどを）握る		勇气	yǒngqì	勇気
	目标	mùbiāo	目標・目的		恭喜	gōngxǐ	おめでとう・お祝いを述べる・お喜び申します
*	并	bìng	決して（～ない）：その上・しかも・また：合わせる：並べる				

| 文章41 | Zuìhòu   táng xīngqī'èr de kè
最后 14 堂星期二的课 | ct5-041.mp3 |

«Zuìhòu   táng xīngqī'èr de kè» shì Měiguó zuòjiā Mǐqí   Ā'ěrbómǔ de zhùmíng zuòpǐn, zhè běn
《最后 14 堂星期二的课》是 美国 作家 米奇・阿尔博姆的 著名 **作品**, 这 本

shū bèi fānyìchéng   zhǒng yǔyán,   shòudào quánshìjiè dúzhě de huānyíng. Tā jiǎng de shì yíge jiào Mòlì de
书 被 翻译成 31 种 语言, 受到 全世界读者 的 欢迎。它 讲 的 是 一个 叫 莫利 的

dàxué jiàoshòu de gùshi.   Mòlì déle yìzhǒng jīròu zhújiàn wěisuō de bìng, zhè zhǒng bìng hái méiyǒu yǒuxiào
大学 教授 的 故事。莫利 得了 一种 **肌肉 逐渐** 萎缩的病, 这 种 病还没有 **有效**

de zhìliáo fāngfǎ. Tā jiànjiàn de   shīqùle gèzhǒng shēntǐ huódòng nénglì,   tiàowǔ,   zǒulù,   shuōhuà,   shènzhì
的**治疗**方法。他 渐渐地 **失去**了 各种 身体 活动 能力, 跳舞、走路、说话、甚至

hūxī,   zhídào sǐqù. Dànshì Mòlì méiyǒu yīncǐ fàngqì shēnghuó, ér shì xuǎnzé yǒnggǎn de miànduì hé
呼吸, **直到死去**。但是莫利没有 因此 放弃 生活, 而是 选择 勇敢 地 **面对** 和

jiēshòu zìjǐ de mìngyùn.
接受自己的 **命运**。

Zài shēngmìng de zuìhòu jǐge yuè,   Mòlì gěi měi ge xīngqī'èr qù kànwàng tā de xuésheng Mǐqí
在 生命 的 最后 几个 月, 莫利 给 每 个 星期二 去 **看望** 他 的 学生 米奇

shàngle zuìhòu de   táng kè. Tā gàosu Mǐqí rúhé miànduì jíbìng,   rúhé miànduì sǐwáng,   rúhé miànduì
上了 最后 的 14 堂课。他告诉米奇**如何** 面对 **疾病**, 如何 面对 **死亡**, 如何 面对

rénshēng. Tā shuō,   rén yào xuéhuì jiēshòu,   jiēshòu jíbìng,   jiēshòu shēngbìng de zìjǐ.   Huózhe jiù yào jìnliàng
人生。他说, 人 要 学会 接受, 接受 疾病, 接受 生病 的 自己。活着 就要 **尽量**

gǎnshòu kuàilè,   yào duō hé biéren jiāoliú. Jíshǐ zhīdào zìjǐ   jiējìn sǐwáng,   yě yào xuéhuì kòngzhì   zìjǐ,
感受 快乐, 要 多 和 别人 交流。即使 知道 自己**接近**死亡, 也要 学会 **控制** 自己,

yào bǎochí yōumò,   jǐnliàng xiǎng bànfǎ kèguān de rènshi   zìjǐ   de zhuàngkuàng. Tā hái shuō,   huànxiǎng gěi rén
要 **保持** 幽默, 尽量 想 办法**客观**地 认识 自己 的 **状况**。他 还说, **幻想** 给人

lìliàng,   huànxiǎng néng ràng rén dédào kuàilè. Jiēshòu zìjǐ jiù yào sǐqù de shìshí,   yě búyào jùjué cóng
力量, 幻想 能 让 人得到快乐。接受 自己就要 死去 的**事实**, 也不要 拒绝 从

huànxiǎngzhōng dédào kuàilè.
幻想中 得到快乐。

＊	堂	táng	授業の時限数を数える量詞・ 〜コマ		呼吸	hūxī	呼吸 (する)
	作品	zuòpǐn	作品	＊	直到	zhídào	〜に至るまで；〜になって (やっ と…)；〜になっても (まだ…)
	肌肉	jīròu	筋肉	＊	死去	sǐqù	死去する・死亡する
	逐渐	zhújiàn	だんだんと・次第に		面对	miànduì	直面する；(〜に) 面する
＊	萎缩	wěisuō	萎縮する		命运	mìngyùn	運命・命運
＊	有效	yǒuxiào	有効だ・効き目がある		看望	kànwàng	訪問する・見舞う・ご機嫌をう かがう
	治疗	zhìliáo	治療する		如何	rúhé	いかに・どうやって・どんな
	失去	shīqù	失う・なくす				

[訳] ラスト14回の火曜日の講義（日本語題名『モリー先生との火曜日』）

『ラスト14回の火曜日の講義（モリー先生との火曜日）』はアメリカの作家ミッチ・アルボムの有名な作品である。この本は31種の言語に翻訳され、全世界の読者に愛されている。この本はモリーという大学教授の話である。モリーは筋肉が徐々に萎縮していく病気を患うが、その病気はいまだ有効な治療方法はない。彼は死ぬまで、徐々に踊る、歩く、話す、さらには呼吸するといった様々な体を動かす能力を失っていった。しかし、モリーはそれで生きることをあきらめるのではなく、勇気を持って自分の運命と向き合い、そして受け入れることを選んだ。

命の最後の数ヶ月、モリーは毎週火曜日訪ねてくる学生、ミッチのために、最後の14回の講義を行った。彼はミッチにいかに病気と向き合い、死と向き合い、人生と向き合うかを教えた。彼が言うには、人は受け入れることを学ぶべきであり、病気を受け入れ、そして病気になった自分を受け入れるべきである。生きている間はできるだけ幸せを感じ、人と多くコミュニケーションを取るべきである。たとえ自分が死に近づいていることを知っていても、自分をコントロールすることを覚え、ユーモアを保ち、できるだけどうにかして客観的に自分の状況を認識できるようにするべきである。彼はまたこう言った。空想は人に力を与え、人に楽しみを与えることができる。自分がもうすぐ死ぬという事実を受け入れはするが、空想から楽しみを得ることも拒むべきではないと。

[6]	疾病	jíbìng	疾病・病
[6]	死亡	sǐwáng	死：死亡（する）・亡くなる
	人生	rénshēng	人生
	尽量	jǐnliàng	なるべく・できるだけ（"jìnliàng"と発音し、「堪能する・心ゆくまで〜する」。しかし口語は両方"jǐnliàng"と発音されることも多い）
	感受	gǎnshòu	感じる（こと）；（影響を）受ける
	接近	jiējìn	近づく；接近する；親しくする
	控制	kòngzhì	コントロールする・制御する
	保持	bǎochí	（原状のまま）保つ・保持する・維持する・持続させる
	客观	kèguān	客観的だ
	状况	zhuàngkuàng	状況・状態・事情・様相
	幻想	huànxiǎng	幻想（する）・空想（する）
	力量	lìliàng	力・力量
	事实	shìshí	事実

Wǎngluò gōngsī　　Ālǐbābā　　de dì yī rèn zǒngcái　　Mǎyún
网络公司阿里巴巴的第一任总裁——马云

ct5-042.mp3

Ālǐbābā　shì Zhōngguó zuìdà,　shìjiè dì èr dà wǎngluò gōngsī.　Tā de chuàngshǐrén MǎYún,　shì
阿里巴巴是 中国 最大,世界第二大 网络 公司。它的 创始人 马云,是
Zhōngguó zhùmíng de　qǐyèjiā.　MǎYún chūshēng yú Zhèjiāngshěng Hángzhōushì, yuánlái shì yìmíng dàxué de
中国 著名 的企业家。马云 出生 于 浙江省　杭州市,原来是一名大学的
yīngyǔ lǎoshī,　yīnwèi ǒurán de jīhuì qù Měiguó,　jiēchù dàole wǎngluò. Yóuyú gǎnjuédào wǎngluò jídà de
英语老师,因为 偶然 的机会去 美国,接触到了网络。由于感觉到 网络 极大的
kěnéngxìng, MǎYún kāishǐ yìbiān zuò lǎoshī,　yìbiān gēn qīzi kāishǐle zìjǐ de wǎngluò gōngsī, zhè yě shì
可能性,马云开始一边做老师,一边跟妻子开始了自己的 网络 公司,这也是
Zhōngguó zuìzǎo de wǎngluò gōngsī zhī yī.
中国 最早的网络 公司之一。

Gōngsī yuè zuò yuè hǎo,　yījiǔjiǔjiǔ nián MǎYún cíqù　lǎoshī de gōngzuò, zhuānxīn yú gōngsī de fāzhǎn,
公司 越做越好,1999 年马云辞去老师的工作,专心 于公司的发展,
jiànlìle　Ālǐbābā wǎngzhàn. MǎYún hěn zǎo jiù rènshi dào, wǎngluò chǎnyè de fāzhǎn yīnggāi zhòngshì qǐyè
建立了阿里巴巴 网站。马云很早就认识到,网络 产业的发展应该 重视 企业
hé qǐyè zhī jiān de diànzǐ shāngwù. Tā hěn kuài jiāng gōngsī fāzhǎn kuòdà.　Ālǐbābā wǎngzhàn wèi Zhōngguó
和企业之间的电子 商务。他很快 将 公司发展扩大。阿里巴巴 网站 为 中国
chūkǒuxíng shēngchǎn qǐyè jìnxíng guójì màoyì tígōng zhuānyè fúwù, bāngzhù qǐyè qǔdé gèng yǒu jiàzhí de
出口型 生产 企业进行国际贸易提供专业 服务,帮助 企业取得更 有价值的
guójì dìngdān, céng liǎng cì bèi Měiguó zhùmíng de cáijīng zázhì xuǎnwéi shìjiè zuìjiā diànzǐ shāngwù wǎngzhàn
国际订单,曾 两次被 美国 著名 的财经杂志 选为世界最佳电子 商务　网站
zhī yī.　MǎYún zhī hòu yòu jiànle duō jiā diànzǐ shāngwù gōngsī,　bāokuò yǒumíng de wǎngshàng gòuwù
之一。马云之后又建了多家电子 商务 公司,包括 有名 的 网上 购物
wǎngzhàn　Táobǎowǎng děng. Èrlíngyīsān nián MǎYún xuānbù cíqù　　Ālǐbābā jítuán　　dàn réngrán
网站 ——淘宝网 等。 2013 年马云宣布辞去阿里巴巴集团 CEO,但 仍然
bǎoliú zài jítuánnèi de zhòngyào zhíwèi.
保留在集团内的 重要 职位。

単語・表現チェック

無印赤字…5 級　　　⑥…6 級　　　＊…出題範囲外の語彙

	网络	wǎngluò	ネットワーク・コンピューターネットワーク
＊	创始人	chuàngshǐrén	創始者
	企业	qǐyè	企業
	偶然	ǒurán	偶然の・たまたま
＊	美国	Měiguó	アメリカ
	接触	jiēchù	(人と) 接する・交流する:触れる・触る
＊	极大	jídà	極めて大きい:最大限度の

＊	辞	cí	辞職する・辞める・辞退する・別れを告げる
	专心	zhuānxīn	専念している・注意力を集中している
	建立	jiànlì	打ち建てる・築く
⑥	产业	chǎnyè	産業 (の)・工業生産 (の):財産・資産
	商务	shāngwù	商用・ビジネス:商業上の事務・通商事務
＊	将	jiāng	〈書〉～を (" 把 " と同じ意味)
	扩大	kuòdà	拡大する・広げる

訳　ネット企業アリババの最初の CEO ── 馬雲

阿里巴巴（アリババ）は中国最大、世界第 2 位のインターネット企業である。その創始者である馬雲は、中国における著名な企業家である。馬雲は浙江省杭州市の生まれで、もともとは大学の英語の教師だったが、偶然の機会でアメリカに行き、インターネットに触れた。インターネットに極めて大きな可能性を感じ、馬雲は教師をするかたわら、妻と（自分たちの）インターネット企業を始めることになった。それは中国で最も早くからあるインターネット企業の一つでもあった。

会社は順調に成長し、1999 年、馬雲は教師の仕事を辞め、会社の発展に専念するようになり、アリババサイトを立ち上げた。馬雲は早いうちからインターネット産業の発展が企業間の電子商取引にあることに気がついていた。彼はすぐに会社を発展、拡大させていった。アリババサイトは中国の輸出型メーカーのために専門的な国際取引のサービスを提供し、企業がより価値のある国際契約を獲得する手助けをした。かつて 2 度にわたりアメリカで有名な財政経済雑誌で、世界で最も優良な電子商取引サイトの一つに選ばれた。馬雲はその後も有名なネット通販サイトである淘宝（タオバオ）を含め、複数の電子商取引会社を作った。2013 年、馬雲はアリババグループの CEO を辞任すると発表したが、依然としてグループ内の重要なポストにとどまっている。

	出口	chūkǒu	輸出する：出口
＊	型	xíng	型・枠：～型・タイプ・サイズ
	生产	shēngchǎn	生産する：お産をする
	贸易	màoyì	貿易・商業取引
＊	取得	qǔdé	獲得する・手に入れる・取得する
	价值	jiàzhí	価値・値打ち
＊	订单	dìngdān	注文書・発注書
＊	曾	céng	かつて
＊	财经	cáijīng	財政と経済
＊	最佳	zuìjiā	最もよい
	包括	bāokuò	含む
	宣布	xuānbù	発表する・公布する・宣言する
⑥	集团	jítuán	集団・グループ
	保留	bǎoliú	保留する・（もとの姿を）とどめる・残す
⑥	职位	zhíwèi	職務上の地位・職位・ポスト

文章 43　Kūnchóngxuéjiā Fǎbù'ěr 昆虫学家法布尔

ct5-043.mp3

Fǎguó zhùmíng kūnchóngxuéjiā Fǎbù'ěr, yìshēng guānchá yánjiū jìlù kūnchóng de shēnghuó hé xíxìng tèzhēng, xiěxiale yǒumíng de «Kūnchóngjì». «Kūnchóngjì» bèi fānyìchéng duō zhǒng wénzì chūbǎn.

法国著名**昆虫**学家法布尔，一生**观察**研究**记录**昆虫的生活和**习性特征**，写下了有名的《昆虫记》。《昆虫记》被翻译成50多种**文字出版**。

Tā bùjǐn duì kūnchóngxué yǒuzhe zhòngyào de yǐngxiǎng, tóngshí zài wénxué lǐngyù yě zhànyǒu zhòngyào de dìwèi, bèi chēngwéi kūnchóngxué hé wénxuéshǐshang de qíjì. Fǎbù'ěr yě yīncǐ bèi chēngwéi kūnchóngjiè de shīrén.

它不仅对昆虫学有着重要的影响，同时在**文学领域**也**占**有重要的**地位**，被**称**为昆虫学和文学史上的**奇迹**。法布尔也因此被称为昆虫界的**诗人**。

Fǎbù'ěr xiǎoshíhou yīnwèi jiāli hěn qióng, tā bùdébù zài chūshēng zhī hòu de jǐniánli líkāi fùmǔ, gēnzhe yéye nǎinai shēnghuó. Dàn zhèng yīnwèi gēnzhe yéye nǎinai zhùzài nóngcūn, tā duì měilì de dàzìrán chǎnshēngle xìngqù. Tā cóngxiǎo xǐhuan guānchá hé huáiyí kàndào de yíqiè shìwù. Zhǎngdà zhīhòu, tā tōngguò zìjǐ de nǔlì, chéngwéile yìmíng lǎoshī. Tā jiāo de shì wùlǐ hé huàxué, suǒyǐ tā shì zài tuìxiū yǐhòu cái zhuānxīn yú kūnchóng yánjiū de. Dàn zhè bù yǐngxiǎng tā zài zìjǐ zuì ài de kūnchóngxué lǐngyù qǔdé jǔshì zhǔmù de chéngjiù.

法布尔小时候因为家里很穷，他不得不在出生之后的几年里离开父母，跟着爷爷奶奶生活。但**正**因为跟着爷爷奶奶住在**农村**，他对美丽的大自然**产生**了兴趣。他从小喜欢观察和怀疑看到的一切**事物**。长大之后，他通过自己的努力，成为了一名老师。他教的是**物理**和**化学**，所以他是在**退休**以后才**专心**于昆虫研究的。但这不影响他在自己最爱的昆虫学领域**取得举世瞩目**的**成就**。

単語・表現チェック

無印赤字…5級　⑥…6級　＊…出題範囲外の語彙

＊	法国	Fǎguó	フランス
	昆虫	kūnchóng	昆虫
	观察	guānchá	観察する
	记录	jìlù	記録（する）
＊	习性	xíxìng	習性・性質・癖
	特征	tèzhēng	特徴
	文字	wénzì	文字；（書かれた）言葉・言語；文章

	出版	chūbǎn	出版する
	文学	wénxué	文学
	领域	lǐngyù	領域・分野
	占	zhàn	占める
	地位	dìwèi	地位・立場・位置
	称	chēng	～と呼ぶ・～と称する；（目方を）量る
	奇迹	qíjì	奇跡

[訳] 昆虫学者ファーブル

フランスの著名な昆虫学者ファーブルは、生涯昆虫の生活と習性の特徴を観察・研究・記録し、有名な『昆虫記』を書いた。『昆虫記』は50種以上の文字・言語に翻訳、出版され、昆虫学に重要な影響をもたらしただけではなく、文学界でも重要な位置を占めており、昆虫学と文学史上の奇跡と呼ばれている。ファーブルもそれによって昆虫学分野の詩人と呼ばれるようになった。

ファーブルは幼い頃に家がとても貧しかったため、生まれてからの数年間親元から離れざるを得ず、祖父母の元で暮らしていた。しかし、まさに祖父母と農村に住んでいたからこそ、彼は美しい大自然に興味を抱き始めたのだ。彼は小さい時から、見るものすべてを観察し、疑ってみることが好きだった。大きくなってから、彼は自らの努力で教師になった。彼が教えるのは物理と化学であったため、昆虫の研究に専念するようになったのは定年退職してからであった。しかしそれが、彼が自分の最愛の昆虫学分野において世界中の注目を集めるほどの成果を挙げるのに影響することはなかった。

	诗	shī	詩
	正	zhèng	まさに・まさしく；ちょうど（～しているところだ）；（位置が）真ん中だ
	农村	nóngcūn	農村
	产生	chǎnshēng	生じる・生まれる・生み出す・出現する
	事物	shìwù	事物・物事
	物理	wùlǐ	物理
	化学	huàxué	化学
	退休	tuìxiū	定年退職する
	专心	zhuānxīn	専念している・注意力を集中している
＊	取得	qǔdé	獲得する・手に入れる・取得する
⑥	举世瞩目	jǔshìzhǔmù	世界の注目を集める・世間が目を見張る
	成就	chéngjiù	成果；成し遂げる

文章 44　Dèng Yàpíng 邓亚萍

ct5-044.mp3

Dèng Yàpíng shì Zhōngguó zuì wěidà de yùndòngyuán zhī yī. Shēngāo zhǐyǒu límǐ de tā,
邓亚萍是中国最**伟大**的**运动员**之一。**身高**只有150**厘米**的她，
cóng xiǎo rè'ài dǎ pīngpāngqiú, huòdéguo hěn duō ge quánguó dì yī. Dàn zuìchū què yīnwèi "tài ǎi, méiyǒu
从小**热爱**打乒乓球，获得过很多个全国第一。但**最初**却因为“太矮，没有
fāzhǎn qiántú" ér bú bèi jiàoliàn kànhǎo. Kěshì jiùshì zhèyàng yíge xiǎo gèzi de nǚhái, píngzhe tā de
发展**前途**”而不被**教练看好**。可是就是这样一个小个子的女孩，**凭**着她的
qínfèn, chuàngzàole yíge yòu yíge de shénhuà. Tā yígòng déguo ge shìjiè guànjūn, yǐ tūchū de chéngjì,
勤奋，**创造**了一个又一个的**神话**。她一共得过14个世界**冠军**，以**突出**的成绩，
liánxù nián zài shìjiè nǚzǐ pīngpāngqiú páihángbǎngshang páimíng dì yī. Jiù lián céngjīng de Guójì Àowěihuì
连续8年在世界女子乒乓球**排行榜**上**排名**第一。就连**曾经**的**国际奥委会**
zhǔxí Sàmǎlánqí dōu jǐyǔguo tā fēicháng gāo de píngjià.
主席萨马兰奇都**给予**过她非常高的**评价**。

Dèng Yàpíng de qínfèn bùjǐnjǐn shì biǎoxiàn zài pīngpāngqiúshang. Yījiǔjiǔqī nián, suì de Dèng Yàpíng
邓亚萍的勤奋不仅仅是**表现**在乒乓球上。1997年，24岁的邓亚萍
gàobiéle pīngpāngqiú qiútán, qùle Qīnghuá Dàxué xuéxí. Dāngshí tā lián yīngyǔ de ge zìmǔ dōu rèn
告别了乒乓球**球坛**，去了清华大学学习。当时她连英语的26个**字母**都认
buquán, què píngzhe tā bù fúshū de jīngshén, zài duǎnduǎnde jǐniánnèi bǔshangle chājù, shènzhì bèi xuǎnwéi
不全，却凭着她**不服输**的**精神**，在短短的几年内补上了**差距**，甚至被选为
Qīnghuá Dàxué de yōuxiù bìyèshēng. Bùjǐn rúcǐ, jǐniánhòu, tā hái jiùrèn yìjiā wǎngzhàn gōngsī de
清华大学的优秀毕业生。不仅如此，几年后，她还**就任**一家网站公司的
zǒngcái.
总裁。

Dèng Yàpíng de zhèzhǒng bù fúshū、 yǒngyú tiǎozhàn de jīngshén, bùjǐn gǔwǔzhe tā de qiúmí, yě
邓亚萍的这种不服输、**勇于挑战**的精神，不仅**鼓舞**着她的**球迷**，也
gǔwǔzhe wúshù de qīngshàonián.
鼓舞着**无数**的**青少年**。

単語・表現チェック

無印赤字…5級　⑥…6級　＊…出題範囲外の語彙

	伟大	wěidà	偉大だ・立派だ
＊	运动员	yùndòngyuán	スポーツ選手・運動競技出場者
＊	身高	shēngāo	身長・背丈
	厘米	límǐ	～センチメートル（cm）
	热爱	rè'ài	心から愛する・熱愛する・熱中する
	最初	zuìchū	はじめ・最初
	前途	qiántú	前途・将来性
	教练	jiàoliàn	コーチ（する）・訓練する
＊	看好	kànhǎo	（見通しが）明るい・よくなると見込まれる・上向きだ
	凭	píng	～によって・～で：頼る・持たれる：根拠・よりどころ

	勤奋	qínfèn	勤勉だ
	创造	chuàngzào	つくる・創造する・発明する
	神话	shénhuà	神話
	冠军	guànjūn	チャンピオン・優勝
	突出	tūchū	突出する・突き出す：際立っている・特に目立つ
	连续	liánxù	連続する・続く
＊	排行榜	páihángbǎng	ランキング・ヒットチャート
＊	排名	páimíng	（順位に）名を連ねる
	曾经	céngjīng	かつて・以前
＊	国际奥委会	Guójì Àowěihuì	国際オリンピック委員会・IOC（“国际奥林匹克委员会”の略）

訳 鄧亜萍（とうあひょう）

鄧亜萍は中国で最も偉大なスポーツ選手の1人だ。身長が150cmしかない彼女は、小さい頃から卓球をすることに没頭し、数多くの（大会で）全国第1位を獲得してきた。しかし、はじめは「背が低くて、有望な前途はない」ということでコーチに見通しが明るいとは見られていなかった。しかし、このような背が低い女の子が、この彼女の勤勉さにより、1つまた1つと神話をつくった。彼女は合計14個の世界チャンピオンを獲得しており、突出した成績で、連続8年間世界女子卓球ランキングで1位に名を連ねた。かつての国際オリンピック委員会会長サマランチさえも彼女に高い評価を与えたほどだ。

鄧亜萍の勤勉さはただ卓球に表われているだけではなかった。1997年、24歳の鄧亜萍は卓球界に別れを告げ、勉強しに清華大学に進んだ。当時、彼女は英語の26個のアルファベットすら読めなかったが、彼女の負けん気の強さにより、わずか数年で差を埋め、清華大学の優秀な卒業生に選ばれるまでになった。それだけではなく、数年後、彼女はあるネット会社の総裁にも就任した。

鄧亜萍のこの負けん気が強く、果敢に挑戦する精神は、彼女のファンを鼓舞しただけではなく、無数の青少年をも鼓舞した。

	主席	zhǔxí	主席・（国家や団体などの）最高指導者
⑥	给予	jǐyǔ	〈書〉与える
	评价	píngjià	評価（する）
	表现	biǎoxiàn	表す・表現する・示す：表れる・示される：態度
	告别	gàobié	別れを告げる
*	球坛	qiútán	球技界
	字母	zìmǔ	アルファベット・ローマ字
*	不服输	bù fúshū	相手に負けまいとする気持ち・向こう意気・鼻っ柱の強さ
	精神	jīngshén	精神（上の）・心：主旨・真意（"jīngshen"で「元気・意気込み：元気がある・生き生きとしている」）
*	补	bǔ	補う・足す：破れたところを直す：栄養を補給する（"补上"で「補充する・付け加える」）
	差距	chājù	差・ひらき・格差
*	就任	jiùrèn	就任する
	总裁	zǒngcái	総裁・（企業・団体の）責任者
⑥	勇于	yǒngyú	～に勇敢だ・～するだけの勇気がある・果敢に～する
	挑战	tiǎozhàn	挑戦する・敵を挑発する
	鼓舞	gǔwǔ	鼓舞（する）・奮い立たせる：奮い立つ・興奮する
	球迷	qiúmí	（球技の）ファン
	无数	wúshù	無数だ・数え切れない
	青少年	qīngshàonián	青少年

Yícì de chénggōng jiù gòule
一次的 成功 就够了

ct5-045.mp3

Yǒu yígerén, yìshēngzhōng jīnglìle cì shībài. Dàn tā què shuō: "Yícì chénggōng jiù gòule."
有一个人，一生中 经历了1009次失败。但他却 说："一次 成功 就够了。"

suì shí, tā de fùqīn tūrán qùshì, méiyǒu liúxià rènhé cáichǎn.
5 岁时，他的父亲突然去世，没有 留下任何财产。

suì shí, mǔqīn jiàgěile biéren, jìfù jīngcháng zài mǔqīn wàichū dǎgōng shí dǎ tā.
12 岁时，母亲嫁给了别人，继父 经常 在母亲 外出 打工 时打他。

suì shí, tā dāngguo yùnshū gōngrén, jīqì wéixiū gōngrén děng, què méiyǒu yíyàng gōngzuò shùnlì.
20 岁时，他 当过 运输 工人、机器维修 工人 等，却 没有一样 工作 顺利。

suì shí, tā zài bàoshè gōngzuò, hòu yīn jiǎngjīn wèntí yǔ lǎobǎn bù hé.
30 岁时，他在 报社 工作，后因 奖金问题与老板 不和。

suì shí, tā shīyèle, shēnghuó fēicháng jiānkǔ.
32 岁时，他失业了，生活 非常 艰苦。

suì shí, tā yǔ qīzi líhūn.
47 岁时，他与妻子 离婚。

suì shí, zhèngfǔ xiū lù chāile tā de shēngyì gānggāng zhuǎnhǎo de kuàicāndiàn.
65 岁时，政府 修路拆了他的 生意 刚刚 转好 的 快餐店。

suì shí, wèile wéichí shēnghuó, tā dào gèdì de kuàicāndiàn tuīxiāo zìjǐ de zhá jī jìshù.
66 岁时，为了维持 生活，他到各地的 快餐店 推销自己的炸鸡技术。

suì shí, tā gǎndào lìbùcóngxīn, yīncǐ màidiàole zìjǐ de pǐnpái hé zhuānlì. Xīn zhǔrén shuō gěi
75 岁时，他感到力不从心，因此卖掉了自己的品牌和专利。新主人 说 给

tā gǔpiào, dàn bèi tā tuīcíle. Hòulái gōngsī gǔpiào dàzhǎng, tā yīncǐ shīqùle chéngwéi fùwēng de jīhuì.
他股票，但被他推辞了。后来公司股票 大涨，他因此失去 成为 富翁的机会。

suì shí, tā yòu kāile yìjiā kuàicāndiàn, què yīn zhuānlì wèntí zāodào fákuǎn.
83 岁时，他又开了一家快餐店，却 因 专利问题 遭到 罚款。

suì shí, tā kāi de kuàicāndiàn zhōngyú dàhuòchénggōng, quánshìjiè dōu zhīdàole tā de míngzi.
88 岁时，他开的 快餐店 终于 大获成功，全世界 都知道了他的名字。

Tā, jiùshì Kěndéjī de chuàngshǐrén Hālúndé Shāndéshì. Tā shuō: "Rénmen jīngcháng bàoyuàn tiānqì
他，就是肯德基的 创始人——哈伦德・山德士。他说："人们 经常 抱怨 天气

bù hǎo, shíjìshang bìng búshì tiānqì bù hǎo. Zhǐyào zìjǐ yǒu lèguān de xīnqíng, tiāntiān dōu shì hǎo tiānqì."
不好，实际上 并 不是天气不好。只要自己有 乐观的心情，天天 都是 好天气。"

単語・表現チェック

無印赤字…5 級　　⑥…6 級　　＊…出題範囲外の語義

去世	qùshì	世を去る・死ぬ
财产	cáichǎn	財産
嫁	jià	嫁ぐ・嫁に行く
＊ 继父	jìfù	義理の父・継父
打工	dǎgōng	働く・アルバイト (をする)
运输	yùnshū	運送する・輸送する
工人	gōngrén	労働者
机器	jīqì	機械
维修	wéixiū	修理維持する・補修 (する)・メンテナンス
报社	bàoshè	新聞社

老板	lǎobǎn	(商店や中小企業の) 経営者・社長
＊ 不和	bù hé	仲が悪い・不和である
失业	shīyè	失業する
艰苦	jiānkǔ	(生活や仕事などが) 苦難に満ちている・苦しい
离婚	líhūn	離婚する
政府	zhèngfǔ	政府
拆	chāi	はずす・ばらばらにする：取り壊す・解体する
＊ 快餐店	kuàicāndiàn	ファストフード店
⑥ 维持	wéichí	維持する・保つ・支える

[訳] 1回の成功だけで十分

人生の中で1009回の失敗を経験した人がいる。しかし、彼は「1回の成功だけで十分だ」と言った。

5歳の時、彼の父親が急に亡くなり、何の財産も残さなかった。

12歳の時、母親は他の人に嫁いだ。義理の父はよく母親が仕事に出かけている時に彼を殴った。

20歳の時、彼は運送業者、機械保守作業員などとして働いたことがあるが、すべてうまくいかなかった。

30歳の時、彼は新聞社で働いていたが、後にボーナスの問題で経営者と仲が悪くなった。

32歳の時、彼は失業し、生活はとても苦しかった。

47歳の時、彼は妻と離婚した。

65歳の時、政府が道路を補修するため、彼の商売状況が好転したばかりのファーストフード店を解体した。

66歳の時、生活を維持するために、彼は各地のファーストフード店へ行き、自分のチキンをフライする技術の販路を広げようとした。

75歳の時、彼はやる気があるが力が足りないと感じたため、自分のブランドと特許を売った。（ブランドと特許の）新しい持ち主が彼に株券をあげると言ったが、彼に断られた（彼は断った）。その後会社の株が大幅に値上がりし、彼はそれで富豪になるチャンスを失った。

83歳の時、彼はもう一軒のファーストフード店を開いたが、特許の問題で罰金を取られた。

88歳の時、彼が開いたファーストフードの店がついに大きな成功を収め、全世界が彼の名前を知ることとなった。

彼こそが、ケンタッキーの創始者――ハーランド・サンダースだ。彼は言った。「人々は天気が悪いとよく文句を言うが、実は天気がよくないわけではない。自分が楽観的な気持ちを持ってさえいれば、毎日いい天気なのだ。」

[6]	推销	tuīxiāo	販路を広げる・売りさばく・セールスする
*	炸鸡	zhá jī	とり肉を揚げる：揚げたとり肉・フライドチキン
*	力不从心	lìbùcóngxīn	気持ちはあるが能力や体力がついていかない
*	品牌	pǐnpái	銘柄・ブランド
[6]	专利	zhuānlì	特許・専売特許・〈法〉専利（発明特許、実用新案、意匠の総称）
	主人	zhǔrén	（財物・権利の）所有者・（客に対する）主人・雇い主
	股票	gǔpiào	株券
	推辞	tuīcí	（任命・招待・贈呈などを）断る・辞退する
	涨	zhǎng	（水位や物価が）高くなる

	失去	shīqù	失う・なくす
*	富翁	fùwēng	金持ち・富豪
*	遭	zāo	（危害などに）遭う・見舞われる
	罚款	fákuǎn	罰金（を取る）
*	肯德基	Kěndéjī	〈社名〉ケンタッキーフライドチキン
*	创始人	chuàngshǐrén	創始者・草分け
	抱怨	bàoyuàn	不平をこぼす・恨みごとを言う
*	并	bìng	決して（～ない）・それほど（～ない）：その上：合わせる：並べる
	乐观	lèguān	楽観的だ

文章 46

Dàxiàng de zhòngliàng (CáoChōng chēng xiàng)
大象的 重量 （曹冲 称 象）

ct5-046.mp3

Yǒu yìtiān, Wúguó sòng gěi CáoCāo yìzhī dàxiàng, CáoCāo shēnbiān de rén dōu méiyǒu jiànguo dàxiàng.
有一天，吴国 送 给 曹操 一只**大象**，曹操 身边 的人 都 没有 见过 大象。

Yúshì CáoCāo yāoqǐng dàjiā yìqǐ qù kàn.
于是 曹操 邀请 大家一起去看。

CáoCāo wèn dàjiā: "Zhè zhī dàxiàng zhēn dà, tā dàodǐ yǒu duōzhòng ne? Nǐmen shéi yǒu bànfǎ chēng tā?"
曹操 问大家："这只 大象 真 大，它到底有 多重 呢？你们 谁 有办法 **称** 它？"

Yíge shuō: "Zhǐyǒu zào yíge dàchèng lái chēngle."
一个 说："只有 **造**一个 **大秤** 来称了。"

Ér lìng yíge shuō: "Zhè děi yào zào yíge duōdà de chèng a! Wǒ kàn gāncuì bǎ tā shāle, qiēchéng kuài zài chēng."
而另一个 说："这 得 要 造一个 多大的 秤 啊！我 看 **干脆** 把它 **杀**了，**切**成 块 再 称。"

Kě dàjiā dōu bù tóngyì, shuō bǎ dàxiàng shāle, tài kěxīle. Dàjiā xiǎngle xǔduō bànfǎ, kě dōu xíngbutōng.
可大家都 不同意，说 把 大象 杀了，太可惜了。大家想了许多办法，可都 **行不通**。

Zhè shí, yǒu ge xiǎohái shuō: "Wǒ yǒu bànfǎ." CáoCāo kàn shuōhuà de shì zìjǐ zuì téng'ài de érzi CáoChōng, jiù xiàozhe shuō: "Nǐ xiǎoxiǎo niánjì, yǒu shénme bànfǎ? Shuōshuokàn."
这 时，有个 小孩 说："我 有 办法。" 曹操 看 说话 的是自己最**疼爱**的儿子 曹冲，就笑着 说："你 小小 **年纪**，有 什么 办法？ 说说看。"

CáoChōng shuōle zìjǐ de xiǎngfǎ, CáoCāo fēicháng mǎnyì, pàirén lìkè zhǔnbèi chēng xiàng, ránhòu duì dàjiā shuō: "Zǒu! Dào hébiān qù."
曹冲 说了自己的 想法，曹操 非常 满意，**派**人**立刻**准备 称 象，然后对 大家 说："走！ 到 河边 去。"

Héli tíngzhe yìzhī dàchuán, CáoChōng ràng rén bǎ xiàng qiāndào chuánshang, děng chuán wěndìnghòu, zài chuánshēn qí shuǐmiàn de dìfang huàle yìtiáo xiàn. Zài ràng rén bǎ xiàng qiāndào ànshang lái, bǎ dàxiǎo shítou wǎng chuánshang zhuāng, děng chuánshēn chéndào gāngcái huà de nà tiáo xiàn de shíhòu, CáoChōng jiù ràngrén tíngzhǐ zhuāng shítou.
河里 停着一只 大船，曹冲 让 人把 象 **牵**到 船上，等 船 **稳定**后，在 船身 **齐** 水面 的地方画了一条线。再 让 人把 象 牵到 **岸**上 来，把大小 **石头** 往 船上 **装**，等 船身 沉到 刚才 画的那条 线的时候，曹冲 就 让人 停止 装 石头。

Dàjiā kàndào zhèr, zhōngyú míngbáile: Zhǐyào bǎ chuánlǐ de shítou dōu chēng yíxià, bǎ zhòngliàng jiāqǐlai, jiù zhīdào dàxiàng yǒu duōzhòngle.
大家看到这儿，终于 明白了：只要把 船里的石头 都 称 一下，把 **重量** 加起来，就知道 大象 有 多重了。

"Zhēnshi hǎo bànfǎ!" Dàjiā wúbù chēngzàn dào.
"真是 好办法！" 大家**无不 称赞** 道。

単語・表現チェック

無印赤字…5 級　⑥…6 級　＊…出題範囲外の語彙

	大象	dàxiàng	象
	称	chēng	(目方を) 量る：～と称する
＊	造	zào	つくる・製造する・作成する
⑥	秤	chèng	はかり
	干脆	gāncuì	いっそのこと：きっぱりしている
	杀	shā	殺す

	切	qiē	(刃物で) 切る
＊	行不通	xíngbùtōng	通用しない・実行できない
	疼爱	téng'ài	(子供を) かわいがる
	年纪	niánjì	年齢
	派	pài	派遣する・任命する
	立刻	lìkè	すぐに・即刻・直ちに

訳 象の重さ（曹沖、象を量る）

ある日、呉国が曹操に象を一頭送った。曹操側の人は誰も象を見たことがなかった。そこで曹操は皆を誘って、（象を）見に行った。

曹操は皆に「この象は本当に大きいね。いったいどれぐらい重いだろう。誰か、（この象を）量る方法がある者はいないかな？」と聞いた。

1人は「大きなはかりを作って量るしかないですね」と言った。

もう1人は「それだったらどんなに大きいはかりを作らなきゃいけないだろう！　思い切って象を殺して、かたまりに切ってから量ろう」と言った。

しかし、皆が反対し、象を殺すのは惜しすぎると言った。皆たくさんの方法を考えたが、すべて実行できないものだった。

その時、「僕に方法がある。」と1人の子どもが言いだした。曹操は話しているのは自分が一番かわいがっている息子の曹沖だというのを見て、笑いながら「幼いお前にどんな方法があるんだい？　言ってごらん。」と言った。

曹沖が自分の考えを言うと、曹操は（その考えに）とても満足し、直ちに象を量る準備をしようと派遣した。そして、皆に「行こう！　川へ行くぞ。」と言った。

川には大きな船が停まっていた。曹沖は人に、象を引っ張って船に乗せさせ、船が安定するのを待って、船体上の水面の高さのところに線を引かせた。そして、また人に象を船から岸に降ろさせ、大きな石や小さな石を船に詰め込んだ。船体が先ほど書いた線まで沈んだ時に、石を詰め込むのをやめさせた。

皆ここまで見て、やっとわかった。船にある石を量って、重さを足せば、象の重さがわかるのだ。

「本当にいい方法だ！」と皆例外なく褒めたたえた。

⑥	牵	qiān	（人、家畜などを）引く・引っ張る
	稳定	wěndìng	安定している・安定させる
＊	齐	qí	同じ高さになる・そろっている
＊	线	xiàn	線：糸
	岸	àn	岸
	石头	shítou	石・岩

	装	zhuāng	（入れ物に）詰め込む：取り付ける：装う
＊	沉	chén	沈む：（程度が）甚だしい
	重量	zhòngliàng	重量・重さ
＊	无不	wúbù	～ないものはない
	称赞	chēngzàn	褒めたたえる・称賛する
＊	道	dào	（動詞の後に用い）～と言う

文章 47

Guī tù sàipǎo
龟兔赛跑

ct5-047.mp3

Cóngqián, yǒu yìzhī jiāo'ào de tùzi, rènwéi zìjǐ shì sēnlínli pǎo de zuì kuài de dòngwù. Yǒu yìtiān,
从前，有一只骄傲的**兔子**，认为自己是森林里跑得最快的动物。有一天，
tùzi duì zhèngzài mànmàn páxíng de wūguī shuō: "Wūguī, zánmen lái sàipǎo ba." Wūguī méiyǒu huídá.
兔子对正在慢慢**爬行**的**乌龟**说："乌龟，咱们来**赛跑**吧。"乌龟没有回答。
Tùzi rènwéi wūguī bù gǎn hé tā sàipǎo, gèng déyìle. Shènzhì shuō wūguī shì ge dǎnxiǎoguǐ, hái biānle yì
兔子认为乌龟不敢和他赛跑，更得意了。甚至说乌龟是个**胆小鬼**，还**编**了一
zhī gē lái fěngcì wūguī. Wūguī shēngqìle, chénmòle yíhuìr, shuō: "Tùzi, nǐ bié déyì. Zánmen zhè jiù
支歌来**讽刺**乌龟。乌龟生气了，**沉默**了一会儿，说："兔子，你别得意。咱们这就
lái sàipǎo." Tùzi yì tīng, yáozhe wěiba, dàshēng xiào dào: "Wūguī, nǐ zhēn gǎn gēn wǒ sàipǎo? Nà
来赛跑。"兔子一听，**摇**着**尾巴**，大声笑**道**："乌龟，你真敢跟我赛跑？那
hǎo, zánmen cóng zhèr pǎoqǐ, kàn shéi xiān pǎodào shānjiǎo de dàshù nà biān."
好，咱们从这儿跑起，看谁先跑到**山脚**的大树那边。"

Bǐsài yì kāishǐ, tùzi jiù mǎshàng cháo shānjiǎo pǎoqù, bù yíhuìr jiù pǎo de hěn yuǎnle, huítóu
比赛一开始，兔子就马上**朝**山脚跑去，不一会儿就跑得很远了，**回头**
yí kàn, wūguī cái pále yì xiǎoduàn lù. Tā xīn xiǎng: Fǎnzhèng wūguī yào gǎnshang wǒ, hái xūyào hǎo cháng
一看，乌龟才**爬**了一小段路。他心想：**反正**乌龟要赶上我，还需要好长
yíduàn shíjiān. Wǒ xiān xiē yíhuìr, shuì yí jiào. Jíshǐ tā pádào wǒ qiánmiàn qù, wǒ yě néng zhuīshang
一段时间。我先**歇**一会儿，睡一觉。即使他爬到我前面去，我也能**追上**
tā. Jiù zhèyàng, tùzi kàozài shítoubiān shuìzháole.
他。就这样，兔子**靠**在**石头**边睡着了。

Ér wūguī, què bùtíng de shǐjìnr wǎng qián pá, děng tā pádào tùzi shēnbiān shí, yǐjīng hěn lèile.
而乌龟，却不停地**使劲儿**往前爬，等他爬到兔子身边时，已经很累了。
Tùzi hái zài shuìjiào, wūguī yě xiǎng xiūxi, kě tā zhīdào zhǐyǒu jiānchí páxiaqu cái yǒu kěnéng yíng.
兔子还在睡觉，乌龟也想休息，可他知道只有坚持爬下去才有可能赢。
Yúshì, tā bùtíng de wǎng qián pá, zhōngyú bǐ tùzi xiān dàodále zhōngdiǎn, yíngdéle bǐsài.
于是，他不停地往前爬，终于比兔子先**到达**了**终点**，赢得了比赛。

Zhè ge gùshi gàosu wǒmen jiāo'ào shǐ rén tuìbù, zhǐyǒu jiānchí, cái néng huòdé zuìhòu de chénggōng.
这个故事告诉我们骄傲使人**退步**，只有坚持，才能获得最后的成功。

単語・表現チェック

無印赤字…5級　⑥…6級　＊…出題範囲外の語彙

	从前	cóngqián	以前・昔
	兔子	tùzi	ウサギ
＊	爬行	páxíng	這って進む
＊	乌龟	wūguī	カメ
＊	赛跑	sàipǎo	競走（する）
	胆小鬼	dǎnxiǎoguǐ	臆病者・腰抜け
＊	编	biān	（歌・脚本などを）創作する・編集する・編む

	支	zhī	隊伍・歌・細長いものなどを数える量詞
	讽刺	fěngcì	皮肉を言う・風刺する
	沉默	chénmò	沈黙（する）・口数が少ない
	摇	yáo	揺り動かす・揺れる・振り回す
	尾巴	wěiba	尾・しっぽ
＊	道	dào	（動詞の後に用い）～と言う
＊	山脚	shānjiǎo	山のふもと・山すそ

訳　カメとウサギの競走

昔、傲慢なウサギがいて、彼は自分が森の中で走るのが最も速い動物だと思っていた。ある日、ウサギはゆっくりと這って進むカメに「カメさん、私たち競走しましょうよ」と言った。カメは返事をしなかった。ウサギはカメが自分と競走する勇気がないのだと思い、なおさら得意になってきた。ひいてはカメを臆病者だと言い、カメに皮肉を言う歌まで作った。カメは怒りだし、少し沈黙した後、「ウサギさん、得意にならないでください。今すぐ競走しましょう。」と言った。ウサギはそれを聞いて、しっぽを振って、大きな声で笑い、「カメさん、本当に私と競走する勇気があるんですか？　では、ここから走って、山のふもとの大きな木のところまでどちらが先に着くのか見てみましょう」と言った。

試合を開始するやいなや、ウサギは直ちに山のふもとに向かって走り出した。あっという間に遠くまで走り、振り返って見てみると、カメはまだ少しの距離しか這っていなかった。ウサギは心の中で思った。どうせカメは私に追いつくにはまだ長い時間が必要だ。私はまず少し休んで、寝よう。たとえ彼が私より前まで這っていっていたとしても、私は彼に追いつくことができる。こうして、ウサギは石にもたれて眠りに入った。

しかしカメはというと、休まず努力して前に向かって這っていた。彼がウサギのところまで這ってくる頃には、すでにとても疲れていた。ウサギはまだ寝ていて、カメも休憩したかったが、這い続けるしか勝つ可能性がないとわかっていた。それで、彼は止まらずに這い続け、ついにウサギより先にゴールに着き、試合に勝ったのだ。

この物語は、傲慢は人を落伍させるものであり、がんばって続けてこそ、最後の成功を得られるのだということを私たちに教えている。

	朝	cháo	（～に）向かって：向く
＊	回头	huítóu	振り返る・振り向く
＊	爬	pá	（動物などが）這う・よじ登る・這い上がる・（山や階段などを）登る
	反正	fǎnzhèng	いずれにせよ・どうせ・どのみち
	歇	xiē	休む・休憩する
	追	zhuī	追う・追いかける

	靠	kào	寄りかかる・もたれる：（～に）よる・頼る：近寄る
	石头	shítou	石・岩
	使劲（儿）	shǐjìn(r)	力を入れる・努力する
	到达	dàodá	到達する・着く
⑥	终点	zhōngdiǎn	ゴール・終点
	退步	tuìbù	後退する・退歩する：譲る

文章 48　Hándān xué bù 邯郸学步

ct5-048.mp3

Cóngqián yǒu yíge shàonián, tā bù chóu chī bù chóu chuān, zhǎng de yě búcuò, kě jiùshì quēfá
　从前有一个少年，他不**愁**吃不愁穿，长得也不错，可就是**缺乏**
zìxìnxīn. Tā jīngcháng gǎndào zìjǐ bùrú biéren yīfu shì bieren de hǎo, fàncài shì biéren jiā de xiāng,
自信心。他经常感到自己**不如**别人——衣服是别人的好，饭菜是别人家的香，
yánxíng jǔzhǐ yěshì biéren wényǎ. Tā jiàn shénme xué shénme, xué yíyàng diū yíyàng, suīrán bùtíng de
言行举止也是别人**文雅**。他见什么学什么，学一样丢一样，虽然不停地
zàixué, què shǐzhōng bùnéng zuòhǎo yíjiàn shì, bù zhīdào zìjǐ gāi zěnyàng zuì hǎo. Jiāli rén quàn tā gǎi
在学，却**始终**不能做好一件事，不知道自己该怎样最好。家里人**劝**他改
yi gai zhè ge máobìng, tā què tīng bu jìnqù. Rìzi jiǔle, tā jìng huáiyí zìjǐ gāi bu gāi zhèyàng zǒulù,
一改这个**毛病**，他却听不进去。**日子**久了，他**竟**怀疑自己该不该这样走路，
yuè kàn yuè juéde zìjǐ zǒulù de zīshì tài nánkànle.
越看越觉得自己走路的**姿势**太难看了。

Yǒu yì tiān, tā zài lùshang pèngdào jǐ ge rén shuōxiào, yǒu rén shuō Hándānrén zǒulù zīshì hěn měi.
　有一天，他在路上**碰**到几个人说笑，有人说邯郸人走路姿势很美。
Tā tīngle, jímáng zǒushangqiánqù, xiǎng dǎting ge míngbai. Méi xiǎngdào nà jǐ ge rén kànjiàn tā, yízhèn
他听了，**急忙**走上前去，想**打听**个明白。没想到那几个人看见他，**一阵**
dàxiào zhī hòu jiù líkāile. Hándānrén zǒulù de zīshì jiūjìng zěnyàng měi ne? Tā zěnme yě xiǎngxiàng bu
大笑之后就离开了。邯郸人走路的姿势究竟怎样美呢？他怎么也**想象**不
chūlai. Zhōngyú yǒu yì tiān, tā bú gàosu jiārén, tōuzhe pǎodào Hándān xué zǒulù qùle. Yí dào Hándān,
出来。终于有一天，他不告诉家人，**偷**着跑到邯郸学走路去了。一到邯郸，
tā gǎndào chùchù xīnxiān. Kàndào xiǎohái zǒulù, tā juéde huópō、měi, xué; kànjiàn lǎorén zǒulù, tā
他感到处处新鲜。看到小孩走路，他觉得活泼、美，学；看见老人走路，他
juéde wěnzhòng, xué; kàndào fùnǚ zǒulù, tā juéde qīngyíng, xué. Jiù zhèyàng, bú guò bàn ge yuè shíjiān,
觉得**稳重**，学；看到**妇女**走路，他觉得**轻盈**，学。就这样，不过半个月时间，
tā lián zǒulù yě bú huì le, qián yě huāguāngle, zuìhòu zhǐhǎo pázhe huíqùle. "Hándānxuébù" de gùshi,
他连走路也不会了，钱也花光了，最后只好**爬**着回去了。"邯郸学步"的故事，
gàosu wǒmen búyào shénme dōu mófǎng biéren, ér wàngjile zìjǐ de chángchù hé běnlǐng.
告诉我们不要什么都**模仿**别人，而忘记了自己的长处和**本领**。

単語・表現チェック

無印赤字…5級　⑥…6級　＊…出題範囲外の語彙

	从前	cóngqián	以前・昔
＊	愁	chóu	憂える・悩む・心配させる
	缺乏	quēfá	欠く・不足する：欠いている・乏しい
	不如	bùrú	～に及ばない・～したほうがよい
＊	言行	yánxíng	言行・言葉と行い
＊	举止	jǔzhǐ	立ち居振る舞い・挙動

⑥	文雅	wényǎ	（言葉遣いや態度が）上品だ・高尚だ・優雅だ
	始终	shǐzhōng	終始・始めから終わりまでずっと
	劝	quàn	すすめる・（言葉で）勧告する
	毛病	máobìng	よくない癖・（仕事上の）間違い・欠点・故障
	日子	rìzi	日数・時間：暮らし・生活：期日
＊	竟	jìng	〈書〉ついに・最後には・結局：以外にも・なんと

訳　邯鄲の歩み

　昔ある少年がいた。彼は衣食に困ることなく、外見も悪くなかったが、自信がなかった。彼はいつも自分は他人に比べて劣っていると感じてしまっていた——衣服も他人のもののほうがよい。ご飯も他人の家のほうがおいしい。言動も他人のほうが優雅である。彼は見たことすべてを真似するが、真似しては忘れる。絶えず真似してはいるが、いつも1つのことを最後まできちんとやるということがなく、自分がどうすれば最もよいかわからなかった。家族はその癖を直すようすすめたが、彼はそれを聞き入れることができなかった。月日が経ち、彼はとうとう自分がこんなふうに歩くのが正しいかどうかも疑うようになり、見れば見るほど自分の歩く姿勢が醜いと感じるようになった。

　ある日、彼は道で何人かが談笑しているところに遭遇し、その中に邯鄲人の歩く姿勢がとても美しいと言う人がいた。彼はそれを聞くと、急いで近寄っていって、詳しく聞き出そうとした。その人たちが彼を見て、ひとしきり大笑いしてその場を離れていくとは思いもよらなかった。邯鄲人の歩く姿勢はいったいどのように美しいのだろうか？彼にはどうしても想像できなかった。とうとうある日、彼は家族に告げず、こっそり歩き方を学びに邯鄲まで行った。邯鄲に着くと、彼は何でも新鮮に感じた。子どもが歩くのを見て、元気よく、美しく感じて、真似した。老人が歩くのを見て、落ち着いているように感じ、真似した。女性が歩くのを見て、しなやかに感じ、真似した。こうして、半月も経たないうちに、彼は歩くことすらできなくなり、お金も底がつき、最後には這って帰るしかなかった。「邯鄲の歩み」の物語は我々に、何でも他人の真似をして、自分の長所と才能を忘れてはいけないということを教えている。

姿勢	zīshì	姿勢		**稳重**	wénzhòng	（言葉や振る舞いが）穏やかで行きすぎや過ぎがない
碰	pèng	ぶつかる：(人や事件に)出会う		**妇女**	fùnǚ	女性・婦人
急忙	jímáng	急ぐ・慌ただしい	*	**轻盈**	qīngyíng	しなやかだ・なよやかだ：陽気で楽しい
打听	dǎtīng	尋ねる・問い合わせる				
阵	zhèn	ある短い時間・事物や動作の一経過を表す量詞	*	**爬**	pá	（動物などが）這う・よじ登る・這い上がる・(山や階段などを)登る
想象	xiǎngxiàng	イメージ・想像（する）		**模仿**	mófǎng	模倣する・真似る
偷	tōu	盗む		**本领**	běnlǐng	腕前・能力・技量

文章 49

Hújiǎhǔwēi
狐假虎威

ct5-049.mp3

Zài yíge shāndòngzhōng zhùzhe yìzhī lǎohǔ, yīnwèi dùzi èle, biàn pǎodào wàimiàn xúnzhǎo shíwù.
在一个山**洞**中住着一只老虎，因为肚子饿了，**便**跑到外面**寻找食物**。
Dāng tā zǒudào yípiàn sēnlín shí, kàndào qiánmiàn yǒu zhī húli. Yúshì, sīháo bú fèi lìqi de bǎ tā
当他走到一**片**森林时，看到前面有只**狐狸**。于是，**丝毫**不费力气地把它
zhuāle guòlai. Tā zhāngkāi zuǐba, zhèng zhǔnbèi bǎ nà zhī húli chījìn dùzili de shíhou, húli tūrán
抓了过来。它张开嘴巴，正准备把那只狐狸吃进肚子里的时候，狐狸突然
shuōhuàle: "Hēng! Nǐ búyào yǐwéi zìjǐ shì dòngwù zhī wáng, jiù gǎn bǎ wǒ chīdiào, nǐ yào zhīdào, wǒ
说话了："**哼**！你不要以为自己是动物之王，就敢把我吃掉，你要知道，我
shì wángzhōng zhī wáng." Lǎohǔ tīngle xiānshi hāhā dà xiào, kěshì kàndào húli xìnxīn shízú de yàngzi,
是王中之王。"老虎听了**先是哈**哈大笑，可是看到狐狸信心**十足**的样子，
àn'àn chījīng, rěnbuzhù yǒuxiē yóuyùle. Húli jiàn lǎohǔ bù chī tā, zhīdào tā duì zìjǐ de huà yǐjīng
暗暗吃惊，**忍不住**有些**犹豫**了。狐狸见老虎不吃它，知道他对自己的话已经
yǒudiǎn xiāngxìnle, yúshì pāizhe xiōngtáng yòu shuō: "Zěnme, nándào nǐ bù xiāngxìn wǒ shuō de huà ma?
有点相信了，于是**拍**着**胸膛**又说："怎么，难道你不相信我说的话吗？
Nàme nǐ xiànzài jiù gēn wǒ lái, zǒuzài wǒ hòumiàn, kànkan suǒyǒu dòngwù jiànle wǒ, shì bu shì dōu xià de yào
那么你现在就跟我来，走在我后面，看看所有动物见了我，是不是都**吓**得要
táopǎo." Lǎohǔ juéde zhè ge zhǔyi búcuò, biàn gēnzhe húli qùle. Tāmen zǒule méi duōjiǔ, jiù kànjiàn
逃跑。"老虎觉得这个主意不错，便跟着狐狸去了。他们走了没多久，就看见
sēnlín de shēn chù, yǒu xǔduō xiǎo dòngwù zài nàr, dāng tāmen fāxiàn zǒuzài húli hòumiàn de lǎohǔ shí,
森林的深处，有许多小动物在那儿，当它们发现走在狐狸后面的老虎时，
xià de quán dōu pǎodiàole. Húli hěn déyì de huítóu kàn le kàn lǎohǔ. Yīnwèi kàndào dòngwùmen díquè shì
吓得全都跑掉了。狐狸很得意地回头看了看老虎。因为看到动物们**的确**是
pà húli, lǎohǔ yě yǒudiǎn hàipàle, ér tā què bù zhīdào dòngwùmen zhēnzhèng pà de shì zìjǐ.
怕狐狸，老虎也有点害怕了，而他却不知道动物们真正怕的是自己。

4章 人物・逸話・物語・故事

単語・表現チェック

無印赤字…5級　⑥…6級　＊…出題範囲外の語彙

	洞	dòng	洞・洞穴・穴
	便	biàn	(仮定・因果・目的・対立などを示す複文に用い) ～であるので…・もし～ならば…：すぐ・もう("就"とほぼ同じように使う)
	寻找	xúnzhǎo	探す・見つけ出す・探し求める
	食物	shíwù	食べ物・食物・食品
	片	piàn	広い範囲の地面や水面などを数える量詞
＊	狐狸	húli	キツネ
	丝毫	sīháo	いささか・ごくわずか・少しばかり：(否定の語の前に用い) 少しも(～ない)
	抓	zhuā	つかむ・しっかり握る
⑥	哼	hēng	(不満を表す) フン
＊	先是	xiānshi	はじめは・最初は・もとは

訳　虎の威を借る狐

ある山の洞穴に１匹の虎が住んでいた。お腹がすいたので、外に出て食べ物を探していた。ある森の中まで行った時、前に１匹の狐がいるのを見かけた。そこで、少しも苦労することなく狐を捕まえてきた。虎が口を開けて、狐を食べようとしたその時に、狐は突然しゃべり出した。「フン！　自分が百獣の王で、それでおれを食べてもいいと思うなよ。知らないだろうが、おれは王の中の王だぞ。」虎はそれを聞いてはじめはワッハッハと大笑いしていたが、狐の自信満々の様子を見て、ひそかに驚き、思わずためらってしまった。狐は虎が自分を食べないのを見て、少し自分の話を信じたとわかった。そこで、胸を叩いてさらに言った。「どうした？　まさかおれの言うことを信じないのか？　じゃあ、おれについてこい。おれの後ろを歩き、すべての動物がおれを見たら、怖がって逃げるかどうか見てみろ。」虎はそれを良いアイディアだと考え、狐についていった。彼らはしばらく歩くと、森の奥に多くの小動物たちがいるのを見た。小動物たちは狐の後ろにいる虎を見て、怖くて全部逃げていった。狐は得意気に振り返って虎を見た。動物たちが確かに狐を恐れているのを見て、虎も少し怖くなった。しかし、彼は動物たちが本当に怖がっているのは自分だということはわからなかった。

	哈	hā	（多く“哈哈”の形で、笑い声）ハッハッ・得意なさまや驚き喜ぶさまを表す
⑥	十足	shízú	十分だ・満ちている
	暗	àn	暗い・ひそかに
	忍不住	rěnbuzhù	我慢できない・耐えられない
	犹豫	yóuyù	ためらう・躊躇する
	拍	pāi	叩く：（映画を）撮影する・（写真を）撮る
⑥	胸膛	xiōngtáng	胸
	吓	xià	驚く・怖がる・脅す・脅かす・びっくりさせる
	逃	táo	（＝逃跑）逃走する：避ける
	的确	díquè	確かに・疑いなく

文章 50

DōngGuōxiānsheng hé láng
东郭先生 和狼

ct5-050.mp3

Cóngqián yǒu yíwèi fēicháng shànliáng de DōngGuōxiānsheng. Yìtiān, tā bēizhe yìkǒudài shū qù yíge jiào Zhōngshān de dìfang zuò guān, zǒulèile jiù zài shùxià xiūxi. Zhè shí yìzhī shòushāng de láng pǎodào DōngGuōxiānsheng miànqián, shuō zìjǐ shì zhī hǎoláng, lièrén què yào dǎsǐ tā, qiú DōngGuōxiānsheng jiù tā. DōngGuōxiānsheng zhīdào láng búshì hǎo dōngxi, dànshì kàn tā shífēn kělián, jiù bǎ kǒudàili de shū ná chūlai, ràng láng cángjìn kǒudàili. Bù yíhuìr, lièrén zhuīle shànglai, wèn DōngGuōxiānsheng: "Nǐ kànjiàn yìzhī láng méiyǒu?" DōngGuōxiānsheng shuō: "Méi kànjiàn." Lièrén jiù cháo bié de fāngxiàng zhuīqùle. Jiù zhèyàng, DōngGuōxiānsheng jiùle láng. Kěshì, zhè zhī láng yì chū kǒudài jiù shuō zìjǐ xiànzài dùzi èle, yào bǎ DōngGuōxiānsheng chīdiào. Zhè shí, zhènghǎo yǒu yíwèi nóngmín lùguò, DōngGuōxiānsheng jímáng lāzhù tā, ràng tā pínglǐ. Nóngmín bù xiāngxìn yǒu zhè zhǒng shì, yào tāmen bǎ gāngcái de jīngguò zài biǎoyǎn yíbiàn, ránhòu zài pínglǐ. Láng tóngyìle, zàicì zuānjìnle kǒudài. Nóngmín lìjí bǎ kǒudài zājǐn, duì DōngGuōxiānsheng shuō: "Zhè zhǒng shānghài rén de dòngwù běnxìng shì bú huì gǎibiàn de, nǐ bāngzhù láng, jiǎnzhí tài hútu le." Ránhòu yòng chútou bǎ láng dǎsǐle.

　从前 有一位非常 **善良** 的 东郭先生。一天，他**背**着一**口袋**书去一个叫 中山 的地方做 **官**，走累了就在树下休息。这时一只 **受伤** 的**狼** 跑到 东郭先生 面前，说自己是只好狼，**猎人**却要打死它，求 东郭先生 **救**它。东郭先生 知道狼不是好东西，但是看它十分可怜，就把口袋里的书拿出来，让狼**藏**进口袋里。不一会儿，猎人**追**了上来，问 东郭先生："你看见一只狼没有？" 东郭先生 说："没看见。"猎人就**朝**别的方向追去了。就这样，东郭先生 救了狼。可是，这只狼一出口袋就说自己现在肚子饿了，要把 东郭先生 吃掉。这时，正好有一位**农民** **路过**，东郭先生 **急忙**拉住他，让他**评理**。农民不相信有这种事，要他们把刚才的经过再表演一遍，然后再评理。狼同意了，再次**钻**进了口袋。农民**立即**把口袋**扎**紧，对 东郭先生 说："这种 **伤害** 人的动物 **本性** 是不会改变的，你帮助狼，**简直**太**糊涂**了。"然后用**锄头**把狼打死了。

Xiànzài, "DōngGuōxiānsheng" hé "Zhōngshānláng" yǐjīng chéngwéi Hànyǔzhōng de gùdìng cíyǔ, "DōngGuōxiānsheng" zhuānmén zhǐ nàxiē bù fēn hǎo huài luàn tóngqíng biéren de rén, "Zhōngshānláng" zé zhǐ nàxiē ēnjiāngchóubào de rén.

　现在，"东郭先生"和"中山狼"已经成为汉语中的**固定**词语，"东郭先生"专门指那些不分好坏乱同情别人的人，"中山狼"**则**指那些**恩将仇报**的人。

4章 人物・逸話・物語・故事

単語・表現チェック

無印赤字…5級　⑥…6級　＊…出題範囲外の語彙

	从前	cóngqián	以前・昔
	善良	shànliáng	善良だ・純真で正直だ
＊	背	bēi	背負う・おんぶする・負担する・しょいこむ："bèi【5級】"で「背中：背を向ける」
＊	口袋	kǒudài	袋に入ったものを数える量詞：袋・ポケット
	官	guān	役人・官吏
	受伤	shòushāng	傷を受ける・負傷する
＊	狼	láng	オオカミ
＊	猎人	lièrén	猟師・ハンター
	救	jiù	助ける・救う
＊	藏	cáng	隠れる・ひそむ・隠す
	追	zhuī	追う・追いかける
	朝	cháo	（～に）向かって：向く
	农民	nóngmín	農民
＊	路过	lùguò	通過する・通りかかる・経由する

東郭さんとオオカミ

　昔、非常に善良な東郭さんという人がいた。ある日、彼は本の詰まった袋を背負って、官吏になるため中山というところへ向かっていた。歩き疲れて、木の下で休憩をした。その時、傷を負った1匹のオオカミが東郭さんの前に現れ、自分はよいオオカミなのに、猟師に叩き殺されかけているので、助けてほしいと東郭さんに頼んだ。東郭さんは、オオカミがよいものではないと知っているが、かわいそうに思い、袋にある本を出して、オオカミを袋に隠れさせた。しばらくすると、猟師が追ってきて、東郭さんに「1匹のオオカミを見ませんでしたか?」と聞いた。「見ていません。」と東郭さんは言った。すると猟師は別の方向に向かって追いかけて行った。こうして、東郭さんはオオカミを助けたのだった。しかし、このオオカミは袋から出たとたん、お腹がすいたと言って東郭さんを食べようとした。その時、ちょうどある農民が通りかかったので、東郭さんは慌ててその農民を引きとめ、どちらが正しいか判定させた。農民はこのようなことがあると信じず、さっきの経緯をもう一度演じてから判断するとした。これにオオカミは同意し、また袋の中に潜り込んだ。農民はすぐに袋を堅く縛り、東郭さんに「このような人を傷つける動物の本性は変わることがない、あなたはオオカミを助けるなんて、まったく愚かだ。」と言い、鍬（くわ）でオオカミを叩き殺してしまった。

　今は、"東郭先生"と"中山狼"は中国語ではすでに固定した語句（慣用句）になっており、"東郭先生"は専ら善悪を区別できず同情心を不適に使用する人を指し、"中山狼"とは恩を仇（あだ）で返す人のことを指している。

	急忙	jímáng	急ぐ・慌ただしい
*	评理	pínglǐ	是非を判別する
*	钻	zuān	通る・潜り込む・通り抜ける・くぐる：穴をあける
	立即	lìjí	直ちに・即座に
*	扎	zā	縛る・束ねる・巻きつける（"zhá"で「(とがったもので) ちくりと刺す」潜り込む・飛び込む」【6級】)
	伤害	shānghài	傷つける・損なう

*	本性	běnxìng	本性・天性：本質・本来の性質
	简直	jiǎnzhí	まるで・まったく
	糊涂	hútu	愚かだ・(道理が) はっきりしない
*	锄头	chútou	鍬（くわ）状の農具・鋤（すき）
	固定	gùdìng	固定している・固定させる
	则	zé	対比関係を表す：〜条・題（文章を数える量詞)
*	恩将仇报	ēnjiāngchóubào	恩を仇（あだ）で返す

文章 51

Hóuzi hé èyú
猴子和鳄鱼

ct5-051.mp3

Yǒu yìtiáo dàhé, dàhéli zhùzhe liǎngzhī èyú, dà'èyú hé xiǎo'èyú. Hé'ànshang zhǎngzhe xǔduō
有一条大河，大河里住着两只**鳄鱼**，大鳄鱼和小鳄鱼。河**岸**上 长着 许多
zōnglǘshù, hé de zhōngjiān yǒu yíge xiǎodǎoyǔ, dǎoshang zhǎngzhe hěn duō xiāngjiāoshù. Yǒu yìtiān, yìzhī
棕榈树，河的 中间 有一个小**岛屿**，岛上 长着 很多 香蕉树。有一天，一只
xiǎohóuzi zài zōnglǘshùshang wánr, èyú kànjiànle. Dà'èyú duì xiǎo'èyú shuō: "Háizi, zuìjìn wǒ wèikǒu
小**猴子**在 棕榈树上 玩儿，鳄鱼看见了。大鳄鱼对小鳄鱼 说："孩子，最近我**胃口**
bù hǎo, xiǎng chī diǎn xīnxiān de, nǐ qù bǎ nà zhī xiǎohóuzi de xīnzàng ná lái gěi wǒ chī ba." Xiǎo'èyú
不好，想 吃点 新鲜 的，你去把那只小猴子的 **心脏** 拿来给我吃吧。" 小鳄鱼
fāle chóu: "Wǒ bú huì pá shù, hóuzi yě bú huì yóuyǒng, zěnme bàn hǎo ne." Xiǎo'èyú xiǎnglexiǎng, lái
发了**愁**："我不会爬树，猴子也不会 游泳，怎么 办 好 呢。" 小鳄鱼 想了想，来
dào zōnglǘshùxià, duì xiǎohóuzi shuō: "Nǐ wánrle zhème bàntiān, bú è ma? Lái, nǐ qízài wǒ de bèishang,
到棕榈树下，对小猴子 说："你玩儿了这么半天，不饿吗？来，你骑在我的 **背**上，
wǒ dài nǐ qù nàbiān de dǎoshang chī xiāngjiāo ba." Xiǎohóuzi tīngle hěn gāoxìng, jiù qízàile èyú de
我带你去那边的 岛上 吃 香蕉 吧。" 小猴子听了很 高兴，就骑在了鳄鱼的
bèishang.
背上。

Èyú bēizhe xiǎohóuzi cháozhe xiǎodǎo yóuqù, yóuzhe yóuzhe tūrán shēnzi wǎng shuǐ xià yì chén,
鳄鱼**背**着小猴子 **朝**着 小岛 游去，游着 游着突然身子 往 水 下一 **沉**，
xiǎohóuzi xià de dà jiào: "Wǒ bú huì yóuyǒng, bié gēn wǒ kāiwánxiào." Jiù jiàn nà èyú jiǎohuá de yíxiào: "Méi
小猴子**吓**得大叫："我 不会 游泳，别 跟 我开玩笑。" 就 见 那鳄鱼**狡猾**地一笑："没
kāiwánxiào, wǒ māma děngzhe chī nǐ de xīn ne." Xiǎohóuzi xīnli hàipà, liǎnshang què jiǎzhuāng hěn píngjìng
开玩笑，我妈妈 等着 吃你的心呢。" 小猴子心里害怕，脸上 却 **假装** 很 **平静**
de yàngzi, pāi le pāi zìjǐ de nǎodai, shuō: "Nǐ zěnme shìxiān bù gēn wǒ shuō yìshēng ne. Wǒ de xīn
的样子，**拍**了拍自己的 **脑袋**，说："你 怎么 **事先**不跟 我 说 一声 呢。我的心
méiyǒu suíshēn dàizhe, wǒ bǎ tā fàngzài zōnglǘshùshang shàizhe ne. Ràng wǒ huíqù bǎ xīn qǔlai gěi nǐ ba."
没有 **随身**带着，我把它放在 棕榈树上 **晒**着 呢。让 我回去把心取来给你吧。"
Èyú tīngle gǎnkuài yóuhuídàole ànbiān, zhǐ jiàn xiǎohóuzi sānbùliǎngbù pádào shùshang hāhā dà xiào, cái
鳄鱼听了**赶快** 游回到了岸边，只见小猴子**三步两步**爬到 树上 **哈**哈大笑，才
zhīdào zìjǐ shàngle dàng.
知道自己**上**了 **当**。

単語・表現チェック

無印赤字…5級　⑥…6級　＊…出題範囲外の語彙

＊	鳄鱼	èyú	ワニ
	岸	àn	岸
＊	棕榈	zōnglǘ	棕櫚（シュロ）
	岛屿	dǎoyǔ	島（の総称）
	猴子	hóuzi	サル
	胃口	wèikǒu	食欲・胃の具合：好み・嗜好・意欲
	心脏	xīnzàng	心臓
	发愁	fāchóu	心配する・途方に暮れる・悩む
	背	bèi	背中：背を向ける
＊	背	bēi	背負う
	朝	cháo	（～に）向かって：向く
＊	沉	chén	沈む・降下する：沈める・落ち着かせる
	吓	xià	脅す・脅かす・びっくりさせる
	狡猾	jiǎohuá	ずる賢い・狡猾だ

　大きな川があり、川の中に２匹のワニが住んでいる。親ワニと子ワニだ。川の岸辺にたくさんのシュロの木が生えており、川の真ん中に小さな島があり、島にはたくさんのバナナの木が生えている。ある日、ワニは１匹の子ザルがシュロの木の上で遊んでいるのを見た。親ワニは子ワニに言った。「坊や、私は最近食欲がなくて、何か珍しいものが食べたいわ。あの子ザルの心臓を取ってきて、食べさせておくれ。」子ワニは困った。「私は木に登ることはできないし、サルは泳ぐことはできない。どうしたらいいんだろう。」子ワニは少し考え、シュロの木の下へやってきて、子ザルに言った。「そんなに長い間遊んでいたら、お腹がすかない？　さあ、私の背中に乗って、あそこの島へバナナを食べに連れていくよ。」子ザルはそれを聞いて喜んでワニの背中に乗った。

　ワニは子ザルを背負って島に向かって泳いでいくが、泳いでいるうちに突然体を水の下へ沈ませていった。子ザルは驚いて大きな声で叫んだ。「私は泳げないんだよ。からかわないで。」そこでそのワニを見ると狡猾に笑っていた。「からかっていないよ。ママが君の心臓を食べるのを待っているんだ。」子ザルは心の中では怖かったが、表情は平然とした様子を装って、自分の頭をちょっと叩いて言った。「なんで前もって言ってくれなかったんだ。私は心臓は身につけて持っていないんだよ。シュロの木の上で日に当ててあるんだ。心臓を取りに帰って君に渡させて。」ワニはそれを聞いて大急ぎで岸辺に折り返したが、子ザルが大急ぎで木に登ってワッハッハと大笑いしているのを見て、やっと自分が騙されたのだとわかった。

假装	jiǎzhuāng	ふりをする・装う
平静	píngjìng	平静だ・落ち着いている・穏やかだ
拍	pāi	（手のひらやたいらなもので軽く）叩く・はたく・打つ：(映画を)撮影する・(写真を)撮る：叩く
脑袋	nǎodai	〈口〉頭・知能
事先	shìxiān	事前に・前もって
随身	suíshēn	身の回りに・手元に・身につけて

晒	shài	（太陽に）晒す・当たる・当てる・日に干す
赶快	gǎnkuài	早く・急いで・大急ぎで
*三步两步	sānbùliǎngbù	大股で歩く・大急ぎで歩く・急ぎ足で歩く
哈	hā	（多く"哈哈"の形で、笑い声）ハッハッ：得意なさまや驚き喜ぶさまを表す
上当	shàngdàng	騙される：わなにはまる

文章 52 王子和公主

Wángzǐ hé gōngzhǔ

ct5-052.mp3

Gǔdài yǒu yíge wángzǐ, ǒurán yùdào línguó de gōngzhǔ, bìng àishàngle tā. Gōngzhǔ yě àishàngle yīngjùn de wángzǐ. Kěshì dāngshí liǎngge guójiā zhèng shì guānxi jǐnzhāng de shíhou, gōngzhǔ de bàba, jiùshì guówáng, bù tóngyì tāmen jiéhūn. Wúlùn wángzǐ hé gōngzhǔ zěnme qǐngqiú, guówáng jiùshì bù dāying. Gōngzhǔ de gūgu shì yíwèi mónǚ, bāng tāmen xiǎngle yíge bànfǎ. Tā gàosu tāmen, yǒu yìzhǒng shénmì de guǒshí, chīle tā huì tūrán biàn lǎo biàn chǒu, dànshì zhǐyào děngdào dì 'èr nián de chūntiān guǒshù kāihuā, wén yi wén tā de huāxiāng, jiù néng biànhuí yuánlái de yàngzi. Gōngzhǔ tīngle mǎshàng pài rén zhǎolaile guǒshí, bǎ tā chīle xiàqù. Jiéguǒ zhēn de biàn de yòu lǎo yòu chǒu, liǎnshang shēnshang zhǎngmǎnle zhòuwén, miáotiao de shēncái yě biàn de yòu féi yòu pàng.

古代有一个**王子**，**偶然**遇到邻国的**公主**，**并**爱上了她。公主也爱上了**英俊**的王子。可是当时两个国家**正**是关系紧张的时候，公主的爸爸，就是**国王**，不同意他们结婚。无论王子和公主怎么**请求**，国王就是不**答应**。公主的**姑姑**是一位**魔女**，帮他们想了一个办法。她告诉他们，有一种**神秘**的**果实**，吃了它会突然变老变**丑**，但是只要等到第二年的春天果树开花，**闻**一闻它的花香，就能变回原来的样子。公主听了马上**派**人找来了果实，把它吃了下去。结果真的变得又老又丑，脸上身上长满了**皱纹**，**苗条**的**身材**也变得又**肥**又胖。

Guówáng bù zhīdào shì zěnme huí shì, jiànle nǚ'ér de yàngzi xià de bù qīng, gǎnjǐn zhǎolaile zuì lìhai de dàifu, dàifu què zhěnduàn bù chū gōngzhǔ dé de shì shénme bìng. Gōngzhǔ yíyè zhī jiān biàn lǎo biàn chǒu de xiāoxi yì chuán chūqù, yuánlái xiàng gōngzhǔ qiúhūn de gèguó wángzǐ fēnfēn tuìle chūqù, zhǐyǒu línguó de wángzǐ, yīrán jiānchí yào qǔ gōngzhǔ. Guówáng kàndào wángzǐ zhème chéngkěn, zhōngyú dāying ràng tāmen jiéhūn. Dì 'èr nián, gōngzhǔ ànzhào gūgu jiāo de bànfǎ, wén le wén huāxiāng, biànhuíle yuánlái niánqīng měilì de yàngzi.

国王不知道是怎么回事，见了女儿的样子**吓**得不轻，**赶紧**找来了最厉害的大夫，大夫却**诊断**不出公主得的是什么病。公主一**夜**之间变老变丑的消息一**传**出去，原来向公主**求婚**的各国王子**纷纷退**了出去，只有邻国的王子，**依然**坚持要**娶**公主。国王看到王子这么**诚恳**，终于答应让他们结婚。第二年，公主按照姑姑教的办法，闻了闻花香，变回了原来年轻美丽的样子。

単語・表現チェック

無印赤字…5級　⑥…6級　＊…出題範囲外の語彙

	古代	gǔdài	古代（中国史ではアヘン戦争以前を指すことが多い）・大昔・原始時代
	王子	wángzǐ	王子
	偶然	ǒurán	偶然の・たまたま
	公主	gōngzhǔ	姫・皇女・王女
＊	并	bìng	その上・しかも：そして・また：合わせる：並ぶ・並べる
	英俊	yīngjùn	（男が）ハンサムだ
	正	zhèng	まさに・まさしく：ちょうど・折よく
	国王	guówáng	国王

	请求	qǐngqiú	申請（する）・頼む
	答应	dāying	承諾する：答える・返事する
	姑姑	gūgu	〈口〉父の姉妹・おばさん
＊	魔女	mónǚ	魔女
	神秘	shénmì	神秘的だ・なぞに満ちている・不思議だ
	果实	guǒshí	果実：成果
	丑	chǒu	醜い：恥ずべきだ
	闻	wén	（においを）かぐ

訳　王子と姫

昔々、1人の王子が、偶然隣国の姫に出会い、しかも恋に落ちた。姫もハンサムな王子を好きになった。しかし、当時は両国の関係がちょうど緊迫している時で、姫の父、つまり国王は、2人が結婚するのを許さなかった。王子と姫がいくら頼んでも、国王は承諾しなかった。姫のおばは魔女で、彼らのためにある方法を考えた。彼女は彼らに言った。ある不思議な果実があって、それを食べると突然年老いて醜くなるが、翌年の春その果実の木が花咲くのを待ってその花の香りをかげば、元の様子に戻ることができると。姫はそれを聞いてすぐに人を行かせ、果実を探して来させ、それを食べた。すると本当に年老いて醜くなり、顔中体中しわだらけになり、すらりとしたスタイルも太って崩れた。

国王は真相を知らずに、娘の様子を見て大変驚き、すぐに一番腕のよい医者を呼んだが、医者は姫がかかったのは何の病気なのか診断することができなかった。姫が一夜のうちに年老いて醜くなったことが広がると、それまで姫にプロポーズしに来た各国の王子が相次いで辞退していった。隣国の王子だけが、変わらず姫と結婚することを望み続けた。国王は王子がそこまで誠意があるのを見て、やっと彼らの結婚を許した。翌年、姫はおばに教わった通りのやり方で、花の香りをかぎ、元の若く美しい様子に戻ったのだった。

	派	pài	派遣する・任命する
⑥	皱纹	zhòuwén	しわ
	苗条	miáotiao	(女性の体つきが) しなやかだ・すらりとしている
	身材	shēncái	体格・スタイル
*	肥	féi	(動物が) 肥えている；(食肉が) 脂がのっている
	吓	xià	脅す・脅かす・びっくりさせる
	赶紧	gǎnjǐn	はやく・急いで・すぐに
	诊断	zhěnduàn	診断 (する)
	夜	yè	夜
*	传	chuán	伝える・伝わる・広める・広まる
*	求婚	qiúhūn	求婚する・プロポーズする
	纷纷	fēnfēn	次から次へと；雑多だ
	退	tuì	退く・返却する・キャンセルする
	依然	yīrán	依然として・相変わらず
	娶	qǔ	(嫁を) もらう・(男性が) 結婚する
	诚恳	chéngkěn	誠実だ・心からの

文章53 阿凡提

Āfántí

ct5-053.mp3

Āfántí shì ge hěn yǒu zhìhuì yě hěn yōumò de rén. Yǒu yícì, yíge lièrén sònggěi tā yìzhī
阿凡提是个很有**智慧**也很幽默的人。有一次，一个**猎人**送给他一只
tùzi. Āfántí bǎ tùziròu qiēchéng dīng, zuòchéngle yìguō tùzitāng, yāoqǐng lièrén lái chī wǎnfàn.
兔子。阿凡提把兔子肉**切**成**丁**，做成了一**锅**兔子汤，邀请猎人来吃晚饭。
Yíge xīngqī hòu, yǒurén lái qiāo tā de mén, Āfántí wèn: "Shéi?" "Wǒ shì nǐ péngyou de péngyou,
一个星期后，有人来敲他的门，阿凡提问："谁？""我是你朋友的朋友，
yě jiùshì sòng nǐ tùzi de nà ge lièrén de péngyou." Āfántí qǐng tā jìnle zìjǐ de wūzi, gěi tā hēle
也就是送你兔子的那个猎人的朋友。"阿凡提请他进了自己的**屋子**，给他喝了
yìwǎn tùzitāng.
一碗兔子汤。
Guòle jǐtiān, yòu yǒu wǔliùge rén lái qiāo tā de mén, tāmen shuō: "Wǒmen shì nàge sòng nǐ tùzi
过了几天，又有五六个人来敲他的门，他们说："我们是那个送你兔子
de lièrén de péngyou de péngyou." Āfántí rèqíng de zhāodàile tāmen, yě qǐng tāmen hēle tùzitāng.
的猎人的朋友的朋友。"阿凡提热情地**招待**了他们，也请他们喝了兔子汤。
Jiù zhèyàng, Āfántí dàfang hàokè de míngshēng hěn kuài chuánle chūqù.
就这样，阿凡提**大方好客**的**名声**很快**传**了出去。
Yìtiān, tā jiā jūrán yòu láile shíjǐgerén, yí jìnmén jiù zìwǒ jièshào shuō: "Wǒmen shì nà ge
一天，他家**居然**又来了十几个人，一进门就**自我**介绍说："我们是那个
sòng nǐ tùzi de lièrén de péngyou de péngyou de péngyou." Āfántí qiáole qiáo zhè qún rén, xiàozhe shuō:
送你兔子的猎人的朋友的朋友的朋友。"阿凡提**瞧**了瞧这**群**人，笑着说：
"Zhēn méi xiǎngdào, dàjiā qǐng zuò, qǐng lǐmiàn zuò." Kèrén zuòxiàhòu, Āfántí nálái le yìpén zāng shuǐ.
"真没想到，大家请坐，请里面坐。"客人坐下后，阿凡提拿来了一**盆**脏水。
"Āiyā, zhè shì shénme dōngxi?" Dàjiā wǔzhe bízi wèn. "Zhè shì yòng nǐmen péngyou sònggěi wǒ de
"**哎**呀，这是什么东西？"大家**捂**着鼻子问。"这是用你们朋友送给我的
tùzi zuò de tāng de tāng." Cóng nà cì yǐhòu, zài yě méiyǒu rén lái xiàng Āfántí yào tùzitāng hēle.
兔子做的汤的汤。"从那次以后，再也没有人来向阿凡提要兔子汤喝了。

※**阿凡提**…アーファンティー。ウイグルの民話の主人公の名前。

単語・表現チェック

無印赤字…5級　⑥…6級　＊…出題範囲外の語彙

	智慧	zhìhuì	知恵
＊	猎人	lièrén	猟師・狩人
	兔子	tùzi	ウサギ
	切	qiē	(刃物で)切る
⑥	丁	dīng	肉・野菜などを賽の目に切ったもの

	锅	guō	鍋・釜
	屋子	wūzi	部屋
	招待	zhāodài	もてなす・接待する
	大方	dàfang	気前がよい：(デザインなどが)上品だ
	好客	hàokè	客好きだ

訳　阿凡提

　阿凡提はとても知恵があり、またユーモアもある人である。ある時、ある猟師が彼に1匹のウサギをプレゼントした。阿凡提はウサギの肉を賽の目切りにし、鍋1杯のウサギのスープを作り、猟師を夕飯に招いた。

　1週間後、ある人が阿凡提の家に来てドアをノックした。阿凡提は聞いた。「どなたですか?」「私はあなたの友達の友達です。つまりあなたにウサギをプレゼントしたあの猟師の友達です。」阿凡提は彼を自分の家の中へ案内し、1杯のウサギのスープをご馳走した。

　数日が経ち、また5、6人彼の家に来てドアをノックした。彼らは言った。「我々はあなたにウサギをプレゼントしたあの猟師の友達の友達です。」阿凡提は温かく彼らをもてなし、またウサギのスープをご馳走した。

　こうして、阿凡提は気前がよく客好きだという評判がすぐに広まった。

　ある日、彼の家になんと十数人やってきて、家に入るなりこう自己紹介した。「我々はあなたにウサギをプレゼントしたあの猟師の友達の友達の友達です。」阿凡提はその集団を眺め、笑って言った。「なんとまあ(そんな方がいらっしゃるとは)。皆さんどうぞお掛けください。奥の方へどうぞ。」客が座ってから、阿凡提はたらい1杯の汚い水を持ってきた。「おやまあ、これはなんですか。」みんな鼻を覆って聞いた。「これは、あなたたちの友達がくれたウサギで作ったスープのスープです。」それ以降、二度と阿凡提のところへウサギのスープを飲みに来る人がいなくなった。

*	名声	míngshēng	名声・評判
*	传	chuán	広く伝わる・広まる・広める・伝授する・教え伝える:伝わる・伝える
	居然	jūrán	思いがけなくも・意外にも・なんと
*	自我	zìwǒ	自分・自己・おのれ
	瞧	qiáo	見る・目を通す・見計らう

	群	qún	〜群れ(群れをなすものを数える量詞)
	盆	pén	鉢・ボウル・たらいの類
	哎	āi	(意外や不満の意を示し)おや・おい:(呼びかけや注意を促し)さあ・ほら
*	捂	wǔ	(口・耳・鼻・頭・体などを手・布などで隠すように)覆う・かぶせる・閉じ込める

文章 54　Yànzǐ 晏子

ct5-054.mp3

Yànzǐ shì Qíguó de yìmíng fēicháng liǎobuqǐ de wàijiāo shǐzhě. Yǒu yícì tā chūshǐ Chǔguó, Chǔwáng
晏子是齐国的一名非常**了不起**的**外交使者**。有一次他**出使**楚国，楚王
tīngshuō Yànzǐ yào lái, jiù duì dàchénmen shuō: "Yànzǐ shì Qíguó zuì nénggàn、zuì shànyú biànlùn de rén.
听说晏子要来，就对**大臣**们说："晏子是齐国最**能干**、最**善于辩论**的人。
Xiànzài tā yào dào wǒmen Chǔguó lái, wǒ xiǎng xiūrǔ tā yíxià, kànkan tā bù'ān de biǎoqíng. Nǐmen yǒu
现在他要到我们楚国来，我想**羞辱**他一下，看看他**不安**的**表情**。你们有
shénme hǎo zhǔyi ma?"
什么好主意吗？"

Yǒurén qiāoqiāo de gěile Chǔwáng yíge jiànyì. Chǔwáng tīng hòu hěn mǎnyì, jiù tóngyìle.
有人**悄悄**地给了楚王一个建议。楚王听后很满意，就同意了。

Yànzǐ láidào Chǔguó, zhèngzài hé Chǔwáng hējiǔ de shíhou, liǎngmíng shìbīng bǎngzhe yíge quánshēn
晏子来到楚国，正在和楚王喝酒的时候，两名**士兵绑**着一个全身
fā chòu de rén jīngguò Chǔwáng miànqián. Chǔwáng mìng rén lánzhù shìbīng, wèn dào: "Nǐmen bǎng de shì
发**臭**的人经过楚王面前。楚王**命**人**拦**住士兵，问**道**："你们绑的是
shénme rén, wèishénme bǎng tā?"
什么人，为什么绑他？"

Shìbīng huídá: "Shì Qíguórén, yīnwèi tā tōule dōngxi."
士兵回答："是齐国人，因为他**偷**了东西。"

Chǔwáng dàizhe qīngshì de yǔqì shuō: "Qíguórén dōu hěn huì tōudào ma?"
楚王带着**轻视**的**语气**说："齐国人都很会**偷盗**吗？"

Yànzǐ méiyǒu shēngqì, yě méiyǒu ràng Chǔwáng náchū zhèngjù, ér shì mōle mō húxū, shuō: "Wǒ
晏子没有生气，也没有让楚王拿出**证据**，而是**摸**了摸**胡须**，说："我
tīngshuō yǒu yìzhǒng zhíwù, zhǎngzài Qíguó jiù kěyǐ jiēchū hěn hǎochī de guǒshí, kěshì zhǎngzài Chǔguó,
听说有一种植物，长在齐国就可以**结**出很好吃的**果实**，可是长在楚国，
jǐnguǎn kànqǐlai yǔ zhǎngzài Qíguó yíyàng, dàn jiēchū de guǒshí què hěn nánchī. Nà shì shuǐtǔ bùtóng de
尽管看起来与长在齐国一样，但结出的果实却很难吃。那是**水土**不同的
yuángù. Zhè ge rén zài Qíguó shí bù tōudào, dàole Chǔguó jiù xuéhuìle tōudào, shìbushi Chǔguó de shuǐtǔ
缘故。这个人在齐国时不偷盗，到了楚国就学会了偷盗，是不是楚国的水土
huì shǐ rén biàn de shànyú tōudào a?"
会使人变得善于偷盗啊？"

Chǔwáng tīng hòu, kǔxiàozhe shuō: "Ài, wǒ běnlái shì xiǎng qǔxiào nǐ de, fǎn'ér bèi nǐ qǔxiàole,
楚王听后，**苦笑**着说："**唉**，我本来是想**取笑**你的，**反而**被你取笑了，
wǒ zhēn pèifu nǐ."
我真**佩服**你。"

単語・表現チェック

無印赤字…5級　⑥…6級　＊…出題範囲外の語彙

	了不起	liǎobuqǐ	すばらしい・すごい
	外交	wàijiāo	（国際間の）外交
＊	使者	shǐzhě	使者・メッセンジャー（現在は外交官をさすことが多い）
＊	出使	chūshǐ	使命を受け外国へ行く
⑥	大臣	dàchén	（君主制国家の）大臣
	能干	nénggàn	有能だ・仕事がよくできる
	善于	shànyú	～するのがうまい
	辩论	biànlùn	討論・ディベート・弁論（する）
＊	羞辱	xiūrǔ	恥をかかせる・辱める：恥・辱め
	不安	bù'ān	不安だ・不安定だ
	表情	biǎoqíng	表情
	悄悄	qiāoqiāo	ひそひそと・こっそり
	士兵	shìbīng	兵士
＊	绑	bǎng	（人を後ろ手に）縛り上げる：（縄やひもで）くくる・縛る
	臭	chòu	臭い・腐っている：嫌らしい・鼻もちならない
＊	命	mìng	命じる：命令：命・生命
	拦	lán	止める・遮る

訳　晏子

晏子は斉の国の非常にすばらしい外交官だ。ある時、晏子が使命を受け楚の国へ赴いた。楚の王は晏子が来ると聞き、大臣たちに「晏子は斉の国で最も有能で、最も討論がうまい人だ。今、彼が我が楚の国に来るので、彼に恥をかかせて、彼の不安な表情を見てみたい。何かよいアイデアはないか？」と言った。

ある人がこっそりと楚の王に提案した。楚の王は（それを）聞いて満足し、すぐに同意した。

晏子が楚の国に着き、ちょうど楚の王とお酒を飲んでいる時、２人の兵士が全身からひどいにおいを放つ人を縛り上げ、楚の王の前を通った。王は兵士を止めるよう命じ、「君たちが縛り上げているのはどういう者で、どうして縛り上げているのだ？」と聞いた。

兵士は「斉の国の人です。彼が物を盗んだからです。」と答えた。

楚の王は見くびったような話しぶりで「斉の国の人は皆、窃盗が上手なんですか？」と言った。

晏子は怒りもせず、楚の国の王に証拠を出させたりもせず、ひげを触りながら言った。「聞いた話ですが、ある植物は斉の国で育つと、とてもおいしい果実がなるのですが、楚の国で育つと、斉の国で育ったものと同じに見えても、その果実がおいしくはないといいます。それは水と土が違うためです。この人は、斉の国にいる時には、盗んだりしませんが、楚の国に来てから、盗みを覚えたのです。楚の国の水と土は人を窃盗がうまい人に変えてしまうのではないですか？」

楚の王はそれを聞いて、苦笑しながら、「ああ、本来はあなたを笑いものにするつもりでしたが、逆にあなたに笑いものにされました。本当にあなたには感心しました。」と言った。

＊	道	dào	（動詞"说""问""写"などの後で、述べられた内容を導き）～と言う
	偷	tōu	盗む
	轻视	qīngshì	見くびる・軽視する
	语气	yǔqì	話しぶり・口ぶり
＊	偷盗	tōudào	窃盗する・盗む
	证据	zhèngjù	証拠
	摸	mō	（手で）触る
⑥	胡须	húxū	ひげ
＊	结	jiē	（実が）なる・できる

	果实	guǒshí	果実：成果
＊	水土	shuǐtǔ	（地表を構成する）水と土：気候風土
⑥	缘故	yuángù	原因・わけ
＊	苦笑	kǔxiào	苦笑いする
	唉	ài/āi	（悔しさ・悲しみを示し）ああ・やれやれ：（嘆息し）ああ：（承諾し）はい
＊	取笑	qǔxiào	からかう・冗談を言う・笑いものにする
	反而	fǎn'ér	逆に・かえって
	佩服	pèifu	感心する・敬服する・頭が下がる

文章 55 一龙一猪

Yī lóng yī zhū

ct5-055.mp3

"Yī lóng yī zhū" shì Zhōngguó de yíge chéngyǔ, láizì Tángcháo de HánYù de yìshǒu shī, zhè shǒu shī
"一龙一猪"是 中国 的一个**成语**，来自 唐**朝** 的韩愈的一**首诗**，这 首 诗
shì xiě gěi tā de érzi de, nèiróng shì shuō, yǒu liǎngjiā rén gè shēngle yíge érzi, zhǎngxiàng shífēn xiāngsì,
是写给他的儿子的，内容 是 说，有 两家 人 各 生了 一个 儿子，**长相** 十分 **相似**，
jīngcháng zài yìqǐ wánr, dàole suì zuǒyòu, zhújiàn kāishǐ yǒule qūbié, dàole suì shí, yíge
经常 在一起玩儿，到了 12 岁 左右，**逐渐**开始有了区别，到了 30 岁时，一个
jiù xiàng lóng yíyàng, hěn yǒu nénglì, yíge shénme yě bú huì, jiù xiàng yìzhī zhū.
就 像 龙 一样，很 有 能力，一个 什么 也不会，就 像 一只猪。

HánYù xiě zhè shǒu shī, shì wèile jiàoyù érzi yào yònggōng xuéxí. Háizi zài xiǎo de shíhou, shēntǐ
韩愈写这 首 诗，是为了教育儿子要 **用功** 学习。孩子在 小的时候，身体
hé xīnzhì hái hěn nèn, suīrán kànbuchū qūbié, dàn búyào yǐwéi bù nǔlì yě búyàojǐn, yídìng yào yǐ
和**心智**还很**嫩**，虽然看不出区别，但不要以为不努力也**不要紧**，一定 要以
lǎoshi de tàidu qù xuéxí. Jiǎrú bú zhèyàng zuò, jiānglái jiù zhǐyǒu tànxī: "Āi, dāngshí wèishénme bù
老实的态度去学习。**假如**不 这样 做，将来 就只有**叹息**："**唉**，当时 为什么 不
nǔlì xuéxí ne? Rúguǒ xiǎo de shíhou yònggōng de huà, hébì dàole zhè ge shíhou hòuhuǐ ne?"
努力学习呢？如果 小的时候 用功 的话，**何必**到了这个时候 后悔呢？"

Zài Hànyǔ de cíhuìzhōng, chéngyǔ yǒuzhe hěn tūchū de tèdiǎn: Yíge hěn duǎn de cí, què bāohán bìng
在汉语的**词汇**中，成语 有着 很**突出**的特点：一个很 短 的词，却 **包含 并**
gàikuòle hěn duō yìsi. Hànyǔ de wénzhāng, yě wǎngwǎng shǐyòng chéngyǔ lái zhǎnkāi yìlùn, zhèyàng huì shǐ
概括了很 多意思。汉语的 文章，也 往往 使用 成语 来**展开 议论**，这样 会 使
wénzhāng gèng yǒu shuōfúlì. Kěyǐ shuō, zhǐyǒu xuéhuìle shúliàn shǐyòng chéngyǔ, cái néng xuéhuì dìdao
文章 更 有**说服**力。可以说，只有学会了**熟练** 使用 成语，才 能 学会**地道**
de Hànyǔ.
的汉语。

単語・表現チェック

無印赤字…5級　⑥…6級　＊…出題範囲外の語彙

	龙	lóng	(古代伝説中の動物) 竜		相似	xiāngsì	似ている
	猪	zhū	ブタ		逐渐	zhújiàn	だんだんと・次第に
	成语	chéngyǔ	成語・ことわざ		用功	yònggōng	一生懸命勉強する；真剣だ
	朝	cháo	～朝・王朝；(～に) 向かって；向く	＊	心智	xīnzhì	知恵・機転；心理・情緒
	首	shǒu	～首 (詩・歌を数える量詞)；頭；リーダー；第一の；最初		嫩	nèn	経験が少ない・未熟だ；柔らかい・若い
	诗	shī	詩		不要紧	búyàojǐn	大丈夫だ・構わない
＊	长相	zhǎngxiàng	容貌・顔だち・器量		老实	lǎoshi	誠実だ・まじめだ・正直だ・おとなしい・お人よしだ

　「1匹の竜と1頭のブタ」は中国の成語であり、唐王朝の韓愈（という人）のある漢詩から来ている。その漢詩は彼が息子に書いてやったもので、内容は次のようなものだ。ある2つの家でそれぞれ1人の息子が生まれ、顔だちが非常に似ており、常に一緒に遊んでいた。12歳くらいになった頃、次第に違いが出てきた。30歳になった頃、1人は竜のように能力があるのに対して、もう1人は何もできず、まるでブタのようであった。

　韓愈がこの漢詩を書いたのは、息子を一生懸命勉強するように教育するためであった。子どもは幼い頃は、体も知恵も未熟で、区別がつかないが、努力しなくても構わないと思ってはならず、必ずまじめな態度で勉強に望まなくてはならない。もしも、そうしなかったとすれば、将来はため息をついてこう言うことになるだけだ。「ああ、あの時どうして一生懸命勉強しなかったんだろう？　もし小さい頃勉強していれば、何もこの時になって後悔する必要はないじゃないか？」

　中国語の語彙の中で、成語はとても際立った特徴がある。短い文句1つに、多くの意味を含み、しかも、（その多くの意味の）要点がまとめられている。中国語の文章も、しばしば成語を使って議論を展開する。こうすれば文章により説得力を持たせられるのだ。上手に成語を使うことを習得してはじめて、本場の中国語を身につけられると言っても過言ではないであろう。

假如	jiǎrú	もしも〜なら・仮に〜とすれば
* 叹息	tànxī	嘆息する・ため息をつく
唉	ài/āi	（悔しさ・悲しみを示し）ああ・やれやれ：（嘆息して）ああ：（承諾して）はい
何必	hébì	〜する必要はないではないか・〜しなくてもいいじゃないか
词汇	cíhuì	語彙
突出	tūchū	際立っている・突き出す…
包含	bāohán	含む・包含する・含まれる

* 并	bìng	その上・しかも：そして・また：合わせる：並ぶ・並べる
概括	gàikuò	要約する・まとめる・総括する
展开	zhǎnkāi	開く・広げる・展開する
议论	yìlùn	あれこれよしあしを言う：議論・見解
说服	shuōfú	説得する・説き伏せる
熟练	shúliàn	熟練している・上手だ
地道	dìdao	正真正銘だ・生粋だ・本物だ：本場のものだ

Sānzhī xiǎozhū
三只小猪

ct5-056.mp3

Zhū māma yǒu sānge háizi. Yǒu yìtiān, zhū māma wěnle wěn xiǎozhūmen, shuō: "Qīn'ài de háizimen,
猪 妈妈有三个孩子。有一天,猪 妈妈**吻**了吻 小猪们, 说:"**亲爱**的孩子们,
nǐmen yǐjīng zhǎngdàle, yīnggāi qù gài zìjǐ de fángzi. Zhìyú yòng shénme dōngxi lái gài, nǐmen kěyǐ
你们 已经 长大了, 应该 去**盖**自己 的 房子。**至于** 用 什么 东西来盖, 你们 可以
zìjǐ xuǎnzé. Bǐrú dàocǎo、 mùtou、 zhuān shénmede. Dànshì cǎofáng méiyǒu mùfáng jiēshi, mùfáng méiyǒu
自己 选择。比如稻草、**木头**、**砖** 什么的。但是 草房 没有 木房**结实**,木房 没有
zhuānfáng jiēshi."
砖房 结实。"
Lǎodà zuì lǎn, kàndào lùbiān yǒu yìduī dàocǎo, jiù xuǎnzéle dàocǎo, bú dào yìzhōu jiù bǎ fángzi gài
老大最懒,看到路边有一**堆**稻草,就选择了稻草,不到 一周就把房子盖
hǎole. fángzi gài de hěn cūcāo. Lǎo'èr pà máfan, xuǎnzéle mùtou, huāle yígeyuè yě bǎ fángzi gài
好了,房子盖得很**粗糙**。**老二**怕麻烦,选择了木头,花了一个月也把房子盖
hǎole. Lǎosān xiǎngyào gài zuì jiēshi de fángzi, suǒyǐ xuǎnzéle zhuān, huāle sāngeyuè cái bǎ fángzi gàihǎo.
好了。**老三** 想要 盖最结实 的房子,所以选择了砖,花了三个月才把房子盖好。
Fùjìn yǒu yìpǐ láng tīngshuō láile sānzhī xiǎozhū, jiù xiǎng bǎ tāmen chīdiào. Láng láidào lǎodà de
附近 有一**匹** **狼** 听说 来了三只 小猪,就 想 把它们吃掉。狼 来到老大的
cǎofáng miànqián, qīngqīng yì sī, cǎofáng jiù biànchéngle liǎng bàn. Lǎodà gǎnjǐn pǎoqù zhǎo lǎo'èr. Kěshì
草房 面前, 轻轻 一**撕**, 草房就变成了 两半。老大**赶紧**跑去 找 老二。可是
láng yònglì zhuàngle yíxià lǎo'èr de mùfáng, mùfáng yě dǎole. Lǎodà、 lǎo'èr gèng huāngle, gǎnjǐn qù zhǎo
狼用力 **撞**了 一下老二的木房,木房也倒了。老大、老二 更 **慌**了,赶紧去找
lǎosān. Láng láidào lǎosān de zhuānfáng miànqián, yònglì zhuàngle hěn duō cì, dōu méi chénggōng. Láng rào
老三。狼 来到老三的 砖房 面前,用力 撞了 很多次,都没 成功。狼**绕**
fángzi zhuànle yìquān, fāxiàn fángdǐng yǒu yìgēn guǎnzi tōng xiàng fáng nèi, jiù xiǎng cóng guǎnzi yìng zuān jìn
房子转了一圈,发现 房顶 有一**根管子** 通 向 房内,就想 从 管子**硬** 钻进
fáng qù. Jiéguǒ tóu gāng zuān jìnqù yíbàn, lǎosān jiù náchūle yìgēn cháng shùzhī chājìn guǎnzili, bǎ láng
房去。结果头 刚 钻进去一半,老三就拿出了一根 长 **树枝插**进管子里,把狼
de yǎnjing nòngxiāle. Láng zhǐhǎo zìrèn dǎoméi, zǒule.
的眼睛弄**瞎**了。狼 只好**自认 倒霉**,走了。
Lǎodà hé lǎo'èr gěile lǎosān yíge dàdà de yōngbào, shuō: "Duōkuīle nǐ, wǒmen cái déjiù."
老大和老二给了老三一个 大大 的 **拥抱**,说:"**多亏**了你,我们 才**得救**。"

単語・表現チェック

無印赤字…5 級　　⑥…6 級　　＊…出題範囲外の語彙

猪	zhū	ブタ	
吻	wěn	接吻する・口づけをする:唇	
亲爱	qīn'ài	親愛なる	
盖	gài	(家などを)建てる:覆いかぶせる:ふた	
至于	zhìyú	〜に至っては・〜については:(ある程度に)なる	
＊稻草	dàocǎo	イネわら	
木头	mùtou	木・丸太	
⑥砖	zhuān	れんが:れんが状のもの	
结实	jiēshi	(物や体が)丈夫だ	

＊老大	lǎodà	(長男あるいは長女で)一番上の子:総領:(書)年をとる	
堆	duī	山積みになったものや人を数える量詞	
粗糙	cūcāo	(作りが)雑だ:(手触りが)ざらざらしている	
＊老二	lǎo'èr	2番目の子ども・次男・次女(同様に「老三」で「3番目の子ども・三男・三女」)	
匹	pǐ	〜匹・頭(馬やロバを数える量詞):(動)敵する	
＊狼	láng	オオカミ	
撕	sī	(手で)引き裂く・はがす	
赶紧	gǎnjǐn	はやく・急いで・すぐに	

　母さんブタには3匹の子ブタがいる。ある日、母さんブタは子ブタたちに口づけをし、「親愛なる子どもたち、あなたたちはもう大きくなったんだから、自分の家を建てるべきよね。何を使って建てるかについては、あなたたちは自分で選んでいいわ。例えば、わらや木やれんがなど何でもいいのよ。でも、わらの家は木の家ほど丈夫ではなく、木の家はれんがの家ほど丈夫ではないわ。」と言った。

　1番上の子ブタは一番怠け者で、道端に山のように積んであるわらがあるのを見て、わらを選んだ。1週間足らずで家を建てた。家作りはとても雑だった。2番目の子ブタは面倒くさがり屋で、木を選び、1ヶ月をかけて家を建てた。3番目の子ブタは一番丈夫な家を建てたいと思ったので、れんがを選び、3ヶ月かけてやっと家を建てた。

　近くにオオカミがいて3匹の子ブタが来たと聞き、彼らを食べようと考えていた。オオカミは1番上の子ブタのわらの家の前に来て、そっと引き裂くと、わらの家は真っ二つになってしまった。1番目の子ブタは急いで2番目の子ブタのところへと走った。しかし、オオカミが2番目の子ブタの木の家に力いっぱいぶつかると、木の家も倒れてしまった。1番上、2番目の子ブタはさらに慌て、急いで3番目の子ブタのところへ行った。オオカミは3番目の子ブタのれんがの家の前に来て、何回も力いっぱいぶつかったが、成功しなかった。オオカミは家の周りを1周回り、屋根に家の中まで通るパイプがあることを見つけ、そのパイプから無理やり家の中まで通り抜けて入ろうとした。結局、頭をくぐらせ始めて半分入ったところで、3番目の子ブタが長い木の枝を取り出し、パイプの中に差し込み、オオカミの目を失明させた。オオカミは運が悪いと認め、去っていくしかなかった。

　1番上と2番目の子ブタは3番目の子ブタを強く抱きしめ、「君のおかげで、僕たちは救われたよ」と言った。

4章
人物・逸話・物語・故事

	撞	zhuàng	ぶつかる・ぶつける
*	慌	huāng	慌てる・うろたえる：慌てて〜となる
	绕	rào	周りを回る・巡る・ぐるぐる回る：回り道をする・迂回する
	圈	quān	(図形の)円・囲む
	顶	dǐng	頂・てっぺん：(頭上に)載せる("房顶"で「屋根」)
	根	gēn	〜本(細長い物を数える量詞)
	管子	guǎnzi	パイプ・管
	硬	yìng	無理やり・無理をして：かたい

	钻	zuān	(洞穴などを)通る・くぐる・通り抜ける
*	树枝	shùzhī	木の枝
	插	chā	挿す・差し込む
	瞎	xiā	失明する・目が見えなくなる
*	自认	zìrèn	自ら認める
	倒霉	dǎoméi	運が悪い・ついていない
	拥抱	yōngbào	抱擁する・抱き合う
	多亏	duōkuī	〜のおかげで・幸いに
*	得救	déjiù	救われる・助かる・救助される

文章 57 Dāng háizi fàn cuòwù shí 当孩子犯错误时…

ct5-057.mp3

Háizi zài chéngzhǎng guòchéngzhōng huì yùdào gèzhǒng wèntí. Zuòwéi jiāzhǎng búyào jízhe chāshǒu, kěyǐ xiān wèn háizi bāge wèntí.
孩子在**成长**过程中会遇到各种问题。**作为家长**不要急着**插手**，可以先问孩子八个问题。

Dì yī ge wèntí shì: "Fāshēngle shénme shì?" Rúguǒ bú ràng háizi cóng tā de jiǎodù shuōshuo shìqing de jīngguò, hěn kěnéng huì cuòguài háizi.
第一个问题是："发生了什么事？" 如果不让孩子从他的**角度**说说事情的经过，很可能会**错怪**孩子。

Dì 'èr ge wèntí shì: "Nǐ de gǎnjué rúhé?" Hěn duō shíhou, háizi zhǐshì xiǎng shuōshuo zìjǐ de gǎnshòu, wúsuǒwèi shéi duì shéi cuò. Kūguo, màguo, xīnqíng jiù huì hǎo xǔduō.
第二个问题是："你的感觉**如何**？" 很多时候，孩子只是想说说自己的**感受**，**无所谓**谁对谁错。哭过，**骂**过，心情就会好许多。

Děng háizi lěngjìng hòu, kěyǐ wèn tā dì sān ge wèntí: "Nǐ xiǎng yào zěnyàng?"
等孩子冷静后，可以问他第三个问题："你想要怎样？"

Zhè shí bùguǎn háizi shuō shénme, xiān búyào jízhe jiàoxùn tā, ér yīng wèn tā dì sì ge wèntí: "Nǐ juéde yǒuxiē shénme bànfǎ?" Jiāzhǎng kěyǐ gēn háizi yìqǐ xiǎng bànfǎ. Zhè shíhou wúlùn tīngdào shénme, dōu zànshí búyào zuò pànduàn.
这时不管孩子说什么，先不要急着**教训**他，而应问他第四个问题："你觉得有些什么办法？" 家长可以跟孩子一起想办法。这时候无论听到什么，都暂时不要做判断。

Děngdào zài yě xiǎngbuchū rènhé bànfǎ shí, kěyǐ wèn tā dì wǔ ge wèntí: "Zhèxiē bànfǎ huì yǒu shénme hòuguǒ?" Ràng háizi xiǎngxiang měige bànfǎ de hòuguǒ.
等到再也想不出任何办法时，可以问他第五个问题："这些办法会有什么**后果**？" 让孩子想想每个办法的后果。

Ránhòu wèn tā dì liù ge wèntí: "Nǐ juédìng zěnme zuò?" Yìbān háizi dōuhuì xuǎnzé duì zìjǐ zuì yǒulì de bànfǎ. Dàn rúguǒ háizi liǎojiě hòuguǒ, tōngcháng huì zuòchū zuì hélǐ de xuǎnzé.
然后问他第六个问题："你决定怎么做？" 一般孩子都会选择对自己最**有利**的办法。但如果孩子了解后果，**通常**会做出最**合理**的选择。

Jiēzhe wèn tā dì qī ge wèntí: "Nǐ xīwàng wǒ zuò shénme?" Bìngqiě biǎoshì zhīchí.
接着问他第七个问题："你希望我做什么？" 并且表示支持。

Děng shìqing guòqu hòu, wèn tā zuìhòu dì bā ge wèntí: "Jiéguǒ zěnyàng?" Ràng tā yǒu jīhuì jiǎnchá zìjǐ de pànduàn.
等事情过去后，问他最后第八个问题："结果怎样？" 让他有机会检查自己的判断。

Jīngguò rúcǐ liànxí, háizi jiù huì yǒu jiějué wèntí de nénglì, bù xūyào jiāzhǎng cāoxīnle.
经过**如此**练习，孩子就会有解决问题的能力，不需要家长**操心**了。

単語・表現チェック

無印赤字…5級　⑥…6級　＊…出題範囲外の語彙

	成长	chéngzhǎng	成長する
	作为	zuòwéi	～として：～とする・～と見なす：行い・行為・成果・貢献
＊	家长	jiāzhǎng	保護者・父兄
＊	插手	chāshǒu	手を貸す・干渉する
	角度	jiǎodù	角度・観点
＊	错怪	cuòguài	誤解して人を責める・悪くとる
	如何	rúhé	どうであるか・どのように
	感受	gǎnshòu	感想・感じる（こと）：（影響を）受ける
	无所谓	wúsuǒwèi	どうでもよい：～とはいえない
	骂	mà	罵る・叱る

　子どもは成長過程の中で様々な問題に遭う。親としては慌てて手を差しのべずに、まず子どもに8個の質問をしてみよう。

　1番目の質問は「何があったの?」だ。もし子どもに彼の視点から事情の経緯を説明させないと、誤って子どもを責めてしまう可能性があるのだ。

　2番目の質問は「あなたはどう思う?」だ。誰が正しい誰が悪いとは関係なく、子どもはただ自分の感じたことを言いたい場合が多い。泣いて、文句を言って、気持ちがよくなるからだ。

　子どもが落ち着いたら、「どうしたいの?」と3番目の質問をすることができる。

　この時、子どもが何を言ったとしても、まずは慌てて彼に説教しないで、むしろ4番目の質問をするべきだ。「どんな方法があると思う?」と。親は子どもと一緒に方法を考えることができる。この時、何を聞いても、しばらくは判断をしてはならない。

　もうこれ以上方法を思いつかないという時になってから、「こういう方法はどんな結果をもたらすと思う?」と5番目の質問をする。子どもに1つ1つの方法がもたらす結果を考えさせる。

　そして、「あなたはどうすることにする?」と6番目の質問をする。普通、子どもは自分にとって一番有利な方法を選択する。しかし、もし子どもが、もたらされる結果をわかっていたら、通常は一番合理的な選択をする。

　そして彼に「私に何をしてほしい?」と7番目の質問をし、さらに支持する気持ちを示す。

　ことが過ぎ去ってから、「結果はどうだった?」と彼に最後の8番目の質問をし、彼に自分の判断をチェックするチャンスを与える。

　このように練習することを通じて、子どもが問題を解決する能力を身につけ、親が心配する必要がなくなるのだ。

5章
教育・子育て・学生生活

教训	jiàoxùn	教訓 (を与える)
后果	hòuguǒ	(多くは悪い) 結果
有利	yǒulì	有利だ・有益だ
通常	tōngcháng	通常 (の)・普通 (の)
合理	hélǐ	合理的だ・筋道が通っている

*	如此	rúcǐ	このようだ・このような
	操心	cāoxīn	心配する・気をつかう

文章 58

Dúshēngzǐnǚ de xìnggé
独生子女的性格

ct5-058.mp3

Suízhe xiànzài dúshēngzǐnǚ yuè lái yuè duō, háizi de dìwèi yuè lái yuè zhòngyào, fùmǔ hènbude bǎ
随着现在**独生子女**越来越多，孩子的**地位**越来越重要，父母**恨不得**把
suǒyǒu de ài dōu gěi tāmen. Dànshì háizi zài chéngzhǎng de guòchéngzhōng, nánmiǎn huì chūxiàn zhèyàng
所有的爱都给他们。但是孩子在**成长**的过程中，**难免**会出现这样
nàyàng de wèntí. Dúshēngzǐnǚ, zài xìnggéshang yóuqí róngyì chūxiàn yǐxià jǐzhǒng wèntí.
那样的问题。独生子女，在性格上尤其容易出现以下几种问题。

Shǒuxiān, yǐ zìwǒ wéi zhōngxīn. Tāmen xíguàn jiāli de yíqiè chī de、wánr de、yòng de, dōu shì
首先，以**自我**为**中心**。他们习惯家里的一切吃的、玩儿的、用的，都是
zìjǐ de, shènzhì zài wàimiàn kàndào shénme, yě dōu náqǐlai jiù zǒu, bú huì kǎolǜ biéren de gǎnshòu.
自己的，甚至在外面看到什么，也都拿起来就走，不会考虑别人的**感受**。

Qícì, dǎnxiǎo ài kū. Dúshēngzǐnǚ zhěngtiān gēn fùmǔ zài yìqǐ, suǒyǒu shìqing dōu shì yóu fùmǔ
其次，**胆小**爱哭。独生子女**整天**跟父母在一起，所有事情都是由父母
dàitì bànlǐ, jiǔ'érjiǔzhī, shīqùle zìjǐ dòngshǒu de nénglì, biàn de dǎnxiǎo, yùdào yìdiǎn kùnnan jiù
代替办理，**久而久之**，**失去**了自己**动手**的能力，变得胆小，遇到一点困难就
kū. Dúshēngzǐnǚ zài jiāli rènxìng, yì líkāi fùmǔ yòu fēicháng dǎnxiǎo. Biǎomiànshang fēicháng zhǔguān
哭。独生子女在家里**任性**，一离开父母又非常胆小。**表面上**非常**主观**
juéjiàng, qíshí shì qíngxù bù wěndìng.
倔强，其实是**情绪**不**稳定**。

Zhèxiē dōu gēn dúshēngzǐnǚ suǒ chǔ de huánjìng yǒu guānxi. Tāmen zhěngtiān guānzài jiāli, hěn shǎo gēn
这些都跟独生子女所**处**的环境有关系。他们整天关在家里，很少跟
bié de háizi jiāowǎng, bù zhīdào zěnme gēn biéren xiāngchǔ. Zhōuwéi dōu shì dàrén, dàrén jiāogěi háizi gè
别的孩子**交往**，不知道怎么跟别人**相处**。周围都是大人，大人教给孩子各
zhǒng zhīshi, dànshì bùnéng gēn háizi jìnxíng píngděng de duìhuà. Shēnghuó tiāndì tài zhǎi, méiyǒu huǒbàn,
种知识，但是不能跟孩子进行**平等**的对话。生活**天地**太**窄**，没有**伙伴**，
zàochéng yǒuxiē háizi sīkǎo nénglì bù qiáng, fǎnfù xiǎng yíge wèntí.
造成有些孩子**思考**能力不强，**反复**想一个问题。

単語・表現チェック

無印赤字…5級　⑥…6級　＊…出題範囲外の語彙

＊	独生子女	dúshēngzǐnǚ	一人っ子（男女含めて言う場合）
	地位	dìwèi	地位・立場
⑥	恨不得	hènbude	（できることなら）～したくてたまらない：～できないのが残念だ
	成长	chéngzhǎng	成長する
	难免	nánmiǎn	避けがたい・～しがちだ
＊	自我	zìwǒ	自己・自分・おのれ：自我
	中心	zhōngxīn	中心部：（大型のビルや団体・組織の名に用いる）センター：真ん中・中心地
	感受	gǎnshòu	感じる（こと）：（影響を）受ける
	胆小	dǎnxiǎo	臆病だ（"胆小鬼【5級】"で「臆病者」）
＊	整天	zhěngtiān	一日中・終日・朝から晩まで
	代替	dàitì	取って代わる・代わりを務める：代える
	办理	bànlǐ	取り扱う・処理する
＊	久而久之	jiǔ'érjiǔzhī	月日の経つうちに
	失去	shīqù	失う・なくす
⑥	动手	dòngshǒu	取りかかる・着手する：手を触れる：手を出す・人を殴る

訳　一人っ子の性質

今、一人っ子が増えるにつれ、子どもの地位がますます重要になり、両親はすべての愛を与えたくてたまらない。しかし子どもの成長の過程において、あれこれ様々な問題が起こるのは避けられないことである。一人っ子は、性格において特に以下のような問題が起こりやすい。

まず、自己中心的である。彼らは、家の中のあらゆる食べ物、遊ぶもの、使うものすべてが自分のものであることに慣れているため、外で見かけたものでも、すぐ持っていこうとするなど、人の気持ちを考えることができない。

次に、臆病でよく泣く。一人っ子は一日中親と一緒にいて、何でも親が代わりにしてくれる。そうこうしているうちに、自分で行動する能力を失い、臆病になってしまう。少しでも困難にぶつかるとすぐに泣いてしまう。一人っ子は家ではわがままだが、ひとたび親と離れるととても臆病である。表面上非常に主観的で強情だが、実は情緒不安定なのである。

これらは皆一人っ子の置かれている環境と関係している。彼らは毎日家に閉じこもっていて、ほかの子どもとあまり関わらないため、人とどう接すればいいかわからない。周りは皆大人で、大人は子どもにいろいろな知識を教えてくれるが、子どもと対等に対話することができない。生活の範囲が狭く、仲間もいないことが、思考能力に欠け、繰り返し1つのことを考えてしまう子どもを作り出してしまうのだ。

[6]	**任性**	rènxìng	わがままに振る舞う・気の向くままにする
	表面	biǎomiàn	表面・うわべ
	主观	zhǔguān	主観；主観的だ
[6]	**倔强**	juéjiàng	強情だ・意地っ張りだ・意志が強い・ひるまない
	情绪	qíngxù	意欲・気分・感情；不愉快な気持ち・嫌気
	稳定	wěndìng	安定している；安定させる
*	**处**	chǔ	身を置く・住む
	交往	jiāowǎng	交際（する）・付き合う

	相处	xiāngchǔ	付き合う・共に過ごす
	平等	píngděng	平等だ
*	**天地**	tiāndì	活動範囲；天と地
	窄	zhǎi	（幅・度量が）狭い
	伙伴	huǒbàn	仲間・同僚
	造成	zàochéng	（好ましくない事態を）もたらす・引き起こす・（状況などを）作り出す・作り上げる
	思考	sīkǎo	思考する・考える
	反复	fǎnfù	繰り返す；繰り返し

文章 59

Ài kū de háizi gāi zěnme duìdài
爱哭的孩子该怎么对待

ct5-059.mp3

Kū shì háizi biǎodá qínggǎn hé tǐyàn de yìzhǒng fāngshì. Duìyú yīng'ér lái shuō, kū shì tāmen wéiyī de yǔyán, tóngshí yěshì tāmen biǎodá xiāojí qíngxù de xìnhào, bǐrú: Èle、kùnle、niàoshīle děngděng.

哭是孩子**表达情感**和**体验**的一种**方式**。对于**婴儿**来说，哭是他们**唯一**的语言，同时也是他们表达**消极情绪**的**信号**，比如：饿了、困了、**尿湿**了等等。

Dàn suízhe háizi zhǎngdà, tāmen biǎodá zìjǐ de xūyào hé tǐyàn de nénglì yuè lái yuè qiáng, kū bú zài shì wéiyī de fāngshì, tāmen huì gèng duō de yòng yǔyán、dòngzuò děng, xuézhe zìjǐ jiějué suǒ yùdào de wèntí.

但随着孩子长大，他们表达自己的需要和体验的能力越来越**强**，哭不再是唯一的方式，他们会更多地用语言、动作等，学着自己解决所遇到的问题。

Dànshì yǒu yíbùfen háizi, réngrán chángcháng yòng kū lái biǎodá zìjǐ de xiāojí qíngxù. Jiànkāng de háizi yīnggāi yǒu jījí、yúkuài de qíngxù, fùmǔ yīnggāi xiǎng bànfǎ bāng háizi gǎidiào ài kū de huài xíguàn. Jùtǐ gāi zěnme zuò ne?

但是有一部分孩子，仍然常常用哭来表达自己的消极情绪。健康的孩子应该有积极、愉快的情绪，父母应该想办法帮孩子**改**掉爱哭的坏习惯。**具体**该怎么做呢？

Shǒuxiān, yào lǐjiě háizi de mǐngǎnxìng. Mǐngǎn de háizi duì tòngkǔ de gǎnjué bǐ bié de háizi qiángliè, bú ràng háizi kū yěshì bù hǎo de, wèile ràng tāmen shǎo kū, yīnggāi gǔlì tāmen jiānqiáng, jiāo tāmen kòngzhì qíngxù. Lìngwài, hái kěyǐ tōngguò tígāo háizi de zìxìnxīn shǐ háizi shànyú kěndìng zìjǐ, tígāo chéngjiùgǎn. Hái yǒu, jiāo háizi xuéhuì yòng yǔyán biǎodá zìjǐ de tòngkǔ yě hěn zhòngyào. Yǔ cǐ tóngshí, fùmǔ yě yào xuéhuì kòngzhì zìjǐ de qíngxù, duìdài háizi yào duō xiē wēnróu, duō xiē qīngsōng yōumò. Ài kū de háizi tèbié mǐngǎn, rúguǒ gǎnjuédào dàrén de jǐnzhāng qíngxù, tāmen huì gèng jǐnzhāng. Yīncǐ dàrén zìjǐ yào xiān xuéhuì fàngsōng, búyào yǐngxiǎng háizi.

首先，要理解孩子的**敏感性**。敏感的孩子对**痛苦**的感觉比别的孩子**强烈**，不让孩子哭也是不好的，为了让他们少哭，应该鼓励他们**坚强**，教他们**控制**情绪。另外，还可以通过提高孩子的自信心使孩子**善于**肯定自己，提高**成就**感。还有，教孩子学会用语言表达自己的痛苦也很重要。与此同时，父母也要学会控制自己的情绪，**对待**孩子要多些**温柔**，多些轻松幽默。爱哭的孩子特别敏感，如果感觉到大人的紧张情绪，他们会更紧张。因此大人自己要先学会放松，不要影响孩子。

単語・表現チェック

無印赤字…5級　⑥…6級　＊…出題範囲外の語彙

	表达	biǎodá	（考えや気持ちを）表現する・伝える
＊	情感	qínggǎn	感情・情感：愛着・愛情
	体验	tǐyàn	体験（する）・身をもって経験する
	方式	fāngshì	方式・やり方・形式
⑥	婴儿	yīng'ér	（1才未満の）赤子・乳児
	唯一	wéiyī	唯一の・ただ1つの

	消极	xiāojí	否定的だ・消極的だ
	情绪	qíngxù	意欲・気分・感情：不愉快な気持ち・嫌気
	信号	xìnhào	信号・シグナル・合図・信号電波
＊	尿	niào	尿・小便
＊	湿	shī	湿っている・湿る・湿らす
＊	强	qiáng	（力が）強い・（能力が）優れている

よく泣く子どもにどのように接するか

　泣くことは子どもが感情や体験を表現する一種のスタイルである。赤ちゃんにとって泣くことは彼らの唯一の言語であり、同時にマイナスな感情を表現するシグナルでもある。例えば、お腹が空いた、眠くなった、おしっこで濡れたなど。しかし、子どもが大きくなるにつれ、彼らが自分の要望と体験したことを表現する能力も高くなり、泣くことが唯一の手段でなくなる。彼らは言語や動作をより多く用いることで、ぶつかった問題を自分で解決することを学んでいく。

　しかし、中には相変わらず泣くことでマイナスな感情を表現する子どももいる。健康的な子どもは、ポジティブで愉快な感情を持っているものであり、両親は子どものよく泣く悪い習慣をなんとか直すよう手助けするべきである。具体的にはどうすればいいのだろうか?

　まず、子どもの敏感さを理解しなければならない。敏感な子どもは苦しさに対する感覚がほかの子どもよりも極めて強く、泣くことを許さないのもよくないことだ。彼らにあまり泣かないようにさせるために、強くなるよう励まし、感情をコントロールすることを教えてあげるべきである。そのほか、子どもの自信を高めることで、子どもに自身を肯定することをうまくさせ、達成感を高めることもできる。さらに、子どもに言葉で自身の苦しさを表現するよう教えるのも大切なことである。それと同時に、親も自分の感情をコントロールし、子どもに対してもっと優しく、もっとリラックスしてユーモラスに接することを身につけるべきである。よく泣く子どもはとりわけ敏感で、大人の緊張感を感じ取るとさらに緊張してしまうので、大人は自らリラックスすることを覚え、子どもに影響を与えないようにしなければならない。

*	改	gǎi	変える・改める・訂正する・作り変える		坚强	jiānqiáng	堅固だ・ねばり強い
	具体	jùtǐ	具体的だ:実際の・特定の:具体化する		控制	kòngzhì	コントロールする・制御する
	敏感	mǐngǎn	敏感だ・デリケートだ		善于	shànyú	~するのがうまい
*	~性	xìng	~性の・~的な(性質)		成就	chéngjiù	成就(する)・達成(する)・成し遂げる:成果
	痛苦	tòngkǔ	苦痛・苦しみ:ひどく苦しい・苦痛だ		对待	duìdài	対応する・対処する・:~に対して
	强烈	qiángliè	極めて強い・強烈だ		温柔	wēnróu	おとなしい・やさしい(女性についていうことが多い)

文章 60

Háizi xué gāngqín yào zhùyì xiē shénme
孩子学钢琴要注意些什么

ct5-060.mp3

Xiànzài dàbùfen jiātíng dōu shì yíge háizi, suǒyǐ fùmǔ cóngxiǎo jiù duì háizi de jiàoyù zhuā de hěn jǐn. Hěnduō fùmǔ hěn zǎo kāishǐ jiù ràng háizi xuéxí gè zhǒng yuèqì、wǔdǎo、tǐyù děngděng, qízhōng yǒu bù shǎo rén ràng háizi xuéxí gāngqín. Yīnwèi tán gāngqín xūyào yòng shǒuzhǐ qiāodǎ jiànpán, ér duànliàn shǒuzhǐ, duì háizi de dànǎo fāyù yǒu hǎochu.

现在大部分**家庭**都是一个孩子，所以父母从小就对孩子的教育**抓**得很**紧**。很多父母很早开始就让孩子学习各种**乐器**、**舞蹈**、体育等等，其中有不少人让孩子学习钢琴。因为弹钢琴需要用**手指**敲打**键盘**，而锻炼手指，对孩子的**大脑发育**有好处。

Búguò jiàoyù zhuānjiā tíxǐng, ràng háizi xuéxí gāngqín yào zhùyì jǐge wèntí. Shǒuxiān, yào kàn háizi shìbushì zhēn de xǐhuan gāngqín. Rúguǒ búshì zhēn de xǐhuan, jíshǐ kāishǐ xuéxí, yě bùnéng jiānchí. Qícì, xuéxí gāngqín bù yídìng yuè zǎo yuè hǎo. Yǒu yánjiū biǎomíng, bù mǎn 4 suì de háizi, cháng shíjiān de liànxí duì shēntǐ fùdān guòzhòng, bú lìyú shēntǐ de jiànkāng chéngzhǎng. Zhuānjiā jiànyì xué gāngqín cóng yòu'éryuán de gāoniánjí kāishǐ. Lìngwài, yào nòng qīngchu xuéxí gāngqín de mùdì. Yǒuxiē fùmǔ yǐwéi xué gāngqín de yìyì zàiyú kǎojí, suǒyǐ yǔ qítā fùmǔ yí jiànmiàn jiù hùxiāng xúnwèn "kǎodào jǐ jí le?" Shènzhì yīnwèi háizi xué de màn yìxiē jiù kāishǐ zébèi tāmen. Háiyǒu de fùmǔ wèile xùnliàn, ràng háizi zài zhuōzishang fǎnfù liànxí, bú ràng jiēchù jiànpán. Zhèyàng yìlái, háizi tǐhuìbudào yīnyuè de kuàilè, shíjiān jiǔle, jiù huì duì xué gāngqín chǎnshēng xiāojí de qíngxù.

不过教育**专家**提醒，让孩子学习钢琴要注意几个问题。首先，要看孩子是不是真的喜欢钢琴。如果不是真的喜欢，即使开始学习，也不能坚持。其次，学习钢琴不一定越早越好。有研究**表明**，**不满**4岁的孩子，长时间的练习对身体**负担**过重，不利于身体的**健康**　**成长**。专家建议学钢琴从**幼儿园**的高年级开始。另外，要弄清楚学习钢琴的目的。有些父母以为学钢琴的**意义在于考级**，所以与其他父母一见面就互相**询问**"考到几级了？"甚至因为孩子学得慢一些就开始**责备**他们。还有的父母为了**训练**，让孩子在桌子上**反复**练习，不让**接触**键盘。这样**一来**，孩子**体会**不到音乐的快乐，时间久了，就会对学钢琴**产生**　**消极**的**情绪**。

単語・表現チェック

無印赤字…5級　⑥…6級　＊…出題範囲外の語彙

	家庭	jiātíng	家庭：家族
	抓	zhuā	つかむ・握る・とらえる：強化する・重点を置く
＊	紧	jǐn	締める・きつくする：きつい：厳重だ：切迫している
	乐器	yuèqì	楽器
⑥	舞蹈	wǔdǎo	舞踏・踊り：踊る・舞う
	手指	shǒuzhǐ	手の指
	键盘	jiànpán	鍵盤・キーボード

＊	大脑	dànǎo	脳・大脳
⑥	发育	fāyù	発育（する）・生育（する）・成長（する）
＊	不过	búguò	ただし・ただ・でも：～にすぎない
	专家	zhuānjiā	専門家・エキスパート
	表明	biǎomíng	表明（する）・はっきりと表す
＊	不满	bùmǎn	（～の数量・期間に）達しない・ならない：不満に思う
⑥	负担	fùdān	負担（する）・苦労

　現在多くの家庭では一人っ子のため、親が小さい時から子どもの教育に非常に力を入れる。多くの親が早い時期から子どもにいろいろな楽器、舞踊、スポーツなどを習わせ、中でも子どもにピアノを習わせる人が少なくない。ピアノを弾く時に指で鍵盤を叩くが、指を鍛えることが子どもの脳の発達によいからである。

　ただし教育の専門家は、子どもにピアノを習わせるにはいくつかの問題に注意すべきであるという。まず、子どもが本当にピアノが好きなのかを見極める必要がある。本当に好きでなければ、たとえ習い始めても長く続かない。次に、ピアノを習うのが早ければ早いほどよいとは限らない。ある研究では、4歳未満の子どもにとって長時間の練習は体に負担が大きすぎるため、体の健やかな成長によくないということが明らかにされている。専門家は幼稚園の高学年からピアノを習い始めるように勧めている。そのほかに、ピアノを習う目的をはっきりさせなければならない。ピアノを習う意味は昇級試験を受けることにあると考えている親がいて、そのため、ほかの保護者と会うたびに互いに「何級まで受かった?」と尋ねる。さらには覚えるのが少しでも遅いと子どもを責めたりしてしまう。また、トレーニングのために、子どもに机の上で繰り返し練習するように言い、鍵盤を触らせない親もいる。そうすると、子どもが音楽の楽しさを感じられなくなり、時間が経つにつれ、ピアノを習うことに消極的な気持ちになってしまう。

5章
教育・子育て・学生生活

成长	chéngzhǎng	成長する		反复	fǎnfù	繰り返す；繰り返し
幼儿园	yòu'éryuán	幼稚園		接触	jiēchù	触れる・触る；(人と) 接する・交流する
意义	yìyì	意義・意味	*	一来	yìlái	〜すると…(になる)
在于	zàiyú	〜にある		体会	tǐhuì	体得 (する)・身にしみてよくわかる
* 考级	kǎojí	昇級試験 (を受ける)		产生	chǎnshēng	生まれる・生み出す・出現する
询问	xúnwèn	聞く・尋ねる		消极	xiāojí	否定的だ・消極的だ
责备	zébèi	責める・非難する		情绪	qíngxù	気持ち・意欲・気分；不愉快な気持ち・嫌気
训练	xùnliàn	訓練する・トレーニングする				

文章61 Guānyú dàxuéshēng shíxí 关于大学生实习

ct5-061.mp3

Měi dào chūntiān, xǔduō dàxuéshēng jiù kāishǐ mángleqilai. Sìniánjí de bìyèshēngmen shì wèile zhǎo
每到春天，许多大学生就开始忙了起来。四年级的毕业生们是为了找
gōngzuò; ér qítā de dàxuéshēngmen, yě kāishǐ mángzhe zhǎo shíxí dānwèi, jīlěi shèhuì jīngyàn, wèi
工作；而其他的大学生们，也开始忙着找**实习单位**，积累社会经验，为
jiānglái zhǎo gōngzuò zuòhǎo zhǔnbèi. Xiànzài de dàxuéshēng zhǎo gōngzuò de yālì yuè lái yuè dà, rúguǒ néng
将来找工作做好准备。现在的大学生找工作的压力越来越大，如果能
bǎ jiǎnlìshang de “shèhuì shíjiàn” zhè yíxiàng tián de jǐnliàng wánměi, zhǎo gōngzuò shí jiù néng duōchū jǐfēn
把**简历**上的“社会**实践**”这一**项**填得**尽量完美**，找工作时就能多出**几分**
bǎwò. Dànshì jiù mùqián de xíngshì lái kàn, xiǎngyào zhǎodào yíge hǎo de shíxí dānwèi, yě búshì jiàn róngyì
把握。但是就**目前**的**形势**来看，想要找到一个好的实习单位，也不是件容易
de shì. Yuányīn yǒu liǎngge. Yī shì yǒu hěnduō qǐyè yóuyú dānxīn shíxíshēng bùnéng bǎoshǒu gōngsī de
的事。原因有两个。一是有很多**企业**由于担心实习生不能**保守**公司的
jīmì, bù gǎn yào shíxíshēng. Lìng yíge yuányīn shì, yídàn yǒu hǎo de shíxí dānwèi, dàjiā dōu qù bàomíng,
机密，不敢要实习生。另一个原因是，**一旦**有好的实习单位，大家都去报名，
jìngzhēng jiù hěn jīliè.
竞争就很**激烈**。

Rúhé zài duǎn shíjiānnèi zhǎodào yíge mǎnyì de shíxí dānwèi, shì dàxuéshēngmen gòngtóng guānxīn
如何在短时间内找到一个满意的实习单位，是大学生们共同关心
de huàtí. Yǒu jīngyànzhě jiànyì, xiǎngyào zhǎodào shìhé zìjǐ de shíxí dānwèi, shǒuxiān yào míngquè zìjǐ
的**话题**。有经验者建议，想要找到适合自己的实习单位，首先要**明确**自己
de shíxí mùdì, nòng qīngchu zìjǐ xiǎngyào cóng shíxízhōng shōuhuò shénme. Qícì yào suàn yi suàn zìjǐ
的实习目的，弄清楚自己想要从实习中**收获**什么。其次要**算一算**自己
néng yòng zài shíxíshang de shíjiān hé jīnglì, jì bùnéng dānwu xuéxí, yòu bùnéng ràng shíxí dānwèi juéde
能用在实习上的时间和**精力**，既不能**耽误**学习，又不能让实习单位觉得
nǐ duì gōngzuò búfùzérèn. Lìngwài, zuìhǎo hé dānwèi qiān shíxí hétong, zhèyàng zài shíxí qījiān wànyī
你对工作不负责任。另外，最好和单位**签**实习**合同**，这样在实习期间**万一**
fāshēng yìwài, jiù néng jiēshòu fǎlǜ bǎohù, dédào péicháng.
发生**意外**，就能接受法律保护，得到**赔偿**。

単語・表現チェック

無印赤字…5級　⑥…6級　＊…出題範囲外の語彙

	实习	shíxí	実習（する）・インターンシップ
	单位	dānwèi	職場・勤め先
	简历	jiǎnlì	履歴（書）・略歴・プロフィール
	实践	shíjiàn	実践（する）・実行（する）
	项	xiàng	項目や種類に分けたものを数える量詞
	尽量	jǐnliàng	なるべく・できるだけ（"jìnliàng"と発音し、「堪能する・心ゆくまで～する」。しかし口語では両方"jìnliàng"と発音されることも多い）

	完美	wánměi	非の打ち所がない・完璧だ
＊	几分	jǐfēn	幾分
	把握	bǎwò	自信・見込み・勝算：（機会などを）つかむ・把握する・（抽象的なものを）とらえる：（車のハンドルなどを）握る
	目前	mùqián	今のところ・現在・目下・さしあたり
	形势	xíngshì	情勢・状況・形勢
	企业	qǐyè	企業
⑥	保守	bǎoshǒu	守る・保持する：保守的だ

訳 大学生のインターンシップについて

春になると、多くの大学生が忙しくなり始める。4 年生でもうじき卒業する学生たちは就職活動のために、またそのほかの大学生たちも、社会経験を積んで、将来の就職活動のための準備をしようと、インターン先を探すのに忙しくし始める。今の大学生は就職活動のプレッシャーがますます大きくなっており、履歴書の「社会実践」という項目をできる限り完璧に埋めることができれば、就職活動の時に幾分勝算が増すからである。しかし目下の状況から見ると、よいインターン先を見つけるのもそう簡単なことではない。原因は 2 つある。1 つは実習生が会社の機密を守ることができないと危惧し、実習生を取ろうとしない企業が多いこと。もう 1 つの原因は、ひとたびよいインターン先があると、皆が申し込みに行くため、競争が激しいことである。

いかに短時間で満足のいくインターン先を見つけるかは、大学生たちが共通して関心を持つ話題である。経験者のアドバイスによると、自分に合ったインターン先を見つけたければ、まず自分のインターンシップの目的、自分がインターンシップで何を得たいかを明確にしておく必要があるという。それから、インターンシップに費やせる時間と労力を計算しておく必要があると。勉強をおろそかにしてはいけないし、インターン先の会社に仕事への責任感がないという印象を与えてもいけないからである。さらに、できれば会社と実習契約を結んだほうがよいという。そうすれば、万一インターン期間中に不意の事故が起こった場合、法律の保護を受けることができ、賠償をしてもらえるのである。

⑥	机密	jīmì	機密（だ）
	一旦	yídàn	いったん・ひとたび
	激烈	jīliè	激しい・激烈だ
	如何	rúhé	いかに・どうやって・どんな
	话题	huàtí	話題
	明确	míngquè	明確にする：明確だ
	收获	shōuhuò	収穫（する）・成果（を上げる）・有益な結果
＊	算	suàn	数える・計算する・勘定に入れる：～とみなす・～に数える
	精力	jīnglì	体力と気力・精力
	耽误	dānwu	手間どる・遅れる・滞らせる・手遅れになる
	签	qiān	署名する・サインする：メモ・簡単な言葉：棒で作ったくじ
	合同	hétong	契約・契約書
	万一	wànyī	ひょっとしたら・万が一
	意外	yìwài	意外だ・不意の事故
	赔偿	péicháng	賠償する・弁償する

文章 62

Zuò xuéshù yánjiū de tiáojiàn
做学术研究的条件

ct5-062.mp3

Xuéshù, shì xìtǒng、zhuānmén de xuéwen. Xuéshù yāoqiú zuò xuéwen de rén néng yǐ kēxué、 yánsù de
学术，是**系统**、专门 的**学问**。学术 要求 做 学问 的人 能 以科学、**严肃**的
tàidu rènzhēn duìdài xuéshù. Yǒurén shuō, yíge rén yàoxiǎng zài xuéshù yánjiūshang qǔdé yídìng de chéngjiù,
态度 认真 **对待**学术。有人 说，一个人 要想 在学术 研究上 **取得**一定的 **成就**，
bìxū yǒu yídìng de zhǔguān yǔ kèguān tiáojiàn.
必须有 一定的 **主观** 与 **客观** 条件。

Jùtǐ shuō, zhǔguānshang yào yǒu qiánlì、 xìngqù hé duì xuéshù de zhèngquè rènshí. Shǒuxiān, yào yǒu
具体说， 主观上 要 有**潜力**、兴趣和对 学术的 正确 认识。首先，要 有
yídìng de cóngshì xuéshù yánjiū de qiánlì. Xǔduōrén jīngguò chángqī kèkǔ de nǔlì, shì yǒukěnéng qǔdé
一定的 **从事** 学术研究的潜力。许多人 经过 长期 **刻苦**的努力，是 有可能 取得
yídìng xuéshù chéngjiù de, dàn yě búshì rènhé rén dōu kěyǐ zhèyàng. Qícì, yào duì xuéshù gōngzuò yǒu jiào
一定 学术 成就 的，但 也不是 任何人 都可以 这样。其次，要 对 学术 工作 有 较
qiáng de xìngqù, fǒuzé hěn nán qǔdé yídìng de xuéshù chéngjiù. Dì sān, yào duì xuéshù gōngzuò yǒu zhèngquè
强 的兴趣，否则很 难取得一定的学术 成就。第三，要对 学术 工作 有 正确
de rènshi. Zuò xuéwen shì wèile zhuīqiú zhēnlǐ, ér bùnéng zhǐ zàihu gèrén déshī.
的认识。做 学问 是为了**追求真理**，而 不能 只**在乎个人得失**。

Cóng kèguān fāngmiàn shuō, zuò xuéwen de sānge tiáojiàn shì: Shǒuxiān, yào yǒu yíge néng zìjǐ zhǎngwò
从 客观 方面 说，做 学问的三个条件是：首先，要 有一个 能 自己 **掌握**
zìjǐ de shíjiān hé jīnglì de huánjìng. Fǒuzé bùnéng jiānchí zuò xuéwen. Gèng tánbushàng zuòchū chéngjì.
自己的时间和**精力**的 环境。否则 不能 坚持 做 学问。 更 **谈不上** 做出成绩。
Qícì, yào yǒu fēngfù de、 xīn de、 gè zhǒng bùtóng de zīliào, bìng yǒu jīhuì yǔ guójì xuézhě jiāoliú. Dì
其次，要 有 丰富的、新的、各 种 不同的**资料**，**并** 有机会与国际学者交流。第
sān, yào yǒu yíge bǐjiào kuānsōng de zhèngzhì qìhòu, kěyǐ ràng xuézhě ànzhào zìjǐ de sīxiǎng hé yìzhì
三， 要 有一个比较 **宽松** 的 **政治** 气候，可以让 学者 按照自己的**思想** 和**意志**
zuò yánjiū gōngzuò.
做研究 工作。

単語・表現チェック

無印赤字…5 級　⑥…6 級　＊…出題範囲外の語彙

	学术	xuéshù	学術
	系统	xìtǒng	系統・システム：系統的だ・システマティックだ
	学问	xuéwen	学問・知識・知恵
	严肃	yánsù	（やり方・態度など）まじめだ・真剣だ：（表情・雰囲気など）厳かだ
	对待	duìdài	～に対して：対応する
＊	取得	qǔdé	獲得する・取得する・得る・手に入れる・おさめる
	成就	chéngjiù	成果：成し遂げる

	主观	zhǔguān	主観：主観的だ
	客观	kèguān	客観：客観的だ
	具体	jùtǐ	具体的だ・特定の・実際の
⑥	潜力	qiánlì	潜在力・ポテンシャル・将来性
	从事	cóngshì	従事する・携わる
	刻苦	kèkǔ	苦労をいとわない
＊	强	qiáng	（感情・意志・信念の程度が）強い・高い・固い：（力が）強い：（体が）丈夫だ：（能力が）優れている

訳 学術研究を行う条件

学術とは、体系的で、専門的な学問のことである。学術は学問をする人に、学術に対して科学的で、真剣な姿勢でまじめに取り組むことを求める。1人の人が学術研究で、ある程度の成果をあげたかったら、一定の主観的および客観的な条件を要すると言う人がいる。

具体的には、主観的条件としては、潜在能力、興味と学術に対する正しい認識が必要である。まず、ある程度学術研究を行う潜在能力があること。多くの人が長期間労力をいとわず努力をすれば、ある程度学術的成果をあげることが可能であるが、しかしすべての人がそうとは限らない。次に、学術の仕事に比較的強い興味を持っていないと、一定の学術成果をあげることは難しい。第三に、学術の仕事に対して正しい認識を持っていなければならない。学問をするのは、真理を追い求めるためであり、個人の損得ばかり気にしてはならない。

客観的な面で言うと、学問をする3つの条件はこうである。まず、自分で自分の時間とエネルギー（の使い方）をコントロールできる環境が必要である。そうでなければ学問をやり続けることができない。ましてや成果をあげることなどさらに不可能であるのは言うまでもない。次に、豊富で、新しく、いろいろな種類のデータと、海外の学者と交流する機会が必要である。第三に、研究者が自分の思想と意志に基づいて研究活動ができるような、比較的緩やかな政治状況が必要である。

	追求	zhuīqiú	追求する
[6]	真理	zhēnlǐ	真理
	在乎	zàihu	気にかける・問題にする
	个人	gèrén	個人・私
＊	得失	déshī	得失・損得：利害・よしあし
	掌握	zhǎngwò	握る・把握する・身につける
	精力	jīnglì	精力・体力と気力
＊	谈不上	tánbushàng	話にならない・言うまでもない

	资料	zīliào	資料・データ
＊	并	bìng	そして・また：その上・しかも：合わせる：並ぶ・並べる
＊	宽松	kuānsōng	ゆとりがある・余裕がある：(規制などが）ゆるい
	政治	zhèngzhì	政治
	思想	sīxiǎng	思想・考え
[6]	意志	yìzhì	意志

文章 63　Zěnyàng xiěhǎo bìyè lùnwén
怎样写好毕业论文

ct5-063.mp3

Dàxué sìniánjí, bìyèshēngmen chúle mángzhe zhǎo gōngzuò, hái yào wánchéng zuìhòu de bìyè lùnwén.
大学四年级，毕业生们除了忙着找工作，还要完成最后的毕业**论文**。
Xiě lùnwén xūyào yídìng de xiězuò jìshù, zài zhèlǐ wǒmen jiǎndān jiǎng yíxià bìyè lùnwén de jiégòu hé xiězuò
写论文需要一定的**写作**技术，在这里我们简单讲一下毕业论文的**结构**和写作
bùzhòu. Lùnwén yìbān yóu ge bùfen zǔchéng: tímù, yǐnlùn, fāngfǎ, jiéguǒ, tǎolùn, jiélùn, cānkǎo
步骤。论文一般由 9 个部分**组成**：**题目**，**引论**，方法，结果，讨论，**结论**，**参考**
wénxiàn, zài jiāshang mùlù hé fùlù.
文献，再加上**目录**和**附录**。

Lùnwén de tímù yìbān zì zuǒyòu, búyào tài cháng. Yǐnlùn bùfen hěn zhòngyào, hǎo de yǐnlùn
论文的题目一般 20字左右，不要太长。引论部分很重要，好的引论
néng shǐ dúzhě míngbai nǐ de lùnwén zài zhè yī yánjiū fāngxiàngzhōng de wèizhì. Yǐnlùnzhōng yào xiěchū yánjiū
能使读者明白你的论文在这一研究方向中的**位置**。引论中要写出研究
de bèijǐng, yánjiū mùdì, xiěmíng wèntí de fāzhǎn. Fāngfǎ bùfen, yào àn guīdìng xiěchū shíyàn (huò
的**背景**，研究目的，写明问题的发展。方法部分，要按规定写出**实验**（或
diàochá) duìxiàng、fāngfǎ、pànduàn biāozhǔn děng. Shíyàn jiéguǒ bùfen yīnggāi zǐxì fēnxī, bùnéng piànmiàn,
调查）**对象**、方法、判断标准等。实验结果部分应该仔细**分析**，不能**片面**，
gèng bùnéng nòngxūzuòjiǎ. Tǎolùn bùfen yīng zhēnduì jǐge zhǔyào de wèntí, duì shíyàn jiéguǒ jìnxíng fēnxī,
更不能**弄虚作假**。讨论部分应**针对**几个主要的问题，对实验结果进行分析，
biǎomíng zìjǐ de guāndiǎn, ér búyào zhǐshì chóngfù shíyàn jiéguǒ. Jiélùn bùfen yīnggāi xiěchū míngquè
表明自己的**观点**，而不要只是**重复**实验结果。结论部分应该写出**明确**
kěkào de jiéguǒ. Cānkǎo wénxiàn shì cúnzàizhe jiàoduō wèntí de yíbùfen, yāoqiú zūnshǒu kēxué dàodé,
可靠的结果。参考文献是**存在**着较多问题的一部分，要求**遵守**科学**道德**，
xiě de zhǔnquè quánmiàn. Zhèyàng jì biǎoshì duì bié de xuézhě de zūnzhòng, yě néng zhèngmíng zhèshì zuòzhě
写得准确**全面**。这样**既**表示对别的学者的尊重，也能证明这是作者
zài cānkǎole dàliàng yánjiū de jīchǔshang jìnxíng de kèguān gōngzhèng de yánjiū.
在参考了大量研究的基础上进行的**客观公正**的研究。

単語・表現チェック

無印赤字…5 級　⑥…6 級　＊…出題範囲外の語彙

	论文	lùnwén	論文
	写作	xiězuò	文章を書く・創作（する）
	结构	jiégòu	構成・仕組み・構造
	步骤	bùzhòu	手順・順序・段取り
	组成	zǔchéng	構成する・組み合せる・編成する
	题目	tímù	題目・テーマ：（試験などの）問題
＊	引论	yǐnlùn	序文・序論
	结论	jiélùn	結論

	参考	cānkǎo	参考（にする）・参照する
⑥	文献	wénxiàn	文献
	目录	mùlù	（本の）目次・目録・カタログ
＊	附录	fùlù	付録・附属書
	位置	wèizhi	地位・ポスト：位置・場所・席
	背景	bèijǐng	背景・バック
	实验	shíyàn	実験（する）
	对象	duìxiàng	対象：（結婚・恋愛などの）相手

訳　どのように卒業論文をうまく書くか

大学４年の卒業する学生たちは就職活動に忙しくするだけでなく、最後の卒業論文も完成させなければならない。論文を書くにはある程度の文章表現技術が必要であるが、ここでは簡単に卒業論文の構成と作成手順を述べる。論文は一般的に９つの部分から構成されている。題目、序論、方法、結果、考察、結論、参考文献、それに目次と付録資料が加わる。

論文の題目はだいたい20文字程度で、長すぎてはいけない。序論の部分はとても重要で、よい序論はその論文のその研究領域における位置づけを読者に理解させることができる。序論では、研究の背景、研究目的、研究課題（についてのこれまで）の流れについてはっきり書かなければならない。方法の部分では、規定に則して実験（もしくは調査）の対象、方法、判断基準などを書く。実験結果の部分では、注意深く分析を行うべきであり、偏っていて一面的であってはならず、虚偽の報告などなおさらしてはならない。考察の部分では、いくつかの主要な問題に焦点を当て、実験結果を分析し、自分の見解を示すべきであり、ただ実験結果を繰り返すだけではいけない。結論の部分では、明確で信頼性のある結果を書く必要がある。参考文献は比較的多く問題が存在する部分であり、科学の道徳に従い、正確で全体を網羅しているものを書かなければならない。そうすることで、ほかの学者への敬意を表し、筆者が大量の研究の基礎の上に行った、客観的で公正な研究であることを証明することもできるのである。

	分析	fēnxī	分析（する）
	片面	piànmiàn	偏っている・一面的だ・一方的だ・不公平だ：一方的な・片道だけの
*	弄虚作假	nòngxūzuòjiǎ	虚偽行為を働く・粉飾行為を働く・インチキをして人をだます
	针对	zhēnduì	～に焦点をあわせて・～に対して・的を絞って～する
	表明	biǎomíng	表明（する）・はっきりと表す
	观点	guāndiǎn	観点・見解
	重复	chóngfù	重複する・繰り返す
	明确	míngquè	明確だ：明確にする

	可靠	kěkào	頼りになる・信頼できる・確かだ
	存在	cúnzài	存在する
	遵守	zūnshǒu	守る・遵守する
	道德	dàodé	道徳：道徳的だ
	全面	quánmiàn	全面的だ・包括的だ：全体
*	既	jì	（"既～也…"の形で、２つの性質や状況が同類であることを示し）～であり（…でもある）
	客观	kèguān	客観的だ
⑥	公正	gōngzhèng	公正だ・公平だ

文章 64　小学语文教材的变化

Xiǎoxué yǔwén jiàocái de biànhuà

ct5-064.mp3

Xiǎoxué yǔwén jiàocái de biānxiě, shì ànzhào xúnxùjiànjìn de yuánzé, bāokuòle pīnyīn hé shēngdiào、shízì、xiězì、yuèdú hé zuòwén děng wǔge fāngmiàn de nèiróng. Yóuyú xiǎoxué háishì chūjí jiàoyù, jiàocái de zhǔyào mùbiāo jiùshì shízì. Chúcǐzhīwài, hái yǒu xuéhuì zhèngquè shǐyòng biāodiǎn, xuéhuì guīnà wénzhāng de nèiróng, xuéhuì xiě gǎnxiǎng děng. Xiǎoxué yǔwén jiàocái méiyǒu tǒngyī de bǎnběn, gēnjù chūbǎnshè bùtóng, yǒu shí jǐ ge bǎnběn. Zhè qízhōng, yǐ rénmín jiàoyù chūbǎnshè chūbǎn de "rénjiàobǎn" zuìwéi yǒumíng.

小学**语文教材**的**编写**，是按照**循序渐进**的**原则**，**包括**了**拼音**和**声调**、**识字**、写字、阅读和**作文**等五个方面的内容。由于小学还是**初级**教育，教材的主要**目标**就是识字。**除此之外**，还有学会正确使用**标点**，学会**归纳**文章的内容，学会写**感想**等。小学语文教材没有**统一**的**版本**，根据出版社不同，有十几个版本。这其中，以人民教育出版社**出版**的"人教版"最为有名。

Jìnnián lái, xiǎoxué yǔwén jiàocái biàn de gèngjiā fēngfù. Shǒuxiān, zhèngzhì sècǎi dàdà jiǎnshǎo. Qícì, fǎnyìng shēnghuó de nèiróng zēngjiāle. Duìbǐ guòqù, xiànzài de nèiróng xiāngduì jiào qiǎn. Chúle kèwén zhī wài, hái yǒu kèwài huódòng de nèiróng. Zài jiàoshī de zhǐdǎoxià, xuéshengmen kěyǐ gēnjù zìjǐ de xìngqù, zài kèwài liànxí zìjǐ xuédào de zhīshi. Zuìhòu, wàiguó zuòpǐn de shùliàng zēngjiāle, jiědú jiǎodù yě fāshēngle biànhuà. Zuìxīn "rénjiàobǎn" xiǎoxué yǔwén jiàocáizhōng, wàiguó zuòpǐn zhàndàole wǔ fēn zhī yī. Xiànzài de jiàoshī zài jiàoshòu guòchéngzhōng, zhǔyào cóng rénxìng de jiǎodù lái jiědú zhèxiē zuòpǐn, ér fēi xiàng jǐ shí nián qián yíyàng, cóng zhèngzhì jiǎodù lái píngjià.

近年来，小学语文教材变得更加丰富。首先，**政治色彩大大**减少。其次，**反映**生活的内容增加了。**对比**过去，现在的内容**相对**较**浅**。除了**课文**之外，还有课外活动的内容。在**教师**的**指导**下，学生们可以根据自己的兴趣，在课外练习自己学到的知识。最后，外国**作品**的数量增加了，**解读角度**也发生了变化。最新"人教版"小学语文教材中，外国作品**占**到了五分之一。现在的教师在教授过程中，主要从**人性**的角度来解读这些作品，而**非**像几十年前一样，从政治角度来**评价**。

5章　教育・子育て・学生生活

単語・表現チェック

無印赤字…5級　⑥…6級　＊…出題範囲外の語彙

＊	语文	yǔwén	（教科名の）国語：言語と文字
	教材	jiàocái	教材・教授の材料
＊	编写	biānxiě	編纂（へんさん）する・本にまとめる：創作する
⑥	循序渐进	xúnxùjiànjìn	（学習や仕事などを）順を追って一歩一歩進める
	原则	yuánzé	原則
	包括	bāokuò	（～を）含む・含める
	拼音	pīnyīn	（中国語の表音の）ローマ字表記・ピンイン
	声调	shēngdiào	声調（四声）：話や朗読の調子・声調
＊	识字	shízì	字を覚える・字が読める
	作文	zuòwén	作文（する）・文章を書く
	初级	chūjí	初級の
	目标	mùbiāo	目標・目的
＊	除此之外	chúcǐzhīwài	このほか・それ以外
	标点	biāodiǎn	句読点（をつける）
	归纳	guīnà	論理的にまとめる・要約する・帰納する
	感想	gǎnxiǎng	感想
	统一	tǒngyī	統一（の）・単一だ・一致した・統一的だ：統一する・1つにする
⑥	版本	bǎnběn	バージョン：版・版本・テキスト

訳　小学校国語教材の変化

小学校国語教材の編纂は、段階を踏んで一歩一歩進めるという原則に基づき、ピンインと声調、漢字を覚える、漢字を書く、読解、作文など5つの分野の内容を含む。小学校はまだ初級教育なので、教材の主要な目的は漢字を覚えることである。このほか、また句読点の正確な使用を勉強すること、文章の内容を要約すること、感想を書くことを身につけることなどもある。小学校国語教材は統一のバージョンがなく、出版社の違いによって、十数のバージョンがある。この中で、人民教育出版社が出版している「人教版」が最も有名だ。

ここ数年、小学校国語教材はさらに豊かになった。まず、政治的色彩が大幅に減った。次に、生活を反映した内容が増えた。過去と比べ、今の内容は比較的平易で理解しやすい。教科書の本文以外にも、課外活動の内容もある。先生の指導のもと、児童たちは自分の興味に基づいて、自分が学んだ知識を校外で演習することができる。最後に、外国作品の数が増え、文章解釈の観点も変化した。最新の「人教版」小学校国語教材の中で、外国作品は五分の一を占める。今の先生は教える過程で、主に人間性の観点からこれらの作品を解釈し、数十年前のように、政治的な角度から評価することはない。

	出版	chūbǎn	出版する
	政治	zhèngzhì	政治
	色彩	sècǎi	色・色彩：（考え方や事物の）傾向・味わい・ムード
*	大大	dàdà	大幅に・大いに・大々的に：でっかい・とても大きな
	反映	fǎnyìng	反映する：報告する
	对比	duìbǐ	対比（する）・比較（する）：割合・比例
	相对	xiāngduì	比較的・相対的に：相対的だ：向かい合う
	浅	qiǎn	平易でわかりやすい：（色・認識・程度などが）浅い
*	课文	kèwén	教科書中の本文

*	教师	jiàoshī	教師・教員
	指导	zhǐdǎo	指導（する）・導く・指図する：指針
	作品	zuòpǐn	作品
*	解读	jiědú	解釈する・読み解く・解読（する）：分析する・研究する：理解する
	角度	jiǎodù	角度・観点
	占	zhàn	占める
⑥	人性	rénxìng	人間性・ヒューマニティー
	非	fēi	～ではない：ぜひとも・どうしても
	评价	píngjià	評価（する）

文章 65

Bié zài áoyèle! Shuìmián de zhòngyàoxìng
别再熬夜了！——睡眠的 重要性

ct5-065.mp3

Wǒmen de yìshēngzhōng, hěndà yíbùfen shíjiān dōu zài zuòzhe zhème yíjiàn shìqing shuìjiào.
我们的 一生中，很大一部分时间 都 在 做着 这么一件事情——睡觉。
Wèishénme shuìmián zhème zhòngyào? Yǒurén shuō shuìmián kěyǐ gěi wǒmen yíge xiūxi de jīhuì,
为什么 **睡眠** 这么 重要？有人 说 睡眠 可以给 我们一个休息的机会，
ràng tǐlì dédào huīfù. Dàn shíjìshang, jīngguò xiǎoshí de shuìmián suǒ dédào de néngliàng jǐn xiāngdāng yú
让 **体力**得到**恢复**。但 实际上，经过 8小时的 睡眠 所得到的 **能量** 仅 **相当** 于
chī yípiàn miànbāo!
吃一**片** 面包！

Wǒmen zhīsuǒyǐ xūyào shuìjiào, shì yīnwèi tā duìyú wǒmen de nǎobù jiànkāng, qǐzhe zhòngyào de zuòyòng.
我们**之所以**需要 睡觉，**是因为**它对于我们的**脑部** 健康，起着 重要 的作用。
Quēfá shuìmián huì yǐngxiǎng wǒmen nǎobù de zhèngcháng huódòng. Rúguǒ nǐ jīngcháng áoyè, jiù huì
缺乏 睡眠 会 影响 我们脑部的 正常 活动。如果你 经常 **熬夜**，就会
gǎnjué quánshēn méiyǒu lìqi bìngqiě róngyì fā píqi. Yàoshi nǐ yìwǎn méi shuì, zhùyìlì jiù huì yánzhòng
感觉 全身 没有力气并且 容易发脾气。要是你一晚没 睡，注意力就会 严重
xiàjiàng.
下降。

Yánjiū xiǎnshì, quēfá shuìmián huì shǐ rén tíchū bú tài lǐxìng de guāndiǎn, tūrán fā píqì, shēnghuó
研究**显示**，缺乏 睡眠 会 使 人**提出**不太**理性**的 **观点**，突然发脾气，生活
zhìliàng yě huì dà shòu yǐngxiǎng. Ér shīmián shènzhì huì dǎozhì féipàng.
质量 也会大 受 影响。而 **失眠** 甚至 会 **导致** **肥胖**。
Rúguǒ chíxù quēfá shuìmián, yǔyán nénglì、fǎnyìng nénglì děng dōu huì shòudào yánzhòng de yǐngxiǎng.
如果**持续**缺乏 睡眠，语言能力、**反应** 能力 等 都会 受到 严重 的影响。
Dāng nǐ chíxù ge xiǎoshí yǐshàng bú shuìjiào, nǐ de fǎnyìng nénglì huì xiàjiàng zhì tǐnèi jiǔjīng nóngdù dádào
当 你持续17个小时 以上不睡觉，你的反应 能力会 下降 **至**体内**酒精** **浓度** **达到**
bǎifēnzhī líng diǎn líng wǔ de shíhou de shuǐpíng, yě jiùshì shuō xiāngdāngyú nǐ hēxiàle liǎngbēi pútáojiǔ,
0.05% 的时候的 水平，也就是 说 相当于 你喝下了两杯 葡萄酒，
zhèshì wéifǎn Yīngguó jiǔ hòu jiàshǐ guīdìng de liàng.
这是**违反** 英国 酒后**驾驶**规定 的 量。

Nàme, wǒmen měitiān xūyào shuì jǐge xiǎoshí ne? Diàochá xiǎnshì, wǒmen měi ge rén suǒ xūyào de
那么，我们 每天 需要 睡 几个小时呢？调查 显示，我们 每个人 **所** 需要的
shuìmián shíjiān tōngcháng shì bùtóng de. Yīncǐ wǒmen suǒ xūyào de shuìmián shíjiān, jiùshì ràng wǒmen
睡眠 时间 **通常** 是不同的。因此我们 所 需要的 睡眠 时间，就是 让 我们
báitiān bù juéde kùn jiù hǎo.
白天 不觉得困就好。

単語・表現チェック

無印赤字…5 級　⑥…6 級　＊…出題範囲外の語彙

＊	睡眠	shuìmián	睡眠：眠る
＊	体力	tǐlì	体力
	恢复	huīfù	回復する・回復させる
⑥	能量	néngliàng	エネルギー
	相当	xiāngdāng	相当する・ほぼ同じだ：かなり：適切だ
	片	piàn	偏平な形のものまたはかけら状のものを数える量詞：広い範囲の地面や水面などを数える量詞
＊	~之所以~，是因为…	~zhīsuǒyǐ~, shì yīnwèi ...	（～が）～であるゆえんは、…であるからだ

＊	脑部	nǎobù	脳部・脳
	缺乏	quēfá	足りない・乏しい：欠乏する・不足する
	熬夜	áoyè	徹夜する・夜ふかしする
＊	下降	xiàjiàng	（等級や程度が）下がる：（数量が）減る：降下する
	显示	xiǎnshì	はっきり示す・明らかに示す
＊	提出	tíchū	提出する・提起する・打ち出す・示す
＊	理性	lǐxìng	理性的だ・知的だ：理性
	观点	guāndiǎn	見解・観点

訳　もう徹夜はやめよう！　――睡眠の重要性

私たちの一生のうち、大部分の時間このようなことをしている－それは寝ることだ。

なぜ睡眠はそれほど大切なのか？　ある人は、睡眠は私たちに休む機会を与え、体力を回復させると言う。しかし、実際には、8 時間の睡眠で得るエネルギーはわずか 1 枚のパンを食べて得たエネルギーとほぼ同じなのだ！

私たちが寝なければならないのは、寝ることが私たちの脳の健康に重要な役割を果たしているからだ。

睡眠が足りないと、私たちの脳の正常な活動に影響を与える。もしあなたがしょっちゅう徹夜をしていると、全身がだるく感じ、また、怒りやすくなる。もし一晩寝なかったら、注意力がひどく下がる。

研究が明らかにしたところによると、睡眠が足りないとあまり理性的でない見解を打ち出したり、突然怒ったりしやすく、生活の質にも大いに影響するという。また、不眠は肥満まで引き起こすこともあるという。

もし睡眠が足りない状態がずっと続いたら、言語能力や、反応能力等も深刻な影響を受ける。あなたが 17 時間以上寝ない状態でいると、反応能力は下がり、体の中にあるアルコールの濃度が 0.05%に達する時のレベルまで下がる。つまり、あなたが 2 杯のワインを飲み干すのに相当し、これはイギリスの飲酒運転の規定の量に違反する量なのだ。

それでは、私たちは毎日何時間寝る必要があるのだろう？　調査では、通常どの人も必要な睡眠時間が異なるということがわかっている。私たちが必要とする睡眠時間は、昼間に眠いと思わなければそれ（その時間）でいいのだ。

	失眠	shīmián	眠れない・不眠
	导致	dǎozhì	（悪い結果を）導く・招く・引き起こす
＊	肥胖	féipàng	太っている・肥満だ
	持续	chíxù	持続する・続く
	反应	fǎnyìng	反応（する）
＊	至	zhì	～まで
⑥	酒精	jiǔjīng	アルコール
＊	浓度	nóngdù	濃度（“浓【5 級】”で「濃い」）
	达到	dádào	（目標・水準に）達する・到達する：（目的を）達成する
	违反	wéifǎn	（法則・規約などに）違反する
	驾驶	jiàshǐ	運転する・操縦する
	所	suǒ	～するところの（もの）：「“为／被”＋名詞＋“所”＋動詞」の形で、受身を表す：学校・病院などを数える量詞
	通常	tōngcháng	通常の・普通の
＊	白天	báitiān	昼・昼間（太陽が出ている間）・日中

文章 66

Néng gǎibiàn nǐ shēnghuó de xiǎoxíguàn
能改变你生活的小习惯

ct5-066.mp3

Wǒmen měi ge rén dōu yǒu hěn duō de mùbiāo, rúguǒ nǐ néng péiyǎng yìxiē hǎo de rìcháng xíguàn lái cìjī shēnghuó de mǒu yíbùfen, jiù néng wèi shíxiàn zhèxiē mùbiāo dǎxià jīchǔ. Xiàmiàn jièshào yìxiē hǎo de rìcháng xiǎoxíguàn.

我们每个人都有很多的**目标**，如果你能**培养**一些好的**日常**习惯来**刺激**生活的**某**一部分，就能为**实现**这些目标打下基础。下面介绍一些好的日常小习惯。

Yī、Hēshuǐ
一、喝水

Zǎoshang qǐchuáng hòu, kōngfù hē yìbēi shuǐ néng bāngzhù shēntǐ páichū yíyè de dúsù, cùjìn xiāohuà, cóng'ér ràng nǐ de shēntǐ gèng kuài de chōngmǎn néngliàng.

早上起床后，**空腹**喝一杯水能帮助身体**排出**一夜的**毒素**，**促进消化**，**从而**让你的身体更快地**充满能量**。

Èr、Zǎoqǐ
二、早起

Měitiān shìzhe zǎoqǐ fēnzhōng, zuò yìxiē nǐ xiǎng zuò què méi shíjiān zuò de shì, bǐrú duànliàn、yuèdú děngděng. Mànmàn kāishǐ yìtiān de shēnghuó, bùjǐn néng jiǎnqīng nǐ de yālì, hái néng ràng nǐ gèngjiā yǒu jìhuà de kāishǐ yìtiān de gōngzuò.

每天试着早起30分钟，做一些你想做却没时间做的事，比如锻炼、阅读等等。慢慢开始一天的生活，不仅能**减轻**你的压力，还能让你**更加有计划地**开始一天的工作。

Sān、Xiànzhì shàngwǎng shíjiān
三、**限制**上网时间

Wǎngshàng de shìjiè hěn jīngcǎi. Duìyú hěnduō rén lái shuō, jīngcháng shì yí shàngwǎng jiù wàngle shíjiān. Jiéguǒ yìtiān guòqùle, què shénme yě méi zuòchéng. Wèile bìmiǎn zhè zhǒng qíngkuàng de fāshēng, wǒmen kěyǐ guīdìng yíge shíjiān lái jízhōng chǔlǐ wǎngshàng de rènwu. Qítā de shíjiān ǒu'ěr jiǎnchá yíxià yóujiàn dāngrán kěyǐ, dàn zhīhòu jiù gǎnjǐn huídào rìcháng shēnghuózhōng lái ba.

网上的世界很精彩。对于很多人来说，经常是一上网就忘了时间。结果一天过去了，却什么也没做成。为了**避免**这种情况的发生，我们可以规定一个时间来**集中处理**网上的任务。其他的时间偶尔检查一下邮件当然可以，但之后就**赶紧**回到日常生活中来吧。

Yǐshàng zhèxiē kànqǐlai fēicháng jiǎndān de rìcháng xíguàn, néng gǎishàn nǐ de shēnghuó fāngshì, ràng nǐ bǎochí jiànkāng de shēntǐ zhuàngtài, gèngjiā jījí de tóurù dào měitiān de xuéxí hé gōngzuòzhōng, gèng kuài de shíxiàn zìjǐ de mùbiāo.

以上这些看起来非常简单的日常习惯，能**改善**你的生活**方式**，让你**保持**健康的身体**状态**，更加积极地**投入**到每天的学习和工作中，更快地实现自己的目标。

単語・表現チェック

無印赤字…5級　⑥…6級　＊…出題範囲外の語彙

	目标	mùbiāo	目標・目的
	培养	péiyǎng	育成する・養成する
	日常	rìcháng	日常の・普段の
	刺激	cìjī	刺激（する）
	某	mǒu	不確定な人や物事をさす・某・なにがし・ある～
	实现	shíxiàn	実現（する）・達成する
＊	空腹	kōngfù	空腹だ
＊	排出	páichū	排出する
＊	毒素	dúsù	毒素
	促进	cùjìn	促進する・促す
	消化	xiāohuà	消化（する）
	从而	cóng'ér	したがって・それによって
	充满	chōngmǎn	満たす・満ちる
⑥	能量	néngliàng	エネルギー・活力

あなたの生活を変えることができる小さな習慣

　私たちは皆それぞれ多くの目標を持っている。もしあなたがよい日常的習慣をいくつか養い、生活のある部分に刺激を与えることができれば、それらの目標を実現するための基礎を固めることができるのだ。以下にいくつかのよい日常的な小さな習慣を紹介する。

　一、水を飲む

　朝起きたら、空腹に水を一杯飲むことで一晩の毒素を排出させるのを助け、消化を促すことができる。それによって、より早くあなたの体にエネルギーを満たせるのだ。

　二、早起きをする

　毎日 30 分早起きをして、普段したくても時間がなくてできないことをしてみよう。たとえば、トレーニングや読書などだ。ゆっくりと一日を始めることで、プレッシャーの軽減にもなり、より計画的に一日の仕事を始めることができるのだ。

　三、インターネットをする時間を制限する

　ネットの世界は非常にすばらしい。多くの人にとって、ネットサーフィンをしたとたん、時間を忘れてしまうことがよくあるだろう。その結果、一日が過ぎても、何もできていないのだ。このような状況になるのを避けるために、ネット上のタスクを集中して処理する時間を決めるのだ。ほかの時間は、たまにメールなどをチェックしてもいいが、チェック後すぐに日常生活に戻ろう。

　以上、これら簡単そうに見える日常の習慣で、あなたの生活方式を改善することができ、あなたに健康的な身体状態を維持させ、より積極的に毎日の勉強や仕事に集中させ、より早く自分の目標を実現させるのだ。

*	減軽	jiǎnqīng	軽減する	赶紧	gǎnjǐn	はやく・急いで・すぐに
*	更加	gèngjiā	ますます・なおいっそう・さらに	改善	gǎishàn	改善（する）・よくする
*	有计划地	yǒu jìhuà de	計画的に（〜する）	方式	fāngshì	方式・やり方・形式
	限制	xiànzhì	制限（する）・制約（する）	保持	bǎochí	（原状のまま）保つ・保持する・維持する・持続させる
	避免	bìmiǎn	避ける・免れる	状态	zhuàngtài	状態
	集中	jízhōng	集中している：集中する	投入	tóurù	集中している：（資金を）投入する
	处理	chǔlǐ	処理する・解決する			

文章 67

Lǜsè shípǐn
绿色食品

ct5-067.mp3

Zài Zhōngguó, zhǐyào nǐ liúxīn guānchá, nǐ huì fāxiàn zài chāoshìli, yǒuxiē chǎnpǐn de bāozhuāngshang
在中国，只要你**留心观察**，你会发现在超市里，有些**产品**的**包装**上
huì yìn yǒu yíge lǜsè de yuánxíng biāozhì. Yǒu zhèyàng biāozhì de chǎnpǐn, jiàozuò "lǜsè shípǐn".
会**印**有一个绿色的**圆形标志**。有这样标志的产品，叫做“绿色**食品**”。

"Lǜsè shípǐn" shì zhǐ àn tèdìng shēngchǎn fāngshì shēngchǎn, bìng jīng guójiā de zhuānmén jīgòu
“绿色食品”是指按**特定生产方式**生产，**并经**国家的专门**机构**
jiǎnchá, yǔnxǔ shǐyòng "lǜsè shípǐn" biāozhì de wúwūrǎn、ānquán、yōuzhì、yíngyǎng de shípǐn. "Lǜsè
检查，允许使用“绿色食品”标志的无污染、安全、**优质**、**营养**的食品。“绿色
shípǐn" biāozhì tōngguò jiǎnchá hòu kěyǐ shǐyòng nián. Guòqī hòu, gōngsī bìxū chóngxīn shēnqǐng, rúguǒ
食品”标志通过检查后可以使用3年。**过期**后，公司必须重新申请，如果
bù hégé, bìxū mǎshàng tíngzhǐ shǐyòng biāozhì.
不合格，必须马上停止使用标志。

Suízhe rénmen duì shēnghuó zhìliàng yāoqiú de zhúbù tígāo, rújīn zài shípǐn wèishēng lǐngyùshang
随着人们对生活质量要求的**逐步**提高，**如今**在食品卫生**领域**上
"lǜsè shípǐn" fēicháng shòu xiāofèizhě de huānyíng. Rénmen zài gòumǎi shípǐn shí, jīngcháng dōu huì yǒuyì
“绿色食品”非常受**消费**者的欢迎。人们在**购买**食品时，经常都会**有意**
tiāoxuǎn yìnzhe "lǜsè shípǐn" biāozhì de shípǐn. Zhèyàng zuò, tú de jiùshì yíge fàngxīn. Dàn yǒu
挑选印着“绿色食品”标志的食品。这样做，**图**的就是一个放心。但有
bàodào chēng zài shìchǎngshang fāxiàn yǒu jiǎ de "lǜsè shūcài", zhè yǐnqǐle dàjiā de guānzhù. Nàme,
报道称在**市场**上发现有假的“绿色**蔬菜**”，这引起了大家的**关注**。那么，
wèishéme huì chūxiàn zhèyàng de wèntí ne? Yuánlái yǒu hěnduō gōngsī lànyòng zhège biāozhì. Bǐrú yǒu
为什么会出现这样的问题呢？原来有很多公司**滥用**这个标志。比如有
gōngsī bèi pīzhǔn zài zhǒng chǎnpǐnshang shǐyòng "lǜsè shípǐn" de biāozhì, dàn zhè ge gōngsī què zài
公司被**批准**在5种产品上使用“绿色食品”的标志，但这个公司却在
suǒyǒu de chǎnpǐnshang yìnshàngle zhè ge biāozhì. Qíshí zhēnzhèng de "lǜsè shípǐn" shì kěyǐ zài zhuānmén
所有的产品上印上了这个标志。其实真正的“绿色食品”是可以在专门
de wǎngzhànshang shūrù chǎnpǐn míngchēng jìnxíng cháxún de. Suǒyǐ yǒuguān bùmén xīwàng xiāofèizhě fāxiàn
的网站上**输入**产品**名称**进行**查询**的。所以有关**部门**希望消费者发现
kěyí de "lǜsè shípǐn" shí, néng shàngwǎng cháxún, fāxiàn yǒu jiǎ jíshí bàogào.
可疑的“绿色食品”时，能上网查询，发现有假及时**报告**。

単語・表現チェック

無印赤字…5 級　⑥…6 級　＊…出題範囲外の語彙

＊	留心	liúxīn	留意する・注意する・心に留める・気をつける
	观察	guānchá	観察する
	产品	chǎnpǐn	製品・生産物・生産品
⑥	包装	bāozhuāng	包装（する）；荷造り（する）
＊	印	yìn	印刷する・刷る・プリントする
	圆	yuán	まるい；円満だ
	标志	biāozhì	標識・しるし；示す
＊	食品	shípǐn	食品
⑥	特定	tèdìng	特定の
	生产	shēngchǎn	生産（する）
	方式	fāngshì	方式・やり方・形式
＊	并	bìng	かつ・そして・また；その上；合わせる；並ぶ・並べる
＊	经	jīng	～（の過程・手続き）を経て
⑥	机构	jīgòu	機構・組織・機構の内部組織；機械の内部構造
＊	优质	yōuzhì	上質の・良質の・高品質の
	营养	yíngyǎng	栄養・養分；栄養を供給する・栄養をつける
	过期	guòqī	期限が過ぎる
	逐步	zhúbù	徐々に・次第に
	如今	rújīn	（過去のある時点と対比して）今・今時・近頃・現在

中国では、留意して観察してみるだけで、スーパーの一部の製品のパッケージに緑の円形のマークが印刷してあることに気づくだろう。このようなマークがある製品は「グリーン食品」という。

「グリーン食品」とは、特定の生産方式で生産され、かつ、国の専門組織の検査を経て、「グリーン食品」のマークを使用することが認められた無汚染、安全、高品質で、栄養のある食品のことを指す。「グリーン食品」のマークは検査を通った後3年間使える。期限が過ぎたら、会社は改めて申請しなければならず、もし合格できなかったら、すぐにマークの使用をやめなければならない。

人々の生活の質に対する要求が徐々に高まるにつれ、現在、食品衛生の分野では、「グリーン食品」が非常に消費者の人気を集めている。人々は食品を購入する際、いつも「グリーン食品」のマークが印刷されている食品を意識的に選ぶ。それは安心を求めているからだ。しかし、報道で、マーケットで偽の「グリーン野菜」が発見されたとされ、皆の注目を集めた。では、なぜこのような問題が出てくるのだろうか？　なんとそれは多くの会社がこのマークを濫用するからなのだ。例えば、5つの製品に「グリーン食品」のマークの使用を許可された会社があるが、その会社はすべての製品にこのマークを付けたのだ。実は、本当の「グリーン食品」は専門のサイトで製品の名前を入力し、照会することができる。なので、関係機関は消費者に、怪しい「グリーン食品」を見つけたら、ネットで調べ、偽物を見つけたらすぐに報告するよう望んでいる。

領域	lǐngyù	領域・分野
消費	xiāofèi	消費（する）
＊購买	gòumǎi	購買（する）・購入（する）・買う
＊有意	yǒuyì	故意に・わざと：〜する気がある・〜したいと思う
＊挑选	tiāoxuǎn	（適切なものや人を）選ぶ・選択する・選抜する
＊图	tú	図る・狙う・〜しようと考える・意図する
报道	bàodào	報道（する）・レポート
称	chēng	言う・述べる：〜と呼ぶ・〜と称する：（目方を）量る
市场	shìchǎng	市場・マーケット

蔬菜	shūcài	野菜
＊关注	guānzhù	関心（を持つ）・注目（する）・重大な注意を払う
＊滥用	lànyòng	濫用する・むやみやたらに使う
批准	pīzhǔn	許可する・承認する
输入	shūrù	（データなどを）入力する：（外部から）送り込む
＊名称	míngchēng	名称
＊查询	cháxún	検索（する）・問い合わせる
部门	bùmén	部門・（政府の）機関・省庁
＊可疑	kěyí	いかがわしい・怪しい・うさんくさい
报告	bàogào	報告（する）

文章 68

Zěnme xuǎnzé shìhé zìjǐ de shèyǐng gōngjù
怎么选择适合自己的摄影工具

ct5-068.mp3

Suízhe jīngjì de fāzhǎn hé shēnghuó shuǐpíng de tígāo, yuè lái yuè duō de rén kāishǐ cóngshì yèyú shèyǐng. Shèyǐng xūyào gōngjù, gāng kāishǐ shèyǐng de rén, gāi zěnme xuǎnzé shèyǐng shèbèi ne? Yǒu rén rènwéi míngpái gāodàng de jiùshì hǎo de, qíshí bù yídìng. Shìshíshang, zhǐyào shǒuli yǒu yìtái pǔtōng de shùmǎ xiàngjī, jiù kěyǐ xiǎngshòu shèyǐng de kuàilè. Xuǎnzé shèbèi zhǔyào shì yào shìhé zìjǐ.

随着经济的发展和生活水平的提高，越来越多的人开始**从事业余摄影**。摄影需要**工具**，刚开始摄影的人，该怎么选择摄影**设备**呢？有人认为**名牌高档**的就是好的，其实不一定。**事实**上，只要手里有一台普通的**数码**相机，就可以**享受**摄影的快乐。选择设备主要是要适合自己。

Shǒuxiān, yào kàn nǐ de shèyǐng nèiróng shì shénme. Shì yào pāi fēngjǐng, rénwù, dòngwù, háishi yào pāi tǐyù jìngsài děng. Gēnjù zìjǐ de shèyǐng mùdì, gòumǎi jùbèi xiāngyìng gōngnéng de shèbèi jiù kěyǐle. Měi ge rén dōu yǒu zìjǐ de xìngqù àihào, yě bù kěnéng shénme shèyǐng lǐngyù dōu qù shèjí, zhǐyào mǎi zìjǐ xūyào de shèbèi jiù gòule, búyòng shénme dōu mǎi. Lìngwài, mǎi de shíhou, yào shìxiān dìnghǎo yùsuàn, ránhòu jǐnshèn xuǎnzé gòumǎi dìdiǎn、huòbǐsānjiā. Tóng yíge chéngshì shāngdiàn bùtóng, jiàgé jiù huì bù yíyàng. Jíshǐ shì tóng yìjiā shāngdiàn, jīntiān hé míngtiān de jiàgé yě huì bù yíyàng. Mǎi de shíhou, yào duō bǐjiào jǐjiā diàn, búyào pà duō pǎo jǐtàng. Rúguǒ kěyǐ, yě bié wàngle tǎojiàhuánjià. Fǒuzé mǎi le zhīhòu fāxiàn yǒu gèng piányi de, hòuhuǐ yě láibují le.

首先，要看你的摄影内容是什么。是要**拍风景**，**人物**，动物，还是要拍体育**竞赛**等。根据自己的摄影目的，**购买具备相应功能**的设备就可以了。每个人都有自己的兴趣爱好，也不可能什么摄影**领域**都去**涉及**，只要买自己需要的设备就够了，不用什么都买。另外，买的时候，要**事先**定好**预算**，然后**谨慎**选择购买地点、**货比三家**。同一个城市商店不同，价格就会不一样。即使是同一家商店，今天和明天的价格也会不一样。买的时候，要多比较几家店，不要怕多跑几趟。如果可以，也别忘了**讨价还价**。否则买了之后发现有更便宜的，后悔也来不及了。

単語・表現チェック

無印赤字…5 級　⑥…6 級　＊…出題範囲外の語彙

	从事	cóngshì	従事する・携わる
	业余	yèyú	余暇の・専門外の・勤務時間外の
	摄影	shèyǐng	写真を撮る・(映画を) 撮影する
	工具	gōngjù	工具・道具
	设备	shèbèi	設備・備品；備える
	名牌	míngpái	有名ブランド；名札
	高档	gāodàng	高級な；高級品・高級サービス
	事实	shìshí	事実
	数码	shùmǎ	デジタル；数字
	享受	xiǎngshòu	享受 (する)・受ける・味わい楽しむ
	拍	pāi	(映画を) 撮影する・(写真を) 撮る；叩く
	风景	fēngjǐng	風景・景色
	人物	rénwù	人物・(作品中の) 登場人物

[訳] 自分に合った撮影道具をいかに選ぶか

経済の発展と生活水準の上昇にともない、余暇の趣味として（写真）撮影を始める人がますます増えている。撮影には道具が必要であるが、撮影を始めたばかりの人は、どのように撮影機材を選べばよいのだろうか？　有名ブランドで高価なものがいいと思っている人もいるが、実際はそうとは限らない。事実上、1台の普通のデジタルカメラさえ手にしていれば、撮影を楽しむことができるのである。自分に合った機材を選ぶことが一番大切なのである。

まず、（どんな機材を選ぶかは）何を撮影するかによる。撮影するのが風景なのか、人物なのか、動物なのか、あるいはスポーツ競技なのか。自分の撮影目的によって、それ相応の機能が備わっている機材を購入すればいい。誰もがそれぞれに興味や趣味があり、すべての撮影ジャンルに触れることも不可能であるのだから、自分に必要な機材だけ買えば十分であり、何から何まで買う必要はない。また、買う時に、事前に予算を決めておいてから、買う場所を慎重に選び、商品は何件か回ってよく見比べなければならない。同じ都市でも店が違えば価格が違う。たとえ同じ店でも、今日と明日の価格が違うこともある。買う時は、いくつかの店を見比べ、何回か通うことを恐れないこと。可能であれば、値引き交渉も忘れないように。でなければ、買った後でもっと安いのが見つかって、後悔しても間に合わないのだ。

⑥	竞赛	jìngsài	（文化娯楽・体育活動・学習など広い面で）競争（する）・優劣を競う
＊	购买	gòumǎi	買い付ける・仕入れる・購入する
	具备	jùbèi	具備する・備える
⑥	相应	xiāngyìng	それに相応する・それに応対する・それに応じる
	功能	gōngnéng	機能・功能
	领域	lǐngyù	領域・分野

⑥	涉及	shèjí	触れる・関係する・関わる
	事先	shìxiān	事前に
＊	预算	yùsuàn	予算：予算を立てる・予算を組む
	谨慎	jǐnshèn	慎重だ・慎み深い
＊	货比三家	huòbǐsānjiā	何軒か店舗を回って見比べる
	讨价还价	tǎojiàhuánjià	値段を掛け合う（売り手が値をつけ買い手が値切る）

文章 69

Chūnjì chángjiàn de jíbìng
春季常见的疾病

ct5-069.mp3

Dōng qù chūn lái, chūn nuǎn huā kāi. Chūntiān shì tiānqì huínuǎn, huācǎo chóngxīn huīfù shēngzhǎng de
冬去春来，春暖花开。春天是天气回暖，花草重新**恢复生长**的
jìjié. Búguò, yóuyú zhè ge jìjié tiānqì hū lěng hū rè, qìwēn jīngcháng fāshēng biànhuà, róngyì yǐnqǐ gè
季节。**不过**，由于这个季节天气**忽**冷**忽**热，气温经常发生变化，容易引起各
zhǒng jíbìng de fāshēng. Chūnjì chángjiàn de jíbìng yǒu hūxī xìtǒng jíbìng, huāfěn guòmǐn, nǎogěngsè děng.
种**疾病**的发生。春季**常见**的疾病有**呼吸系统**疾病，**花粉过敏**，**脑梗塞**等。

Hūxī xìtǒng jíbìng zuì chángjiàn de yǒu liúxíngxìng gǎnmào (liúgǎn) děng. Liúgǎn yǒu chuánrǎnxìng,
呼吸系统疾病最常见的有流行性感冒（**流感**）等。流感有**传染**性，
yùfáng liúgǎn zuìhǎo búyào qù rén duō de dìfang, yào duō hē báikāishuǐ, shìdàng yùndòng, bǎochí fángjiānnèi
预防流感最好不要去人多的地方，要多喝白**开水**，**适当**运动，**保持**房间内
yídìng de shīdù, bú guòfèn gānzào.
一定的**湿度**，不**过分干燥**。

Huāfěn guòmǐn de rén huì chūxiàn dǎ pēntì, yǎnjing yǎng, liúlèi děng zhèngzhuàng. Huāfěn guòmǐn de
花粉过敏的人会出现**打喷嚏**，眼睛**痒**，**流泪**等**症状**。花粉过敏的
rén yào zhùyì lí huācǎo yuǎn yìxiē, rúguǒ dàole yíge dìfang chūxiàn késou, dǎ pēntì děng zhèngzhuàng,
人要注意离花草远一些，如果到了一个地方出现咳嗽，打喷嚏等症状，
yào mǎshàng líkāi; rúguǒ zhèngzhuàng hěn yánzhòng, zuìhǎo zài chūntiān dàolái zhīqián, dào yīyuàn qù dǎ
要马上离开；如果症状很严重，最好在春天到来之前，到医院去打
yùfángzhēn.
预防针。

Suízhe shēnghuó shuǐpíng de tígāo, nǎogěngsè chéngwéi yuè lái yuè chángjiàn de jíbìng zhī yī.
随着生活水平的提高，脑梗塞成为越来越常见的疾病之一。
Chūntiān qìwēn biànhuà dà, yóuqí yào zhùyì. Yùfáng nǎogěngsè, yǎngchéng liánghǎo de shēnghuó xíguàn hěn
春天气温变化大，尤其要注意。预防脑梗塞，养成**良好**的生活习惯很
zhòngyào. Bǐrú shǎo chī táng, shǎo chī yán, jiè yān jiè jiǔ, bǎozhèng chōngfèn de shuìmián děngděng.
重要。比如少吃糖，少吃盐，**戒**烟戒酒，保证**充分**的**睡眠**等等。

単語・表現チェック

無印赤字…5 級　⑥…6 級　＊…出題範囲外の語彙

	恢复	huīfù	回復する・回復させる
	生长	shēngzhǎng	成長（生長）する・生まれ育つ
＊	不过	búguò	ただし・ただ・でも；～にすぎない
＊	忽～忽…	hū~hū...	急に～と思えばまた…になる・突然～たり…たり
⑥	疾病	jíbìng	病気・疾病
＊	常见	chángjiàn	よく見かける・ありふれている
	呼吸	hūxī	呼吸（する）

	系统	xìtǒng	系統・システム
＊	花粉	huāfěn	花粉
	过敏	guòmǐn	過敏（症）・アレルギー
＊	脑梗塞	nǎogěngsè	脳梗塞
＊	流感	liúgǎn	インフルエンザ・流感
	传染	chuánrǎn	伝染する・うつる
	预防	yùfáng	予防する

[訳] 春に起こりやすい病気

冬が去り、春が来る。春は暖かく、花が咲く。春は暖かさが戻り、草花が新たに成長を取り戻す季節である。しかし、この季節の天気は寒かったかと思えば暖かかったりして、気温がよく変化するため、いろいろな病気を引き起こしやすい。春に起こりやすい病気には、呼吸器系統の病気、花粉症、脳梗塞などがある。

呼吸器系統の病気で最も起こりやすいものにはインフルエンザ（インフル）などがある。インフルには伝染性があり、インフルを予防するためにはできるだけ人の多い場所に行かず、白湯をたくさん飲み、適度に運動し、部屋の中は一定の湿度を保ち、乾燥しすぎないようにする必要がある。

花粉症の人には、くしゃみをする、目がかゆい、涙が出るなどの症状が現れる。花粉症の人は草花から少し離れるように注意し、もしあるところに行って咳が出たり、くしゃみをしたりという症状が出ることがあったら、すぐにそこから離れたほうがいい。症状があまりに強い場合、春になる前に、病院で予防注射をしたほうがいい。

生活水準が上がるにつれ、脳梗塞はますます起こりやすい病気の１つになってきている。春は気温の変化が激しいため、特に注意する必要がある。脳梗塞を予防するには、よい生活習慣を身につけることが重要である。例えば、糖分と塩分を控え、禁煙禁酒し、十分な睡眠を確保する、などである。

	开水	kāishuǐ	湯（“白开水”で「白湯」）
*	适当	shìdàng	適当だ・適切だ・ちょうどよい・妥当だ
	保持	bǎochí	（原状のまま）保つ・保持する・維持する・持続させる
*	湿度	shīdù	湿度・湿り気
	过分	guòfèn	あまり～しすぎる・度を超す
	干燥	gānzào	乾燥している
	打喷嚏	dǎ pēntì	くしゃみをする

	痒	yǎng	かゆい
	流泪	liúlèi	涙を流す
⑥	症状	zhèngzhuàng	症状
	良好	liánghǎo	良好だ・よい
	戒	jiè	断つ・やめる：用心する・警戒する
	充分	chōngfèn	十分だ：十分に・余すところなく
*	睡眠	shuìmián	睡眠

文章 70 Wǔshùrè 武术热

ct5-070.mp3

Wǔshù, yòu jiào gōngfu, shì Zhōngguó chuántǒng de tǐyù xiàngmù. Wǔshù zài Zhōngguó bùjǐn yǒuzhe
武术，又 叫 功夫，是 中国 **传统** 的体育 **项目**。武术 在 中国 不仅有着
yōujiǔ de lìshǐ, yě yǒuzhe guǎngfàn de qúnzhòng jīchǔ. Ná tàijíquán lái shuō, zǎoshang hé wǎnshang zài
悠久的历史，也有着 **广泛** 的 **群众** 基础。拿**太极拳**来 说，早上 和 晚上 在
quánguó gèdì de gōngyuánli guǎngchǎngshang, dōu néng kàndào yǐ zhōnglǎoniánrén wéizhǔ de rénmen zài suízhe
全国 各地的公园里 **广场**上， 都 能 看到**以** 中老年人 **为主**的人们在随着
yīnyuè liànxí. Wǔshù fēn hěnduō zhǒnglèi, jì yǒu xiàng tàijíquán nàyàng dòngzuò huǎnmàn shìhé zhōnglǎoniánrén
音乐练习。武术 分 很多 **种类**，**既**有 像 太极拳那样 动作 **缓慢** 适合 中老年人
jiànshēn de, yě yǒu xiàng shàolín gōngfu nàyàng gōngjīxìng bǐjiào qiáng de.
健身 的，也有 像 少林 功夫 那样 **攻击**性比较 **强** 的。

Jìn jǐ nián, chūxiànle xǔduō wǔshù xùnliànbān, wǔshù xiàlìngyíng děngděng, hěnduō fùmǔ shǔjià
近几年，出现了许多武术**训练**班，武术**夏令营** 等等，很多父母暑假
fēnfēn sòng háizi qù cānjiā. Qí yuányīn kěnéng shì, shǔjià yǒu liǎnggeyuè de shíjiān, háizi zài jiāli shì
纷纷 送 孩子去参加。其原因 可能是，暑假有 两个月的时间，孩子在家里是
wánquán fàngsōng de, ér fùmǔ què yào shíkè dānxīn jǐnzhāng, yóuqí shì tiáopí ài dòng de nánháizi.
完全 放松 的，而父母却 要**时刻**担心 紧张，尤其是**调皮**爱 动 的男孩子。
Wǔshù xiàlìngyíng jì kěyǐ duànliàn shēntǐ, yòu néng shǐ háizi jiēchù hé liǎojiě Zhōngguó de chuántǒng
武术 夏令营既可以 锻炼 身体，又 能 使孩子**接触**和了解 中国 的 传统
wénhuà, péiyǎng háizi de dúlì jīngshén. Búguò, wǔshù xùnliànbān yě búshì zhǐyǒu nánháizi cái qù de
文化，**培养**孩子的**独立精神**。**不过**，武术训练班也不是只有男孩子才去的
dìfang. Rúguǒ yǒu jīhuì qù kànkan nǐ jiù huì zhīdào, yǒu xǔduō fùmǔ zài gēn háizi yìqǐ xué wǔshù
地方。如果 有机会去看看你就会知道，有许多父母在跟孩子一起学武术
jiànshēn; hái yǒu niánqīng de báilǐng nǚxìng yě zài xùnliànbān xuéxí yìxiē jiǎndān de zìwèishù.
健身；还有 年轻 的**白领**女性也在 训练班 学习一些简单的**自卫术**。

単語・表現チェック

無印赤字…5級　⑥…6級　＊…出題範囲外の語彙

	武术	wǔshù	武術
	传统	chuántǒng	伝統：伝統的だ・従来の
	项目	xiàngmù	種目・項目・プロジェクト・計画
	悠久	yōujiǔ	悠久だ・はるかに久しい
	广泛	guǎngfàn	広範だ・幅広い：普遍的だ
⑥	群众	qúnzhòng	大衆・民衆
	太极拳	tàijíquán	太極拳
	广场	guǎngchǎng	広場

＊	以～为主	yǐ~wéizhǔ	～を主とする・中心とする
	种类	zhǒnglèi	種類・品種
＊	既	jì	（"既～也…"の形で、2つの性質や状況が同類であることを示し）～であり（…でもある）
＊	缓慢	huǎnmàn	（行動・リズム・口調・水流・事態の変化などが）ゆっくりしている
	健身	jiànshēn	体力作り（をする）
⑥	攻击	gōngjī	攻撃（する）

　武術（中国武術・ウーシュー）は、カンフーとも呼ばれており、中国の伝統的なスポーツ種目である。武術は中国において長い歴史があるだけでなく、幅広い民衆の支持を得ているものでもある。太極拳を例にとって言うと、朝と晩に全国各地の公園や広場で、中高年を中心とした人々が音楽に合わせて練習しているのが見受けられる。武術はたくさんの種類に分かれており、太極拳のような、動きがゆっくりで中高年の体力作りに向いているものもあれば、少林カンフーのような、攻撃性の強いものもある。

　近年、武術トレーニング教室や、（青少年の）武術サマーキャンプなどが多く現れ、大勢の親が夏休みに続々とそこに子どもを参加させている。その理由には、夏休みは2ヶ月あり、子どもは家で完全にリラックスできるが、親は常に心配し気を張っていなければならないということもあるかもしれない。特にわんぱくでよく動く男の子の場合はそうである。武術サマーキャンプは体を鍛えることができるだけでなく、子どもに中国の伝統文化に触れされ、理解させることもできれば、子どもの自立心を育成することもできる。ただ、武術トレーニング教室は男の子だけが行くところではない。もし機会があったら見に行けばわかるが、多くの親が子どもと一緒に武術を習い、体力作りをしており、また、若いホワイトカラーの女性もそこで簡単な自衛術を習っている。

6章
個人生活・趣味・健康・スポーツ

*	強	qiáng	強い・力がある・(体が)丈夫だ・(能力が)優れている
	训练	xùnliàn	訓練する・トレーニングする
	夏令营	xiàlìngyíng	(青少年の)サマーキャンプ
	纷纷	fēnfēn	次から次へと：雑多だ
	时刻	shíkè	時々刻々・絶えず：時刻
	调皮	tiáopí	わんぱくだ・言うことを聞かない・ずる賢い
	接触	jiēchù	(人と)接する・交流する：触れる・触る

	培养	péiyǎng	育成する・養成する
	独立	dúlì	独立(する)：単独で
	精神	jīngshén	精神・心：精神上の：主旨・真意("jingshen"で「元気・意気込み：元気がある・生き生きとしている」)
*	不过	búguò	ただし・ただ・でも：～にすぎない
*	白领	báilǐng	ホワイトカラー
*	自卫	zìwèi	自衛・自己防衛

文章 71

Huáiyùn qījiān yīnggāi zhùyì shénme
怀孕期间应该注意什么

ct5-071.mp3

Xiànzài yǒu xǔduō niánqīng de péngyou dōu bú tài qīngchu huáiyùn qījiān yīnggāi zhùyì xiē shénme. Zài
现在有许多年轻的朋友都不太清楚**怀孕期间**应该注意些什么。在
zhèlǐ wǒmen wèi dàjiā jiǎndān jièshào yíxià.
这里我们为大家简单介绍一下。

Shǒuxiān shì shēnghuó xíguàn fāngmiàn. Yùnfù zuìhǎo búyào dào diànyǐngyuàn、shāngdiàn děng rén duō、
首先是生活习惯方面。**孕妇**最好不要到电影院、商店等人多、
huīchén dà de dìfang. Xǐyīfu shí zuìhǎo yòng féizào, shǎo yòng xǐyīfěn. Xiàtiān búyào zài yǒu kōngtiáo de
灰尘大的地方。洗衣服时最好用**肥皂**，少用**洗衣粉**。夏天不要在有空调的
fángjiānli dāi de tài jiǔ. Lìngwài, fúzhuāng yīnggāi xuǎn sīchóulèi bǐjiào qīng de.
房间里**呆**得太久。另外，**服装**应该选**丝绸类**比较轻的。

Qícì shì yǐnshí fāngmiàn. Yùnfù yīnggāi shǎo hē nóng chá、nóng kāfēi. Yīnggāi duō chī huāshēng huòzhě
其次是**饮食**方面。孕妇应该少喝**浓**茶、浓咖啡。应该多吃**花生**或者
dòulèi shípǐn, shǎo chī hǎixiān. Lìngwài, zuìhǎo měi ge yuè qù yīyuàn kàn nèikē, zuò yícì "wēiliàng yuánsù
豆类食品，少吃**海鲜**。另外，最好每个月去医院看**内科**，做一次“**微量元素**
jiǎnchá", yǐ liǎojiě hé bǔchōng bùzú de tiě、gài děng wēiliàng yuánsù.
检查”，以了解和**补充不足**的铁、**钙**等微量元素。

Zuìhòu shì shēngbìng shí yīnggāi cǎiqǔ de cuòshī. Zài huáiyùn liǎnggeyuè zuǒyòu de shíhou, huì
最后是生病时应该**采取**的**措施**。在怀孕两个月左右的时候，会
chūxiàn tóuyūn、xiǎng tù děng fǎnyìng. Zhège shì zhèngcháng de, búyòng tài dānxīn. Rúguǒ tù de lìhai,
出现头**晕**、想**吐**等**反应**。这个是正常的，不用太担心。如果吐得厉害，
kěyǐ duō chī yìxiē qīngdàn de dōngxi. Zài huáiyùn qījiān yào zhùyì bǎonuǎn. Rúguǒ zháoliángle, gǎnjué sǎngzi
可以多吃一些**清淡**的东西。在怀孕期间要注意**保暖**。如果**着凉**了，感觉**嗓子**
téng shènzhì quánshēn fādǒu, yīnggāi mǎshàng qù guàhào jízhěn, bùnéng suíbiàn chī yào. Lìngwài, rúguǒ
疼甚至全身**发抖**，应该马上去**挂号急诊**，不能随便吃药。另外，如果
chūxiàn yáchǐ chūxiě huò gǎnjué hòubèi tòng、yāo suān shí, yě yīnggāi mǎshàng qù zuò jiǎnchá, qiānwàn bùnéng
出现**牙齿**出**血**或感觉**后背**痛、**腰**酸时，也应该马上去做检查，千万不能
hūshì. Rúyù jǐnjí qíngkuàng, yīnggāi mǎshàng jiào jiùhùchē, bùnéng tuōyán.
忽视。如遇**紧急**情况，应该马上叫**救护车**，不能**拖延**。

単語・表現チェック

無印赤字…5級　⑥…6級　＊…出題範囲外の語彙

	怀孕	huáiyùn	妊娠する
	期间	qījiān	期間
＊	孕妇	yùnfù	妊婦
	灰尘	huīchén	ほこり
	肥皂	féizào	せっけん
＊	洗衣粉	xǐyīfěn	（洗濯）洗剤
	呆	dāi	とどまる・滞在する（"待 dāi"と同じ）；ぼんやりする；頭が鈍い
	服装	fúzhuāng	服装・身なり
	丝绸	sīchóu	シルク・絹織物
＊	类	lèi	たぐい・種類；似る・類似する
⑥	饮食	yǐnshí	飲食・食事；飲んだり食べたりする
	浓	nóng	濃い；（程度が）深い
	花生	huāshēng	落花生・ピーナッツ
＊	豆类	dòulèi	マメ科牧草類
＊	食品	shípǐn	食品・食料品・食べ物
	海鲜	hǎixiān	生鮮魚介類・海鮮物
	内科	nèikē	内科
＊	微量	wēiliàng	微量
⑥	元素	yuánsù	化学元素；要素・因素
	补充	bǔchōng	補足する・補充する
	不足	bùzú	不足する・不十分だ；～するに足りない；～できない・～してはいけない
＊	钙	gài	カルシウム

[訳] 妊娠期間に何に注意すべきか

現在、多くの若者たちが妊娠期間中に何を注意すべきかをあまり詳しく知らない。ここでは、皆さんに簡単に紹介しよう。

まず、生活習慣の面だ。妊婦は映画館や店など、人が多く、ほこりが多いところへできるだけ行かないほうがよい。洗濯する時は、できるだけせっけんを使い、(洗濯)洗剤を使わないほうがいい。夏はクーラーのある部屋にあまり長くいないほうがいい。また、服は絹織物類で、比較的軽いものを選ぶべきだ。

次に飲食の面だ。妊婦は濃いお茶、濃いコーヒーをあまり飲まないようにしたほうがよい。ピーナッツまたは豆類食品をよく食べ、魚介類はあまり食べないほうがいい。また、毎月、病院へ行って内科にかかり、一度「微量元素検査」をして、不足している鉄分、カルシウムなどの微量元素を把握し、補給したほうがよい。

最後に病気の時にとるべき対策だ。妊娠してから2ヶ月前後の頃には、めまいがしたり、吐き気がしたりするなどの反応が出ることがある。これらは通常の反応なので、あまり心配しなくてもよい。もしひどく吐くようなら、あっさりしたものを多めに食べるといい。妊娠期間中には、あたたかく保つことに注意しなければならない。もし寒さにあたって、のどが痛くなり、ひいては全身に震えまで感じたら、直ちに急診へ受付に行くべきだ。むやみに薬を飲んではいけない。また、もし歯(歯ぐき)から出血したり、または背中が痛い、腰がだるいと感じたりする場合も直ちに検査を受けに行かなければならない。決して無視してはいけない。緊急状況に遭った場合、直ちに救急車を呼ばねばならない。先送りにしてはならない。

	采取	cǎiqǔ	(方針・手段などを)とる・採用する
	措施	cuòshī	措置・対策
	晕	yūn	頭がくらくらする・気絶する
	吐	tù	吐く・吐き出す
	反应	fǎnyìng	(意見・態度などによる)反響:反応(する)
	清淡	qīngdàn	(食べ物が)あっさりしている・さっぱりしている
*	保暖	bǎonuǎn	保温する・一定の温度を保つ
	着凉	zháoliáng	寒さ(冷気)にあたる:風邪をひく
	嗓子	sǎngzi	のど・声
	发抖	fādǒu	(体が)震える
	挂号	guàhào	手続きを申し込む:書留にする
	急诊	jízhěn	急診
	牙齿	yáchǐ	歯
	血	xiě/xuè	血・血液(話し言葉で単独で用いる場合、日常的な複合語に用いる場合は【xiě】、書き言葉で単独で用いる場合、成語や大多数の複合語では【xuè】と発音することが多い)
	后背	hòubèi	背中
	腰	yāo	腰・ウエスト:真ん中あたり・中間部分
	忽视	hūshì	無視する・軽視する
	紧急	jǐnjí	緊急だ・差し迫っている
	救护车	jiùhùchē	救急車
⑥	拖延	tuōyán	引き延ばす・遅らせる

文章72 Shéi diū de qián? 谁丢的钱?

ct5-072.mp3

XiǎoZhāng shì ge rèxīn de rén. Yǒu yì tiān, tā zài gōngsīli jiǎndào liǎngzhāng yìbǎikuài de rénmínbì, mǎshàng dàochù wèn: "Shéi diū de qián?" Hǎnle bàntiān, méi rén huíyìng. Dàole xiàwǔ, LǎoWáng zhǎodàole XiǎoZhāng, shuō zìjǐ shàngwǔ diàole liǎngbǎikuài. Děng XiǎoZhāng bǎ qián huángěi LǎoWáng, tā cái juéde búduìjìn. XiǎoZhāng xiǎng: LǎoWáng shàngwǔ zài wàimiàn cānjiā péixùn, tā zěnme kěnéng shàngwǔ zài gōngsīli diūle qián ne? Zhè huí juéduì shì shàngdàng shòupiànle. XiǎoZhāng yuè xiǎng yuè shēngqì, jiù xiǎng jiàoxùn yíxià LǎoWáng.

小张是个**热心**的人。有一天，他在公司里**捡**到两张一百块的**人民币**，马上到处问："谁丢的钱？"**喊**了半天，没人**回应**。到了下午，老王找到了小张，说自己上午掉了两百块。等小张把钱还给老王，他才觉得**不对劲**。小张想：老王上午在外面参加**培训**，他怎么可能上午在公司里丢了钱呢？这回**绝对**是**上当受骗**了。小张越想越生气，就想**教训**一下老王。

Dì 'èr tiān, XiǎoZhāng dàile liǎngzhāng jiǎ de rénmínbì, gùyì zài LǎoWáng bàngōngshì ménwài hǎn: "Shéi diū de qián?" Méi xiǎngdào LǎoWáng méi chūlai, gōngsī de Sūn jīnglǐ què zǒule chūlai, tā wèn: "XiǎoZhāng, nǐ jiǎnle duōshao qián?"

第二天，小张带了两张假的人民币，故意在老王办公室门外喊："谁丢的钱？"没想到老王没出来，公司的孙经理却走了出来，他问："小张，你捡了多少钱？"

XiǎoZhāng liánmáng bǎ jiǎ de rénmínbì shōujìn kǒudàili, xiǎoshēng de shuō: "Liǎng…… bǎi."

小张**连忙**把假的人民币收进**口袋**里，小声地说："两……百。"

Sūn jīnglǐ yì tīng, gāoxìng de shuō: "Zuótiān wǒ diūle liǎngbǎikuài, nǐ gěi wǒ ba!"

孙经理一听，高兴地说："昨天我丢了两百块，你给我吧！"

XiǎoZhāng yì tīng, zháojíle, kě tā yě bù gǎn shuō shíhuà, zhǐhǎo cóng lìng yíge kǒudàili náchū liǎngbǎikuài zhēn de rénmínbì gěile Sūn jīnglǐ. Děng Sūn jīnglǐ zǒuhòu, XiǎoZhāng shífēn hòuhuǐ, zhè shí yòu pèngdàole LǎoWáng.

小张一听，着急了，可他也不敢说**实话**，只好从另一个口袋里拿出两百块真的人民币给了孙经理。等孙经理走后，小张十分后悔，这时又**碰**到了老王。

LǎoWáng wèn: "Gāngcái shì shéi diū de qián a?" XiǎoZhāng shēngqì de shuō: "Sūn jīnglǐ!"

老王问："刚才是谁丢的钱啊？"小张生气地说："孙经理！"

LǎoWáng tīngle, gāoxìngqǐlai: "Sūn jīnglǐ diū de? Nà wǒ zhènghǎo jiǎnle liǎngbǎikuàiqián, wǒ gěi tā sòng qù."

老王听了，高兴起来："孙经理丢的？那我正好捡了两百块钱，我给他送去。"

単語・表現チェック

無印赤字…5級　⑥…6級　*…出題範囲外の語彙

	热心	rèxīn	親切だ・やさしい・熱心だ
	捡	jiǎn	拾う
	人民币	rénmínbì	人民元・人民幣
	喊	hǎn	(大声で) 叫ぶ：(人を) 呼ぶ
*	回应	huíyìng	返事 (をする)
*	不对劲	búduìjìn	変だ・おかしい・しっくりこない：すまない・申し訳ない：気が合わない・うまが合わない
	培训	péixùn	(幹部や技術員を) 訓練し育成する・研修 (する)

訳　誰が落としたお金？

張さんは親切な人だ。ある日、彼は会社の中で100元の人民幣（中国の通貨）を2枚拾い、すぐにあちこちで「どなたが落としたお金ですか？」とずっと叫んで回ったが、答える人はいなかった。午後になると、王さんが張さんを見つけ、自分が午前中に200元をなくしたと言った。張さんは王さんにお金を返した後になってはじめて、何かしっくりこないと感じた。王さんは午前中に外で研修に参加していたのに、午前中に社内でお金を落とすことがあるだろうか？今回は絶対に騙されたと張さんは思った。

張さんは考えれば考えるほど腹が立ってきて、王さんをこらしめてやろうと思った。

次の日、張さんは偽物の紙幣を2枚持ってきて、わざと王さんのオフィスの前で「どなたが落としたお金ですか？」と叫んだ。思わぬことに、王さんは出て来ず、会社の孫マネージャーが出て来た。彼は「張さん、いくら拾ったの？」と聞いた。

張さんは慌てて偽物の紙幣をポケットに収め、「二……百」と小さな声で言った。孫マネージャーはそれを聞いて、「昨日、僕は200元なくしたんだ。僕にくれ！」とうれしそうに言った。

張さんはそれを聞き、焦ったが、本当のことを言えず、もう1つのポケットから本物の200元を出して孫マネージャーに渡した。孫マネージャーが去った後、張さんはとても悔やんでいた。ちょうどその時、また王さんに出会った。

王さんは「さっきは誰がお金を落としたの？」と聞いた。

「孫マネージャーだよ！」と張さんは怒って言った。

王さんはそれを聞いてうれしくなった。「孫マネージャーが落としたお金。じゃあ私はちょうど200元拾ったから、彼に渡しに行くよ。」

絶対	juédui	絶対に：絶対的だ	連忙	liánmáng	(あることにすぐ続いて)急いで・すぐに
上当	shàngdàng	騙される：わなにはまる	*口袋	kǒudai	袋・ポケット：袋に入ったものを数える量詞
*受骗	shòupiàn	だまされる：口車に乗る	实话	shíhuà	本当の話
教訓	jiàoxun	こらしめる：叱る：教訓す（教訓を与える）	碰	pèng	(人事件中に)遭う：ぶつかる

文章 73 Zǎodiǎn 早点

ct5-073.mp3

Dàxué shí rènshile yíge jiào Àimǎ de wàiguó péngyou.
大学时认识了一个叫艾玛的外国 朋友。

Wǒmen yìqǐ shàng de kè shì shàngwǔ dì yī jié. Àimǎ cháng chídào, tā qǐchuáng jiù gǎndào jiàoshì, méi shíjiān chī zǎofàn.
我们一起 上 的课是 上午 第一节。艾玛 常 迟到，她 起床 就**赶到**教室，没 时间 吃 早饭。

Wǒ qǐ de zǎo, yúshì jiù xiǎng bāng tā mǎi zǎofàn. Dì yī zhōu wǒ xiěle zhāng "zǎodiǎn" de zhǐtiáo, hé bāozi yìqǐ fàngzàile tā de zhuōshang. Àimǎ kàndào bāozi hěn kāixīn, chīwán hòu tā kàndàole zhǐtiáo, yǒudiǎn chījīng. Wǒ méi zàiyì, zhǐshì kànjiàn tā ài chī, juédìng jìxù gěi tā mǎi.
我起得早，于是就 想 帮 她买 早饭。第一 周 我写了 张 "**早点**^_^"的**纸条**，和包子一起放在了她的 桌上。艾玛看到包子很开心，吃完 后她看到了纸条，有点 吃惊。我 没**在意**，只是看见她爱吃，决定继续给她买。

Dì 'èr zhōu shàngkè Àimǎ méi chídào, zhǐ bǐ wǒ wǎnle yìdiǎn. Wǒ gěi tā bāozi shí tā yǒudiǎn hàixiū, kàndào "zǎodiǎn" de zhǐtiáo shí biǎoqíng yǒudiǎn wéinán. Wǒ háishi méi zàiyì.
第二周 上课 艾玛没 迟到，只比我晚了一点。我 给她包子时她 有点 害羞，看到"早点^_^"的 纸条 时 **表情** 有点 **为难**。我还是 没在意。

Dì sān zhōu Àimǎ jìngrán dào de bǐ wǒ zǎo, dāng wǒ zhàocháng bǎ bāozi hé tíqián xiěhǎo de zhǐtiáo gěi tā shí, tā yǒudiǎn shēngqìle: "Láojià nǐ bié pīpíng wǒle kěyǐ ma? Yàobù nǐ bié gěi wǒ mǎi bāozi."
第三 周 艾玛竟然 到得比我 早，当 我 **照常** 把包子和提前写好 的纸条给她时，她 有点 生气了："**劳驾**你别 批评我了可以吗？**要不**你别给我 买 包子。"

Tīng tā shuō "láojià" wǒ cái zhùyì dào tā zhēn shēngqìle. Wǒ gàosuguo tā, hé péngyou yòng "láojià" zhè ge cí yìbān shì zài shēngqì shí.
听 她说"劳驾"我才注意到她 真 生气了。我 告诉过她，和 朋友 用"劳驾"这个词一般是 在 生气 时。

Wǒ wèn tā wèishénme shēngqì. Tā shuō: "Wǒ yǐjīng hěn zǎole, wèishénme hái ràng wǒ zǎodiǎn?"
我 问她 为什么 生气。她 说："我 已经 很 早了，为什么 还 让 我 早点？"

Wǒ tīngwán xiàole, hé tā jiěshì shuō, wǒ bǎ "qǐng nǐ chī zǎodiǎn" de "qǐng nǐ chī" shěnglüèle, "zǎodiǎn" jiùshì zǎofàn. Tā tīngwán yě dàxiàoqǐlai.
我 听完 笑了，和她解释说，我把"请你吃早点"的"请 你吃"**省略**了，"早点"就是早饭。她 听完 也大笑起来。

Nánguài huì chūxiàn zhè zhǒng wùhuì, Hànyǔzhōng yǒu bùtóng yìsi de cíhuì zhēnshi tài duōle.
难怪 会 出现 这 种 误会，汉语中 有 不同意思的**词汇** 真是 太多了。

単語・表現チェック

無印赤字…5 級　⑥…6 級　＊…出題範囲外の語彙

＊	赶到	gǎndào	急いで駆けつける：間に合うように到着する
＊	早点	zǎodiǎn	朝の軽い食事・朝食
＊	纸条	zhǐtiáo	細長い紙片・書きつけ・メモ
[6]	在意	zàiyì	気にかける・意に介する
	表情	biǎoqíng	表情
[6]	为难	wéinán	（どうしてよいかわからなくて）困る・当惑する・困難を感じる；困らせる・意地悪をする

訳　朝ごはん

大学の時、エマという名前の外国人の友達と知り合った。

私たちが一緒に出ている講義は午前の1限目だ。エマはよく遅刻してくる。彼女は起きたらすぐ教室に駆けつけ、朝ごはんを食べる時間さえない。

私は早起きなので、彼女に朝ごはんを買ってあげようと思った。最初の週に私は「早点（朝ごはん）^_^」とメモを書いて、中華まんと一緒に彼女の机の上に置いた。エマは中華まんを見てとても喜び、食べた後にメモを見た瞬間少し驚いていた。私はまったく気にせず、ただ彼女がおいしそうに食べたのを見て、これからも買ってあげようと決めた。

次の週はエマは遅刻せず、私より少し遅かっただけだった。中華まんを渡した時に彼女は恥ずかしそうだったが、「早点（朝ごはん）^_^」のメモを見た時、表情は少し困惑しているようだった。私はやはり気にしていなかった。

また次の週に、エマはなんと私より早く着いていた。いつものように中華まんと事前に書いておいたメモを渡したら、彼女は少し怒って「すみませんが（劳驾）、もう私を批判するのをやめてもらってもいい？　いっそのこと、もう私に中華まんを買ってくれるのはやめて」と言った。

彼女が「すみませんが（劳驾）」と言ったのを聞いて初めて私は彼女が本当に怒っていると気づいた。私は彼女に、友達を相手に「すみませんが（劳驾）」を使うのはだいたい怒っている時だと教えたことがあるのだ。

彼女になぜ怒っているのかを聞いてみた。彼女は言った。「もうこんなに早く（来るように）なったのに、なんでまだ早く（来い）って言うの？」

私は彼女の話を聞き終えて笑ってしまい、彼女に説明した。私は「朝ごはんをおごる」の「〜をおごる」を省略しただけで、（彼女が「早く（来い）」という意味だと思っていた）"早点"は「朝ごはん」のことだと。彼女も聞き終えると大笑いし出した。

このような誤解が生じるのも無理もない。中国語には（同じ語彙でも）異なる意味を持った語彙が本当に多いのだから。

照常	zhàocháng	平常通りに・普段と同じく：平常通りだ・いつも通りだ
劳驾	láojià	（相手に頼む時の言葉）すみません
要不	yàobù	いっそ・なんなら：でなければ：〜するか、または…する

省略	shěnglüè	省略する・省く
难怪	nánguài	とがめることができない・無理もない：道理で・なるほど
词汇	cíhuì	語彙

6章　個人生活・趣味・健康・スポーツ

文章 74

Xīn dào yíge chéngshì shí, yīnggāi qù de dìfang bówùguǎn

新到一个城市时，应该去的地方 ——博物馆——

ct5-074.mp3

Wǒmen xīn dào měi yíge chéngshì shí, dàbùfen de rén xuǎnzé qù yóulǎn nàr yǒumíng de dìfang. Qíshí chúle nàxiē míngshènggǔjì, hái yǒu yíge dìfang shì yīnggāi qù de.

我们新到每一个城市时，大部分的人选择去**游览**那儿有名的地方。其实除了那些**名胜古迹**，还有一个地方是应该去的。

Rúguǒ nǐ xiǎng liǎojiě dāngdì de lìshǐ、 rénmen bǎiniánqián de shēnghuó, yīnggāi qù dāngdì de bówùguǎn kàn yi kàn. Bówùguǎnli kěnéng méiyǒu měilì de jǐngsè huò shì hǎowán de dōngxi. Dànshì dāng nǐ jìngxià xīn lái hǎohāo cānguān, nǐ huì fāxiàn, nàr de měi yìzhāng zhǐ、 měi yíkuài shítou、 měi yìgēn shéngzi, kànqǐlai kěnéng pǔpǔtōngtōng, dànshì duì wǒmen yánjiū dāngdì de lìshǐ lái shuō, dōu shì fēicháng hǎo de zīliào. Tōngguò zhèxiē kèguān jìlù dāngdì rénmín shēnghuó de dōngxi, wǒmen kěyǐ liǎojiě yǐqián rénmen shì zěnyàng gōngzuò、zěnyàng shēnghuó de.

如果你想了解**当地**的历史、人们百年前的生活，应该去当地的**博物馆**看一看。博物馆里可能没有美丽的景色或是好玩的东西。但是当你静下心来好好参观，你会发现，那儿的每一张纸、每一块**石头**、每一**根绳子**，看起来可能普普通通，但是对我们研究当地的历史来说，都是非常好的**资料**。通过这些**客观记录**当地人民生活的东西，我们可以了解以前人们是怎样工作、怎样生活的。

Suīrán wǒmen kàn lìshǐ fāngmiàn de shū, yě kěyǐ liǎojiě zhè fāngmiàn de nèiróng, dànshì bówùguǎn yǐ yǎnqián de wùpǐn, gèngjiā shēngdòng de ràng wǒmen kàndào lìshǐshang gègè shídài de yàngzi.

虽然我们看历史方面的书，也可以了解这方面的内容，但是博物馆以**眼前**的**物品**，**更加** **生动**地让我们看到历史上各个**时代**的样子。

Suǒyǐ dāng nǐ dàole yíge chéngshì, zài yóulǎnguo dāngdì de měijǐng, chángguo dāngdì de měishí hòu, yě qǐng fēn yìdiǎnr shíjiān gěi nàr de bówùguǎn. Huāshang yíge xiàwǔ, guāndiào shǒujī, guāndiào yǔ wàimiàn shìjiè de liánxì, jìngjìng de zǒuzài lìshǐ de shíjiānli, nǐ yěxǔ huì yǒu hěnduō shōuhuò.

所以当你到了一个城市，在游览过当地的美景，尝过当地的美食后，也请分一点儿时间给那儿的博物馆。花上一个下午，关掉手机，关掉与外面世界的联系，静静地走在历史的时间里，你也许会有很多**收获**。

単語・表現チェック

無印赤字…5 級　⑥…6 級　＊…出題範囲外の語彙

	游览	yóulǎn	見物する・観光する		石头	shítou	石・岩
	名胜古迹	míngshènggǔjì	名所旧跡		根	gēn	～本（細長い物を数える量詞）
	当地	dāngdì	現地・その土地・当地		绳子	shéngzi	縄・ひも
	博物馆	bówùguǎn	博物館		资料	zīliào	資料・データ

　私たちが新しい都市を訪れる時、ほとんどの人はそこの有名な場所を観光することを選ぶ。実は、それらの名所旧跡以外に、もう1つ行くべきところがある。

　もしあなたが現地の歴史や、人々の100年前の生活を知りたいと思うなら、現地の博物館に行ってみるべきだ。博物館の中にはきれいな景色や楽しいものはないかもしれない。しかしあなたが心を静かにしてゆっくり見学すると、そこにある1つ1つの紙、石、ひももそれぞれ、見た目はいたって普通だが、私たちが現地の歴史を研究する上ですべてとてもよい資料になることがわかる。現地の人々の生活を客観的に記録するこれらのものを通して、私たちは昔の人々がどのように仕事をし、どのように生活をしていたのか理解することができる。

　歴史に関する書籍を読んで、この分野の内容を理解することもできるが、博物館は目の前の物によって、私たちに歴史上の各時代の様子をいっそう生き生きと見せてくれる。

　そのため、あなたが1つの都市を訪れ、現地の美しい景色を観光し、おいしい料理を味わった後、そこの博物館にもう少し時間を割いてもらいたい。午後をまるまる使い、携帯電話の電源や外部の世界とのつながりを切って、静かに歴史の時間の中を散歩することで、たくさんの収穫があるかもしれない。

6章
個人生活・趣味・健康・スポーツ

	客观	kèguān	客観的だ
	记录	jìlù	記録（する）
*	眼前	yǎnqián	目の前・眼前・目先
*	物品	wùpǐn	物品

	更加	gèngjiā	ますます・なおいっそう・さらに
*	生动	shēngdòng	生き生きしている
	时代	shídài	時代
	收获	shōuhuò	収穫（する）・成果・有益な結果

文章 75

Chāhuā yìshù
插花艺术

ct5-075.mp3

Chāhuā yìshù, shì zhǐ duì zhíwù de zhī, yè, huā, guǒ jìnxíng chóngxīn zǔhé, biǎoxiàn dàzìrán de měi de yìshù. Chāhuā kànsì jiǎndān, shíjìshang shì yìzhǒng fùzá ér jiānjù de yìshù chuàngzuò. Shǒuxiān yào xuǎnzé cáiliào. Yībān rénmen shǐyòng de shì bǐjiào xiǎo de zhíwù, dàn yě yǒu yìshùjiā bǎ cóng shùlínli kǎnxiàlai de jiào dà de cáiliào zhíjiē yòngyú zìjǐ de zuòpǐnzhōng. Jiēxiàlái yào kāishǐ chǔlǐ zhèxiē zhíwù. Fāngfǎ yǒu hěnduō, jiǎn hé qiē shì zuì jīběn de, yǒu de yìshùjiā hái xǐhuan yòng huá, sī, nòngwān zhīyè děng fāngfǎ. Zuìhòu cái zhēnzhèng kāishǐ chā. Chā de shíhou yào zhùyì yánsè, xíngzhuàng děng dāpèi, hái yào kǎolǜ jìjié, xiǎng biǎodá de nèiróng děngděng.

插花艺术，是指对植物的**枝**、叶、花、果进行重新**组合**，**表现**大自然的美的艺术。插花**看似**简单，实际上是一种复杂而**艰巨**的艺术**创作**。首先要选择材料。一般人们使用的是比较小的植物，但也有艺术家把从**树林**里**砍**下来的较大的材料直接用于自己的**作品**中。接下来要开始**处理**这些植物。方法有很多，**剪**和**切**是最**基本**的，有的艺术家还喜欢用**划**、**撕**、弄**弯**枝叶等方法。最后才真正开始插。插的时候要注意颜色、**形状**等**搭配**，还要考虑季节、想**表达**的内容等等。

Chāhuā búshì zhǐyǒu yìshùjiā cái kěyǐ zuò de shì. Lùbiān kàndào de yìduǒ xiǎohuā, shènzhì shì xiǎohuāshang de yìdī shuǐ, dōu kěyǐ fāzhǎnchéng yōuxiù de zuòpǐn, zhǐyào nǐ yǒu shànyú fāxiàn měide yǎnjing hé xiǎngyào biǎodá měi de xīn.

插花不是只有艺术家才可以做的事。路边看到的一**朵**小花，甚至是小花上的一**滴**水，都可以发展成优秀的作品，只要你有**善于**发现美的眼睛和想要表达美的心。

Zhèlǐ xiàng dàjiā jièshào yìxiē ràng chāhuā gèng qīngsōng, zuòpǐn gèng piàoliang de xiǎofāngfǎ.

这里向大家介绍一些让插花更轻松、作品更漂亮的小方法。

Yào xiézhe jiǎnduàn huāzhī, zhèyàng huā cái néng gèng róngyì xīqǔ shuǐfèn, kāi de shíjiān gèng cháng.

1. 要**斜**着剪**断**花枝，这样花才能更容易**吸取**水分，开得时间更长。

Gèbié de huā xūyào shāo gēnbù cái kěyǐ kāi dé gèng jiǔ, yídìng yào gēnjù měizhǒng huā de tèdiǎn jìnxíng chǔlǐ.

2. **个别**的花需要**烧根**部才可以开得更久，一定要根据每种花的特点进行处理。

Zhùyì huāpíng de xuǎnzé, yìbān xiǎohuā shìhé jiào qīng bìng guānghuá de píngzi, dà yìxiē de huā shìhé jiào zhòng bìng jiēshi de píngzi.

3. 注意花瓶的选择，一般小花适合较轻**并光滑**的瓶子，大一些的花适合较重并**结实**的瓶子。

単語・表現チェック

無印赤字…5 級　⑥…6 級　＊…出題範囲外の語彙

	插	chā	挿す：差し込む（"插花"で「生け花」）
⑥	枝	zhī	枝：（花などのついた）枝を数える量詞
	组合	zǔhé	組み合わせる・構成する：組み合わせ
	表现	biǎoxiàn	表現（する）：態度・行動
＊	看似	kànsì	～のようだ・～のように見える
	艰巨	jiānjù	はなはだ困難だ
⑥	创作	chuàngzuò	（文芸や芸術の）作品：創作する・文芸作品を作り出す
＊	树林	shùlín	林・森
	砍	kǎn	（刀や斧で）切る・叩き切る
	作品	zuòpǐn	作品
	处理	chǔlǐ	処理する・解決する
＊	剪	jiǎn	（はさみで）切る：はさみ：はさみ状のもの：除く・取り去る
	切	qiē	（刃物で）切る
	基本	jīběn	基本的だ：ほとんど・だいたい
	划	huá	（とがったもので）ひっかく・こする・切る：（舟を）こぐ：（水を）かく：値する：そろばんに合う
	撕	sī	（手で）引き裂く・はがす
＊	弯	wān	曲がっている：曲げる：曲がり角：曲がったところ

6章 個人生活・趣味・健康・スポーツ

訳　生け花という芸術

生け花という芸術は、植物の枝、葉っぱ、花、果実を組み立て直して、大自然の美を表現する芸術だ。生け花は簡単そうに見えるが、実は複雑で極めて難しい芸術作品だ。まずは材料の選択。一般的に人々が使うのは比較的小さい植物だが、森から切ってきた大きめのものをそのまま自分の作品に取り入れる芸術家もいる。続いて、これらの植物の処理を始める。方法はたくさんあり、その中ではさみで切るのとナイフで切るのが最も基本的なものだが、枝葉を削ったり裂いたり曲げたりといった方法を好む芸術家もいる。最後にやっと本当の意味で生ける作業をする。生ける時は、色や形などの組み合わせに気をつけなければならないし、また、季節や表現しようとする内容なども考えなければならない。

生け花は芸術家だけができることではない。道端で見かけた一輪の小さな花、さらには小さな花の上の一滴の水であっても、それはすべて優秀な作品に発展するかもしれない。あなたに美を発見する鋭い目と美を表現しようとする心さえあれば。

ここで皆さんに生け花をより気楽にし、作品をよりきれいにできるテクニックを紹介する。

1. 枝を切る時に斜めにして切る。そうすれば花はより水分の吸収をしやすくなり、咲いている時間がより長くなる。
2. 一部の花は根を焼いてあげるとより長く咲いていられる。花の特徴によって処理しなければならない。
3. 花瓶選びにも気をつけなければならない。一般的に、小さな花は軽目のつるつるとした瓶が合い、大き目の花は比較的重く、丈夫そうな瓶が合う。

	形状	xíngzhuàng	形・形状
⑥	搭配	dāpèi	組み合わせる・抱き合わせる：力を合わせる：釣り合いがとれる・ふさわしい
	表达	biǎodá	（考えや気持ちを）表現する・伝える
	朵	duǒ	～輪・～ひとひら（花や雲またはそれに似たものを数える量詞）
	滴	dī	～滴（しずくを数える量詞）：（しずくを）垂らす
	善于	shànyú	～するのがうまい
	斜	xié	斜めだ：斜めに傾ける

	断	duàn	（長いものを中間で）切る：途切れる
	吸取	xīqǔ	（水分や栄養を）吸い取る：くみ取る・取り入れる・吸収する・摂取する
	个别	gèbié	ほんの一部の：それぞれ
*	烧	shāo	焼く・燃やす・燃える
	根	gēn	（草や木の）根：～本（細長い物を数える量詞）
*	并	bìng	かつ・そして・また：その上：合わせる：並ぶ・並べる
	光滑	guānghuá	つるつるしている・すべすべしている・なめらかだ
	结实	jiēshi	（物や体が）丈夫だ・頑丈だ

文章 76 Yīngshì gǎnlǎnqiú 英式橄榄球

ct5-076.mp3

Yīngshì gǎnlǎnqiú shì yíxiàng qǐyuán yú yīngguó de tǐyù yùndòng. Yóuyú qiú de xíngzhuàng xiàng gǎnlǎn,
英式**橄榄球**是一**项** **起源**于英国的体育运动。由于球的 **形状** 像橄榄，
suǒyǐ zài Zhōngguó jiào yīngshì gǎnlǎnqiú. Gǎnlǎnqiú shì yìzhǒng jítǐ bǐsài xiàngmù, chuántǒng de yīngshì
所以在 中国 叫（英式）橄榄球。橄榄球是一种**集体**比赛**项目**，**传统** 的英式
gǎnlǎnqiú, wéi rén guīmó, yě jiùshì yìchǎng bǐsàizhōng měige qiúduì yóu míng duìyuán cānjiā bǐsài.
橄榄球，为 15 人**规模**，也就是一场 比赛中 每个**球队**由 15 名 **队员**参加比赛。
Měichǎng bǐsài wéi fēnzhōng, fēn shàngbànchǎng hé xiàbànchǎng, zhōngjiān xiūxī fēnzhōng. Bǐsài shíjiān
每场 比赛为 80 分钟，分 **上半场** 和 **下半场**， 中间 休息 10 分钟。比赛时间
jiéshù shí yǐ défēn jiào duō de duì huòdé shènglì.
结束时以**得分**较 多的队获得**胜利**。

Chúle chuántǒng de rén guīmó, hái yǒu rén guīmó de yīngshì gǎnlǎnqiú. Zuìjìn rénzhì yīngshì
除了 传统 的 15 人规模，还有 7 人规模的英式橄榄球。最近 7 人**制**英式
gǎnlǎnqiú yuè lái yuè shòu huānyíng, yuányīn shì rénshù shǎo, défēn gāo, bǐsài shíjiān duǎn shàng,
橄榄球越来越 受 欢迎，原因是人数少，得分高，比赛时间 短 —— 上、
xiàbànchǎng gè fēnzhōng. rén yīngshì gǎnlǎnqiú xiànzài shì shìjiè yùndònghuì de bǐsài xiàngmù zhī yī,
下半场 各 15 分钟。7 人 英式橄榄球现在是世界 运动会 的比赛 项目 之一，
èrlíngyīliù nián hái jiāng chéngwéi Àoyùnhuì de zhèngshì bǐsài xiàngmù.
2016 年 还 将 成为 **奥运会**的 正式 比赛 项目。

Yóuyú gǎnlǎnqiú tèshū de xíngzhuàng, shǐ tā yǒuzhe fāngxiàng bú quèdìng de tèzhēng, qiú jiēchù
由于橄榄球**特殊**的 形状， 使它有着 方向 不 **确定** 的 **特征**，球**接触**
dìmiàn zhīhòu cháo shénme fāngxiàng pǎo, hěn nán zhǎngwò, jīhū wánquán shì kào yùnqì. Yīngshì gǎnlǎnqiú
地面之后 **朝** 什么 方向 跑，很 难 **掌握**，几乎 完全 是 **靠运气**。英式橄榄球
zhòngshì "wǒ wèi rénrén, rénrén wèi wǒ" de tuánjié jīngshén. Gǎnlǎnqiú bǐsài fēicháng jīliè, zài bǐsài de
重视 "我为**人人**，人人为我" 的**团结** **精神**。橄榄球比赛 非常 **激烈**，在比赛的
guòchéngzhōng, shòushāng shì hěn píngcháng de shì, dànshì suǒyǒu de duìyuán dōu yuànyì wèile qiúduì xīshēng
过程中， **受伤** 是很 **平常** 的事，但是所有的队员 都愿意为了球队 **牺牲**
zìjǐ. Zhè yě shì wèishénme xǔduōrén xǐhuan gǎnlǎnqiú de yuányīn.
自己。这也是 为什么 许多人 喜欢橄榄球的 原因。

6章 個人生活・趣味・健康・スポーツ

単語・表現チェック

無印赤字…5 級　⑥…6 級　＊…出題範囲外の語彙

＊	橄榄球	gǎnlǎnqiú	ラグビー（ボール）・フットボール（"橄榄"で「オリーブ」）
	项	xiàng	項目や種類に分けたものを数える量詞
⑥	起源	qǐyuán	（～に）始まる・源を発する・（～より）発生する：起源・源
	形状	xíngzhuàng	形・形状
	集体	jítǐ	集団・団体・グループ
	项目	xiàngmù	種目・項目・プロジェクト・計画
	传统	chuántǒng	伝統：伝統的だ・従来の
	规模	guīmó	規模
＊	球队	qiúduì	球技のチーム
＊	队员	duìyuán	隊員・組織や集団のメンバー
＊	上半场／下半场	shàngbànchǎng /xiàbànchǎng	（サッカー・バスケットボールなどの球技の）前半（↔"下半场"で「後半」）
＊	得分	défēn	得点・ポイント
	胜利	shènglì	勝利する・成功する
＊	制	zhì	～制：一定の規格により制限されたもの・制度・おきて
＊	奥运会	Àoyùnhuì	オリンピック
	特殊	tèshū	特殊だ・特別だ

訳 ラグビー

ラグビーはイギリス発祥のスポーツである。ボールの形がオリーブ（橄欖）に似ていることから、中国では「（英国式）橄欖（オリーブ）球」と呼ばれている。ラグビーは一種の団体競技種目であり、伝統的なラグビーは 15 人規模、つまり各チームから 15 人が試合に出るということである。1 試合は 80 分間で、前半と後半に分かれ、間に 10 分間の休憩がある。試合時間終了時に得点の多いチームが勝利することになる。

伝統的な 15 人規模のラグビー以外に、7 人規模のラグビーもある。最近では 7 人制ラグビーのほうがますます人気が高くなってきた。その理由は人数が少ないこと、得点が高いこと、試合時間が短い（前半、後半各 15 分）ことにある。7 人制ラグビーは現在、世界選手権大会の競技種目の一つであり、2016 年にはオリンピックの正式競技種目にもなる。

ラグビーボールの特殊な形により、ボールの方向が不確定（予測不可能）であるという特徴を持っている。ボールが地面に接触してからどの方向に飛んでいくか、把握しづらく、ほとんど運に頼るしかない。ラグビーは「1 人はみんなのために、みんなは 1 人のために」という団結精神を重要視する。ラグビーの試合は非常に激しく、試合の中でけがをするのはよくあることだが、メンバー全員がチームのために自分を犠牲にすることをいとわない。これはなぜ多くの人がラグビーを好きなのかということの理由でもある。

	确定	quèdìng	確かだ・明確だ：確定する・はっきり決める
	特征	tèzhēng	特徴
	接触	jiēchù	接触する・関係を持つ・交際する：触れる・触る
＊	地面	dìmiàn	地面・地上：床
	朝	cháo	（〜に）向かって：向く
	掌握	zhǎngwò	把握する・握る・身につける
	靠	kào	（〜に）よる・頼る：近寄る：もたれる
	运气	yùnqi	運：幸運だ

＊	人人	rénrén	1人1人・誰もが・誰も彼も・どの人も
⑥	团结	tuánjié	団結（する）・結束（する）：仲がよい・友好的だ
	精神	jīngshén	精神・心：精神上の：主旨・真意（"jīngshen"で「元気・意気込み：元気がある・生き生きとしている」）
	激烈	jīliè	激しい・激烈だ
	受伤	shòushāng	けがをする・傷を受ける・負傷する
	平常	píngcháng	普通だ・ありふれている：普段・日ごろ
⑥	牺牲	xīshēng	（ある目的のため利益を）犠牲にする：正義のために命をささげる

文章 77

Wǒ de jiārén
我的家人

ct5-077.mp3

Wǒ yǒu yíge xìngfú de jiā. Xiàmiàn jiù ràng wǒ lái jièshào yíxià wǒ de jiārén ba.
我有一个幸福的家。下面就让我来介绍一下我的家人吧。
Wǒ de bàba xiànzài zài hǎiguān gōngzuò, suīrán yīnwèi gōngzuò guānxi tā jīngcháng yào chūchāi, dànshì háishi huì jǐnliàng chōuchū shíjiān lái péi wǒ wánr. Yóuyú bàba yǐqián shì yìmíng shìbīng, suǒyǐ tā hěn xǐhuan kàn jūnshì fāngmiàn de shū, yě huì jīngcháng gěi wǒ jiǎng yìxiē jūnshì fāngmiàn de xiǎozhīshi.
我的爸爸现在在**海关**工作，虽然因为工作关系他经常要出差，但是还是会**尽量抽**出时间来陪我玩儿。由于爸爸以前是一名**士兵**，所以他很喜欢看**军事**方面的书，也会经常给我讲一些军事方面的小知识。
Wǒ de māma zài fǎyuàn gōngzuò. yǒushí hái huì qù diàntái zuò fǎlǜ fāngmiàn de jiémù. Māma hěn xīnkǔ, bùjǐn yào gōngzuò, wǎnshang huídào jiāli hái yào zuò xǔduō jiāwù. Yǒushíhou wǒ tèbié pà māma, yīnwèi tā duì wǒ de xuéxí yāoqiú de tèbié yángé, jīngcháng zài wǒ kàn dònghuàpiàn de shíhou cuī wǒ qù xiě zuòyè.
我的妈妈在**法院**工作。有时还会去**电台**做法律方面的节目。妈妈很辛苦，不仅要工作，晚上回到家里还要做许多**家务**。有时候我特别怕妈妈，因为她对我的学习要求得特别严格，经常在我看**动画片**的时候**催**我去写作业。
Wǒ de lǎolao céngjīng shì zǒnglǐ de mìshū, xiànzài tuìxiūle yě méi xiánzhe, hé jiùjiu yìqǐ kāile yíge gōngchǎng. Lǎolao suīrán niánjì dàle, dànshì hěn shímáo, yìdiǎnr yě bù xiǎnde lǎo. Lǎolao zuì téng wǒle, zǒng huì gěi wǒ mǎi xǔduō wánjù, dòu wǒ kāixīn. Yàoshi wǒ shēngbìng, tā huì dānxīn de bùdéliǎo.
我的**姥姥曾经**是**总理**的**秘书**，现在**退休**了也没**闲**着，和**舅舅**一起开了一个**工厂**。姥姥虽然**年纪**大了，但是很**时髦**，一点儿也不**显得**老。姥姥最疼我了，总会给我买许多**玩具**，**逗**我开心。要是我生病，她会担心得**不得了**。
Wǒ de gēge shì yìmíng gōngchéngshī. Xiànzài dàbùfen rén dōu shì dúshēngzǐnǚ, méiyǒu xiōngdì jiěmèi, suǒyǐ wǒ juéde zìjǐ hěn xìngyùn, néng yǒu yíge gēge, zài wǒ nánguò de shíhou ānwèi wǒ, zài wǒ huòdé chénggōng de shíhou, wèi wǒ gǔzhǎng、wèi wǒ zhùhè.
我的哥哥是一名**工程师**。现在大部分人都是**独生子女**，没有**兄弟**姐妹，所以我觉得自己很**幸运**，能有一个哥哥，在我难过的时候**安慰**我，在我获得成功的时候，为我**鼓掌**、为我祝贺。
Zhè jiùshì wǒ de jiārén. Tāmen gè yǒu gè de gōngzuò, gè yǒu gè de gèxìng, dàn tāmen dōu fēicháng ài wǒ, wǒ yě fēicháng ài tāmen.
这就是我的家人。他们各有各的工作，各有各的**个性**，但他们都非常爱我，我也非常爱他们。

単語・表現チェック

無印赤字…5 級　⑥…6 級　＊…出題範囲外の語彙

	海关	hǎiguān	税関
	尽量	jǐnliàng	できるだけ・なるべく（"jìnliàng" と発音し、「堪能する・心ゆくまで～する」。しかし口語では両方 "jìnliàng" と発音されることも多い）
＊	抽	chōu	引き出す・選び出す・抜く・抜き出す
	士兵	shìbīng	兵士
	军事	jūnshì	軍事
	法院	fǎyuàn	裁判所
	电台	diàntái	ラジオ放送局・無線電信局

	家务	jiāwù	家事・家の仕事
	动画片	dònghuàpiàn	アニメーション
	催	cuī	せき立てる・促す・催促する；早める・促進する
	姥姥	lǎolao	（母方の）おばあさん
	曾经	céngjīng	かつて・以前
	总理	zǒnglǐ	総理大臣・首相・中国国務院の最高指導者
	秘书	mìshū	秘書・秘書の職務
	退休	tuìxiū	定年退職する

6章 個人生活・趣味・健康・スポーツ

　私には幸せな家庭がある。これから私の家族を紹介させてもらおう。

　私の父は今税関で働いていて、仕事の関係でよく出張しなければならないが、できるだけ時間を割いて私と遊んでくれる。父は以前兵士だったため、軍事に関する本を読むことが好きで、よく私に軍事に関する豆知識を教えてもくれる。

　母は裁判所で働いている。時々ラジオ局に行って法律関係の番組に出ることもある。母はとても大変だ。仕事だけではなく、夜、家に帰ったら多くの家事もしなければならない。私は時々母のことがとても怖い。なぜなら母は勉強に対して、私にとても厳しく要求するからだ。よく私がアニメを見ている時に宿題をやるようせき立てるのだ。

　私の母方の祖母はかつて総理の秘書だった。今は退職したがじっとはしていない。おじと一緒に工場を作った。祖母は年をとっているが、とてもモダンで、ちっとも年をとっているように見えない。祖母は最も私のことをかわいがってくれ、いつも私にたくさんのおもちゃを買ってくれ、私を喜ばせてくれる。もし私が病気になったら、彼女は心配でたまらないだろう。

　私の兄はエンジニアだ。今はほとんどの人が一人っ子で、兄弟や姉妹がいないので、私は自分がとてもラッキーだと思う。なぜなら、私がつらい時に慰めてくれ、成功を収めた時に、私のために拍手してくれ、祝ってくれる兄がいるからだ。

　これが私の家族だ。彼らはそれぞれ各自の仕事があり、それぞれの個性を持っているが、彼らはとても私のことを愛し、私もとても彼らのことを愛している。

6章 個人生活・趣味・健康・スポーツ

* 闲	xián	（多く「着」等と共に用い）何もしないでいる・手が空いている・用事がない・暇だ
舅舅	jiùjiu	（母方の）おじさん
工厂	gōngchǎng	工場
年纪	niánjì	（人の）年・年齢・年のころ
时髦	shímáo	モダンだ・流行っている
显得	xiǎnde	〜に見える・〜の様子だ
玩具	wánjù	おもちゃ・玩具
逗	dòu	（ある感情を）起こさせる・抱かせる：あやす・からかう

不得了	bùdéliǎo	〜でたまらない・大変だ
工程师	gōngchéngshī	エンジニア
* 独生子女	dúshēngzǐnǚ	一人っ子（男女を含めて言う）
兄弟	xiōngdì	兄弟
幸运	xìngyùn	幸運だ・運がよい：幸運
安慰	ānwèi	慰める：安らぐ
鼓掌	gǔzhǎng	拍手（する）・手を叩く
个性	gèxìng	個性・特殊性

文章 78

Wǒ zuì xǐhuan de lǎoshī
我最喜欢的老师

ct5-078.mp3

Wǒmen yìshēngzhōng huì yùdào hěnduō lǎoshī, yǒu yánsù de、 yǒu yōumò de wǒ zuì xǐhuan de
我们 一生中 会遇到 很多老师，有**严肃**的、有 幽默的……我 最 喜欢的
shì wǒ xiǎoxué shíhou de yǔwén lǎoshī Lín lǎoshī.
是我 小学 时候 的**语文**老师——林老师。

Lín lǎoshī zhǎng de hěn piàoliang, wānwān de méimao, dàdà de yǎnjing, érqiě hái tèbié shíshàng.
林老师 长 得 很 漂亮，**弯**弯 的 **眉毛**，大大的 眼睛，而且还特别 **时尚**。

Lín lǎoshī duì wǒmen jiù xiàng duì zìjǐ de háizi yíyàng, ràng wǒmen gǎndào tèbié qīnqiè. Bǐrú,
林老师对 我们就 像 对自己的孩子一样，让 我们 感到 特别**亲切**。比如，
zài wǒmen lǎngdú kèwén de shíhou, yùdào bú rènshi de chéngyǔ huòzhě cíhuì, tā dōu huì hěn nàixīn de xiě
在 我们 **朗读 课文**的时候，遇到不认识的 **成语** 或者**词汇**，她都 会 很 耐心地 写
shang pīnyīn, jiāo wǒmen niàn, bìng jiěshì tāmen de yìsi. Lín lǎoshī hái huì xīshēng zìjǐ de xiūxi shíjiān
上 **拼音**，教 我们 **念**，**并** 解释它们的意思。林老师还会 **牺牲** 自己的休息时间
lái gěi wǒmen fǔdǎo gōngkè, tóngxuémen dōu hěn zūnjìng tā.
来给 我们**辅导功课**，同学们 都 很 **尊敬** 她。

Lín lǎoshī shàngkè fēicháng yǒuqù, qízhōng wǒ zuì xǐhuan de shì tā de zuòwénkè. Yǐqián wǒ yìzhí
林老师 上课 非常 有趣，其中 我 最 喜欢的是她的**作文**课。以前我一直
juéde xiězuò fēicháng nán, dàn Lín lǎoshī jiāohuìle wǒ rúhé xiězuò. Bǐrú yǐqián wǒ xiě zuòwén dōu shì
觉得**写作** 非常 难，但 林老师**教会**了我**如何**写作。比如以前我写 作文 都 是
xiǎngdào shénme jiù xiě shénme, jiéguǒ xiědào zuìhòu, zhěnggè wénzhāng méiyǒu héxīn sīxiǎng, zìjǐ dōu bù
想到 什么就写 什么，结果写到 最后，**整个** 文章 没有**核心思想**，自己都不
zhīdào zìjǐ zài xiě shénme. Zài zuòwénkèshang Lín lǎoshī gàosu wǒ xiě zuòwén yào xiān xiě tígāng, xiǎng yi
知道自己在写 什么。在 作文课上 林老师告诉我写 作文 要 先 写**提纲**，想 一
xiǎng zhěnggè wénzhāng de gòuchéng, zài kāishǐ xiě. Lín lǎoshī hái jiāole wǒ xǔduō qítā shíyòng de xiězuò
想 整个 文章 的 **构成**，再开始写。林老师还教了我许多其他 **实用** 的写作
jìqiǎo, wǒ xiě de bù hǎo de dìfang, tā hái huì bāng wǒ gǎizhèng. Hòulái wǒ néng zài nàme duō xiězuò
技巧，我 写得不好的地方，她还会 帮 我 **改正**。后来我 能 在那么多 写作
bǐsài、 yǎnjiǎng bǐsàishang huòjiǎng, bìng zài gāokǎozhōng xiěchū mǎnfēn zuòwén, yǐ yōuxiù de chéngjì bèi
比赛、**演讲** 比赛上 **获奖**，并 在 **高考**中 写出 **满分** 作文，以优秀的成绩被
Běijīng Dàxué lùqǔ, dōu líbukāi Lín lǎoshī de zhǐdǎo.
北京 大学**录取**，都离不开林老师的**指导**。

Lín lǎoshī shì yíwèi zhídé wǒ yǒngyuǎn zūnjìng、yǒngyuǎn gǎnjī de lǎoshī.
林老师是一位值得我 永远 尊敬、永远 **感激**的老师。

単語・表現チェック

無印赤字…5 級　⑥…6 級　＊…出題範囲外の語彙

	严肃	yánsù	（やり方・態度など）まじめだ・厳しい：（表情・雰囲気など）厳かだ：厳しくする
＊	语文	yǔwén	（教科名の）国語：言語と文字
＊	弯	wān	曲がっている：曲がる・曲げる
	眉毛	méimao	眉・眉毛
	时尚	shíshàng	ファッショナブル・スタイリッシュだ・トレンディだ・時代の流行・時代の好み
	亲切	qīnqiè	親しみ深い・親しみがある・親しみがこもっている：親しい：心がこもっている
	朗读	lǎngdú	朗読する・大きな声で読む
＊	课文	kèwén	教科書中の本文

	成语	chéngyǔ	成語・熟語・ことわざ
	词汇	cíhuì	語彙
	拼音	pīnyīn	（中国語の表音の）ピンイン・ローマ字表記
	念	niàn	（声を出して）読む：勉強する
＊	并	bìng	その上・しかも・そして・また：合わせる・まとめる・並べる：ともに：決して
⑥	牺牲	xīshēng	（ある目的のため利益を）犠牲にする：正義のために命をささげる
	辅导	fǔdǎo	補習：補習をする・指導する
＊	功课	gōngkè	授業・成績：宿題・勉強

訳 私が最も好きな先生

我々は一生の中でたくさんの先生に出会うだろう。厳しい先生、面白い先生……私が最も好きなのは私の小学校の頃の国語の先生──林先生だ。

林先生はとても綺麗で、アーチ型の眉で、目がとても大きく、そしてまたとてもファッショナブルだった。

林先生は私たちに自分の子どもに対するように接してくれ、とても親しみを感じさせた。例えば、私たちが教科書の本文を朗読している時に、読めない成語や語彙があったら、彼女はいつも辛抱強くピンインを書き、私たちに読み方を教えてくれ、また、それらの意味を説明してくれた。林先生はまた、自分の休み時間を犠牲にして私たちに補習授業もしてくれるので、クラスメートたちは皆彼女のことを尊敬していた。

林先生の授業はとても面白く、その中で私が最も好きなのは彼女の作文の授業だった。以前、私はずっと文章を書くことはとても難しいことだと思っていたが、林先生はどのように文章を書けばいいかを教えてできるようにしてくれた。例えば以前、私は文章を書く時に、いつも思いついたことをそのまますぐに書いたが、結局最後まで書くと、文章全体には核心の考えがなく、自分も何を書いているのかわからなくなってしまっていた。作文の授業で林先生は、文章を書く時にまずアウトラインを書き、文章全体の構成を少し考えてから書き始めるのだと教えてくれた。林先生はその他の実用的なライティングテクニックもたくさん教えてくれ、私がうまく書けていないところは、（彼女が）私のために直してもくれた。その後、私が多くの作文大会、スピーチ大会で賞をもらえたのも、大学の入学試験で満点の作文を書き、優秀な成績で北京大学に合格したのも、すべて林先生の指導なしには考えられない。

林先生は、私が永遠に尊敬し、永遠に心から感謝するに足る先生だ。

	尊敬	zūnjìng	尊敬する
	作文	zuòwén	作文（する）・文章を書く
	写作	xiězuò	文章を書く
*	教会	jiāohuì	教えてできるようにする
	如何	rúhé	どうやって・如何に・どんな
	整个	zhěnggè	全体・全部
	核心	héxīn	核心
	思想	sīxiǎng	考え・思想
	提纲	tígāng	（文章・発言などの）大綱・要点・概略・レジュメ
	构成	gòuchéng	構成（する）・成り立つ

	实用	shíyòng	実用的だ；応用する
[6]	技巧	jìqiǎo	テクニック・技巧・手法・技法
	改正	gǎizhèng	（過ちを）正す・改正する
	演讲	yǎnjiǎng	演説（する）・講演（する）
*	获奖	huòjiǎng	賞を獲得する・受賞する
*	高考	gāokǎo	大学の入試試験
*	满分	mǎnfēn	満点
	录取	lùqǔ	（合格者を）採用する
	指导	zhǐdǎo	指導する
	感激	gǎnjī	心から感謝する・感激する

文章 79

Lǐcái xiǎozhīshi
理财小知识

ct5-079.mp3

Yī、 Yídìng yào cún yìbǐ yìngjí de qián
一、一定要存一**笔应急**的钱

Rén dōu yǒu yùdào "wànyī" de shíhou, bǐrú shēngbìng、 tūrán bèi jiěgù děng. Dàole nà ge shíhou rúguǒ méiyǒu qián, huì ràng nǐ wánquán méi bànfǎ yìngfu, shènzhì shēnghuóshang dōu huì yǒu kùnnan. Suǒyǐ bìxū tíqián zuòhǎo zhǔnbèi. Zhè bǐ yìngjí de qián zhìshǎo yào shì nǐ sān ge yuè zuǒyòu de gōngzī.
人都有遇到“**万一**”的时候，比如生病、突然被**解雇**等。到了那个时候如果没有钱，会让你完全没办法**应付**，甚至生活上都会有困难。所以必须提前做好准备。这笔应急的钱至少要是你三个月左右的工资。

Èr、 Cúnqián yào màn qiě wěn
二、存钱要慢且稳

Cúnqián zuì zhòngyào de shì jiānchí. Búyào gěi zìjǐ tài dà yālì, zhǐyào wěndìng, měi ge yuè dōu cún yìdiǎn, nǐ jiù yídìng kěyǐ jiānchíxiàqù, bìngqiě cóngzhōng dédào mǎnzú.
存钱最重要的是坚持。不要给自己太大压力，只要**稳定**，每个月都存一点，你就一定可以坚持下去，并且**从中**得到**满足**。

Sān、 Xuéhuì jìlù
三、学会**记录**

Nǐ kěyǐ yǐ yuè wéi dānwèi jìlù zhuànle duōshao, huāle duōshao, huāzài nǎlǐ. Tōngguò jìlù nǐ huì liǎojiědào zìjǐ de huā qián fāngshì, xià ge yuè jiù kěyǐ shìzhe qǔxiāo nàxiē bú bìyào de zhīchū.
你可以以月为**单位**记录赚了多少，花了多少，花在哪里。通过记录你会了解到自己的花钱**方式**，下个月就可以试着**取消**那些不**必要**的**支出**。

Sì、 Yǎngchéng jiéyuē de xíguàn
四、养成节约的习惯

Jiéyuē yǒngyuǎn shì zuì fāngbiàn jiǎndān de cúnqián fāngfǎ.
节约永远是最方便简单的存钱方法。

Wǔ、 Jiāng cún de qián fēn sānfèn guǎnlǐ
五、**将**存的钱分三份管理

Yífèn cúnzài yínháng, rúguǒ qián bǐjiào duō huì shōudào búcuò de lìxī. Dì 'èr fèn kěyǐ shìzhe zuò tóuzī, bǐrú mǎi fángzi、 gǔpiào děngděng. Zuìhòu yífèn kěyǐ yònglái tígāo zìjǐ, bǐrú qù xué wàiyǔ、 mǎishū、 lǚxíng děngděng.
一份存在银行，如果钱比较多会收到不错的**利息**。第二份可以试着做**投资**，比如买房子、**股票**等等。最后一份可以**用来**提高自己，比如去学外语、买书、旅行等等。

Zǒngzhī, lǐcái de zhòngdiǎn zǒngjiéqǐlai jiùshì yào xuéhuì "cún" hé "zhuàn". Píngshí hái yīnggāi duō kàn jīngjì píndào, guānxīn jīngjì xīnwén. Xuéhuìle lǐcái, xiāngxìn nǐ de rénshēng huì gèng jīngcǎi.
总之，**理财**的重点总结起来就是要学会“存”和“赚”。平时还应该多看经济**频道**，关心经济新闻。学会了理财，相信你的**人生**会更精彩。

単語・表現チェック

無印赤字…5 級　⑥…6 級　＊…出題範囲外の語量

＊	笔	bǐ	金銭や金銭と関係のあるものについて用いる量詞・～口・～件：万年筆・鉛筆などのペン類
＊	应急	yìngjí	急場に間に合わせる・急な求めに応じる
	万一	wànyī	ひょっとしたら・万が一
⑥	解雇	jiěgù	解雇する・くびにする
	应付	yìngfu	（事を適切に）処理する・善処する

	稳定	wěndìng	安定している：安定させる
＊	从中	cóngzhōng	そこから・～の中から：中に立って・中間に立って
	满足	mǎnzú	満足（する）・（要求などを）満たす
	记录	jìlù	記録（する）
	单位	dānwèi	（計量・計数の）単位・職場・勤め先
	方式	fāngshì	方式・やり方・形式

6章 個人生活・趣味・健康・スポーツ

訳　資産管理の豆知識

一、緊急用のお金を貯める

人は誰にでも「万が一」という時がある。例えば病気になった時や、急に解雇された時などだ。その時になってもしお金がなかったら、まったく対処できなくなり、生活にさえ支障が出てくることもある。だから必ず事前に準備しておく必要がある。こういう緊急用のお金は少なくとも３か月分ぐらいの給料でなければならない。

二、貯金はゆっくりと穏やかに

貯金するのに最も大事なことは続けることだ。自分にプレッシャーを必要以上にかけず、ただ安定的に持続力を持って、毎月少しだけ貯めれば、あなたはきっと続けることができ、かつ、その中で満足感を得られるだろう。

三、記録することを学ぶ

月単位で、どのぐらいのお金が入ったのか、どのぐらい使ったのか、どこ（何）に使ったのかを記録するのもよい。記録を通して自分の金遣いのスタイルを知ることができ、次の月は必要のない支出を試しにやめてみることができる。

四、節約の習慣を養う

節約はいつでも最も便利で簡単な貯金法である。

五、貯めたお金を３つに分けて管理する

１つ目は銀行に貯金する。もし（この部分の）お金が多くあるならば結構な利子がつく。2つ目は投資を試してみるのもよい。例えば不動産や株などへの投資だ。最後の１つは自分を高めるために使うのがよい。例えば外国語を勉強することや、本を買うこと、旅行することなどだ。

要するに、資産管理のポイントをまとめると、「貯める」と「儲ける」を習得することだ。普段から経済チャンネルをよく見たり、経済のニュースに関心を持ったりするようにするべきなのだ。

資産管理がうまくできるようになれば、あなたの人生がきっとよりすばらしいものになると信じている。

	取消	qǔxiāo	取り消す・廃止する
	必要	bìyào	必要だ
⑥	支出	zhīchū	支出（する）・支払い額：払い出す・支払う
＊	将	jiāng	〈書〉～を（"把"と同じ意味）
	利息	lìxī	利息・利子
	投资	tóuzī	投資（する）

	股票	gǔpiào	株券
＊	用来	yònglái	～のために用いる・用いて～する：用いてみると～だ
	总之	zǒngzhī	要するに・とにかく
＊	理财	lǐcái	財産・財務を管理する
	频道	píndào	（テレビの）チャンネル
	人生	rénshēng	人生

文章 80

"Wǒ ài Zhōngguó wénhuà" huódòng kāimùshì de zhùyì shìxiàng
"我爱 中国 文化"活动开幕式的注意事项

ct5-080.mp3

Dàjiā hǎo. Shǒuxiān fēicháng gǎnxiè dàjiā lái cānjiā zhè cì huìyì. Dàjiā dōu zhīdào, wǒmen xuéxiào
大家好。首先 非常 感谢大家来参加这次会议。大家都知道，我们学校
jiāng zài yuè zhōngxún jǔbàn "Wǒ ài Zhōngguó wénhuà" de huódòng. Xuéxiào fēicháng zhòngshì zhè cì
将在2月 **中旬** 举办"我爱 中国 文化"的活动。学校 非常 重视 这次
huódòng, tèbié yāoqǐngle Zhōngguó gǔdiǎn wénhuà de chuánbōzhě YúDān lǎoshī zuòwéi zhè cì kāimùshì de
活动，特别邀请了 中国 **古典** 文化 的 **传播**者 于丹老师**作为**这次**开幕式**的
yǎnjiǎng jiābīn chūxí běncì huódòng. Wǒmen jīntiān kāihuì de mùdì, jiùshì yào tíxǐng dàjiā, zuòwéi kāimùshì
演讲 嘉宾出席本次 活动。我们今天开会的目的，就是要提醒大家，作为开幕式
de gōngzuò rényuán xūyào zhùyì de yìxiē dìfang.
的 工作 **人员**需要注意的一些地方。

Dì yī, chuānzhuó yào zhèngshì yìxiē, bùnéng chuān niúzǎikù, zuìhǎo búyào dài xiàngliàn, ěrhuán,
第一、**穿着** 要 正式 一些，不能 穿 **牛仔裤**，最好不要戴 **项链**、**耳环**、
jièzhi děng. Dànshì yīnwèi yuè hái bǐjiào lěng, dàjiā kěyǐ dài shǒutào, wéijīn.
戒指等。但是 因为 2 月还比较冷，大家可以戴 **手套**、**围巾**。

Dì 'èr, kāimùshì kāishǐ zhīqián, bié wàngle jiǎnchá yíxià màikèfēng. Jiābīn chūchǎng shí, qǐng jǐyǔ
第二、开幕式开始之前，别忘了 检查一下**麦克风**。嘉宾 出场 时，请**给予**
rèliè de zhǎngshēng. Lìngwài, yěxǔ huì yǒurén qiǎngzhe gēn jiābīn wòshǒu, zhàoxiàng děng, dàjiā yào wéihù
热烈的 **掌声**。另外，也许会 有人 **抢**着 跟嘉宾**握手**、照相 等，大家要**维护**
hǎo zhìxù.
好**秩序**。

Dì sān, kāimùshìshang shì bù kěyǐ chī dōngxi de, bǐrú xiǎo diǎnxin, bīngjīlíng, júzi děng dōu
第三、开幕式上 是不可以吃东西的，比如小 **点心**、**冰激凌**、**桔子** 等 都
bùnéng dàijìn huìchǎng. Rúguǒ fāxiàn yǒu shéi bǎ zhèxiē dōngxi dàijìn huìchǎng, yào mǎshàng xiàng wǒ bàogào.
不能带进 会场。如果发现有 谁把这些东西带进 会场，要 马上 向 我 **报告**。

Dì sì, kāimùshì jiéshù hòu yào sǎshuǐ sǎodì. Zuìhòu líkāi de rén qǐng suíshǒu guān dēng, suǒ mén.
第四、开幕式结束 后 要 **洒**水扫地。最后离开的人 请 **随手** 关 灯、**锁** 门。
Lìngwài, kāimùshì dàngtiān bié wàngle dài gōngzuò rényuán de zhèngjiàn, méiyǒu zhèngjiàn jiāng bùnéng jìnrù huìchǎng.
另外，开幕式 当天 别忘了带 工作 人员的 **证件**，没有 证件 将 不能进入会场。

Yǐshàng jiùshì kāimùshì de yìxiē zhùyì shìxiàng. Yīnwèi yǒuxiērén jīntiān méi néng lái cānjiā, huìyì
以上 就是开幕式的一些注意**事项**。因为 有些人今天没 能 来参加，会议
nèiróng qǐng hùxiāng zhuǎngào. Xièxie dàjiā.
内容 请 互相 **转告**。谢谢大家。

単語・表現チェック

無印赤字…5 級　⑥…6 級　＊…出題範囲外の語彙

＊	将	jiāng	間もなく～だろう・～しようとする：～することになる：～で・～によって：～を
	中旬	zhōngxún	中旬
	古典	gǔdiǎn	古典・クラシック
	传播	chuánbō	普及させる：振りまく・散布する・宣伝する・広く広める
	作为	zuòwéi	～として・～とする：成果・貢献
	开幕式	kāimùshì	開会式
	演讲	yǎnjiǎng	演説（する）・講演（する）
	嘉宾	jiābīn	ゲスト・賓客
	出席	chūxí	出席する
	人员	rényuán	人員・職務担当者
＊	穿着	chuānzhuó	服装・身なり
	牛仔裤	niúzǎikù	ジーンズ
	项链	xiàngliàn	ネックレス
	耳环	ěrhuán	イヤリング
	戒指	jièzhi	指輪
	手套	shǒutào	手袋
	围巾	wéijīn	マフラー・襟巻き・スカーフ
	麦克风	màikèfēng	マイク・マイクロホン
⑥	给予	jǐyǔ	〈書〉与える

[訳] 「私は中国文化が好きだ」イベントの開幕式の注意事項

こんにちは。まずは皆様今回の会議にご参加いただき、誠にありがとうございます。皆様ご存知の通り、私たちの学校はきたる２月中旬に「私は中国文化が好きだ」というイベントを行います。学校は今回のイベントを非常に重視しており、中国古典文化の伝道師である于丹先生を特別にお招きし、今回の開幕式の演説ゲストとして出席していただきます。私たちが本日会議を開く目的は、開幕式のスタッフとして注意しなければならないいくつかの点を皆様にお知らせするためです。

１つ目に、服装はやや正式なものにして、ジーンズなどを履いてはいけません。ネックレスやイヤリング、指輪などもつけないほうがよいです。しかし、２月はまだかなり寒いので、手袋をはめたりマフラーを巻いたりするのは構いません。

２つ目に、開幕式が始まる前に、マイクのチェックを忘れないでください。ゲストが出てきた時に、熱のこもった拍手を送ってください。また、我先にとゲストと握手したり、写真を撮ったりする人がいるかもしれないので、皆様秩序を保つようにしてください。

３つ目に、開幕式で食べ物を食べてはいけません。例えば、お菓子類、アイスクリーム、みかんなどすべて会場に持ち込んではいけません。誰かがこのようなものを会場に持ち込んだのに気付いたら、直ちに私に報告してください。

４つ目に、開幕式終了後、水をまいて掃除しなければなりません。最後に出る人は出る時その手で電気を消し、戸締まりをしてください。また、開幕式の当日は、スタッフの証明書を持ってくるのを忘れないでください。証明書がないと会場に入れません。

以上が開幕式のいくつかの注意事項です。何人かは今日参加することができなかったので、会議の内容をお互いに伝え合ってください。皆様ありがとうございました。

	热烈	rèliè	心がこもって温かい・活発だ・熱烈だ・熱がこもっている・盛り上がっている
*	掌声	zhǎngshēng	拍手の音
	抢	qiǎng	我先に～する・先を争う：奪う・奪い取る・横取りする・ひったくる：急いで～する・～を急ぐ
	握手	wòshǒu	握手する・手を握る
⑥	维护	wéihù	維持し保護する・守る・保つ・擁護する：メンテナンス・保守
	秩序	zhìxù	秩序・順序
	点心	diǎnxin	菓子：軽食
	冰激凌	bīngjīlíng	アイスクリーム
	桔子	júzi	みかん
	报告	bàogào	報告（する）
	洒	sǎ	（液体を）まく：こぼれる・こぼす
	随手	suíshǒu	ある事をした後すぐその手で・ついでに：思いのままに・手当たり次第に：（～した後）すぐさま・直ちに
	锁	suǒ	かぎをかける：錠・鎖
	证件	zhèngjiàn	証明書・証書
⑥	事项	shìxiàng	事項
	转告	zhuǎngào	伝える・伝言する

文章 81　Xīn xuéqī de jièshào 新学期的介绍

ct5-081.mp3

Tóngxuémen, dàjiā hǎo. Wǒ shì dàjiā de bānzhǔrèn, xìng Wáng. Xīnxuéqī kāishǐle, zhè ge xuéqī
同学们，大家好。我是大家的**班主任**，姓王。新学期开始了，这个学期
wǒmen yǒu shùxuékè、shǒugōngkè、měishùkè děng kèchéng. Wǒ jiāo dàjiā shùxué.
我们有数学课、**手工**课、**美术**课等**课程**。我教大家数学。

Shǒuxiān jiǎndān jiǎng yíxià zhè ge xuéqī shùxuékè de nèiróng hé yāoqiú. Shùxuékè wǒmen shǐyòng de
首先简单讲一下这个学期数学课的内容和要求。数学课我们使用的
jiàocái shì «Xiǎoxué shùxué sān niánjí», zhè ge jiàocái yǒu shàng、xià liǎngcè, měi cè yǒu ge dānyuán.
教材是《小学数学三年级》，这个教材有上、下两**册**，每册有10个**单元**。
Shàngcè zhǔyào jiǎng de shì yìxiē bǐjiào chūjí de jìsuàn, xiàcè shì yǐ yìngyòngtí wéi zhǔ. Měi ge dānyuán
上册主要讲的是一些比较**初级**的**计算**，下册是以**应用**题为主。每个单元
jiéshù hòu, wǒmen dōu huì yǒu yíge xiǎocèyàn, xīwàng dàjiā néng yònggōng xuéxí, kǎochū hǎo chéngjì.
结束后，我们都会有一个小**测验**，希望大家能**用功**学习，考出好成绩。
Lìngwài, qīmò kǎoshìtí huì yǒu yíbùfen cóng píngshí de xiǎocèyànzhōng xuǎnchū, suǒyǐ dàjiā zuìhǎo bǎ měi
另外，期末考试题会有一部分从平时的小测验中选出，所以大家最好把每
cì cèyàn de shìjuàn bǎocún qǐlái yònglai fùxí.
次测验的**试卷保存**起来用来复习。

Qícì wǒ xiǎng jiǎng yíxià jìlǜ fāngmiàn de yāoqiú. Shàngkè shí yào rènzhēn tīngkè, bùnéng fáng'ài
其次我想讲一下**纪律**方面的要求。上课时要认真听课，不能**妨碍**
kètáng jìlǜ. Xiàkèlíng xiǎng hòu, búyào gǎnzhe chūqù wán, yào xiān shōushihǎo wénjù, bǐrú bǎ yòngwán
课堂纪律。下课**铃**响后，不要赶着出去玩，要先收拾好**文具**，比如把用完
de bǐ、 chǐzi、 jiāoshuǐ fànghuí chōutili. Lìngwài, kànwán de shū yào fànghuí shūjià. Hái yǒu, lǎoshī
的笔、**尺子**、**胶水**放回**抽屉**里。另外，看完的书要放回**书架**。还有，老师
fāxiàqù de jiǎngyì yě yào shōushihǎo yòng jiāzi jiāqǐlai.
发下去的**讲义**也要收拾好用**夹子**夹起来。

Zuìhòu shì wèishēng fāngmiàn. Lǎoshī měitiān huì ānpái ge tóngxué zuòwéi zhírìshēng, dàjiā lúnliú
最后是卫生方面。老师每天会安排4个同学**作为值日**生，大家**轮流**
zhírì. Zhírìshēng zhǔyào fùzé dǎsǎo jiàoshì、 bǎ zhuōzi bǎifàng zhěngqí děng.
值日。值日生主要负责打扫教室、把桌子**摆**放**整齐**等。

Xīn xuéqī xīn qìxiàng. Wǒ xīwàng dàjiā néng bùgān luòhòu, xūxīn xiàng bié de tóngxué xuéxí.
新学期新**气象**。我希望大家能**不甘落后**、**虚心**向别的同学学习。

単語・表現チェック

無印赤字…5級　⑥…6級　＊…出題範囲外の語彙

＊	班主任	bānzhǔrèn	クラス担任
	手工	shǒugōng	手仕事・手細工：手間賃・仕立て代：手作りの
	美术	měishù	美術・絵画
	课程	kèchéng	課程・カリキュラム・レッスン・講座
	教材	jiàocái	教材・教授の材料
	册	cè	～冊：冊子
	单元	dānyuán	単元・ユニット
	初级	chūjí	初級の
	计算	jìsuàn	計算する

	应用	yìngyòng	応用（する）・使用する・活用する
	测验	cèyàn	テスト（する）
	用功	yònggōng	（学習に）身を入れる・努力する：真剣だ：一生懸命勉強する
	试卷	shìjuàn	答案用紙・テスト用紙
	保存	bǎocún	保存する・（実力などを）維持する
	纪律	jìlǜ	規律
	妨碍	fáng'ài	邪魔する・妨害する
＊	课堂	kètáng	（教学活動が行われている時の）教室
	铃	líng	鈴・ベル

訳　新学期の説明

皆さん、こんにちは。私は皆さんのクラス担任で、王といいます。新しい学期が始まりました。今学期、私たちには数学（算数）、手工（工作）、美術（図画）などの課程（科目）があります。私は皆さんに数学を教えます。

まずは簡単に今学期の数学の授業の内容と求められることを少し話します。数学の授業で私たちが使用する教材は『小学校数学三年生』です。この教材は上、下２冊あり、それぞれ 10 単元あります。上巻で主に扱うのはかなり初歩的な計算で、下巻は応用問題を主とします。各単元が終わるごとに、小テストがあります。皆さんが身を入れて勉強し、よい成績を出せるといいなと思います。また、期末テストの問題の一部は普段の小テストから選んで出すので、毎回の小テストの答案用紙を保存しておき、復習に使うのがよいでしょう。

次に規律に関して求められることについて少し話したいと思います。授業の時はまじめに授業を聞き、授業中の規律を乱してはいけません。授業終了のベルが鳴った後、急いで外へ遊びに行かず、まずは文房具を片付けなければなりません。例えば、使い終わったペン、ものさし、のりを引き出しの中に戻さなければなりません。そのほか、読み終わった本を本棚に戻さなければなりません。また、先生が配ったプリントも片付けてクリップで挟まなければなりません。

最後に衛生に関してです。先生は日直として毎日４人のクラスメートを割り振ります。皆さんが順番に交替で日直をやります。日直は主に教室を掃除したり、机をきちんと並べて置いたりすることを担当します。

新しい学期、新しい環境です。私は皆さんが、人に後れを取ることをよしとせず、他のクラスメートに素直に学ぶことができるよう祈っています。

	文具	wénjù	文具・文房具
	尺子	chǐzi	ものさし
	胶水	jiāoshuǐ	液状のり・液体のり
	抽屉	chōuti	引き出し
	书架	shūjià	本棚・書架
*	讲义	jiǎngyì	（授業の）教材・講義用のプリント：（1年間の講義の概要をあらかじめ印刷して学生に配布する）プリント
	夹子	jiāzi	クリップ・物を挟む道具・ファイル・書類フォルダー
*	夹	jiā	挟む：入り混じる

	作为	zuòwéi	～とする・～として：成果・貢献
*	值日	zhírì	日直をする・当直する：日直・当番
	轮流	lúnliú	順番にする・代わる代わるする・交代でする
	摆	bǎi	（きちんと）並べる
	整齐	zhěngqí	きちんとしている：整える
⑥	气象	qìxiàng	気象・状況・情景・景色・様子：気象・気象学
*	不甘	bùgān	よしとしない・～に甘んじない・～に満足しない
	落后	luòhòu	後れを取る・後れる・落伍する
	虚心	xūxīn	素直だ・謙虚だ・虚心だ

文章 82

Guǎnghuá Dàxué de jièshào
广华 大学的介绍

ct5-082.mp3

Huānyíng dàjiā chéngwéi Guǎnghuá Dàxué de yìyuán. Jīntiān yóu wǒ wèi dàjiā jiǎndān de jièshào yíxià
欢迎 大家 成为 广华 大学的一员。今天 由 我 为大家简单地介绍一下
Guǎnghuá Dàxué de qíngkuàng.
广华 大学的 情况。

Dàxué shíqī shì rénshēngzhōng xuéxí de huángjīn shíqī. Guǎnghuá Dàxué wèi wǒmen tígōngle fēngfù
大学**时期**是 **人生**中 学习的 **黄金** 时期。广华 大学 为 我们提供了丰富
de xuéxí zīyuán. Shǒuxiān zài xuéxiào túshūguǎnli, nǐ kěyǐ guānkàn gèzhǒnggèyàng de xuéxí guāngpán.
的学习**资源**。首先 在学校图书馆里，你可以 **观看** **各种各样** 的学习 **光盘**。
Dàn yào zhùyì de shì guāngpán zhǐnéng zài túshūguǎnli bōfàng, bùnéng fùzhìdào zìjǐ de diànnǎoli.
但 要注意的是 光盘 只能 在图书馆里**播放**，不能**复制**到自己的电脑里。
Túshūguǎnli hái yǒu lùnwén shùjùkù, zhǐyào nǐ qīngqīng diǎnjī shǔbiāo, jiù kěyǐ sōusuǒdào zìjǐ xiǎngyào
图书馆里还 有 **论文数据库**，只要你 轻轻 **点击** **鼠标**，就可以**搜索**到自己 想要
de lùnwén. Qícì, xuéxiào huì bú dìngqī de jǔbàn gèzhǒng zhǎnlǎn hé gōngkāi jiǎngzuò. Nǐ kěyǐ zài shēnghuó
的论文。其次，学校 会不**定期**地举办 各种 **展览**和**公开** **讲座**。你可以在 生活
chángshí jiǎngzuòzhōng tíchū nǐ gǎndào hàoqí de shìqing, yě kěyǐ cóng xīnlǐ jiǎngzuòzhōng huòqǔ xìnxīn hé
常识 讲座中 提出你感到**好奇**的事情，也可以 从 **心理** 讲座中 **获取**信心和
yǒngqì. Zuìhòu xuéxiào hái yǒu gèzhǒnggèyàng de bǐsài, bǐrú biànlùnsài、 lánqiúsài děng, nǐ kěyǐ fāhuī
勇气。最后 学校 还有 各种各样 的比赛，比如**辩论**赛、篮球赛 等，你可以**发挥**
zìjǐ de tècháng.
自己的 **特长**。

Guǎnghuá Dàxué hái wèi wǒmen tígōngle shūshì de shēnghuó huánjìng. Shǒuxiān zài dàxué shítángli, nǐ
广华 大学还为 我们提供了**舒适**的 生活 环境。首先 在大学**食堂**里，你
kěyǐ chīdào xǔduō dìdao de dìfāngcài, bǐrú Shāndōng de mántou、Guǎngxī de Guìlín mǐfěn děng. Dàn yào
可以吃到许多**地道**的地方菜，比如 山东 的 **馒头**、广西 的桂林**米粉** 等。但 要
zhùyì de shì chīshèng de gǔtou、 yòngwán de chāzi yào sòngdào huíshōuchù. Qícì zài fúwùzhànli, nǐ
注意的是 吃剩 的**骨头**、用完 的**叉子**要 送到 **回收**处。其次在服务站里，你
bùjǐn kěyǐ mǎidào gèzhǒnggèyàng de shāngpǐn, hái kěyǐ jì xìn、 jì bāoguǒ. Zuìhòu xuéxiào huì dìngqī tígōng
不仅可以买到 各种各样 的 **商品**，还可以寄信、寄**包裹**。最后 学校 会 定期提供
gèzhǒng jiānzhí xìnxī, zài bù yǐngxiǎng xuéxí de qíngkuàngxià nǐ hái kěyǐ zuò yìxiē jiānzhí.
各种 **兼职**信息，在不 影响 学习的 情况下 你还可以做一些兼职。

単語・表現チェック

無印赤字…5級　⑥…6級　＊…出題範囲外の語彙

	时期	shíqī	時期・～期
	人生	rénshēng	人生
	黄金	huángjīn	黄金・金
	资源	zīyuán	資源
＊	观看	guānkàn	観覧する・観察する
＊	各种各样	gèzhǒnggèyàng	様々だ・各種各様の
	光盘	guāngpán	CD (-ROM)・DVD (-ROM) など
	播放	bōfàng	放送する・放映する
	复制	fùzhì	コピー（する）・複製（する）
	论文	lùnwén	論文

＊	数据库	shùjùkù	データベース（"数据【5級】"で「データ」）
＊	点击	diǎnjī	クリック（する）
	鼠标	shǔbiāo	（パソコンの）マウス
	搜索	sōusuǒ	検索（する）：捜索する・捜査する
⑥	定期	dìngqī	定期（の）：期日・期限を定める
	展览	zhǎnlǎn	展覧（する）・展示（する）
	公开	gōngkāi	公開の：公開する
	讲座	jiǎngzuò	講座
	常识	chángshí	常識
	好奇	hàoqí	興味を持つ・好奇心がある

[訳] 広華大学の紹介

皆さんが広華大学の一員になったことを歓迎します。今日は私が簡単に広華大学の状況を紹介します。

大学時代は人生の中の勉強の黄金時代です。広華大学は私たちに豊富な学習資源を提供してくれています。まず学校の図書館では、様々な学習ディスク（CD や DVD など）を見ることができます。しかし注意しなければならないのは、ディスクは図書館でしか再生することができず、自分のパソコンにコピーしてはいけない、ということです。図書館には論文のデータベースもあり、軽くマウスをクリックするだけで、必要な論文を検索することができます。次に、学校では不定期に様々な展覧会と公開講座を行います。生活常識の講座で、自分が興味を持っていることをテーマとして提案することもできますし、心理講座から自信と勇気を得ることもできます。最後に、学校には様々な試合があります。例えば、ディベート大会、バスケットボール大会などです。自分の特技を発揮することができます。

広華大学はまた、私たちに快適な生活環境を提供してくれています。まず、大学の食堂では、多くの本場の地方料理を食べることができます。例えば、山東のマントー、広西の桂林ビーフンなどです。しかし注意しなければならないのは、食べ残した骨や使い終わったフォークなどは、返却口に持って行かなければならないということです。次に、サービスセンターで、様々な商品を買えるだけではなく、手紙を送ったり、小包を送ったりすることもできます。最後に、学校は定期的に様々なアルバイト情報を提供します。勉強に影響しない範囲で少しアルバイトをすることもできます。

	心理	xīnlǐ	心理・気持ち
*	获取	huòqǔ	得る・手に入れる
	勇气	yǒngqì	勇気
	辩论	biànlùn	討論（する）・ディベート（する）・弁論（する）
	发挥	fāhuī	発揮する・（能力などを）引き出す・（論点などを）展開する
⑥	特长	tècháng	特技・特長・特に優れた技能
	舒适	shūshì	快適だ・心地よい
*	食堂	shítáng	食堂：飲食店
	地道	dìdao	本場のものだ・本場の・本物の・しっかりとした
	馒头	mántou	マントー（小麦粉を使った蒸しパンで、中に餡が入っていないもの）
*	米粉	mǐfěn	ビーフン・米の粉
	骨头	gǔtou	骨
	叉子	chāzi	フォーク
⑥	回收	huíshōu	回収（する）（"回收处"で「〈食器などの〉返却口・〈ごみなどの〉回収所」の意味）
	商品	shāngpǐn	商品
	包裹	bāoguǒ	（郵便の）小包：包む
	兼职	jiānzhí	学生がするアルバイト・兼職（する）：兼務（する）・兼任（する）

文章 83

Huǒchē de guǎngbō
火车的广播

ct5-083.mp3

Chéngkè péngyou, nín hǎo. Huānyíng nín chéngzuò běncì lièchē. Běncì lièchē shì yóu Dōnghǎixiàn
乘客 朋友，您 好。欢迎 您 乘坐 本次**列车**。本次列车是 由 东海**县**
Dōnghǎizhàn kāiwǎng Jīnhúxiàn Jīnhúzhàn de cì lièchē. Wèile fāngbiàn nín de lǚxíng, xiànzài wèi nín
东海站 **开往** 金湖县金湖站的 NH793 次列车。为了 方便 您的旅行，现在 为 您
jièshào yíxià chéng chē de zhùyì shìxiàng.
介绍一下 乘 车 的注意**事项**。

Dì yī、qǐng àn zhìxù shàng xià chē, búyào yōngjǐ, yǐmiǎn cǎishāng bié de chéngkè. Túzhōng,
第一、请 按 **秩序** 上下 车，不要 **拥挤**，**以免** **踩**伤 别的 乘客。**途中**，
chéngwùyuán huì jiǎnchá chēpiào, qǐng chéngkèmen chūshì chēpiào, pèihé chéngwùyuán de gōngzuò.
乘务员 会 检查 车票，请 乘客们 **出示** 车票，**配合** 乘务员 的 工作。

Dì 'èr、wèile dàjiā de jiànkāng hé ānquán, qǐng xīyān de chéngkèmen dào hào xīyān chēxiāng xīyān,
第二、为了大家的 健康 和安全，请 吸烟的 乘客们 到 7 号 吸烟 **车厢** 吸烟，
qǐng wù zài qítā de chēxiāngnèi xīyān. Lìngwài, qǐng wù zài qítā chēxiāngnèi shǐyòng huǒchái, dǎhuǒjī
请 **勿**在其他的 车厢内 吸烟。另外，请 勿在其他 车厢内 使用 **火柴**，**打火机**
děng, yǐmiǎn chēxiāng zháohuǒ, fāshēng huǒzāi.
等，以免 车厢 **着火**，发生 **火灾**。

Dì sān、lièchē yídòng qījiān, wǒmen wèi nín zhǔnbèile měiwèi de wǔcān, hái yǒu Dōnghǎixiàn de tèchǎn
第三、列车**移动期间**，我们 为 您准备了**美味**的**午餐**，还有 东海县 的**特产**
xiāngcháng, Jīnhúxiàn de tèchǎn miàntiáo. Yào tíxǐng nín zhùyì de shì, wǔcān hé tèchǎn bùnéng shǐyòng zhīpiào
香肠，金湖县的特产 面条。要提醒您注意的是，午餐和特产 不能 使用 **支票**
huò xìnyòngkǎ. Zhǐnéng yòng xiànjīn gòumǎi, yǒu shōujù, yě kěyǐ kāi fāpiào.
或 信用卡。只能 用 现金 **购买**，有 **收据**，也可以开**发票**。

Dì sì、wèile chéngkè péngyoumen de yòngshuǐ fāngbiàn, wǒmen zài měi jié chēxiāngnèi shèyǒu bǎowēntǒng.
第四、为了 乘客 朋友们 的 **用水** 方便，我们在每节 车厢内 **设有** **保温桶**。
Nín kěyǐ suíshí yǐnyòng rèshuǐ. Qǐng dàjiā zài yòngshuǐ de shíhou zhùyì ānquán, yǐmiǎn bèi tàngdào.
您可以**随时** **饮用** **热水**。请 大家在 用水 的时候注意安全，以免 被 **烫**到。

Dì wǔ、qǐng bǎoguǎnhǎo nín de sīrén wùpǐn. Xià chē shí qǐng bié wàngle jiǎnchá zìjǐ de suíshēn xíngli.
第五、请 **保管**好 您的**私人物品**。下车 时 请 别 忘了 检查自己的**随身** 行李。
Hái yǒu fēnzhōng lièchē jiù yào kāile, qǐng nín zài zuòwèishang nàixīn děngdài. Xièxie dàjiā.
还有 5 分钟 列车就要开了，请 您 在 座位上 耐心 **等待**。谢谢大家。

単語・表現チェック

無印赤字…5 級　⑥…6 級　＊…出題範囲外の語彙

	列车	lièchē	列車
	县	xiàn	県
＊	开往	kāiwǎng	（車・列車・船が）～に向けて発車・出航する・～行き（"由～开往…" で「～から…に向けて発車する」）
⑥	事项	shìxiàng	事項
	秩序	zhìxù	秩序・順序
	拥挤	yōngjǐ	押し合う・込み合う
⑥	以免	yǐmiǎn	～をしないように：～をしないですむように（…する）
	踩	cǎi	踏む・踏みつける
＊	途中	túzhōng	途中・中途
＊	乘务员	chéngwùyuán	乗務員

	出示	chūshì	呈示する・出して見せる
	配合	pèihé	協力する・力を合わせる
	车厢	chēxiāng	車両
	勿	wù	〈書〉～するな・～なかれ
	火柴	huǒchái	マッチ
＊	打火机	dǎhuǒjī	ライター
	着火	zháohuǒ	火がつく・着火する：火事になる・失火する
＊	火灾	huǒzāi	火災・火事
	移动	yídòng	移動する・動かす
	期间	qījiān	間・期間
＊	美味	měiwèi	おいしい食べ物

7章 告知・案内・紹介文

訳　汽車の放送

乗客の皆様、こんにちは。この列車へのご乗車を歓迎いたします（ご乗車誠にありがとうございます）。この列車は東海県東海駅から金湖県金湖駅までのNH793号列車です。お客様の旅の便宜をはかるため、乗車についての注意事項を紹介させていただきます。

1つ目に、順番に乗車下車し、押し合わず、他のお客様を踏んで傷付けることのないようにしてください。途中、乗務員は乗車券を確認しますので、皆様は乗車券を呈示し、乗務員の仕事にご協力ください。

2つ目に、皆様の健康と安全のために、喫煙のお客様は7号車の喫煙車両にてご喫煙ください。ほかの車両での喫煙はご遠慮ください。また、車両に火が着いて、火災が発生しないように、ほかの車両でマッチやライター等を使わないでください。

3つ目に、列車が移動している間、おいしい昼食を用意しております。また東海県の特産物であるソーセージ、金湖県の特産物の麺類もございます。ご注意いただきたいのは、昼食と特産物は小切手やクレジットカードの使用はできず、現金でしか購入できないということです。レシートがあり、領収書を出すこともできます。

4つ目は、お客様が水を飲まれるのに都合がよいよう、車両ごとに保温ジャグタンクを設置しております。いつでもお湯をお飲みいただけます。お湯をお飲みになる時は安全に注意し、やけどをしないようにしてください。

5つ目は、ご自分の私物をしっかり保管してください。下車する時に、手元の荷物のチェックを忘れないでください。

あと5分で列車が発車します。座席で少々お待ちください。ありがとうございました。

＊	午餐	wǔcān	昼食
＊	特产	tèchǎn	特産物
	香肠	xiāngcháng	腸詰め・ソーセージ
	支票	zhīpiào	小切手
＊	购买	gòumǎi	購入する・購買する
	收据	shōujù	レシート・領収書・受領書
	发票	fāpiào	（税務局発行の正規の）領収書・レシート・請求書・送り状（“开发票”で「領収書を切る」）
＊	用	yòng	（尊敬語で）召し上がる・（食べ物・飲み物を）いただく
＊	设有	shèyǒu	設けてある・設置している
＊	保温桶	bǎowēntǒng	保温性のあるジャグタンクを指すことが多い

	随时	suíshí	いつでも・随時
＊	饮用	yǐnyòng	飲用する：飲用の
＊	热水	rèshuǐ	湯
	烫	tàng	（熱湯や油などで）やけどをする：パーマをかける：アイロンをかける：（やけどしそうなほど過度に）温度が高すぎる
⑥	保管	bǎoguǎn	保管する：（倉庫の）保管係：保証する
	私人	sīrén	個人的だ・プライベートだ
＊	物品	wùpǐn	物品・品物
	随身	suíshēn	身の回りに・手元に・身につけて
	等待	děngdài	待つ・待機する

文章84 献爱心活动

Xiàn àixīn huódòng
献爱心 活动

ct5-084.mp3

Tóngxuémen, wǒ xiǎng wǒmen měigerén dōu xīwàng zìjǐ jiànkāng、 kuàilè. Kěshì nín kě zhīdào, dāng wǒmen zài xiǎngshòu kuàilè shēnghuó de shíhou, WángJiā tóngxué zhèngzài yǔ sǐwáng kàngzhēng.
同学们，我想我们每个人都希望自己健康、快乐。可是您可知道，当我们在**享受**快乐生活的时候，王佳同学正在与**死亡** **抗争**。

WángJiā tóngxué shì wǒmen rénwénxì de yìmíng xuésheng. Tā cóngxiǎo jiù yǒu xiāntiānxìngxīnzàngbìng, měi ge yuè dōu yào zhīfù gāo'é de yīliáofèi. Gèng zāogāo de shì, WángJiā tóngxué zài yuè hào de bàngwǎn fāshēngle yìchǎng yìwài. Nà tiān wù hěn dà, WángJiā tóngxué jīngguò yíge chēkù shí, zhènghǎo yǒu yíliàng zhuāngmǎn mùtou de kǎchē cóng chēkùli kāichūlai. Yóuyú wù tài dà, děng sījī kàndào WángJiā tóngxué de shíhou yǐjīng wǎnle. Suīrán sījī gǎibiànle chē de fāngxiàng méiyǒu zhíjiē zhuàngdào WángJiā tóngxué, dànshì cóng kǎchēshang gǔnxiàlai de mùtou zádàole WángJiā tóngxué de xiōngbù、 tóubù děng. Xiànzài jīngguò jǐnjí shǒushù, suīrán zànshí yǐjīng méiyǒule shēngmìng wēixiǎn, dànshì zhè cì de shǒushù hé zhùyuànfèi duìyú WángJiā tóngxué yìjiā lái shuō, wúyí shì xuěshàngjiāshuāng.
王佳同学是我们人文**系**的一名学生。她从小就有**先天性心脏病**，每个月都要**支付高额**的**医疗费**。更**糟糕**的是，王佳同学在3月12号的**傍晚**发生了一场**意外**。那天**雾**很大，王佳同学经过一个**车库**时，正好有一辆**装满** **木头**的**卡车**从车库里开出来。由于雾太大，等司机看到王佳同学的时候已经晚了。虽然司机改变了车的方向没有直接**撞**到王佳同学，但是从卡车上**滚**下来的木头**砸**到了王佳同学的**胸**部、头部等。现在经过**紧急** **手术**，虽然暂时已经没有了生命危险，但是这次的手术和**住院**费对于王佳同学一家来说，**无疑**是**雪上加霜**。

Měigerén de shēngmìng dōu shì bǎoguì de, měigerén dōu yǒu jiànkāng shēnghuó de quánlì. Xuéxiào běnzhe zìyuàn de yuánzé, juédìng jǔbàn wèi WángJiā tóngxué xiàn àixīn huódòng. Xīwàng tóngxuémen néng xiàn chū zìjǐ de àixīn, yǒu qián de juān qián, yǒu lì de chū lì, bāngzhù WángJiā tóngxué dùguò nánguān. Yǒuyì zhě qǐng liánxì rénwénxì Zhāng zhǔrèn. Xièxie dàjiā.
每个人的生命都是**宝贵**的，每个人都有健康生活的**权利**。学校**本着** **自愿**的**原则**，决定举办为王佳同学**献爱心**活动。希望同学们能献出自己的爱心，有钱的**捐**钱，有力的出力，帮助王佳同学**度过** **难关**。**有意者**请联系人文系张**主任**。谢谢大家。

単語・表現チェック

無印赤字…5級　⑥…6級　＊…出題範囲外の語彙

	享受	xiǎngshòu	享受（する）・受ける・味わい楽しむ
⑥	死亡	sǐwáng	死亡（する）
＊	抗争	kàngzhēng	抗争（する）・たたかう
	系	xì	大学の学部・学科
＊	先天性心脏病	xiāntiānxìng xīnzàngbìng	先天性心臓病
＊	支付	zhīfù	（金を）支払う
＊	高额	gāo'é	高額（の）
＊	医疗费	yīliáofèi	医療費
	糟糕	zāogāo	（状況や状態が）だめだ・まずい・ひどい
	傍晚	bàngwǎn	夕方
	意外	yìwài	不意の事故・思わぬ不幸：意外だ・思いがけない
	雾	wù	霧・霧のようなもの
	车库	chēkù	車庫・ガレージ
	装	zhuāng	（入れ物に）詰め込む：取り付ける：装う
	木头	mùtou	木・丸太
	卡车	kǎchē	トラック
	撞	zhuàng	ぶつかる・ぶつける
	滚	gǔn	転がる：沸騰する：出て行く
⑥	砸	zá	（重いものがほかの物の上に）当たる・落ちる・ぶつかる

[訳] 思いやり支援活動

皆さん、私たちは誰しも自分が健康であり、楽しくあることを望んでいると思います。しかし、我々が楽しい生活を味わい楽しんでいる時、王佳さんは死と闘っているということをご存知でしょうか。

王佳さんは我々人文学部の学生です。彼女は子どもの頃から先天性心臓病を患っており、毎月高額の医療費を支払わなければなりません。さらにひどいこととして、王佳さんに3月12日の夕方思わぬ不幸が起きたのです。その日は霧が深く、王佳さんがある車庫を通りかかった時、ちょうど丸太をいっぱい積んだトラックが1台車庫から出てきました。霧があまりに深かったため、運転手が王佳さんを見た時には既に遅かったのです。運転手は車の方向を変えて王佳さんに直接ぶつかりはしませんでしたが、トラックから転がってきた丸太が王佳さんの胸部、頭部などに当たったのです。今は緊急手術を経て、ひとまず命の危険はなくなりましたが、今回の手術代と入院代は王佳さん一家にとって、きっと雪の上に霜が降りるようなもの（泣き面に蜂）に違いありません。

誰の命も皆大切で、誰もが皆健康に生活する権利を持っています。学校は、自発的に行うという原則に基づき、王佳さんのために思いやり支援活動を行うことを決定しました。皆さんに自分の愛の手を差しのべ、お金がある方はお金を寄付し、力がある方は力を出し、王佳さんが困難を乗り切るお手伝いをしていただければと願います。お手伝いくださる意思をお持ちの方は人文学部の張主任に連絡をしてください。ありがとうございました。

	胸	xiōng	胸：心の底
	紧急	jǐnjí	緊急だ・差し迫っている
	手术	shǒushù	手術
＊	住院	zhùyuàn	入院治療（する）
＊	无疑	wúyí	きっと～に違いない：疑いを入れない
⑥	雪上加霜	xuěshàng jiāshuāng	〈成〉（雪の上に霜が降りる）災難が重なる・泣き面に蜂
	宝贵	bǎoguì	貴重だ・大切だ
	权利	quánlì	権利
＊	本着	běnzhe	～に基づいて・～に従って：基づく・従う

	自愿	zìyuàn	自発的に行う・自由意志でする・自分の意志でする
	原则	yuánzé	原則
＊	献	xiàn	（尊敬する人などに）差し上げる・ささげる・贈る
	爱心	àixīn	思いやり・人をいたわる心・愛
	捐	juān	寄付する：投げうつ
	度过	dùguò	（危機などを）乗り切る：（月日を）過ごす・暮らす
＊	难关	nánguān	難関・困難な事態：問題点
＊	有意	yǒuyì	～する気がある・～したいと思う・～に意欲を示す：故意に・わざと
	主任	zhǔrèn	主任

7章 告知・案内・紹介文

关于射击大赛的通知

ct5-085.mp3

Tiāntiān shèjī jùlèbù jiāngyú yuè rì jǔbàn shèjī dàsài, huānyíng shèjī àihàozhě bàomíng
天天 **射击俱乐部**将于 5 月 10 日举办射击大赛，欢迎 射击爱好者 报名
cānjiā.
参加。

Běncì shèjī dàsài fēnwéi liǎngzhǒng lèixíng. Yìzhǒng shì chuántǒnglèi, jiùshì zài yídìng jùlíwài yòng
本次射击大赛分为 两种 **类型**。一种 是 **传统**类，就是在一定距离外 用
qiāng shè bǎ. Lìng yìzhǒng shì shízhànlèi, jiùshì bǎ cānsàizhě fēnchéng liǎngzǔ, shuāngfāng yòng mónǐqiāng
枪 射靶。另 一种 是**实战**类，就是把参赛者 分成 **两组**，**双方** 用 **模拟枪**
zài yǒu lànní, duànqiáng, shātān děng zhàng'ài de chǎngdìzhōng jìnxíng bǐsài.
在有**烂泥**、**断墙**、**沙滩** 等 **障碍** 的 **场地**中 进行比赛。

Běncì dàsài yóu zhùmíng de shèjī yùndòngyuán Dù Lì zhǔchí. Zhǐyào jìnrù juésài, jiù kěyǐ huòdé
本次大赛由 著名 的射击 运动员 杜丽**主持**。只要进入 **决赛**，就可以获得
fēngshèng de jiǎngpǐn. Méi jìnrù juésài de péngyou, yě kěyǐ ná cānsàiquàn lái jiāohuàn xiǎojiǎngpǐn.
丰盛 的 奖品。没进入决赛的 朋友，也可以拿 参赛**券**来 **交换** 小奖品。

Běncì dàsài de bàomíng shíjiān wéi yuè rì zhì yuè rì, rènhé xǐhuan shèjī de péngyou
本次大赛的 报名 时间**为** 3 月 10 日**至** 4 月 10 日，任何喜欢射击的 朋友
dōu kěyǐ bàomíng cānjiā. Dàsài dìdiǎn shì Běijīng guójì shèjīchǎng. Dàsài dàngtiān, qǐng cānsài de péngyou
都可以 报名 参加。大赛地点是北京国际射击场。大赛 当天，请 参赛的 朋友
chuānshang bǐjiào kuānsōng de bùzhì yīfu, zǎoshang diǎn zài Tiāntiān shèjī jùlèbù ménkǒu jíhé,
穿上 比较 **宽松** 的 **布**制衣服，早上 8 点在 天天 射击俱乐部 门口 **集合**，
ránhòu yìqǐ qiánwǎng dàsài chǎngdì. Lìngwài, rúguǒ dàsài dàngtiān tiānqì zhuàngkuàng bù hǎo, jiāng yǒu yánqī
然后一起 **前往** 大赛场地。另外，如果大赛 当天 天气 **状况** 不好，将 有**延期**
huò qǔxiāo dàsài de kěnéng. Dànshì, xià xiǎoyǔ de huà, dàsài jiāng zhàocháng jìnxíng. Jùtǐ qíngkuàng,
或 **取消**大赛的 可能。但是，下小雨的话，大赛 将 **照常** 进行。**具体** 情况，
qǐng guānzhù "Tiāntiān shèjī jùlèbù" de wǎngzhàn.
请 **关注** "天天射击俱乐部" 的 网站。

単語・表現チェック

無印赤字…5 級　⑥…6 級　＊…出題範囲外の語彙

	射击	shèjī	射撃（する）
	俱乐部	jùlèbù	クラブ
＊	将	jiāng	〈書〉間もなく・～しようとする：行う・する：～を（"把"と同じ意味）：～で・～によって
＊	于	yú	〈書〉～に・～で・～において：～より：～に対して
	类型	lèixíng	類型・種類・タイプ
	传统	chuántǒng	伝統：伝統的だ・従来の
	枪	qiāng	銃：槍：～発（銃の発射回数を数える量詞）
＊	靶	bǎ	標的・まと
＊	实战	shízhàn	実戦
	组	zǔ	～組・セット（事物の集合体を数える量詞）

	双方	shuāngfāng	双方
＊	模拟	mónǐ	模擬：なぞらえ似せる（こと）：アナログ（の）
	烂	làn	（水分を含んで）べっとりしている・ぐたぐたになっている・腐っている：ぼろぼろだ
＊	泥	ní	泥・はね・汚れ・泥状のもの
	断	duàn	折れる・切る・切れる：断絶する・途切れる：(途中で) 遮りやめる・断つ・カットする
	墙	qiáng	壁・塀：仕切りの役割をしている部分
	沙滩	shātān	砂浜・砂州
⑥	障碍	zhàng'ài	障害・妨げ・差し障り：妨げる・妨害する
＊	场地	chǎngdì	場所：用地・敷地・グラウンド

射撃大会についてのお知らせ

　天天射撃クラブは5月10日に射撃大会を行う予定です。射撃愛好者の申し込みを歓迎しております。

　今回の射撃大会は2種類に分かれています。1種類は伝統型、つまり一定の距離から銃で標的を撃つものです。もう1種類は実戦型、つまり参加者を2組に分け、双方が模擬銃で、べたべたの泥、壊れた壁、砂浜の砂などの障害がある場所で試合を行います。

　今回の大会は有名な射撃選手である杜麗が主催します。決勝戦に進みさえすれば、盛りだくさんの賞品をもらえます。決勝戦に進んでいない参加者も、参加券をささやかな賞品と交換することができます。

　今回の大会の申し込み期間は3月10日から4月10日までです。射撃が好きな方ならどなたでも申し込むことができます。大会の場所は北京国際射撃場です。大会当日、参加者の皆さんは、ゆったりめの布製の服を着て、朝8時に天天射撃クラブの前に集合し、それから一緒に試合場へ向かいます。また、もし大会の当日、天気の状況が悪ければ、大会を延期するか中止する可能性があります。ただし、小雨であれば、大会は平常通りに行います。具体的な情報は、「天天射撃クラブ」のホームページに注目してください（を見てください）。

7章
告知・案内・紹介文

	主持	zhǔchí	主催（主宰）する・つかさどる・（責任者となって）取りしきる：主張する	布	bù	布
	决赛	juésài	決勝戦	* 制	zhì	～制の：造る・制定する・制止する：制度
⑥	丰盛	fēngshèng	（物が）豊富だ・盛りだくさん	集合	jíhé	集合する・集める
*	奖品	jiǎngpǐn	賞品	* 前往	qiánwǎng	行く・向かう・赴く
*	券	quàn	券・札・切符：アーチ	状况	zhuàngkuàng	状況・状態・事情・様相
	交换	jiāohuàn	交換（する）	⑥ 延期	yánqī	延期する
*	为	wéi	〈書〉～だ	取消	qǔxiāo	取り消す・廃止する
*	至	zhì	〈書〉時間上・空間上の限度を示し）～へ・～まで：至る（まで）・～に至っては・極めて	照常	zhàocháng	平常通りに・普段と同じく：平常通りだ・いつも通りだ
*	宽松	kuānsōng	（服が）ゆったりとして大きめだ：リラックスさせる・豊かだ	具体	jùtǐ	具体的だ
				* 关注	guānzhù	関心（を持つ）・注目（する）・重大な注意を払う

Dàjiā hǎo! Shǒuxiān fēicháng gǎnxiè dàjiā lái cānjiā wǒmen de zūfáng xìnxī shuōmínghuì. Zhè cì wǒ xiàng
大家好！ 首先 非常 感谢大家来参加我们的租房信息 说明会。这次我 向

dàjiā tuījiàn de shì Jiāngnán gōngyù. Xiàmiàn wǒ xiān lái xiàng dàjiā jièshào yíxià fángjiān hé xiǎoqū de qíngkuàng.
大家**推荐**的是 江南 **公寓**。下面我先来 向 大家介绍一下 房间和**小区**的 情况。

Fángjiān dàxiǎo wéi píngfāngmǐ, liǎngshìyìtīng, liǎngge wòshì dōu pū yǒu dìtǎn, xiǎnde tèbié háohuá.
房间 大小为70**平方米**，**两室一厅**，两个**卧室**都**铺**有**地毯**，**显得**特别**豪华**。

Dài jiājù, kōngtiáo, bīngxiāng, chuānglián, bèizi dōu yǒu. Hái yǒu yíge hěn dà de yángtái, kěyǐ dàng záwùjiān
带家具，空调、冰箱、**窗帘**、**被子**都有。还有一个很大的**阳台**,可以 当 **杂物间**

shǐyòng, yě kěyǐ nòngchéng yíge xiǎohuāyuán, xiūxián shíjiān, zài nàlǐ kànkan shū, tīngting yīnyuè.
使用，也可以 弄成 一个 小**花园**，**休闲** 时间，在那里看看 书，听听音乐。

Xiǎoqū huánjìng yōuměi. Zài xiǎoqū de běibian yǒu ge xiǎochítáng, zhōumò yǒu hěn duō rén zài nàlǐ
小区 环境 **优美**。在小区的 北边 有个 **小池塘**，周末 有 很多人在那里

diàoyú huò xià xiàngqí. Xiǎoqū nánbian yǒu yíge dàcāochǎng, kěyǐ zài nàlǐ duànliàn shēntǐ. Xiǎoqū de
钓鱼 或 下**象棋**。小区 南边 有一个 **大操场**,可以在那里 锻炼 身体。小区的

jiāotōng yě fēicháng biànlì. Gōnggòngqìchēzhàn jiù zài xiǎoqū duìmiàn, kě chéngzuò lù gōnggòng
交通 也非常 **便利**。公共汽车站 就在小区 对面，可 乘坐 5、17、82 路 公共

qìchē. Yóuyú shì shǐfāzhàn, shàngbān shíjiān yě bú huì tài yōngjǐ. Lìngwài, chāoshì, yīyuàn děng dōu
汽车。由于是**始发站**，上班 时间也不会太**拥挤**。另外，超市、医院 等 都

fēicháng jìn, shēnghuó fēicháng fāngbiàn.
非常 近，生活 非常 方便。

Fángzū měiyuè yuán, yājīn wéi geyuè de fángzū. Qiānyuē shí, xūyào yícìxìng bǎ yājīn hé
房租 每月2000 元，**押金**为1个月的房租。**签约** 时，需要**一次性**把押金和

geyuè de fángzū dǎdào guīdìng de zhànghùshang. Wǒmen cóng yuè rì qǐ kāishǐ jiēshòu yùdìng,
3个月的房租**打到** 规定的 **账户**上。我们 从 4月1日起开始接受 **预订**，

shùliàng yǒuxiàn, gǎn xìngqù de péngyou qiānwàn búyào cuòguò.
数量 **有限**，感兴趣的 朋友 千万 不要错过。

Yǐshàng jiùshì wǒmen duì Jiāngnán gōngyù de jiǎndān jièshào, rúguǒ yǒu shénme yíwèn, kěyǐ dǎ
以上 就是我们对 江南 公寓的简单介绍，如果有 什么 **疑问**，可以打

diànhuà huò zhíjiē dào guìtái zīxún. Xièxie dàjiā.
电话 或直接到**柜台**咨询。谢谢大家。

単語・表現チェック

無印赤字…5級　　⑥…6級　　＊…出題範囲外の語彙

	推荐	tuījiàn	すすめる・推薦する		显得	xiǎnde	〜に見える・〜の様子だ
	公寓	gōngyù	マンション・アパート		豪华	háohuá	豪華だ・ぜいたくだ
＊	小区	xiǎoqū	（高層集合住宅が集団を成して連なり、生活に必要な施設・店舗を伴った市内の居住地）団地・居住区・住宅街		窗帘	chuānglián	（窓の）カーテン
					被子	bèizi	掛け布団
	平方	píngfāng	平方メートル・（数学の）平方		阳台	yángtái	ベランダ・バルコニー
＊	两室一厅	liǎngshìyìtīng	2つの部屋と1つのリビング／ダイニングルーム・2（L）DK	＊	杂物间	záwùjiān	物置き場
	卧室	wòshì	寝室	＊	花园	huāyuán	花園・庭園
⑥	铺	pū	（敷物・布団・砂利・紙などを）敷く・敷き広げる・（1か所に積んであるものを）広げて並べる		休闲	xiūxián	レジャー・カジュアル；のんびり過ごす・暇だ
					优美	yōuměi	優美だ
	地毯	dìtǎn	じゅうたん・カーペット		池塘	chítáng	池

訳　賃貸説明会

皆様こんにちは！　まず私たちの賃貸情報説明会に参加していただきまして誠にありがとうございます。今回私が皆様におすすめいたしますのは江南マンションです。では、まず皆様に部屋と団地の状況をご紹介いたします。

部屋の大きさは70平米で、2（L）DKです。2つの寝室ともカーペットが敷いてあり、とても豪華です。家具つきで、エアコン、冷蔵庫、カーテン、布団と何でもあります。また、大きなベランダがあり、物置場として使っていただくこともできますし、小さな庭を作り、余暇に、そこで本を読んだり、音楽を聞いたりしていただくこともできます。

団地の環境は非常に美しいです。団地の北側には小さな池があり、週末には多くの人がそこで釣りをしたり、中国将棋を指したりします。団地の南側には大きな運動場があり、そこで体を鍛えることができます。団地の交通もとても便利です。バス停は団地のすぐ向かい側にあり、5、17、82番のバスに乗ることができます。始発停留所のため、出勤時間帯でもあまり混雑しません。それに、スーパー、病院などとても近いので、生活にはとても便利です。

家賃は毎月2000元で、敷金は家賃1ヶ月分です。契約をする時、敷金と3ヶ月分の家賃を1回払いで指定の口座に振り込まなければなりません。私たちは4月1日から予約を承ります。数が限定されているため、興味のある方は是非このチャンスを見逃さないでください。

以上が私たちの江南マンションについての簡単な紹介でした。何かご質問があれば、お電話で、もしくは直接カウンターまでお問い合わせください。（ご清聴）ありがとうございました。

	钓	diào	釣る
	象棋	xiàngqí	中国将棋
	操场	cāochǎng	グラウンド・運動場
⑥	便利	biànlì	便利だ：便宜をはかる
*	始发站	shǐfāzhàn	始発駅
	拥挤	yōngjǐ	押し合う・込み合う
*	房租	fángzū	家賃・部屋代
	押金	yājīn	敷金・保証金・手付金
*	签约	qiānyuē	（条約・契約などに）調印する・締結する
*	一次性	yícìxìng	一回の・一回限りの・使い捨て
*	打	dǎ	"打钱到账户"で「口座にお金を振り込む」
	账户	zhànghù	口座
	预订	yùdìng	予約（する）・注文する
*	有限	yǒuxiàn	限りがある・有限の・わずかな
*	错过	cuòguò	逃す・逸する・～そびれる
	疑问	yíwèn	疑問・問題
	柜台	guìtái	商店のカウンター
	咨询	zīxún	諮問（する）・相談（する）・コンサルティング（する）

7章 告知・案内・紹介文

文章 87 招聘说明会

Zhāopìn shuōmínghuì

ct5-087.mp3

Dàjiā hǎo! Shǒuxiān wǒ dàibiǎo wǒmen wénxuéchūbǎnshè, gǎnxiè dàjiā lái cānjiā wǒmen de zhāopìn shuōmínghuì. Wénxuéchūbǎnshè shì zhōngwài wénxué yìshù zuòpǐn、értóng jiàoyù dúwù hé nǚxìng shēnghuó dúwù de zhòngyào chūbǎn jīgòu, bàngōnglóu zài Běijīngshì Cháoyángqū.

大家好！首先我**代表**我们**文学出版**社，感谢大家来参加我们的招聘说明会。文学出版社是**中外**文学艺术**作品**、儿童教育**读物**和女性生活读物的重要出版**机构**，办公楼在北京市朝阳区。

Zhè cì wǒmen yào zhāopìn de shì wénxué biānjí míng. Yāoqiú yìngpìnzhě yǒu zhōngwén、Hànyǔyán wénxué huò biānjí chūbǎn zhuānyè běnkē yǐshàng xuélì, quánguó chūbǎn zhuānyè zhōngjí yǐshàng de zīgézhèng, hé sānnián yǐshàng chūbǎn biānjí de gōngzuò jīngyàn. Shúxī chūbǎn yèwù, wénzì biǎodá nénglì qiáng, zhōngwén zhīshi fēngfù. Yǒu liánghǎo de shìchǎng yìshí, nénggòu jiàohǎo de tuīguǎng běn chūbǎnshè de túshū shìchǎng. Lìngwài, yào yǒu jiào qiáng de gōutōng nénglì, nénggòu jiànlì zuòzhě zīyuán, bìng jiànlì chángqī hézuò guānxì; cānyù suǒ fùzé túshū xiāoshòu fāng'àn de zhìdìng, bìng zhǎngwò xiāoshòu qíngkuàng.

这次我们要招聘的是文学**编辑**1名。要求应聘者有中文、汉语言文学或编辑出版专业**本科**以上**学历**，全国出版专业中级以上的**资格**证，和三年以上出版编辑的工作经验。熟悉出版**业务**，**文字表达**能力**强**，中文知识丰富。有**良好**的**市场意识**，能够较好地**推广**本出版社的图书市场。另外，要有较强的**沟通**能力，能够**建立**作者**资源**，**并**建立长期**合作**关系；**参与**所负责图书**销售方案**的**制定**，并**掌握**销售情况。

Yǐshàng shì duì yìngpìn tiáojiàn de jiǎndān jièshào. Guānyú dàiyù děng de xiángxì shuōmíng hé gèng duō wénxué chūbǎnshè de qíngkuàng, qǐng liúlǎn wénxué chūbǎnshè de wǎngzhàn. Huānyíng gǎn xìngqù de péngyou jījí yǔ wǒmen qǔdé liánxì. Xièxie dàjiā!

以上是对应聘条件的简单介绍。关于**待遇**等的详细说明和更多文学出版社的情况，请**浏览**文学出版社的网站。欢迎感兴趣的朋友积极与我们取得联系。谢谢大家！

単語・表現チェック

無印赤字…5級　⑥…6級　＊…出題範囲外の語彙

	代表	dàibiǎo	代表（する）：体現する・表す
	文学	wénxué	文学
	出版	chūbǎn	出版する
＊	中外	zhōngwài	中国と外国・中国内外
	作品	zuòpǐn	作品
＊	读物	dúwù	読み物
⑥	机构	jīgòu	機構・組織・機構の内部組織：機械の内部構造
	编辑	biānjí	編集する・編集者
	本科	běnkē	（大学の）本科
	学历	xuélì	学歴
	资格	zīgé	資格・キャリア
	业务	yèwù	業務・仕事
	文字	wénzì	文字・（書かれた）言葉
	表达	biǎodá	（考えや気持ちを）表現する・伝える
＊	强	qiáng	（力が）強い・（能力が）優れている
	良好	liánghǎo	良好だ・よい

訳　就職説明会

皆さん、こんにちは！　はじめに文学出版社を代表しまして、就職説明会に出席してくださった皆さんに御礼申し上げます。文学出版社は国内外の文学作品、児童教育書籍や女性生活書籍の重要な出版組織であり、オフィスビルは北京市朝陽区にあります。

今回我々が募集しているのは文学書編集者１名です。応募者には、中国語（ができること）と、中国言語文学あるいは編集出版専攻での本科以上の学歴と、全国出版専業中級以上の資格証明書を有すること、出版編集の仕事の経験が３年以上あることを求めております。出版業務に精通し、文章表現力が高く、中国語の知識が豊富であること、優れたマーケティング意識を持ち、この出版社の書籍市場をよく押し進められること、そのほか、比較的優れたコミュニケーション能力を有すること、作者リソースを築き、かつ長期的な協力関係を築くことができること、また、担当書籍の販売プランの立案・制定に参加し、販売状況を把握することも求められております。

以上が応募条件に関する簡単な紹介でした。待遇などについての詳細な説明や更なる文学出版社の状況については、文学出版社のホームページをご覧ください。興味をお持ちの方はぜひ積極的にご連絡ください。ありがとうございました！

	市场	shìchǎng	市場・マーケット
⑥	意识	yìshí	意識：気づく・はっきりと知る
	推广	tuīguǎng	普及させる・押し広める
	沟通	gōutōng	（意思・文化を）疎通させる
	建立	jiànlì	打ち建てる・築く
	资源	zīyuán	資源
*	并	bìng	そして・かつ・また：その上・さらに：合わせる：並べる：決して（～ない）

	合作	hézuò	協力（する）・提携（する）・合作（する）
	参与	cānyù	参加する・参与する
	销售	xiāoshòu	売る・販売する
	方案	fāng'àn	仕事の計画・プラン
	制定	zhìdìng	制定する・（計画などを）立てる
	掌握	zhǎngwò	握る・把握する・身につける
	待遇	dàiyù	待遇（する）
	浏览	liúlǎn	ざっと目を通す

Guānyú wàishāng tóuzī qǐyè de zhèngcè
关于 外商 投资企业的 政策

ct5-088.mp3

Wèile cùjìn jīngjì de fāzhǎn, běnshì duì wàishāng tóuzī qǐyè de yōudài zhèngcè jìnxíngle gǎigé.
为了促进经济的发展，本市对 外商 投资企业的优待 政策 进行了 改革。

Zhǐyào shì yǒu héfǎ de yíngyè zhízhào, bìngqiě yǒu zúgòu de zījīn hé kěkào de yuánliào láiyuán de wàishāng
只要是 有合法的营业 执照，并且 有足够的资金和可靠的 原料 来源的 外商

tóuzī qǐyè, dōu kěyǐ shēnqǐng. Shěnchá hégé hòu kěyǐ xiǎngshòu yǐxià zhèngcè.
投资企业，都可以 申请。审查 合格后可以 享受 以下政策。

Yī, Duì yóu yímínzhě chuàngbàn de qǐyè huò zhōngwài liánhé chuàngbàn de qǐyè, jǐyǔ èrshí dào
一、对 由移民者 创办 的企业或 中外 联合 创办 的企业，给予 20 —

yìbǎi wànyuán bùděng de bǔzhù.
100 万元 不等 的补助。

Èr, Duì cóngshì nóngyè zōnghé jiànshè de wàishāng tóuzī qǐyè, zài jiànshè jiēduàn de yì dào sān nián,
二、对 从事 农业 综合 建设 的 外商 投资企业，在建设 阶段 的一到 三 年，

měinián jǐyǔ shí dào bāshí wànyuán bùděng de bǔzhù.
每年给予 10 — 80 万元 不等 的补助。

Sān, Běnshì tíchàng jiénéngjiǎnpái. Duì shíxíng jiénéngjiǎnpái de wàishāng tóuzī qǐyè, yóu huánjìng
三、本市 提倡节能减排。对实行节能减排的 外商 投资企业，由 环境

bǎohùjú gēnjù qí hángyè tèdiǎn jǐyǔ bǔzhù.
保护局根据其行业 特点给予补助。

Sì, Duì gǎizào běnshì pòchǎn qǐyè、kùnnan qǐyè de wàishāng tóuzī qǐyè, jǐyǔ sānshí dào liùshí
四、对 改造本市破产企业、困难企业的 外商 投资企业，给予 30 — 60

wànyuán bùděng de bǔzhù.
万元 不等 的补助。

Wǔ, Duì shǐyòng huāngshān、shāmò děng de wàishāng tóuzī qǐyè, yílǜ miǎnzhēng tǔdì shǐyòngshuì.
五、对 使用 荒山、沙漠 等 的 外商 投资企业，一律 免征 土地 使用税。

Liù, Zài tóuzī zǒng'é nèi jìnkǒu de shèbèi、língjiàn děng, tōngguò shěnchá hòu kě miǎnzhēng jìnkǒushuì.
六、在投资总额内进口的设备、零件 等，通过 审查 后可 免征 进口税。

Qī, Duì jiāoshuì jīn'é dádào wànyuán yǐshàng hán wànyuán de wàishāng tóuzī qǐyè,
七、对 交税金额达到1000 万元 以上（含 1000 万元）的 外商 投资企业，

jǐyǔ sānshí dào yìbǎi wànyuán de gǔlìjīn.
给予 30 —100 万元 的鼓励金。

単語・表現チェック

無印赤字…5 級　　⑥…6 級　　＊…出題範囲外の語彙

	単語	ピンイン	意味
	促进	cùjìn	促す・促進する
＊	外商	wàishāng	外国商人／商社・外国投資家
	投资	tóuzī	投資（する）
	企业	qǐyè	企業
＊	优待	yōudài	優遇（する）・優待（する）
⑥	政策	zhèngcè	政策
	改革	gǎigé	改革（する）・革新（する）
	合法	héfǎ	合法的だ
	营业	yíngyè	営業する
	执照	zhízhào	免許証・許可証
＊	足够	zúgòu	十分だ・足りる
	资金	zījīn	資金

	単語	ピンイン	意味
	可靠	kěkào	頼りになる・信頼できる：確かだ
	原料	yuánliào	原料
⑥	来源	láiyuán	（物事の）源・出所
⑥	审查	shěnchá	（計画・提案などを）審査する・詳しく調べる
	享受	xiǎngshòu	享受（する）・味わい楽しむ
	移民	yímín	移民（する）・移住する
＊	创办	chuàngbàn	設立（する）・創業（する）
	联合	liánhé	共同で～する：連合する・結合する
⑥	给予	jǐyǔ	〈書〉与える
＊	不等	bùděng	一様でない・まちまちだ
＊	补助	bǔzhù	補助する・補助（金）

訳　外資系企業に関する政策

経済発展を促すために、本市は外資系企業関連の優遇政策について改革を行った。合法的な営業許可証を持ち、かつ、十分な資金と信頼できる原料の出所がある外資系企業でありさえすれば、皆申請できる。審査に合格した後、以下の政策を享受することができる。

一、移民が設立した企業、または中国と外国が共同で設立した企業に対し、20～100万元の範囲で補助を与える。

二、農業総合建設に従事する外資系企業に対し、建設段階の1～3年に、毎年10～80万元の範囲で補助を与える。

三、本市は省エネ・排出削減を提唱している。省エネ・排出削減を行う外資系企業に対し、環境保護局がその業種の特徴に基づいて補助を与える。

四、本市の経営破綻した企業、経営状況が困難な企業を再建する外資系企業に対し、30～60万元の補助を与える。

五、荒れ山、砂漠等を使用する外資系企業に対し、土地使用税を一律免除する。

六、投資総額内で輸入した設備、部品等は、審査を通れば輸入税を免除する。

七、支払った税金が1000万元以上（1000万元を含む）の金額に達した外資系企業に対し、30～100万元の奨励金を与える。

	从事	cóngshì	従事する・携わる
	农业	nóngyè	農業
	综合	zōnghé	総合的だ：総合する・まとめる
	建设	jiànshè	建設（する）
	阶段	jiēduàn	段階
	提倡	tíchàng	提唱する・呼びかける
*	节能减排	jiénéngjiǎnpái	省エネ・排出削減
⑥	实行	shíxíng	実行する・実際に行う
	行业	hángyè	業種・職種
*	改造	gǎizào	（変更・修正を加えて）改造する・改良する：（根本的に）作り直す
	破产	pòchǎn	破綻（する）・破産（する）・倒産（する）

*	荒山	huāngshān	荒れ山
	沙漠	shāmò	砂漠
	一律	yílǜ	一律に・すべて・一様に：一律だ・一様だ・同一だ
*	免征	miǎnzhēng	（税金や費用などが）免除される
	土地	tǔdì	土地
	税	shuì	税・税金
*	总额	zǒng'é	総額・総数
	进口	jìnkǒu	輸入（する）
	设备	shèbèi	設備：備える
	零件	língjiàn	部品・パーツ
*	金额	jīn'é	金額
	达到	dádào	（目標・水準に）達する・到達する

文章89
gōnglǐ de jùlí
10公里的距离

ct5-089.mp3

Xīnlǐxuéjiā zuòle yíge yǒuqù de shíyàn: Zǔzhī sān zǔ rén, ràng tāmen fēnbié xiàng gōnglǐwài de
心理学家做了一个有趣的**实验**：**组织三组**人，让 他们**分别** 向 10公里外的
sānge cūnzhuāng xíngjìn.
三个 村庄 行进。

Dì yī zǔ rén jì bù zhīdào cūnzhuāng de míngzi, yě bù zhīdào lùchéng yǒu duō yuǎn, zhǐ bèi gàosu
第一组人既不知道 村庄 的名字，也不知道**路程** 有 多远，只被告诉
gēnzhe dǎoyóu zǒu jiù xíng le. Gāng zǒuchū liǎng sān gōnglǐ, jiù yǒurén shòubuliǎo le, érqiě yuè wǎng qián zǒu,
跟着 导游 走就行了。刚 走出 两 三公里，就有人受不了了，而且越 往 前走，
tāmen de píqi yě yuè biàn yuè huài.
他们的脾气也越 变 越坏。

Dì èr zǔ rén zhīdào cūnzhuāng de míngzi hé lùchéng, dàn lùpáng méiyǒu lǐchéngbēi, zhǐnéng píng
第二组人知道 村庄 的名字和路程，但路旁没有**里程碑**，只能**凭**
jīngyàn lái gūjì shíjiān hé jùlí. Zǒudào yíbàn de shíhou, yǒu rén xiǎng zhīdào yǐjīng zǒule duō yuǎn, yǒu
经验来估计时间和距离。走到一半的时候，有人 想 知道已经走了多远，有
jīngyàn de rén shuō: "Dàgài zǒule yíbàn." Yúshì, dàjiā jiēzhe zǒu. Kě yuè wǎng qián zǒu, tāmen jiù
经验的人 说："大概走了一半。"于是，大家接着走。可越 往 前走，他们就
yuè méi jīngshen. Zhídào yǒurén shuō: "Kuài dàole!" Dàjiā cái chóngxīn dǎqǐ jīngshen.
越没 **精神**。**直到**有人 说："快到了！"大家才 重新 打起精神。

Dì sān zǔ rén bùjǐn zhīdào cūnzhuāng de míngzi、lùchéng, érqiě lùpáng měi gé yìgōnglǐ jiù yǒu yíkuài
第三组人不仅知道 村庄 的名字、路程，而且路旁每**隔**一公里就有一块
lǐchéngbēi, rénmen biān zǒu biān kàn lǐchéngbēi, měi suōduǎn yìgōnglǐ tāmen jiù hùxiāng gǔlì. Tāmen yòng
里程碑，人们 边 走边 看里程碑，每 **缩短** 一公里他们就互相鼓励。他们 用
gēshēng lái wàngjì píláo, xīnqíng yìzhí hěn hǎo, suǒyǐ hěn kuài jiù dàodá zhōngdiǎn le.
歌声 来忘记**疲劳**，心情一直很好，所以 很 快 就**到达** 终点了。

Xīnlǐxuéjiā déchūle zhèyàng de jiélùn: Dāng rénmen de xíngdòng yǒule mùbiāo, bìng néng bǎ zìjǐ
心理学家得出了 这样的**结论**：当 人们 的 **行动** 有了**目标**，并 能 把自己
de xíngdòng yǔ mùbiāo búduàn de jìnxíng bǐjiào, qīngchu de zhīdào zìjǐ de xíngjìn sùdù hé yǔ mùbiāo zhī jiān
的 行动 与目标 **不断**地进行比较，清楚 地知道自己的行进速度和与目标 之间
de jùlí de shíhou, rénmen xíngdòng de dòngjī jiù huì dédào wéichí, jiù nénggòu zìjué de zhànshèng yíqiè
的 距离的时候，人们 行动 的**动机**就会得到**维持**，就 能够 **自觉**地 **战胜** 一切
kùnnan, nǔlì shíxiàn mùbiāo.
困难，努力**实现** 目标。

単語・表現チェック

無印赤字…5級　　⑥…6級　　＊…出題範囲外の語彙

	心理	xīnlǐ	心理・気持ち
＊	～家	~jiā	ある種の専門知識を身につけた人・～家・～家
	实验	shíyàn	実験（する）
	组织	zǔzhī	組織（する）・手配する・準備する・まとめる・（会やイベントなどを）企画する・構成
	组	zǔ	～組・セット（事物の集合体を数える量詞）
	分别	fēnbié	それぞれ・区別（する）
＊	村庄	cūnzhuāng	村・村落

＊	行进	xíngjìn	行進する・前進する
＊	路程	lùchéng	道のり・行程
＊	里程碑	lǐchéngbēi	道標・一里塚
	凭	píng	頼る・頼りとする・もたれる・～するに任せる・根拠・よりどころ
	精神	jīngshen	活力・元気・活気・元気だ・（「jīngshén」で「精神・心・精神上の」の意味）
＊	直到	zhídào	～になって（やっと…）・～になっても（まだ）
＊	隔	gé	（時間・距離を）置く・あける・仕切る・隔てる・さえぎる

訳　10kmの距離

心理学者がある面白い実験をした。3組のグループを準備し、彼らにそれぞれ10km先の別々の3つの村に向かって歩かせた。

1組目の人は村の名前も知らず、道のりがどのくらいかも知らず、ただガイドについていけばいいと伝えられた。わずか2、3km歩き出したばかりのところで、既に耐えられなくなる人がいた。その上、その先に進めば進むほど、彼らの機嫌も悪くなる一方だった。

2組目の人は村の名前と道のりは知っているが、道端に道標がないので、経験を頼りに時間と距離を予測するしかなかった。半分ぐらい歩いた頃、ある人がどれぐらい歩いたか知りたがり、経験のある人が「おそらく半分ぐらい歩いた」と言った。それで、皆また歩き続けた。しかし、その先に進めば進むほど、彼らは元気がなくなっていった。「もうすぐだよ！」と誰かが言って初めて、皆は改めて元気を出した。

3組目の人は村の名前と道のりを知っているだけではなく、道端に1kmごとに道標があったので、皆は歩きながら道標を見て、距離が1km縮む度にお互い励まし合った。彼らは歌声によって疲れを忘れ、気分がずっとよかったので、すぐにゴールに辿り着いた。

心理学者はこのような結論を導き出した。人々の行動に目標があり、それに自分の行動と目標を常に比較し、自分の進むスピードと目標との間の距離をはっきり知ることができている時、人々の行動の動機を維持することができ、自覚してあらゆる困難に勝ち、目標を実現するために努力することができるのだ。

	缩短	suōduǎn	（長さや距離・時間などを）短縮する・縮める
	疲劳	píláo	疲労（している）・疲れている
	到达	dàodá	到達する・着く
⑥	终点	zhōngdiǎn	ゴール・終点
＊	得出	déchū	～を得る・～を出す
	结论	jiélùn	結論
	行动	xíngdòng	行動（する）・活動（する）
	目标	mùbiāo	目標・目的
＊	并	bìng	かつ・そして：その上・さらに：合わせる：並べる：決して(～ない)
	不断	búduàn	絶えず・絶え間なく
⑥	动机	dòngjī	動機
⑥	维持	wéichí	維持する・保つ
	自觉	zìjué	自覚的だ：自覚する
＊	战胜	zhànshèng	打ち勝つ・勝利する
	实现	shíxiàn	実現（する）・達成する

文章 90

Yìmiǎozhōng ràng māo biàn guāi de fāngfǎ

一秒钟 让 猫 变 乖的方法

ct5-090.mp3

Hěn duō rén dōu xǐhuan bǎ māo dàng chǒngwù, xǐhuan gěi māo zhàoxiàng. Dàn zài gěi tāmen zhàoxiàng shí,
很多人都喜欢把猫当**宠物**，喜欢给猫**照相**。但在给它们照相时，
tāmen jīngcháng huì luàndòng. Zhè shíhou yǒu ge bànfǎ kěyǐ ràng māo zài yìmiǎonèi biàn guāi. Zài māo de bózi
它们经常会**乱动**。这时候有个办法可以让猫在一秒内变**乖**。在猫的**脖子**
hòumiàn yǒu yíge "kāiguān", nàr yǒu yíkuài hěn ruǎn de pífū, zhǐyào nǐ zhuāzhù nà kuài pífū, māo
后面有一个"**开关**"，那儿有一块很**软**的皮肤，只要你**抓**住那块皮肤，猫
lìkè huì xiàng jīqì bèi guānjīle yíyàng, bùguǎn nǐ zěnme nòng tāmen, tāmen dōu bú huì yǒu fǎnyìng.
立刻会像**机器**被**关机**了一样，不管你怎么弄它们，它们都不会有**反应**。
Yǒushíhou, wǒmen gěi māo chuānshang bǐjiào jǐn de yīfu, yāzhùle tāmen de bózi shí, tāmen yě huì yǒu
有时候，我们给猫穿上比较**紧**的衣服，**压**住了它们的脖子时，它们也会有
zhèyàng de fǎnyìng.
这样的反应。

Māo wèishénme huì yǒu zhè zhǒng fǎnyìng ne? Rénmen zhìjīn hái méiyǒu yíge zhèngquè dá'àn. Dànshì
猫为什么会有这种反应呢？人们**至今**还没有一个正确答案。但是
rénmen zhīdào, māo de zhè zhǒng fǎnyìng hé kǒngjù méiyǒu guānxì, yīnwèi rúguǒ māo gǎndào hàipà, jíshǐ
人们知道，猫的这种反应和**恐惧**没有关系，因为如果猫感到害怕，即使
tāmen shēntǐ bùnéng dòng, tāmen yě huì tōngguò zhēngdà yǎnjing lái biǎoxiàn zìjǐ de kǒngjù.
它们身体不能动，它们也会通过**睁**大眼睛来**表现**自己的恐惧。

Yǒurén shuō, zhè zhǒng fǎnyìng hé mǔmāo dài xiǎomāo de fāngshì yǒuguān. Nǐ yěxǔ kàndàoguo zhèyàng
有人说，这种反应和**母**猫带小猫的**方式**有关。你也许看到过这样
de huàmiàn: Yìzhī mǔmāo, yǎozhe xiǎomāo de bózi, dàizhe xiǎomāo qù xúnzhǎo chī de dōngxi. Xiǎomāo bèi
的**画面**：一只母猫，**咬**着小猫的脖子，带着小猫去**寻找**吃的东西。小猫被
mǔmāo yǎozài zuǐli, yídòngyěbúdòng. Mǔmāo zhèyàng dàizhe xiǎomāo, xiǎomāo yě bú huì shòushāng. Dàn
母猫咬在嘴里，**一动也不动**。母猫这样带着小猫，小猫也不会**受伤**。但
rúguǒ zài zhè ge guòchéngzhōng, xiǎomāo tūrán luàndòng, nàme hěn kěnéng huì diàoxiàlai, shuāidǎo shòushāng.
如果在这个过程中，小猫突然乱动，那么很可能会掉下来，**摔倒**受伤。
Māo bózi hòumiàn nàge "kāiguān", jiùshì yìngfu zhè zhǒng shíhou de. Dànshì zhè zhǒng shuōfa hái méiyǒu
猫脖子后面那个"开关"，就是**应付**这种时候的。但是这种**说法**还没有
dédào kēxué de zhèngmíng.
得到科学的证明。

単語・表現チェック

無印赤字…5級　⑥…6級　＊…出題範囲外の語彙

	宠物	chǒngwù	ペット
＊	照相	zhàoxiàng	写真を撮る・撮影する
＊	乱动	luàndòng	(無秩序に) 動きまわる
	乖	guāi	(子どもが) おとなしい・聞き分けがいい
	脖子	bózi	首
＊	开关	kāiguān	スイッチ
	软	ruǎn	柔らかい：柔和だ：意気地がない：力が入らない
	抓	zhuā	(指で) つかむ・しっかり握る
	立刻	lìkè	すぐに・即刻・直ちに
	机器	jīqì	機械
＊	关机	guānjī	シャットダウンする・電源を切る
	反应	fǎnyìng	反応 (する)
＊	紧	jǐn	きつい・固い・ぴったりしている
＊	压	yā	押す・押さえる

訳　1秒でネコをおとなしくさせる方法

多くの人がネコをペットにするのを好み、写真を撮ってあげるのが好きだ。しかし、彼らを撮ってあげる際に、彼らはよく動きまわることがある。そういう場合、ネコを1秒でおとなしくさせる方法が1つある。ネコの首の後ろには1つの「スイッチ」があり、そこに柔らかい皮ふのところがあるのだ。その皮ふをつまみさえすれば、ネコは直ちに機械がシャットダウンされたかのように、どのようにいじられても、反応しなくなる。ネコに比較的きつい服を着せて、彼らの首を押さえた時も、彼らはこのような反応をすることがある。

ネコはなぜこのような反応をするのだろう？　人々は今に至っても正確な回答を得られていない。ただし、人々が知っているのは、ネコのこの反応は恐れと関係がないということだ。なぜかというと、もしネコが怖さを感じたら、彼らの体は動けなくても、目を大きく開くことで自分の恐れを表すのだ。

ある人は、このような反応は雌ネコが子ネコを育てる時の方法と関係があるという。あなたはもしかしてこのような場面を見たことがあるかもしれない。1匹の雌ネコが子ネコの首をかんで、子ネコを連れて食べものを探したりする。子ネコは雌ネコにかまれて口の中にいて（口にくわえられたままでいて）、少しも動かない。雌ネコがこのように子ネコを連れていても、子ネコはけがなどしない。ただし、もしこの過程の中で、子ネコが突然動いたりすると、落ちて、転んでけがをする可能性がある。ネコの首の後ろにあるその「スイッチ」は、こういう時に対応するためにあるものだ。しかし、この見解はまだ科学的な証明を得ていない。

	至今	zhìjīn	現在でも・いまなお
⑥	恐惧	kǒngjù	恐れる・おじける
	睁	zhēng	見開く・目を開ける
	表现	biǎoxiàn	態度・行動：表現（する）
＊	母	mǔ	動物の雌・母親
	方式	fāngshì	方式・やり方・形式
＊	画面	huàmiàn	（絵画・映画の）画面：場面

	咬	yǎo	かむ
	寻找	xúnzhǎo	探す
＊	一动（也）不动	yídòng(yě) búdòng	じっとしている・少しも動かないでいる
	受伤	shòushāng	傷を受ける・負傷する
	摔倒	shuāidǎo	転んで倒れる
	应付	yìngfu	（事を適切に）処理する・善処する
＊	说法	shuōfa	意見・見解：言い方

文章 91

Fāshēng dìzhèn de shíhou
发生地震的时候

ct5-091.mp3

Dìzhèn shì yìzhǒng zìrán xiànxiàng, mùqián wǒmen hái bùnéng zǔzhǐ dìzhèn de fāshēng. Dànshì, wǒmen
地震是一种自然**现象**，**目前**我们还不能**阻止**地震的发生。但是，我们
kěyǐ cǎiqǔ xiàmiàn de yìxiē yùfáng cuòshī, jiǎnqīng dìzhèn dàilai de zāihài.
可以**采取**下面的一些**预防措施**，减轻地震带来的**灾害**。

Duǒzài zhuōzi děng jiēshi de jiājù xiàmiàn
1. **躲**在桌子等**结实**的家具下面

Shǒuxiān, wǒmen kěyǐ duǒzài zhuōzi děng jiēshi de jiājù xiàmiàn, bìng jǐnjǐn zhuāzhù zhuōzi tuǐ. Zài
首先，我们可以躲在桌子等结实的家具下面，**并**紧紧**抓**住桌子腿。在
méiyǒu zhuōzi děng kěyǐ duǒbì de dìfang, wúlùnrúhé, wǒmen yě yào yòng píbāo děng dōngxi bǎohù hǎo tóubù.
没有桌子等可以**躲避**的地方，**无论如何**，我们也要用**皮包**等东西保护好头部。

Zhùyì guān huǒ
2. 注意关火

Gǎnjuédào dìzhèn de shíhou, wǒmen yào jǐnkuài guān huǒ. Yīnwèi fāshēng dìzhèn shí, huì yǒu xiāofángchē
感觉到地震的时候，我们要**尽快**关火。因为发生地震时，会有**消防车**
láibují jiùhuǒ de qíngkuàng. Dànshì, rúguǒ huàngdòng de hěn lìhài, yīnggāi xiān quèbǎo zìjǐ de ānquán.
来不及**救**火的情况。但是，如果**晃动**得很厉害，应该先**确保**自己的安全。

Quèbǎo chūkǒu
3. 确保**出口**

Yóuyú dìzhèn de huàngdòng huì zàochéng ménchuāng biànxíng, dǎbukāi mén. Yīncǐ, wǒmen yīnggāi bǎ
由于地震的晃动会**造成**门窗**变形**，打不开门。因此，我们应该把
mén dǎkāi, quèbǎo chūkǒu. Cǐwài, zài fāshēng dìzhèn shí, bùnéng shǐyòng diàntī. Rúguǒ zài chéng diàntī shí
门打开，确保出口。**此外**，在发生地震时，不能使用电梯。如果在乘电梯时
yùdào dìzhèn, wǒmen yīnggāi bǎ gè lóucéng de ànniǔ quánbù ànxià, děng diàntī tíngxià hòu mǎshàng líkāi.
遇到地震，我们应该把各**楼层**的**按钮**全部**按**下，等电梯停下后马上离开。

Búyào huāngzhāng de xiàng wài pǎo
4. 不要**慌张**地向外跑

Dìzhèn fāshēng hòu, rúguǒ huāngzhāng de xiàng wài pǎo, suì bōli děng diàoxiàlai zázài shēnshang,
地震发生后，如果慌张地向外跑，**碎玻璃**等掉下来**砸**在身上，
shì hěn wēixiǎn de. Cǐwài, dāng rénmen zhànbuwěn de shíhou, huì xiǎng tōngguò fúzhù mén、qiáng lái
是很危险的。此外，当人们站不稳的时候，会想通过**扶**住门、**墙**来
zhànwěn. Dànshì yóuyú zhèxiē wùtǐ huì dǎotā, shíjìshang shì fēicháng wēixiǎn de, yīncǐ yídìng búyào kàojìn
站稳。但是由于这些**物体**会**倒塌**，实际上是非常危险的，因此一定不要**靠近**
zhèxiē wùtǐ.
这些物体。

単語・表現チェック

無印赤字…5 級　⑥…6 級　＊…出題範囲外の語彙

	地震	dìzhèn	地震
	现象	xiànxiàng	現象
	目前	mùqián	今のところ・現在
	阻止	zǔzhǐ	阻止する
	采取	cǎiqǔ	（方針・手段などを）とる・採用する
	预防	yùfáng	予防する
	措施	cuòshī	措置・対策
	灾害	zāihài	災害
＊	躲	duǒ	隠れる・身をかわす

	结实	jiēshi	（ものや体が）丈夫だ
＊	并	bìng	かつ・そして：その上・さらに
	抓	zhuā	つかむ・しっかり握る
＊	躲避	duǒbì	隠れる・逃れる
＊	无论如何	wúlùnrúhé	どうしても・なにがなんでも（"如何【5 級】"で「どのように・いかに：どうだ」）
＊	皮包	píbāo	（革製の）かばん
	尽快	jǐnkuài	なるべく早く・できるだけ早く
＊	消防车	xiāofángchē	消防車
	救	jiù	助ける・救う

訳　地震発生時に

地震は一種の自然現象であり、今のところ私たちはまだ地震の発生を防ぐことができない。しかし、私たちは下記の予防対策を取り、地震がもたらす災害を軽くすることができる。

1. 机などの丈夫な家具の下に隠れる

まず、私たちは、机などの丈夫な家具の下に隠れ、机の脚をしっかりつかむことができる。机など、隠れるところがない時であっても、なにがなんでもかばんなどのものでしっかり頭を守らなければならない。

2. 火を消すことに注意する

地震を感じた時、私たちはできるだけ早く火を消さなければならない。なぜなら地震が起きた時、消防車が消火に間に合わない場合があるからだ。しかし、もし揺れがひどい場合は、まず自分の安全を確保しなければならない。

3. 出口を確保する

地震で揺れ動くことにより、ドアや窓が変形し、ドアが開かなくなることがある。そのため、私たちはドアを開けて、出口を確保しなければならない。また、地震が発生した場合、エレベーターを使ってはならない。もしエレベーターに乗っている際に地震に遭った場合、私たちは各フロアのボタンをすべて押して、エレベーターが止まったらすぐに（エレベーターから）離れなければならない。

4. 慌てて外へ走り出さない

地震が発生した後、もし慌てて外へ走り出し、割れたガラスなどが落ちて体に当たったらとても危険だ。また、人々はしっかり立てない時に、ドアや壁などにつかまってしっかり立つようにしたがる。しかし、そのようなものは倒れたりするので、実際には非常に危険だ。したがって、このようなものには絶対に近づかないようにしなければならない。

＊	晃动	huàngdòng	揺れ動く・揺り動かす
[6]	确保	quèbǎo	確保する
	出口	chūkǒu	出口；輸出する
	造成	zàochéng	（好ましくない事態を）もたらす・引き起こす
＊	变形	biànxíng	変形する；変身する
	此外	cǐwài	そのほかに・それ以外に
＊	楼层	lóucéng	2階以上の建物の各階
＊	按钮	ànniǔ	押しボタン
＊	按	àn	（手や指で）押す

	慌张	huāngzhāng	慌てている・そそっかしい
	碎	suì	壊れる・粉々にする；ばらばらの
	玻璃	bōli	ガラス
[6]	砸	zá	（重いものが他の物の上に）落ちる・ぶつかる・当たる
	扶	fú	援助する・（倒れないように手で）支える・助け起こす
	墙	qiáng	壁・塀
＊	物体	wùtǐ	物体
＊	倒塌	dǎotā	（建物が）倒れる・崩れる
＊	靠近	kàojìn	近寄る・近づく

8章 その他・各種説明文

文章 92 Nánnǚ dànǎo de bùtóng 男女大脑的不同

ct5-092.mp3

Nánrén hé nǚrén yǒu xǔduō bùtóng, zhèxiē bùtóng biǎoxiàn zài mǒuxiē nénglìshang. Bǐrú shuō nǚrén
男人和女人有许多不同，这些不同**表现**在**某**些能力上。比如说女人
shàncháng jìyì, nǎpà shì fāshēng zài hěnjiǔ yǐqián de shìqing, dōu jì de qīngqīngchuchu, lián xìjié yě
擅长 **记忆**，**哪怕**是发生在很久以前的事情，都记得清清楚楚，连**细节**也
bú huì lòudiào. Ér nánrén fāngxiànggǎn qiáng. Zǒudào nǎlǐ zhǐyào shǒuli yǒu yìzhāng dìtú, jiù búhuì mílù.
不会**漏**掉。而男人方向感**强**。走到哪里只要手里有一张地图，就不会迷路。
Yóuyú nénglì de bùtóng, nánrén hé nǚrén zhī jiān nánmiǎn huì chǎnshēng yìxiē máodùn, yǒushí shènzhì huì
由于能力的不同，男人和女人之间**难免**会**产生**一些**矛盾**，有时甚至会
chǎojià. Nánrén shuō nǚrén luōsuo, měitiān shuōge bùtíng, yíjiàn shìqing zǎoshang shuōle wǎnshang shuō,
吵架。男人说女人**啰嗦**，每天说个不停，一件事情早上说了晚上说，
jīntiān shuōle míngtiān shuō, chóngfù ge bù tíng, méiwánméiliǎo. Nǚrén bàoyuàn nánrén zǒngshì bù hǎohāo tīng
今天说了明天说，**重复**个不停，**没完没了**。女人**抱怨**男人总是不好好听
zìjǐ shuōhuà, yíjiàn shìqing shuōle duōshaobiàn yě jìbuzhù, hái bù chéngrèn shì zìjǐ méi zài tīng. Nánrén
自己说话，一件事情说了多少遍也记不住，还不**承认**是自己没在听。男人
shuō nǚrén zǒngshì mílù què cóng bù xué kàn dìtú; nǚrén shuō nánrén zhǐguǎn kàn dìtú, yìdiǎn yě bù tīng
说女人总是迷路却从不学看地图；女人说男人**只管**看地图，一点也不听
zìjǐ shuōhuà
自己说话……

Jùshuō nánnǚ zhī jiān zhī suǒyǐ yǒu zhèxiē bùtóng, shì yīnwèi nánnǚ de dànǎo jiégòu bùtóng. Rén de
据说男女之间**之所以**有这些不同，**是因为**男女的大脑**结构**不同。人的
dànǎo fēn zuǒnǎo hé yòunǎo, zuǒnǎo guǎn yǔyán gàiniàn, yòunǎo guǎn kōngjiān hé xiǎngxiàng. Yǒurén shuō
大脑分左脑和右脑，左脑**管**语言**概念**，右脑管**空间**和**想象**。有人说
nánrén yòunǎo fādá, ér nǚrén zuǒnǎo fādá, suǒyǐ nánrén hé nǚrén zhī jiān huì chūxiàn shàngmian suǒ shuō
男人右脑**发达**，而女人左脑发达，所以男人和女人之间会出现上面所说
de nàxiē bùtóng hé máodùn. Chūxiàn máodùn hěn zhèngcháng, zhòngyào de shì bǐcǐ hǎohāo gōutōng jiāoliú,
的那些不同和矛盾。出现矛盾很正常，重要的是**彼此**好好**沟通**交流，
bǎochí liánghǎo de guānxì.
保持 **良好**的关系。

単語・表現チェック

無印赤字…5 級　⑥…6 級　＊…出題範囲外の語彙

	表现	biǎoxiàn	態度・行動：表現（する）
	某	mǒu	不確定な人や物事をさす・某・なにがし・ある～
⑥	擅长	shàncháng	～に長じている・～に堪能である・～に優れている
	记忆	jìyì	記憶（する）・思い起こす
	哪怕	nǎpà	たとえ～でも
	细节	xìjié	細部・細かい点
	漏	lòu	（ものが穴やすきまから）漏れる・（秘密などを）漏らす
＊	强	qiáng	（力が）強い・（能力が）優れている

	难免	nánmiǎn	避けがたい・～しがちだ
	产生	chǎnshēng	生まれる・生み出す・出現する
	矛盾	máodùn	矛盾（する）・対立（する）
	吵架	chǎojià	口げんかをする
⑥	啰嗦	luōsuo	（同じ話を何度も繰り返して）くどくどしい
	重复	chóngfù	重複する・繰り返す
＊	没完没了	méiwánméiliǎo	終わりがない・きりがない
	抱怨	bàoyuàn	不平をこぼす・恨みごとを言う

　男性と女性との間にはたくさんの違いがあり、それらの違いはある種の能力に現れる。例えば女性は記憶することが得意であり、たとえ随分昔に起きたことだとしても、はっきりと覚えており、細かいことまで抜け落ちることはない。一方、男性は方向感覚に優れている。どこへ行くにも手に1枚の地図さえあれば、道に迷うことはない。能力の違いによって、男性と女性との間ではいろいろな対立が生じることは避けられず、時にはけんかになることさえある。男性は、女性はくどくどしく、毎日止まることなく話し、同じことを朝話しては夜話し、今日話しては明日また話し、繰り返し繰り返し、終わることはないと言う。女性は、男性はいつも自分の話をちゃんと聞いてくれず、同じことを何回話しても覚えていられないにもかかわらず、自分が聞いていなかったことを認めようとしないと不平をこぼす。男性は、女性はいつも迷子になるにもかかわらず地図を読むことを学ぼうとしないと言うが、女性は、男性は地図を見てばかりいて、少しも自分の話を聞いてくれないと言う……

　聞くところによると、男女間でこれらの違いがあるのは、男女の大脳の構造が違うからだという。ある人は人の大脳は左脳と右脳に分かれ、左脳は言語と概念、右脳は空間と想像を司る。男性は右脳が発達しており、女性は左脳が発達しているため、男女間で上述したような違いと対立が生じていると言う。対立が生じるのは普通のことであり、重要なのはお互いよくコミュニケーションを取り、良好な関係を保つことである。

8章
その他・各種説明文

承认	chéngrèn	認める・承認する
* 只管	zhǐguǎn	ひたすら～するばかりだ：かまわずに・遠慮せずに
据说	jùshuō	聞くところによれば～だそうだ・話による
* ~之 所以~,是 因为…	~zhī suǒyǐ~, shì yīnwèi...	（～が）～であるゆえんは…であるからだ
结构	jiégòu	構成・仕組み・構造
* 大脑	dànǎo	大脳
* 管	guǎn	管理する・受け持つ・管轄する・担当する
概念	gàiniàn	概念

空间	kōngjiān	空間
想象	xiǎngxiàng	イメージ・想像（する）
发达	fādá	発達している
彼此	bǐcǐ	互い（に）・あちらとこちら
沟通	gōutōng	（意思・文化を）疎通させる・（2つのものを）通じさせる・拘留させる
保持	bǎochí	（原状のまま）保つ・保持する・維持する・持続させる
良好	liánghǎo	良好だ・よい

Tǔdòu shì shìjièshang dì sān dà zhòngyào de liángshi zuòwù,　jǐn cìyú xiǎomài hé yùmǐ.
土豆是世界上第三大 重要 的**粮食 作物**，仅**次于 小麦** 和**玉米**。

Tǔdòu yuánchǎnyú Nánměizhōu. Nà shí rénmen zǒngshì xīnshǎng tā de huā xiānyàn měilì, bǎ tā
土豆 原产于 **南美洲**。那时人们 总是 **欣赏** 它的花 **鲜艳** 美丽，把它

dàngzuò zhuāngshìpǐn. Hòulái yíwèi Fǎguó nóngyèxuéjiā zài guānchá hé shíjiànzhōng, fāxiàn tǔdòu bùjǐn néng
当作 装饰品。后来一位**法国农业**学家在 **观察** 和 **实践**中，发现土豆不仅 能

chī,　hái kěyǐ zuò miànbāo děng. Cóngcǐ, Fǎguó kāishǐ dàmiànjī de zhòngzhí tǔdòu.　Ér tǔdòu zài Zhōngguó
吃，还可以做 面包 等。**从此**，法国开始大**面积地 种植** 土豆。而土豆在 中国

zhǐyǒu sānbǎiduōnián de lìshǐ,　dànshì zài　　shìjì Zhōngguó tǔdòu zhòngzhí miànjī jū shìjiè dì èr wèi.
只有 三百多年的历史，但是在 21 世纪 中国 土豆 种植 面积居世界第二位。

Tǔdòu yǒu hěnduō yōudiǎn,　tā néng gěi rén tígōng dàliàng de rèliàng,　rén zhǐyào yǒu tǔdòu hé niúnǎi
土豆有 很多 优点，它 能 给人提供大量的**热量**，人只要 有土豆和牛奶

jiù kěyǐ wéichí shēngmìng hé jiànkāng. Érqiě tǔdòuzhōng hányǒu dàliàng diànfěn hé dànbáizhì,　hái néng
就可以**维持** 生命 和健康。而且 土豆中 **含有** 大量 **淀粉和蛋白质**，还 能

huǎnjiě wèitòng.
缓解 胃痛。

Tǔdòu de shíyòng fāngfǎ yǒu hěnduōzhǒng. Kěyǐ chǎozhe chī yě kěyǐ yóuzhá. Zài Zhōngguó, yòng tǔdòu
土豆的**食用**方法有 很多种。可以 **炒**着 吃也可以**油炸**。在 中国，用 土豆

zuòchéng de,　zuì shòu huānyíng de cài shì　"Suānlàtǔdòusī". Suānlàtǔdòusī de zuòfǎ hěn jiǎndān.
做成 的，最受 欢迎 的菜是 "酸辣土豆丝"。酸辣土豆丝的做法很 简单。

Shǒuxiān bǎ tǔdòu qiēchéng sī,　ránhòu yòng lěngshuǐ jìnpào　　fēnzhōng. Zài guōli fàngshang yóu,　jiārè,
首先 把土豆 **切成** 丝，然后 用 冷水 **浸泡** 10 分钟。在 **锅**里 放上 油，**加热**，

ránhòu fàngrù làjiāo děng, chǎo liǎngfēnzhōng, zài fàngrù tǔdòusī,　chǎo fēnzhōng, jiārù yán, cù děng.
然后 放入 **辣椒** 等，炒 两分钟，再放入 土豆丝，炒 5 分钟，加入 盐、**醋** 等，

zuìhòu jiāoshang làjiāoyóu,　chǎo yìliǎngfēnzhōng jiù　kěyǐle.
最后 **浇**上 辣椒油，炒 一两分钟 就可以了。

単語・表現チェック

無印赤字…5 級　　　⑥…6 級　　　＊…出題範囲外の語彙

	土豆	tǔdòu	ジャガイモ
	粮食	liángshi	食糧
＊	作物	zuòwù	作物・農作物
＊	次于	cìyú	〜に劣る・〜の次だ
	小麦	xiǎomài	小麦
	玉米	yùmǐ	トウモロコシ
＊	南美洲	Nánměizhōu	南アメリカ大陸
	欣赏	xīnshǎng	鑑賞する・楽しむ；気に入る
	鲜艳	xiānyàn	鮮やかで美しい・あでやかで美しい

	当作（做）	dàngzuò	〜とする・〜として…する・〜とみなす
	装饰	zhuāngshì	装飾品；飾る
＊	法国	Fǎguó	フランス
	农业	nóngyè	農業
	观察	guānchá	観察する
	实践	shíjiàn	実践（する）・実行（する）
	从此	cóngcǐ	それから・その時から・その後
	面积	miànjī	面積
⑥	种植	zhòngzhí	植える・栽培する

訳 ジャガイモ

ジャガイモは世界で3番目に重要な食糧作物であり、小麦とトウモロコシに劣るだけだ。

ジャガイモは南米原産だ。当時人々はいつもジャガイモの花のあでやかさと美しさを楽しみ、装飾品としていた。その後フランスの農業学者が観察と実践の中で、ジャガイモは食べられるだけではなく、パンなどにすることもできるということを発見した。それから、フランスは広い面積でジャガイモを栽培し始めた。また、ジャガイモは中国でわずか300年あまりの歴史しか持っていないが、21世紀には、中国のジャガイモ栽培面積は世界第2位になっている。

ジャガイモは利点がたくさんある。ジャガイモは人に多くのエネルギーを提供することができ、人間はジャガイモと牛乳さえあれば命と健康を維持することができる。またジャガイモの中には大量のデンプンとタンパク質を含んでおり、胃の痛みを緩和することもできる。

ジャガイモの食用方法はたくさんの種類がある。炒めて食べることもできるし、油で揚げることもできる。中国で、ジャガイモで作られる、最も人気のある料理は「サンラー（酸辣：すっぱくて辛い）トゥードウ（土豆：ジャガイモ）スー（丝：糸）」だ。「サンラートゥードウスー」の作り方はとても簡単だ。まずジャガイモを糸状に切り（千切りにし）、その後冷たい水に10分間浸す。鍋に油を入れて熱し、唐辛子などを入れて、2分間炒めてから、千切りにしたジャガイモを入れて、5分間炒める。塩、酢などを入れて、最後にラー油をかけて1、2分炒めれば出来上がりだ。

＊	居	jū	（～の位置を）占める・（～の位置に）ある・いる：住む
＊	热量	rèliàng	熱量・カロリー
⑥	维持	wéichí	維持する・持ちこたえる
＊	含有	hányǒu	含む・含んでいる・含有する
＊	淀粉	diànfěn	デンプン
⑥	蛋白质	dànbáizhì	タンパク質
	缓解	huǎnjiě	緩和する・和らげる
	胃	wèi	胃
＊	食用	shíyòng	食用にする・飲用にする

	炒	chǎo	炒める
	油炸	yóuzhá	油で揚げた
＊	丝	sī	糸・糸状のもの
	切	qiē	（刃物で）切る
⑥	浸泡	jìnpào	液体に浸す・ふやかす
	锅	guō	鍋・釜
＊	加热	jiārè	加熱する・熱くする
	辣椒	làjiāo	唐辛子
	醋	cù	酢
	浇	jiāo	（水などの液体を）かける

文章 94

Dòngwù de dōngmián
动物的 冬眠

ct5-094.mp3

Rénmen dōu zhīdào dòngwù huì dōngmián. Dànshì, dòngwù shì zěnyàng dōngmián de ne? Dòngwù yòu wèishénme huì dōngmián ne?
人们 都 知道 动物 会 **冬眠**。但是，动物 是 怎样 冬眠 的呢？ 动物 又 为什么 会 冬眠 呢？

Dòngwù dōngmián de fāngshì gèbuxiāngtóng. Shé shì jítǐ dōngmián de dòngwù, tāmen hùxiāng bàozài yìqǐ dōngmián, nàyàng kěyǐ hùxiāng qǔnuǎn, tígāo wēndù. Rúguǒ dāndú guòdōng jiù huì róngyì dòngsǐ. Sōngshǔ dōngmiánqián huì bǎ zhǎohǎo de shíwù bāndào shùdòngli máiqǐlai, ránhòu dàole dōngtiān, zài shùdòngli dōngmián, èle jiù qǐlai bǎ máihǎo de shíwù wāchūlai chī. Cìwei dōngmián shí, tǐwēn huì xiàjiàng dào dù. Dōngmiánzhōng de cìwei ǒu'ěr huì xǐnglai, dàn bù chī dōngxi, hěn kuài yòu rùshuìle. Cìwei de dōngmián yìbān chángdá dào ge yuè.
动物 冬眠 的**方式** 各不相同。**蛇** 是 **集体** 冬眠 的 动物，它们 互相 抱在 一起 冬眠，那样可以 互相 **取暖**，提高温度。如果**单独** 过冬 就会 容易 **冻**死。**松鼠** 冬眠前 会把 找好 的**食物**搬到 树**洞**里**埋**起来，然后到了冬天，在 树洞里 冬眠，饿了就起来把 埋好 的食物**挖**出来吃。**刺猬** 冬眠 时，**体温**会 **下降** 到 9 度。 冬眠中 的刺猬偶尔会 醒来，但不吃东西，很 快 又**入睡**了。 刺猬的 冬眠 一般 **长达** 4 到 5 个 月。

Nàme, dòngwù wèishénme huì dōngmián ne? Dòngwù de dōngmián shòu zìrán tiáojiàn yǐngxiǎng zuìdà. Shǒuxiān, wàijiè wēndù duì dòngwù dōngmián yǒu zhòngyào yǐngxiǎng. Dāng zhōuwéi huánjìng wēndù zài dào dù shí, zuì róngyì yǐnqǐ dōngmián. Qícì, shíwù de quēfá shì cùchéng dōngmián de lìngwài yíge yīnsù. Duìyú niǎolèi, yìbān zhǐyào xiànzhì shíwù huòzhě shì ràng tā jī'è, tā jiù huì lìjí jìnrù hūnshuì zhuàngtài. Lìngwài, guāng yě shì yǐnqǐ dōngmián de zhòngyào wàijiè tiáojiàn. Guāngzhào shíjiān jiǎnshǎo shí, dòngwù jiù huì hěn kuài kāishǐ dōngmián.
那么，动物 为什么 会 冬眠 呢？ 动物 的 冬眠 受 自然条件 影响 最大。 首先，**外界**温度 对 动物 冬眠 有 重要 影响。当 周围 环境 温度 在 5—10 度时，最容易引起 冬眠。其次，食物的**缺乏**是 **促成** 冬眠 的另外一个**因素**。 对于 鸟类，一般只要 **限制** 食物或者 是 让 它**饥饿**，它就会**立即**进入 **昏睡** **状态**。 另外，**光** 也是引起 冬眠 的 重要 外界条件。 **光照** 时间 减少 时，动物 就会 很 快 开始 冬眠。

単語・表現チェック

無印赤字…5 級　⑥…6 級　＊…出題範囲外の語彙

＊	冬眠	dōngmián	冬眠（する）・冬籠り（する）
	方式	fāngshì	方式・やり方・形式
	蛇	shé	ヘビ
	集体	jítǐ	集団・グループ・組織
＊	取暖	qǔnuǎn	暖まる・暖を取る
	单独	dāndú	単独で
	冻	dòng	凍える・冷える：（水などが）凍る
＊	松鼠	sōngshǔ	リス
	食物	shíwù	食べ物・食物・食品
	洞	dòng	洞・洞穴・穴
＊	埋	mái	埋める・うずめる・埋めて隠す
＊	挖	wā	掘る・掘って取りだす
＊	刺猬	cìwei	ハリネズミ
＊	体温	tǐwēn	体温

8章 その他・各種説明文

訳 動物の冬眠

人々は皆動物が冬眠すると知っている。しかし、動物はどのように冬眠するのだろうか？　また動物はなぜ冬眠するのだろうか？

動物が冬眠するスタイルはそれぞれ異なる。ヘビは集団で冬眠する動物で、彼らはくっついて1つにまとまって冬眠する。そうすれば、お互いに温め合い、温度を上げることができるのだ。もし単独で冬を越すと、凍え死ぬ可能性が高い。リスは冬眠する前に探しあてた食物を木の穴まで運んであらかじめ埋めておき、それから冬が来ると、木の穴の中で冬眠し、お腹がすいたら起きて埋めておいた食物を掘り出して食べるのだ。ハリネズミは冬眠している時、体温が9度まで下がる。冬眠中のハリネズミはたまに目覚めるが、食べ物は食べずに、すぐにまた眠りに入る。ハリネズミの冬眠は一般的に4～5ヶ月の長さにまで及ぶ。

では、動物はなぜ冬眠するのだろうか？　動物の冬眠は自然条件の影響を最も大きく受ける。まず、外界の温度が動物の冬眠に大きな影響を与える。周りの環境温度が5～10度になった時が、最も冬眠を引き起こしやすい。次に、食物の不足が冬眠を促すもう1つの要素となる。鳥類に対して、普通は食物を制限するか、または飢えている状態にさせるだけで、すぐに昏睡状態に陥る。また、光も冬眠を引き起こす重要な外部条件だ。日照時間が減ると、動物はすぐに冬眠を始めるのだ。

*	下降	xiàjiàng	（事物の程度・数量などが）下がる・降下する
*	入睡	rùshuì	寝入る・眠り込む・寝付く
*	长达	chángdá	長さが～に及ぶ
⑥	外界	wàijiè	外界・外部・外の世界
	缺乏	quēfá	欠乏する・不足する
*	促成	cùchéng	促して成功させる・促進する
	因素	yīnsù	要素・要因

	限制	xiànzhì	制限（する）・制約（する）
⑥	饥饿	jī'è	ひもじい：飢餓・飢え
	立即	lìjí	直ちに・即座に
*	昏睡	hūnshuì	昏睡（する）
	状态	zhuàngtài	状態
*	光	guāng	光・明かり・輝き
*	光照	guāngzhào	日照り・照明

文章 95

Kūnchóng xūyào shuìjiào ma?
昆虫 需要睡觉吗?

ct5-095.mp3

Kūnchóng yào bu yào shuìjiào? Duìyú zhè ge wèntí, huídá shì "kūnchóng xūyào shuìjiào."
昆虫要不要睡觉？对于这个问题，回答是"昆虫需要睡觉"。

Èrlínglínglíng nián kēxuéjiā fābiǎole yífèn guānyú yíng de shuìmián bàogào, zhèngmíngle kūnchóng xūyào shuìmián. Kēxuéjiā bǎ yìxiē yíng fēnbié fàngjìn liǎngge píngzili, dàole wǎnshang, dìngqī pāidǎ qízhōng de yíge píngzi, ràng píngzili de yíng bùnéng zhèngcháng xiūxi. Dì 'èr tiān, bèi pāidǎ de píngzili de yíngmen, yóuyú qián yíge wǎnshang méi néng shuìjiào, suǒyǐ suīrán shì báitiān, yíngmen dōu zài shuìjiào. Jíshǐ bèi cìjī, fǎnyìng yě bǐjiào màn. Ér lìng yíge píngzili de yíngmen shífēn jīngshen, pāizhe chìbǎng, yòng shēntǐ zhuàngzhe píngzi, xiǎngyào táochuqu. Yě jiùshì shuō, hé rén zài shāfāshang dǎdǔnr de dàolǐ yíyàng, shuìmiánzhōng de yíng duì cìjī de fǎnyìng bǐ yùndòngzhōng de yíng chídùn.
2000年科学家**发表**了一份关于**蝇**的**睡眠报告**，证明了昆虫需要睡眠。科学家把一些蝇**分别**放进两个瓶子里，到了晚上，**定期拍**打其中的一个瓶子，让瓶子里的蝇不能正常休息。第二天，被拍打的瓶子里的蝇们，由于前一个晚上没能睡觉，所以虽然是**白天**，蝇们都在睡觉。即使被**刺激**，**反应**也比较慢。而另一个瓶子里的蝇们十分**精神**，拍着**翅膀**，用身体**撞**着瓶子，想要**逃**出去。也就是说，和人在沙发上**打盹儿**的**道理**一样，睡眠中的蝇对刺激的反应比运动中的蝇**迟钝**。

Lìngwài, kēxuéjiā hái fāxiàn, kūnchóng de shuìmián shòu shēngwù jiélǜ de kòngzhì. Bǐrú chuángshī huì zài yèli rénmen shuìjiào de shíhou chūlai zhǎo chī de, jí xī rénmen de xiě. Xiāngfǎn, mìfēng huì zài báitiān huódòng, yīnwèi cǎimì de huā bú zài yèli kāifàng.
另外，科学家还发现，昆虫的睡眠受**生物节律**的**控制**。比如**床虱**会在**夜**里人们睡觉的时候出来找吃的，即吸人们的**血**。相反，**蜜蜂**会在白天活动，因为**采蜜**的花不在夜里**开放**。

Tōngguò yánjiū xiāngduì jiǎndān shēngwù de shuìmián, kěyǐ bāngzhù wǒmen gèng quánmiàn de liǎojiě shuìmián. Lìngwài, lìyòng hàichóng de jiélǜ xíngwéi, wǒmen hái kěyǐ xuǎnzé zài yìtiānzhōng zuì héshì de shíjiān shāchóng, yǐ dádào gèng hǎo de xiàoguǒ.
通过研究**相对**简单生物的睡眠，可以帮助我们更**全面**地了解睡眠。另外，**利用害虫**的节律**行为**，我们还可以选择在一天中最合适的时间**杀**虫，以**达到**更好的效果。

単語・表現チェック

無印赤字…5 級　⑥…6 級　＊…出題範囲外の語彙

	昆虫	kūnchóng	昆虫
	发表	fābiǎo	発表する：掲載する
＊	蝇	yíng	ハエ
＊	睡眠	shuìmián	睡眠
	报告	bàogào	報告（する）
	分别	fēnbié	それぞれ：区別（する）
⑥	定期	dìngqī	定期的に：期限付きの・期間限定の
	拍	pāi	（手で）叩く・はたく・打つ：（映画を）撮影する・（写真を）撮る
＊	白天	báitiān	昼間・日中・昼
	刺激	cìjī	刺激（する）
	反应	fǎnyìng	反応（する）
	精神	jīngshen	活力・元気・活気：元気だ（"jīngshén"で「精神・心：精神上の」）
	翅膀	chìbǎng	羽・翼
	撞	zhuàng	ぶつかる・ぶつける
	逃	táo	逃げる・避ける
＊	打盹（儿）	dǎdǔn(r)	居眠りをする・うとうとする
	道理	dàolǐ	道理・理由
⑥	迟钝	chídùn	（動作や頭の動きが）鈍い・のろい

訳 昆虫は寝る必要があるのか？

昆虫は寝る必要があるのだろうか？　この質問に対して、答えは「昆虫は寝る必要がある」だ。

2000年に科学者がハエの睡眠についての報告を発表し、昆虫は睡眠を必要とするということを証明した。科学者はハエをそれぞれ2つの瓶に入れて、夜になると、そのうちの1つの瓶を定期的に叩いたりして、瓶の中にいるハエを正常通りに休めないようにさせた。次の日、叩かれた瓶の中のハエたちは、その前の夜にはよく寝られなかったため、昼であるにも関わらず、皆眠っていた。刺激されても、反応が比較的遅かった。しかし、もう1つの瓶の中のハエたちは非常に元気で、羽をばたつかせ、体を瓶にぶつけたりし、逃げ出そうとしていた。つまり、人がソファーで居眠りをする道理と同じように、睡眠中のハエは刺激に対する反応が運動中のハエより鈍い。

また、科学者は昆虫の睡眠がバイオリズムのコントロールを受けていることも発見した。例えば、トコジラミは夜に人が寝ている時に出て来て食べ物を探す、つまり、人の血を吸う。逆に、ミツバチは昼間に活動している。それは、蜂蜜を採取する花は夜に咲いていないからだ。

比較的単純な生物の睡眠を研究することを通じて、我々がより全面的に睡眠を理解することができる。また、害虫の周期行動を利用し、我々は一日の最も適切な時間帯を選んで虫を殺し、よりよい効果を得ることもできるのだ。

⑥	生物	shēngwù	生物：バイオ（の）
＊	节律	jiélǜ	（ある物体が運動する時の）律動・リズム
	控制	kòngzhì	コントロール(する)・制御(する)
＊	床虱	chuángshī	トコジラミ・ナンキンムシ
	夜	yè	夜
	血	xiě/xuè	血・血液（話し言葉で単独で用いる場合、日常的な複合語に用いる場合は【xiě】、書き言葉で単独で用いる場合、成語や大多数の複合語では【xuè】と発音することが多い）
	蜜蜂	mìfēng	ミツバチ
＊	采蜜	cǎimì	採蜜する
	开放	kāifàng	（花が）咲く・開く：（制限などを）解く・開放する
	相对	xiāngduì	比較的・相対的に：相対的だ：向かい合う
	全面	quánmiàn	全面的だ：全体
	利用	lìyòng	利用する・役立たせる・活用する
＊	害虫	hàichóng	害虫
	行为	xíngwéi	行為・行動
	杀	shā	殺す
	达到	dádào	（目的を）達成する・果たす・達する

文章 96 Léiyǔ tiānqì yīnggāi zhùyì shénme 雷雨天气应该注意什么

ct5-096.mp3

Suízhe xiàjì de láilín, léiyǔ tiānqì kāishǐ zēngduō. Xǔduō rén yóuyú fángléi yìshí bǐjiào ruò, ér dǎozhì bèi léidiàn jīshāng. Wèile bìmiǎn zhè zhǒng qíngkuàng de fāshēng, wǒmen yīnggāi zhùyì yǐxià jǐdiǎn.

随着夏季的**来临**，**雷**雨天气开始 **增多**。许多人由于**防雷意识**比较**弱**，而**导致**被**雷电击伤**。为了**避免**这 种 情况 的发生，我们 应该注意以下几点。

Dì yī、Dǎléi huò shǎndiàn shí, búyào dǎ diànhuà, zuìhǎo néng guānbì shǒujī, yīnwèi diànhuàxiàn hé shǒujī de diàncíbō kěnéng huì yǐnrù léidiàn jīshāng rén.

第一、打雷或 **闪电** 时，不要打 电话，最好 能 **关闭**手机，因为 电话线 和手机的**电磁波**可能 会引入雷电 击伤 人。

Dì 'èr、Búyào jiējìn diànlì shèshī, bǐrú biàndiànzhàn děng.

第二、不要**接近电力设施**，比如 **变电站** 等。

Dì sān、Jǐnliàng búyào kāimén、kāichuāng, yǐ bìmiǎn léidiàn zhíjī shìnèi. Lìngwài, yào bádiào suǒyǒu diànyuán.

第三、**尽量**不要开门、开窗，以避免雷电**直击**室内。另外，要**拔**掉所有 **电源**。

Dì sì、Rúguǒ tiānqì yùbào shuō yǒu léiyǔ, jiù jǐnliàng búyào chūmén. Rúguǒ bìxū chūmén, zuìhǎo pī yǔyī, jǐnliàng búyào shǐyòng yǔsǎn, yīnwèi yǔsǎnshang yǒu jīnshǔ. Gèng búyào jiāng dài jīnshǔ de dōngxi kángzài jiānbǎngshang.

第四、如果天气**预报**说 有雷雨，就 尽量 不要 **出门**。如果必须出门，最好**披雨衣**，尽量不要 使用 **雨伞**，因为 雨伞上 有**金属**。更 不要 **将** 带金属的东西**扛**在 **肩膀**上。

Dì wǔ、Rúguǒ tūrán yùdào dǎléi huò shǎndiàn, yīng lìjí jiāng shuāngjiǎo bìngzài yìqǐ, tóngshí dūnxià, jiàngdī zìjǐ de gāodù, zhèyàng kěyǐ jiǎnqīng léidiàn gěi rén dàilai de wēihài.

第五、如果突然遇到打雷或 闪电，应 **立即** 将 双脚 **并**在一起，同时**蹲下**，降低自己的**高度**，这样 可以 **减轻** 雷电给人带来的**危害**。

Dì liù、Dǎléi huò shǎndiàn shí, búyào zài shùxià duǒbì. Rúguǒ línshí zhǎobudào ānquán de jiànzhù, kěyǐ xúnzhǎo dāzài dī chù de péngzi děng duǒbì yíhuì, zǒngzhī búyào zài gāo chù tíngliú. Lìngwài, rúguǒ zài zuò gōnggòngqìchē děng shí yùdào dǎléi huò shǎndiàn, qiānwàn búyào jiāng tóu hé shǒu shēnchū chuāngwài.

第六、打雷或 闪电 时，不要在 树下**躲避**。如果**临时**找不到 安全的**建筑**，可以 **寻找 搭**在低处的**棚子** 等 躲避一会，**总之**不要在 高 处 **停留**。另外，如果在坐 公共汽车 等 时遇到打雷或 闪电，千万 不要 将 头和手 **伸**出 窗外。

単語・表現チェック

無印赤字…5級　⑥…6級　＊…出題範囲外の語彙

＊	来临	láilín	到来する；臨席する
	雷	léi	雷
＊	增多	zēngduō	増える・増加する
＊	防雷	fángléi	落雷防護（の）・落雷防止（の）・耐雷（の）・避雷（の）
⑥	意识	yìshí	意識（する）・認識する
	弱	ruò	弱い
	导致	dǎozhì	（悪い結果を）導く・引き起こす
＊	雷电	léidiàn	雷鳴と電光・雷電
＊	击伤	jīshāng	（人を）負傷させる・（物に）損傷を与える
	避免	bìmiǎn	避ける・免れる
	闪电	shǎndiàn	稲妻（がはしる）・稲光（がする）・電撃・電光
	关闭	guānbì	スイッチを切る；閉める・閉じる；（企業・学校などを）廃業する
＊	电磁波	diàncíbō	電磁波
	接近	jiējìn	近づく；接近する；親しくする
＊	电力	diànlì	電力
	设施	shèshī	施設・組織・機構
＊	变电站	biàndiànzhàn	変電所
	尽量	jǐnliàng	できるだけ・なるべく（"jìnliàng" と発音し、「堪能する・心ゆくまで～する」。しかし口語では両方 "jǐnliàng" となることも）
＊	直击	zhíjī	直撃する；直撃取材する
＊	拔	bá	抜く・抜き出す
⑥	电源	diànyuán	電源・電池・発動機
	预报	yùbào	予報（する）
＊	出门	chūmén	外出する；家を離れて遠くへ行く・旅に出る

訳 雷雨の天候には何を注意すべきか

夏が近づくにつれ、雷雨の天候が多くなってくる。多くの人は雷を防止する意識が比較的弱いため、雷鳴と稲妻の被害を受けている。このような状況が起こることを避けるために、我々は以下のいくつかの点に注意すべきだ。

1つ目に、雷が鳴ったり、光ったりしている時に、電話をかけてはならず、携帯電話は電源を切るのが最もよい。それは電話コードや携帯電話の電磁波が雷を引き入れ、人に被害を与えることがあるからだ。

2つ目に、電力施設に近づいてはいけない。例えば変電所などだ。

3つ目に、できるだけドアや窓を開けたりしないほうがよく、それは稲妻が室内を直撃することを避けるためだ。また、あらゆる電源を抜かなければならない。

4つ目に、もし天気予報で雷雨があると言っていたら、できるだけ外出しないほうがよい。もし外出しなければならない場合は、レインコートをはおったほうがよい。なるべく傘を使わないほうがよい。傘には金属（の部分）があるからだ。また、金属部分がある物を肩で担ぐのはもっといけない。

5つ目に、もし突然雷が鳴ったり光ったりした場合、すぐに両足をそろえ、同時にしゃがみ、自分の高さを低くすれば、雷鳴と稲光が人に与える危害を軽減することができる。

6つ目に、雷が鳴ったり光ったりしている時に、木の下に避難してはいけない。もしその時に安全な建物が見つからない場合、低いところに建っている小屋などを探してしばらく避難してもよい。要するに、高いところでとどまってはいけない。また、もしバスなどに乗っている時に雷鳴や稲光りに遭った場合、決して頭や手を窓の外へ伸ばしてはいけない。

	披	pī	（肩に）はおる
*	雨衣	yǔyī	レインコート
*	雨伞	yǔsǎn	雨傘
	金属	jīnshǔ	金属
*	将	jiāng	〈書〉間もなく・～しようとする：～を（"把"と同じ意味）：～で・～によって
⑥	扛	káng	（肩で）担ぐ：（責任を）担う
	肩膀	jiānbǎng	肩
	立即	lìjí	すぐ・直ちに・即座に
*	并	bìng	合わせる・まとめる・並べる：また・その上・しかも・そして：ともに：決して
	蹲	dūn	しゃがむ・うずくまる
*	高度	gāodù	高度・高さ：高度の
*	减轻	jiǎnqīng	軽減する・軽くする：軽くなる
	危害	wēihài	危害（を及ぼす）
*	躲避	duǒbì	よける・避ける：（法を）くぐる
	临时	línshí	その時になって・その期に及んで：一時的だ・臨時の（に）
	建筑	jiànzhù	建物・建築物：建築する
	寻找	xúnzhǎo	探す
*	搭	dā	組み立てる・しつらえる・架け渡す：（布などを上に）掛ける
*	棚子	péngzi	掘っ立て小屋・バラック
	总之	zǒngzhī	要するに・とにかく
*	停留	tíngliú	とどまる・逗留する：停滞する
	伸	shēn	伸ばす・延びる

文章 97

Guānyú yánsè de xiǎozhīshi
关于颜色的小知识

ct5-097.mp3

Shìjièshang jīhū suǒyǒu de dōngxi dōu shì yǒu yánsè de, yánsè shènzhì néng yǐngxiǎng rén de nèixīn
世界上几乎所有的东西都是有颜色的，颜色甚至能影响人的**内心**
huódòng, kějiàn qí zhòngyàoxìng. Xiàmiàn jiù ràng wǒmen lái liǎojiě yíxià yǔ yánsè xiāngguān de xiǎozhīshi.
活动，**可见**其重要性。下面就让我们来了解一下与颜色**相关**的小知识。

Shǒuxiān shì hóngsè. Hóngsè shì nuǎnsè, rúguǒ yòngyú shìnèi shèjì, bùjǐn néng biǎoxiàn chū jìjiégǎn,
首先是红色。红色是**暖色**，如果用于室内**设计**，不仅能**表现**出季节感，
hái néng ràng rén yǒu wēnnuǎn de gǎnjué. Zài sècǎi yíngxiāoxuéshang, jiā bu jiā hóngsè, yèjì jùshuō huì chà
还能让人有**温暖**的感觉。在**色彩营销**学上，加不加红色，**业绩据说**会差
bǎifēnzhī èrshí zuǒyòu. Yīncǐ, zài yǒu yōuhuì huódòng de guǎnggàoshang dàduō huì shǐyòng hóngsè.
20%左右。因此，在有**优惠**活动的广告上大多会使用红色。

Qícì shì lánsè. Lánsè shì tiānkōng hé dàhǎi de yánsè, shì yìzhǒng néng shǐ rén xīnqíng biàn de
其次是蓝色。蓝色是**天空**和大海的颜色，是一种能使人心情变得
píngjìng de yánsè. Yǒu yánjiū chéngguǒ biǎomíng zài lánsè de zhàomíngxià, rén huì gǎndào liángkuai, 5
平静的颜色。有研究**成果表明**在蓝色的**照明**下，人会感到凉快，5
fēnzhōngnèi pífū de wēndù shènzhì kě xiàjiàng dù. Lìngwài, lánsè néng ràng rén jízhōng jīngshén, jùshuō
分钟内皮肤的温度甚至可下降2度。另外，蓝色能让人**集中精神**，据说
yòng lánsè de bǐ zǒngjié xuéxí nèiróng děng xiàoguǒ hěn hǎo.
用蓝色的笔总结学习内容等效果很好。

Zuìhòu shì zǐsè. Zǐsè yǒu tígāo shēntǐ jīnéng huīfù nénglì de zuòyòng, yīncǐ rén zài xiǎngyào huǎnjiě
最后是**紫**色。紫色有提高身体**机能恢复**能力的作用，因此人在想要**缓解**
píláo de shíhou, běnnéng de huì bèi zǐsè suǒ xīyǐn. Jùshuō fángjiānli shǐyòng zǐsè, néng jiāshēn shuìmián.
疲劳的时候，**本能**地会被紫色**所**吸引。据说房间里使用紫色，能加深**睡眠**。
Lìngwài, xǔduō guójiā, cóng gǔdài kāishǐ, jiù bǎ zǐsè zuòwéi tèbié de yánsè shǐyòng, gěi rén yǐ shénmì de
另外，许多国家，从**古代**开始，就把紫色**作为**特别的颜色使用，给人**以神秘**的
yìnxiàng. Nà shì yīnwèi zài héchéng rǎnliào bèi kāifā zhīqián, zǐsè de rǎnliào de jiàgé hěn guì. Zhídào xiànzài,
印象。那是因为在**合成染料**被**开发**之前，紫色的染料的价格很贵。**直到**现在，
zǐsè yě dōu zài shìjiè fànwéinèi zuòwéi gāoguì zhī sè bèi tèbié de rén suǒ shǐyòng.
紫色也都在世界**范围**内作为**高贵**之色被特别的人所使用。

単語・表現チェック

無印赤字…5級　⑥…6級　＊…出題範囲外の語彙

＊	内心	nèixīn	内心・心の中・心中
	可见	kějiàn	～から…であることがわかる・～と知ることができる
	相关	xiāngguān	関連する・関係がある
＊	暖色	nuǎnsè	暖色
	设计	shèjì	設計（する）・デザイン（する）
	表现	biǎoxiàn	表現（する）；態度・行動
	温暖	wēnnuǎn	暖かい・温暖だ
	色彩	sècǎi	色・彩り
＊	营销	yíngxiāo	マーケティング・経営と販売
＊	业绩	yèjì	業績・手柄・功績・成果

	据说	jùshuō	聞くところによれば～だそうだ・話による
	优惠	yōuhuì	特恵の・優遇した・優待（の）
	天空	tiānkōng	空・大空
	平静	píngjìng	平静だ・落ち着いている
	成果	chéngguǒ	成果
	表明	biǎomíng	表明（する）・はっきりと表す
＊	照明	zhàomíng	照明；明るく照らし出す
	集中	jízhōng	集中している；集中する・まとめる
	精神	jīngshén	精神（上の）・心；主旨・真意（"jīngshen"で「元気・意気込み；元気がある・生き生きとしている」）

訳　色に関する豆知識

世界のほぼすべてのものには色がある。色は人の内面的精神活動にさえ影響し得るので、その重要性がわかる。以下で色に関する豆知識について理解を深めていこう。

まずは赤色だ。赤は暖色で、室内デザインに使えば、季節感を表現できるだけではなく、暖かい感じを人に与えることができる。カラーマーケティング学では、赤を加えるかどうかで、業績に 20%ぐらいの差があると言われている。そのため、優待キャンペーン付きの広告のほとんどには赤が使われているのだ。

次は青色だ。青色は空と海の色で、人の気持ちを落ち着かせることができる色だ。研究成果によると、青の照明の下では、人は涼しく感じ、5 分間に皮ふの温度を 2 度も下げることができるという。また、青は精神を集中させることができ、青ペンで学習内容のまとめなどをするのは非常に効果があるという。

最後に紫色だ。紫には身体機能の回復能力を高める効果がある。そのため、人は疲労を緩和したい時には、本能的に紫にひかれる。部屋の中に紫色を使うと、睡眠を深めることができるそうだ。また、多くの国は、昔から、紫を特別な色として使い、人に神秘的な印象を与えてきた。それはなぜかというと、合成染料が開発される前は、紫の染料の価格がとても高かったからだ。現在でも、紫は世界的に高貴な色として、特別な人に使われている。

	紫	zǐ	紫（色）
＊	机能	jīnéng	機能
	恢复	huīfù	回復する・回復させる
	缓解	huǎnjiě	緩和する・和らげる
	疲劳	píláo	疲労（している）・疲れている
⑥	本能	běnnéng	本能：本能的に・無意識的だ
	所	suǒ	「"为／被"+名詞+"所"+動詞」の形で、受身を表す：～するところの（もの）：学校・病院などを数える量詞
＊	睡眠	shuìmián	睡眠（する）
	古代	gǔdài	古代（中国史ではアヘン戦争以前を指すことが多い）・大昔・原始時代

	作为	zuòwéi	～として：～とする：行為・成果・貢献
＊	给～以…	gěi~yǐ...	～に…を与える
	神秘	shénmì	神秘的だ・なぞに満ちている
⑥	合成	héchéng	合成する
＊	染料	rǎnliào	染料
	开发	kāifā	開発する・開拓する
＊	直到	zhídào	（ある時点またはある状態・程度に）なるまで・ずっと～になっても
	范围	fànwéi	範囲・規模・分野
＊	高贵	gāoguì	（精神・理想・品性・労働などが）気高い・貴い

ct5-098.mp3

Gèzhǒnggèyàng gōngnéng dútè de bōli
各种各样 功能 独特的玻璃

Bōli shì yìzhǒng chuántǒng de jiànzhù cáiliào, suízhe kēxué shuǐpíng de xùnsù tígāo, rénmen fāmíngle
玻璃是 一种 **传统** 的**建筑**材料，随着科学 水平 的**迅速**提高，人们 **发明**了
gèzhǒnggèyàng gōngnéng dútè de bōli. Xiàmiàn jiù lái jièshào jǐzhǒng gōngnéng dútè de bōli.
各种各样 功能 独特的玻璃。下面 就来 介绍 几种 功能 独特的玻璃。

Dōngtiān jiù yào dàole, rúguǒ yǒu kōngtiáo chuīchū nuǎnqì nà gāi duō hǎo ya! Bié zháojí, "kōngtiáo
冬天 就要 到了，如果 有 空调 **吹**出 暖气 那该多 好呀！别着急，"空调
bōli" kěyǐ bāng nǐ zhè ge máng. "Kōngtiáo bōli" shì yóu shuāngcéng bōli zhìzào ér chéng, kěyǐ bǎ
玻璃"可以 帮 你这 个 忙。"空调玻璃"是 由 双层 玻璃**制造**而 成，可以把
nuǎnqì sòngdào bōli jiācéngzhōng, ránhòu sànfā dào shìnèi, jiéyuē néngyuán. Dàole xiàtiān, hái kě huànchéng
暖气 送到 玻璃 **夹层**中，然后**散发**到室内，节约 **能源**。到了 夏天，还可 换成
sòng lěngqì. Xiànzài duō yòngyú gāojí jiànzhùwù.
送 冷气。现在 多 用于**高级**建筑物。

Zhēnshi de, diànshì lǎo shì kànbuqīng, zěnmebàn ne? Bié zháojí, "tiānxiàn bōli" kěyǐ bāng nǐ zhè
真是 的，电视 老是 看不清，怎么办呢？别着急，"**天线玻璃**"可以 帮 你这
ge máng. "Tiānxiàn bōli" shì yóu Rìběnrén fāmíng de. Zhè zhǒng bōli lǐmiàn yǒu tiānxiàn, ānzhuāng hòu,
个 忙。"天线玻璃"是 由日本人 发明 的。这 种 玻璃里面 有 天线，**安装** 后，
huì ràng nǐ kàn diànshì kàn de gèng qīngchu.
会 让 你 看 电视 看得更 清楚。

Línjū tài chǎo, wǎnshang zǒngshì shuìbuzháojiào, zěnmebàn ne? Bié zháojí, "géyīnbōli" kěyǐ
邻居太 **吵**，晚上 总是 睡不着觉，怎么办呢？别着急，"**隔音玻璃**"可以
bāng nǐ zhè ge máng. "Géyīnbōli" shì yòng shùzhī bǎ liǎngcéng bōli hézài yìqǐ, tā jīhū kě bǎ
帮 你这个 忙。"隔音玻璃"是 用 **树脂**把 两层 玻璃合在一起，它 几乎 可把
quánbù záyīn xīshōudiào. "Géyīnbōli" de jiàgé xiāngdāngyú pǔtōng bōli de bèi.
全部 **杂音吸收**掉。"隔音玻璃" 的价格 **相当**于 普通玻璃的 5 倍。

Gèzhǒnggèyàng gōngnéng dútè de bōli, gěi rénmen de shēnghuó dàilaile fāngbiàn, dàilaile kuàilè.
各种各样 功能 独特的玻璃，给 人们 的 生活 带来了 方便，带来了 快乐。

単語・表現チェック

無印赤字…5 級　　⑥…6 級　　＊…出題範囲外の語彙

玻璃	bōli	ガラス		功能	gōngnéng	機能・功能
传统	chuántǒng	伝統：伝統的だ：従来の		独特	dútè	独特だ・ユニークだ
建筑	jiànzhù	建築物・建築する		吹	chuī	吹く：(風などが) 当たる
迅速	xùnsù	迅速だ・非常に速い		制造	zhìzào	製造する・造る・作る
发明	fāmíng	発明 (する)		＊ 夹层	jiācéng	中間にはさまれている層
＊ 各种各样	gèzhǒnggèyàng	さまざまだ・多種多様の		⑥ 散发	sànfā	発散する・ばらまく：(広く) 配る

　ガラスは伝統的な建築資材の１種です。科学のレベルが迅速に発展するにつれ、人々はさまざまな独特な機能を持つガラスを発明しました。以下、いくつか独特な機能を持つガラスを紹介していきます。

　間もなく冬がやってきます。もしエアコンがあって、そこから暖かい空気が吹いてくれたらなんといいことでしょう！　焦らないでください。「エアコンガラス」がその点お手伝いできます。「エアコンガラス」は２枚のガラスで作られていて、暖かい空気をガラスとガラスの間に送り、室内に発散することで、エネルギーの節約ができます。夏になると、冷たい空気を送るようにもなります。現在では高級建築物によく使われています。

　まったくもう、テレビがいつもはっきりと見えません。どうすればいいでしょうか？焦らないでください。「アンテナガラス」がその点お手伝いできます。「アンテナガラス」は日本人が発明したものです。この種類のガラスは中にアンテナが入っており、取り付けたら、テレビがよりはっきりと見えるようになります。

　隣の人がうるさくて、夜いつも眠れません。どうすればいいでしょうか？　焦らないでください。「防音ガラス」がその点お手伝いできます。「防音ガラス」は樹脂で２枚のガラスがくっつけられていて、ほとんどすべての雑音を吸収することができます。「防音ガラス」の値段は普通のガラスの５倍に相当します。

　さまざまな独特な機能を持つガラスが、人々の生活に便利さや楽しさをもたらしました。

8章　その他・各種説明文

能源	néngyuán	エネルギー・エネルギー源	*	隔音	géyīn	防音する
高級	gāojí	（クラスなどが）高級だ・（品質などが）上等だ	*	樹脂	shùzhī	樹脂
* 天线	tiānxiàn	アンテナ	*	杂音	záyīn	雑音・ノイズ
安装	ānzhuāng	取り付ける・据え付ける・インストールする		吸収	xīshōu	吸収する・吸い込む
吵	chǎo	やかましい・騒がしい・うるさい：やかましくする・言い争う		相当	xiāngdāng	相当する：かなり：適切だ

Xīnjiāpō

新加坡

ct5-099.mp3

"Xīnjiāpō" de yuánlái de yìsi shì "yǒu shīzi de chéngshì", guójiā de miànjī zhǐyǒu píngfāng
"新加坡"的原来的意思是"有狮子的城市"，国家的面积只有 716 平方
gōnglǐ, děngyú Běijīngshì de fēn zhī yī. dànshì jīngjì fēicháng fādá. Èrlíngyī'èr nián de dádào
公里，等于 北京市的 25 分之一。但是经济 非常 发达。2012 年的 GDP 达到
yì měiyuán guójì huìlǜ, rénjūn wéi měiyuán. Xīnjiāpō de gǎngkǒu shì shìjièshang
2,700 亿美元（国际汇率），人均 GDP 为 50,323 美元。新加坡的 港口 是 世界上
zuì fánmáng de gǎngkǒu zhī yī, zhè ge gǎngkǒu kěyǐ xiūlǐ zàizhòng dūn de chāojí yóulún.
最 繁忙 的 港口 之一，这个 港口 可以 修理 载重 40 吨的超级 油轮。
Xīnjiāpō shì yíge yìhuìgònghézhì guójiā, zǒngtǒng yóu zhíjiē mínxuǎn chǎnshēng. Yīngyǔ shì Xīnjiāpō
新加坡是一个 议会共和制国家，总统 由直接 民选 产生。英语是新加坡
de guānfāng yǔyán, yīncǐ gōnghán hé jīngjì yèwù xìngzhì de shūxìn yǐ Yīngyǔ wéi zhǔ.
的 官方 语言，因此 公函 和经济业务性质 的 书信 以英语 为 主。
Xīnjiāpō yuē bǎifēnzhī èrshísān de guótǔ shì sēnlín, zhǔyào fēnbù zài zhōngbù dìqū. Xīnjiāpō
新加坡约 23％ 的国土是森林，主要分布在 中部 地区。新加坡
chángnián qìwēn biànhuà bú dà, yóuyú shēnghuó huánjìng hǎo, Xīnjiāpōrén de shòumìng dōu bǐjiào cháng,
常年 气温变化不大，由于 生活 环境 好，新加坡人的 寿命 都比较长，
píngjūn shòumìng shì suì.
平均 寿命 是 82 岁。
Xīnjiāpō shì yíge duōzhǒng mínzú gòuchéng de guójiā, huáyì zhàn rénkǒu de bǎifēnzhī qīshí yǐshàng,
新加坡是一个 多种 民族 构成 的国家，华裔占 人口的 70％ 以上，
yīncǐ zhōnghuá wénhuà shēnshēn yǐngxiǎngzhe Xīnjiāpōrén de shēnghuó. Chúcǐzhīwài, Zhōngguó hé Xīnjiāpō
因此 中华 文化 深深 影响着 新加坡人的 生活。除此之外，中国 和新加坡
zài lǚyóu děng lǐngyù yě yǒu mìqiè de jiāoliú, qù Xīnjiāpō lǚyóu de yóukè měinián dōu zài zēngjiā.
在旅游 等 领域也 有密切的交流，去新加坡旅游的游客 每年 都 在 增加。

単語・表現チェック

無印赤字…5 級　　⑥…6 級　　＊…出題範囲外の語彙

*	新加坡	Xīnjiāpō	〈国名〉シンガポール		*	人均	rénjūn	毎人平均・人口1人当たり
	狮子	shīzi	獅子・ライオン		⑥	港口	gǎngkǒu	港・港湾
	面积	miànjī	面積		⑥	繁忙	fánmáng	多忙だ・忙しい
	平方	píngfāng	平方・(数学の) 平方・2乗		*	载重	zàizhòng	(船舶・航空機・車両などが)積載する
	等于	děngyú	〜に等しい・イコール			吨	dūn	〜トン
	发达	fādá	発達している			超级	chāojí	スーパー〜・超〜
	达到	dádào	(目的・水準や一定の数量に)達する・到達する・(目的を)達成する		*	油轮	yóulún	タンカー・油槽船
	亿	yì	億		*	议会共和制	yìhuìgònghézhì	議会共和制
*	美元	měiyuán	アメリカドル			总统	zǒngtǒng	大統領・総統
	汇率	huìlǜ	為替レート		*	民选	mínxuǎn	民衆が選挙する

訳 シンガポール

「シンガポール」の元来の意味は、「獅子のいる都市」である。国の面積はわずか716平方キロメートルで、北京市の25分の1に等しいが、経済は非常に発達している。2012年のGDP（国内総生産）は2,700億アメリカドル（国際為替）に達し、人口1人あたりのGDPは50,323アメリカドルである。シンガポールの港は世界で最も忙しい港の1つであり、この港では40トン積載のスーパータンカーを修理することもできる。

シンガポールは議会共和制国家で、大統領は民衆の直接選挙で選ばれる。英語はシンガポールの公用語なので、公文書と経済的実務的性質を持つ書簡は英語を主としている。

シンガポールの約23%の国土は森林であり、主に中部地区に分布している。シンガポールは一年中気温の変化がそれほど大きくなく、生活環境がよいため、シンガポール人の寿命は皆比較的長く、平均寿命は82歳である。

シンガポールは多民族で構成される国で、中国系は人口の70%以上を占めている。そのため、中国文化が深くシンガポール人の生活に影響を与えている。そのほか、中国とシンガポールは観光などの分野においても密接な交流があり、シンガポールへ旅行する観光客が毎年増加している。

	产生	chǎnshēng	生まれる・生み出す・出現する・（代表・委員などを）選出する
⑥	官方	guānfāng	公式（の）：政府当局・政府筋・役所筋
＊	公函	gōnghán	（同級の、または従属関係のない機関の間でやりとりする）手紙形式の公文
	业务	yèwù	業務・仕事・（政治に対する）実務
	性质	xìngzhì	（事物の）性質
＊	书信	shūxìn	手紙・書簡
＊	国土	guótǔ	国土
	分布	fēnbù	分布（する）
	地区	dìqū	地区・地域

＊	常年	chángnián	一年中：平年・普通の年
	寿命	shòumìng	寿命・命
	平均	píngjūn	平均（する）：均等だ：平均的に
	构成	gòuchéng	構成（する）・成り立つ
	华裔	huáyì	中国国外で生まれてその国籍を取得した中国系住民
	占	zhàn	占める
	人口	rénkǒu	人口・家族の人数
＊	除此之外	chúcǐzhīwài	そのほか・それ以外
	领域	lǐngyù	領域・分野
	密切	mìqiè	（関係が）密接だ・親しい：密接にする：きめ細かだ

文章 100

Dì 'èr cì gōngyè gémìng

第二次工业革命

ct5-100.mp3

Dì 'èr cì gōngyè gémìng kāishǐyú shìjì niándài, tā dàilaile hěnduō chéngguǒ, bǐrú qìyóu
第二次**工业革命**开始于19世纪70**年代**，它带来了很多**成果**，比如**汽油**
chéngwéile zhòngyào de néngyuán. Gè xiānjìn guójiā nèibù, dōu yǒule hěn dà de jìnbù.
成为了重要的**能源**。各**先进**国家**内部**，都有了很大的**进步**。
Rán'ér, zhè yě dàilaile yìxiē xiāojí de yǐngxiǎng. Gè xiānjìn guójiā zhī jiān de jìngzhēng gèng jīliè le,
然而，这也带来了一些**消极**的影响。各先进国家之间的竞争更**激烈**了，
yóuqí shì yìxiē zài jìngzhēngzhōng chídào, dàn fāzhǎn sùdù bǐjiào kuài de guójiā, jīngguò dì 'èr cì gōngyè
尤其是一些在竞争中迟到，但发展速度比较快的国家，经过第二次工业
gémìng, guólì yǒule hěn dà de tígāo, yúshì bǎ zhànzhēng tíshangle zìjǐ de rìchéng. Dāngshí hěnduō rén
革命，**国力**有了很大的提高，于是把**战争**提上了自己的**日程**。当时很多人
shuō zhànzhēng chízǎo huì fāshēng. Hòulái dàole yījiǔyīsì nián, guǒrán fāshēngle dìyīcìshìjièdàzhàn.
说战争**迟早**会发生。后来到了1914年，**果然**发生了**第一次世界大战**。
Gēnjù xiànzài duì dìyīcìshìjièdàzhàn de miáoxiě, dāngshí cóng lùdì dào hǎiyáng hé tiānkōng,
根据现在对第一次世界大战的**描写**，当时从**陆地**到海洋和**天空**，
zhànzhēngzhōng díduì shuāngfāng de guójiā dōu shǐyòngle xǔduō dì 'èr cì gōngyè gémìngzhōng de fāmíng. Shì
战争中**敌对双方**的国家都使用了许多第二次工业革命中的**发明**。是
kēxué jìshù de jìnbù yǐnqǐle zhànzhēng ma? Kēxué jìshù shì rénlèi de dírén ma? Bùnéng fǒurèn,
科学技术的进步引起了战争吗？科学技术是**人类**的**敌人**吗？不能**否认**，
kēxué jìshù de jìnbù shǐ zhànzhēng biàn de gèng kěpà, dàn rénlèi de bù chéngshú, cái shì zhànzhēng de
科学技术的进步使战争变得更**可怕**，但人类的不**成熟**，才是战争的
yuányīn. Zhǐyǒu jièdiào zhè zhǒng bù chéngshú, cáinéng shǐ zhànzhēng bú zài fāshēng. Xìngkuī rénlèi xiànzài yǐjīng
原因。只有**戒**掉这种不成熟，才能使战争不再发生。**幸亏**人类现在已经
biàn de chéngshú, wǒmen cái néng xiǎngshòudào jīntiān de hépíng hé kēxué jìshù dàilai de xìngfú.
变得成熟，我们才能**享受**到今天的**和平**和科学技术带来的幸福。

単語・表現チェック

無印赤字…5級　⑥…6級　＊…出題範囲外の語彙

	工业	gōngyè	工業
⑥	革命	gémìng	革命（をする）：革命的だ
	年代	niándài	年代・時代
	成果	chéngguǒ	成果
	汽油	qìyóu	ガソリン
	能源	néngyuán	エネルギー・エネルギー源
⑥	先进	xiānjìn	先進的だ・進歩的だ・（思想・技術・成績などが）進んでいる
	内部	nèibù	内部

	进步	jìnbù	進歩する：進歩的だ
	消极	xiāojí	否定的だ・消極的だ
	激烈	jīliè	激しい・激烈だ
＊	国力	guólì	国力
	战争	zhànzhēng	戦争
	日程	rìchéng	日程・スケジュール
	迟早	chízǎo	遅かれ早かれ・いずれ
	果然	guǒrán	やはり・はたして

第二次産業革命は 19 世紀 70 年代から始まり、多くの成果を収めた。例えばガソリンが重要なエネルギー源となった。各先進国内では、どこも大きな進歩があった。

しかし、それはいくつかのよくない影響ももたらした。各先進国の間の競争はさらに激しくなり、特に一部の競争に遅れて参加したものの発展が早い国は、第二次産業革命を経て、国力が大幅に高まり、そこで戦争を自らのスケジュールに入れた（戦争を考えるようになった）。当時多くの人が、戦争がいずれ起こるだろうと言っていた。その後 1914 年になると、やはり第一次世界大戦が起こった。

現在の第一次世界大戦に対する描写によれば、当時陸から海、空まで、戦争で敵対していた双方の国々は第二次産業革命における多くの発明（品）を使っていた。科学技術の進歩が戦争を起こしたのだろうか？　科学技術は人類の敵なのだろうか？　確かに科学技術の進歩が戦争をより恐ろしいものにさせたことは否定できないが、人類の未熟さこそが戦争の原因であろう。この未熟さを戒めてはじめて、戦争が再び起こらないようにすることを可能にする。幸いなことに人類は今、すでに成熟期に入り、我々は今日（こんにち）の平和と科学技術がもたらした幸福を享受することができるのだ。

* 第一次 世界大战	dìyīcì shìjièdàzhàn	第一次世界大戦
描写	miáoxiě	（言葉などで）描写（する）
陆地	lùdì	陸・陸地
天空	tiānkōng	空・大空
* 敌对	díduì	敵対（する）・敵対的な
双方	shuāngfāng	双方
发明	fāmíng	発明（する）
人类	rénlèi	人類・人

敌人	dírén	敵
否认	fǒurèn	否定する・否認する
可怕	kěpà	恐ろしい・恐るべき
成熟	chéngshú	成熟している・熟している：実っている：完全な程度に達している
戒	jiè	戒める・さとす：（嗜好品を）断つ・止める：警戒する・用心する：戒め・戒
幸亏	xìngkuī	幸い・運よく
享受	xiǎngshòu	享受（する）・受ける・味わい楽しむ
和平	hépíng	平和（だ）・穏和だ

単 語 索 引
Index

HSK合格をサポートする公認シリーズ

 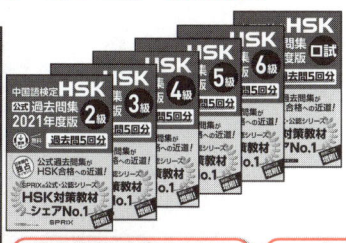
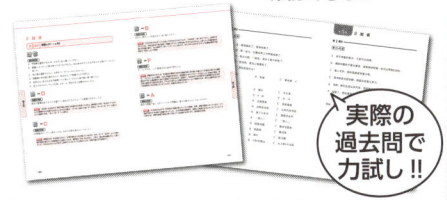

 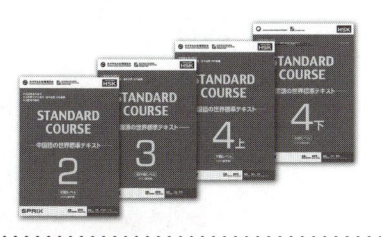

高校生のあなたに
学部生募集中

早慶上理・GMARCHに負けない学歴を！

深圳大学 東京校

- ・日本にいながらにして世界大学ランク187位の大学で学ぶ。
- ・日本の大学卒業同等の資格を得られる。
- ・中国語＋経営学・情報学を身につける。
- ・HSK上位取得者は、奨学金と飛び級。

深圳大学 東京校の特徴

オープンキャンパスに申し込む ▶

Point 1 世界大学ランキングが更新されました！

日本にいながら中国有名総合大学の学士を取得

優秀な教授陣、知的財産権、論文の引用率などが高く評価され、187位にランクアップ！早慶上理・GMARCHに負けない大学。

- 84位 **東京大学**
- 168位 **京都大学**
- 187位 **深圳大学**
- 534位 **慶応義塾大学**
- 586位 **早稲田大学**
- 1938位 **明治大学**

※US News ランキング

Point 2

中国語＋経営学・情報学を習得

ネイティブ中国人講師が初心者に分かりやすく指導。また、語学だけでなく、副専攻として、経営学、情報コミュニケーション学を選択し企業のニーズに合う競争力のある人材を育成します。

Point 3

HSK 上位取得者は、奨学金と飛び級可

HSK 上位取得者は、最大24万円の奨学金。中国語成績優秀者は飛び級が可能で、最短2年で卒業、最短5年で大学院の修士まで取得できます。

Point 4

文部科学大臣指定の外国大学日本校 認定校

日本の大学と同等の卒業資格が得られます。また、政府関連団体による奨学金や通学定期の割引制度など申請可能です。

社会人・大学生・留学準備中のあなたに
語言生募集中

集中して勉強するからこそ、中国語がマスターできる

- HSK で上位級を取るだけでなく、中国語が話せて聞き取れるようになる！

- 月-金　9:00-12:15 なので、午後は自由！

- 新宿四谷にあるので、どこに行くのも便利！

- 有名総合大学深圳大学から派遣されるプロフェッショナル講師による授業！

※開講時期　春季：4月上旬　秋季：9月下旬

 ◀ 語言生向けページ

Point 1
HSK の問題作成機関として認定

深圳大学は、その中国語教育のクオリティが評価され、HSK 中国語検定試験の問題作成機関として、HSK の管理運営委員会より認定を受けています。

Point 2
深圳大学本校より派遣された教員が指導

東京校でも深圳大学本校から派遣された教員が指導を行います。経験豊富で優秀な教員による直接法での指導で、語学力を高めることが出来ます。

お問い合わせ・公式 SNS

LINE　　　　Wechat　　　　Instagram

- スマホで気軽に問い合わせ！
- 大学の情報をいつでも手軽に見れる♪
- 限定情報も配信！

文部科学大臣指定　外国大学日本校
深圳大学 東京校
SHENZHEN UNIVERSITY TOKYO COLLEGE
中国語学部 ビジネス中国語学科　[副専攻：経営学、情報コミュニケーション学]

〒160-0004 東京都新宿区四谷 1-22-5 3F
TEL ▶ 03-6384-2207　（東京校事務局）
e-mail ▶ info-szu@szu-tokyo.jp

公式ホームページ

中国語検定 HSK公認長文テキスト 5級 改訂版 [音声DL付]

2019 年 2 月 1 日	初版　第 1 刷 発行	
2022 年 2 月 20 日	初版　第 2 刷 発行	
2024 年 9 月 30 日	初版　第 3 刷 発行	
2025 年 6 月 20 日	初版　第 4 刷 発行	

編　著　者：株式会社スプリックス　中国語教育事業部
発　行　者：常石博之
Ｄ　Ｔ　Ｐ：倉敷印刷株式会社
印刷・製本：シナノ書籍印刷株式会社
発　行　所：株式会社スプリックス
　　　　　　〒150-6222 東京都渋谷区桜丘町1-1
　　　　　　　　　渋谷サクラステージ SHIBUYA タワー 22F
　　　　　　TEL 03 (6416) 5234　　FAX 03 (6416) 5293　　Email　ch-edu@sprix.jp
落丁・乱丁本については、送料小社負担にてお取り替えいたします。
定価はカバーに表示してあります。

HSK日本実施委員会 公認